Flags of Convenience

便宜置籍船

편의치적선과 국가

武城 正長(부죠 마사나가) 지음

오용식 · 구경모 · 박성재 옮김

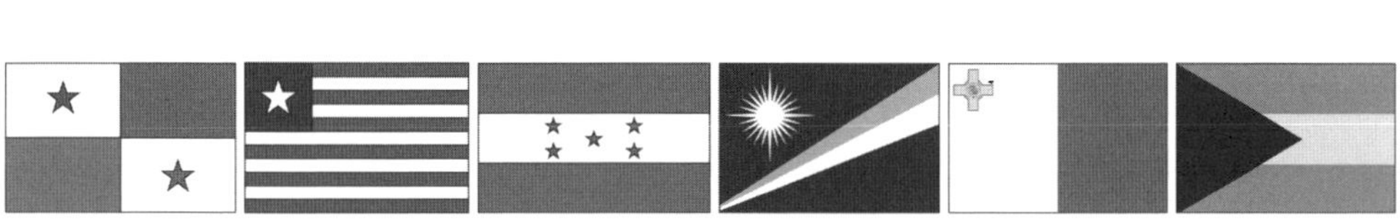

publishing and culture

피앤씨미디어

한국해양대학교 해양경제연구센터 번역 시리즈

1. 해양경제학(2020), Paul Hallwood 저, 유일선 역, 피앤씨미디어

해양경제연구센터 번역 시리즈는 정정복 회장, 김윤기 회장과 자문위원인 김영득, 김기용, 강신성, 김호성, 권수환, 김우진의 지원으로 이루어지고 있습니다.

역자서문

연구자로서 국제 해운산업에 독특한 편의치적이라는 관행의 기원과 그 효과에 대해 오랜 기간 의문을 가져왔다. 우연히 발견한 이 책에서 그 답을 찾을 수 있었고, 우리나라에 소개할 만한 가치가 있겠다는 생각으로 번역에 착수하게 되었다.

원저자는, 현대 국제해운에서 가장 중요한 변화는 컨테이너화와 편의치적이라고 했는데, 거기에 전적으로 동감한다.

그 가운데 눈에 잘 띄는 컨테이너화는, 해상과 육상의 물류에 큰 변화를 불러일으켜 재화 이동의 세계화를 촉진시킨 점에서 큰 의의를 가지고 있으며, 세간의 관심도 많다.

한편, 편의치적은 선박이라는 자산을 국가로부터 분리시키는 행위이고, (선원)노동시장을 세계화시켰으며, 나아가 (해운)기업과 국가의 관계에 새로운 지평을 연 매우 중요하고도 흥미로운 존재이지만, 눈에 잘 띄지 않아 세간의 관심은 크지 않다.

이 일을 위해, 유학시절의 두 동료와 팀을 꾸렸다. 그리고 한국해양대학교 해양경제연구센터로부터 약간의 재정지원을 약속받았다.

그러나 모든 일이 그러하듯이 번역작업이 순조롭지만은 않았다. 원저자이신 부죠 마사나가(武城正長) 교수님께서는 이미 현직에서 은퇴하시고 평온히 은거 중이시던 상황이라, 연락을 취해 번역을 허가받는 데에만 많은 시간이 흘렀다.

번역작업에 착수하였어도, 원저자의 개성적인 문체, 독특한 일본식 전문용어와 고유명사, 본문 내의 일본어로 표기된 외국어 인명, 지명을 평이한 우리말로 바꾸어 내는 것은 쉬운 일이 아니었다.

본문에서는 가급적 우리에게 익숙하지 않은 인명, 지명 등의 고유명사는 일본어든 영어든 원어를 살리는 방향으로 정리했다. 그래서 역서임에도 영어와 일본식 한자가 다수 사용된 점에 대해서는 독자들의 이해를 구하고 싶다.

또한 본문에 인용된 수많은 문헌 가운데, 인용문의 쪽수를 (p. 또는 pp.)로 표기한 것은 원전이 영문이고, (쪽)으로 표시한 것은 일문이거나 일본어 번역본을 가리킨다. 인용된 모든 문헌은 참고문헌에 열거되어 있다.

우리나라에서 일반적으로 쓰이는 '편의치적'이라는 용어는 본문에서 편의'치적'과 편의'선적'으로 구분하여 쓰고 있다. 제1장 1.에서 저자가 FOC를 정의하며 그 용법에 대해 설명하였고, 그 취지를 살려 원저자의 용법을 따랐다. PSC 역시 우리나라에서는 '항만'국 통제라는 용어가 보편적이지만, 저자는 선박이 '입항'하는 나라의 통제라는 의미에서 '입항'국 통제 또는 감독이라는 용어를 쓰고 있다. 이 역시 원저자의 용법을 따랐다.

번역문의 작성에 있어서는 직역과 의역 사이에서 균형을 잡으려 노력했다. 원저자의 의도와 문체를 최대한 살리면서, 우리말로도 어색하게 읽히지 않도록 고심했으나 노력만큼 결실이 있었는지는 독자들의 판단이겠다.

번역에 착수한지 1년 가까운 시간이 걸려 역서가 나오게 되었다.

먼저 번역을 흔쾌히 허가해 준 원저자 부죠 교수님과 오사카(大阪) 상업대학 측에 감사드리고 싶다. 번역작업을 지원하고, 전문을 감수해 준 한국해양대학교 해양경제연구센터 유일선 교수님과 출간을 맡은 피앤씨미디어 박노일 사장님께도 감사드린다.

정성을 기울였음에도 나타날 것으로 우려되는 번역의 오류는 모두 역자의 책임이다. 그럼에도 모쪼록 이 책이 우리나라 해운의 지성에 조그만 보탬이 될 수 있기를 바랄 뿐이다.

2021년 6월
역자를 대표하여
아치섬에서 오용식

머리말

제2차 세계대전 후의 국제해운에 있어서 가장 큰 사건을 꼽으라면 컨테이너화와 편의치적선의 등장일 것이다. 전자는 '세계를 바꾼 상자'로 불리울 정도로 소위 글로벌라이제이션과 밀접히 관련된다. 물론 다른 요인, 요소와 복합적으로 엮이겠지만, 컨테이너화가 고도로 발달, 보급되지 않았다면 글로벌라이제이션이라는 현상도 없었을 것이다. 이러한 의미로 '세계화'를 만들어 낸 하나의 요소였다는 것은 부정할 수 없다.

컨테이너화에 비하면 편의치적선의 급속한 성장이 세계경제에 끼친 영향은 작을 수 있겠다. 그러나 국제해운의 세계에서는 가장 큰 일이었다고 해도 과언이 아니다. 현재 국제무역을 담당하고 있는 화물선의 약 3분의 2가 편의치적선이라 하면 그것을 납득할 수 있을 것이다.

편의치적선은 flags of convenience를 번역한 것이다. 이 편리하고 활용성이 높은 선박이 어떻게 해서 탄생한 것인가, 또는 언제쯤 형성된 것인가에 대해서는 여러 이설이 존재하지만, 근대적인 국가주권의 산물이라는 점에서는 이론이 없다. 주권국가의 탄생을 유럽지역에 한정하여 말하자면 베스트팔렌조약의 체결(Peace of Westphalia, 1648년, 30년전쟁의 종결)로 거슬러 올라간다. 거기서 주권국가는 국경으로 둘러싸인 영토를 가지고 있으며, 영토 안에서 폭력을 독점하는 '지고(至高)의 존재'로 정의되었다. 역으로 절대적인 주권은 영토 내(내수, 영해 포함)로 한정되고 영토 밖에는 미치지 않는 것이 된다. 즉, 모든 국가의 영토 바깥에 해당하는 바다(公海)라는 권력의 공백지대가 잔존하게 되었다. 이 무질서한 상태를 방치할 수는 없기 때문에 선박에는 특정 국가가 국적을 부여하고 그 국가(旗國, 선적부여국)가 당해 선박을 관할하는 의무를 지게 되었다. 이처럼 주권국가와 선박 국적의 관계가 안정되기까지는 수세기가 필요했다.

논리적으로는 이처럼 간단명료하고 합리적이지만, 실제로는 선박에 국적을 부여하는 권한을 팔아 그것을 국가의 수입으로 충당하려는 작은 나라들이 나타나거나, 냉전의 한복판에서 그것을 군사적으로 이용하려는 패권국가가 나타나거나 해서, 매우 복잡한 양상을 보이기도 한다. 본서는 이 복잡한 현상을 밝히려 한 것이며, 주요 내용은 다음과 같다.

제1장은 'FOC(flags of convenience)를 둘러싼 논점의 개괄적인 정리'를 배치한다. 제1절은 'FOC란 무엇인가'이다. 영국의 로치데일 보고서(Rochdale Report, 1970)에 따르면 편의선적제도의 특징은 다음과 같다. ① 외국인(법인)이 소유하는 선박에 등록을 허가함. ② 등록절차는 간단하고 해외의 영사관에서 수행함. ③ 과세는 없거나 낮고 등록세와 연세(年稅, 통상 10센트/톤)가 부과될 뿐임. ④ 편의치적국은 소국(小國)이므로 그 수입을 무시할 수 없음. ⑤ 외국인 선원의 배승은 자유임. ⑥ 소국은 자국선을 효과적으로 관할할 의사도 능력도 없음. 구체적으로는 파나마, 라이베리아, 마셜제도와 같은 나라의 선박을 가리키지만, 연구자에 따른 FOC의 정의는 이것들 가운데 어느 항목에 역점을 두는가에 따라 달라진다. 이러한 것들을 소개함과 동시에 재정의를 시도한다. 제2절에서는 편의치적선을 둘러싼 여러 논점을 고찰한다. 제3절에서는 2차대전 이후 세계의 정치적, 경제적 변천과 편의선적제도의 관계를 규명한다.

제2장에서는 세계제일의 자리를 오랫동안 유지하고 있는 '그리스 해운의 특이성'에 관해 기술한다. 이상하게도 그리스는 일찍이 1952년부터 세계최대의 편의치적선 보유국이 되지만, 그것이 어떻게 가능했는가를 탐색한다. ① 이민(송출)국가로서의 그리스, ② 내전, ③ 냉전과 미국에 의한 이용(후술하는 EUSC의 대체확충기능), ④ 전쟁 때부터의 정부와 그리스 선주의 불협화음 등에 관해 살펴본다. 나아가 그리스에서 최대의 권력단체가 된 해운업계와 정부의 특이한 관계를 분석한다.

제3장은 '미국의 군사전략과 편의선적제도의 형성-Effective US Control Shipping을 중심으로'이다. 편의선적 그 자체는 전쟁 전의 파나마에서도 발견되지만, 전통적 해운국인 유럽의 권익과 대립하는 것이었다. 환언하자면, 소국 파

나마의 파워로는 편의선적제도를 유지하고 확대하는 것이 불가능한 것이었다. 그것을 파나마와는 전혀 다른 시점에서 이용하려고 했던 것이 미국이었다. 당초 미국은 제3차 세계대전을 총력전으로 상정했고, 그것은 거대한 상선대를 필요로 한 것이었다. 그러나 평시에 그것을 미국선으로 유지하는 것은 선원의 고임금 때문에 불가능했고, 대체선을 준비할 필요가 있었다. 그것이 미국 선주가 지배하고, '미국이 규제할 수 있는 선대'로서의 편의치적선이었다. 원래 소국의 제도이면서 유럽과도 대항력을 가지게 된 것은 이러한 이유 때문이다.

제4장은 '편의선적제도의 형성과 UN 제1차 해양법회의–1950년대 유럽과 미국의 대립을 중심으로'이다. 무대는 유럽과 파나마의 대립으로부터 유럽과 미국의 대립으로 이전된다. 구체적으로는, 공해(公海)를 둘러싼 논의의 과정에서, 국가는 자유롭게 선박에 국적을 부여할 수 있는가, 아니면 '진정한 관계(genuine link)'가 필요한가를 둘러싸고 대립했다. UN 총회의 위원회 채결에서는 유럽이 승리했지만, 미국의 로비 활동으로 최종 총회에서는 역전된다. 미국의 군사전략과 해양법회의의 2단계를 거쳐 편의선적제도가 형성되었다는 것이 본서의 입장이다.

제5장은 '남북문제로 전이된 편의선적제도와 그 혼란'이다. 남북문제로 전이되었다는 것의 의미는 2가지 있다. 하나는 통상적인 남북문제로 편의선적제도가 UNCTAD에서 국제문제화된 것이다. 다른 하나는 유럽과 미국 간의 대립으로부터 남북문제로 전이된 측면이다. 전자에서는 남쪽의 나라들이 편의선적제도가 개발도상국의 발전을 저해하는 것으로 보고, '실질적 관계'를 구체화하여 편의선적제도를 단계적으로 폐지하는 것을 요구했다. 후자는 1960년대 후반부터 다발한 대규모 해양오염 사고에 대응하기 위해 유럽은 ILO, IMCO에서 편의치적선을 강하게 규제하려 했다. 이 점에서는 남과 북이 협동관계에 있었다고 할 수 있으나, 1970년대 말에 개발도상국 측이 정기선동맹 문제와 마찬가지로 부정기선 분야에서도 트레이드 쉐어를 요구해 관계는 결렬되고, 남북문제로 자리잡게 되었다. 결론적으로는 레이건, 대처의 시대를 맞이하게 되어 남쪽 나라들의 요구는 무엇 하나 실현되지 않았다.

제6장에서는 부메랑 효과로 자국적선의 유출(편의치적선화)을 고민하는 유럽 각국의 모습을 그린다. 영국을 필두로 유럽 해운은 조락이라 부를 만한 상황

으로 빠져들어 갔다. 먼저 최초로 유럽 각국이 채용한 정책은 규제완화, 즉 아시아선원의 도입이었으나, 특별한 효과를 거둘 수 없었다. 다음에 EU가 하나가 되어 내놓은 수는 톤수세제 등 법인세를 중심으로 한 조세경감이었다. 이 두 가지 정책이 야기한 국제해운의 구조변화를 분석한다.

'결론'에서는 세계 해운의 3분의 2까지 비대화한 편의치적선이 가진 의미에 관해 분석한다. 일반 다국적기업과 비교하며 그것을 해석함과 동시에, 약간의 제안을 시도한다.

현재 일본은 세계 최대의 편의치적선 보유국이다. 그럼에도 불구하고 편의치적선과 일본의 관계에 대해서는 거의 손을 댈 수가 없었다. 그 이유는 지면과 시간이 절대적으로 부족한 것도 있었지만, 국제해운을 지속적으로 선도해 온 유럽을 분석하지 않으면 일본의 특징을 알아 내기도 어렵다고 생각했기 때문이다. 나아가 '편의치적선의 세계'는 정서적으로 미묘한 측면이 있기 때문에 선입관이나 감정이 선행되기 마련이다. 먼 유럽으로 이야기를 한정하면, 냉정하고 객관적으로 본서의 의도를 이해할 수 있지 않을까 생각한다.

본서의 원전은 다음과 같다.

제1장과 제2장은 이번에 새로 쓴 것이다.

제3장 "Effective U.S. Control Shipping과 편의치적선", 『지역과 사회』(大阪商業大学 比較地域研究所紀要), 제11호, 2008년 9월.

제4장 "편의치적선을 둘러싼 유럽과 미국 간의 1950년대에 있어서의 대립", 같은 책, 제12호, 2009년 9월.

제5장 "남북문제로 전이된 편의치적선과 그 혼란", 같은 책, 제13호, 2010년 9월.

제6장 "제2선적, 톤수세제와 국제해운의 구조변화－유럽 해운을 중심으로", 같은 책, 제14호, 2011년 10월.

서명을 '편의치적선과 국가'로 정한 사정은 대개 다음과 같은 것이다. 편의치적선은 국가와 거의 관계를 갖지 않는 것으로 보는 경우가 많다. 확실히 편의치적선은 오프쇼어적 존재이고, 선적국과의 관계가 거의 없다. 그러나 그런 존재의 근원인 편의선적제도 그 자체는 패권국가가 그 군사적 요청을 충족시키기 위해 통제할 수 있는 작은 나라에 이미 존재하던 제도를 이용하거나, 새로운 제도를 만들게 하거나 한 것이어서, 국가와의 관계를 생략하고 이야기할 수 없다. 또한 전통적인 국제해운질서와는 양립하기 어려워, 유럽의 여러 나라는 당해 제도에 반대하였고, '국가주권'의 개념을 두고 다투었던 것도 잊을 수 없다. 더욱이 남북문제에 있어서 초점의 하나는 편의치적선이었다. 개발도상국들은 편의선적제도가 개도국 해운의 발전을 저해하는 것으로 보고 강하게 반발했다. 덧붙이자면 편의치적선에 쫓기다시피 하여 선진해운국들이 채용한 제2선적제도나 톤수세제도 국가와의 관계를 빼고 이야기할 수 없는 것들이다. 그것은 새로운 국가상의 반영이기도 하다.

연구활동의 많은 부분은 선배들로부터 배우는 시간들이었지만, 특히 다음 선생님들로부터 많은 가르침을 받았다. 東海林滋 선생(關西大學 명예교수)의 여러 논문, 특히 "미국해운과 EUSC Shipping(1984)"에서는 편의치적선의 기원을 연구테마의 하나로 삼아야 한다는 가르침을 받았다. 山本泰督 선생(神戸大學 명예교수)에게서도 '기원'에 관해 깊이 생각해야 할 점에 대해 가르침을 받았다. 그것들이 제3장과 제4장을 설정하는 배경이 되었다. 山本 선생에게는 편의치적선에 관한 노사관계의 방대한 연구업적이 있고, 많은 가르침이 있었지만 유감스럽게도 본서에서는 거의 소개할 수 없었다. 榎本喜三郎 선생(도쿄항부두공사 고문, 바누아투 선박등록특별대리인 등 요직 다수)은 1986년 선박등록요건조약에 관한 UN회의에 ICS(국제해운회의소)의 일본대표로 수년간 참가하는 등의 경험을 살려 편의치적선에 관한 다수의 저작을 발표했다. 특히 상기 조약에 관한 상세를 탐구하는 논문들은 남북문제로서의 편의치적선을 이해하는 데 불가결한 문헌들이었다. 國領英雄 선생(神戸商船大學, 大阪學院大學 명예교수)에게는 수많은 조언을 받았고, 편의치적선에 관한 귀중한 자료를 다수 받았다. 그 밖에 많은 선생님들의 연구로부터 배운 것들은 너무나 많다. 이 장을 빌려 마음으로부터 감사를 올리고 싶다.

오사카상업대학 비교지역연구소에는 연구소 창설 이래 연구원으로 일하는 등 오랜 기간 신세를 졌다. 연구회에서는 분야가 다른 선생님들의 보고에 많은 자극을 받아 해운연구에 결부시키고는 했다. 또한 동아시아를 대상으로 하는 프로젝트 팀의 조사여행에서는 나라마다의 차이에 '문화는 공기'라는 것을 실감할 수 있었다.

오사카상업대학 비교지역연구소에서 다년의 연구활동을 집대성하는 형태로 본서를 출판할 수 있게 된 것은 무엇보다 큰 기쁨이다. 오사카상업대학의 학장 谷岡一郎 선생, 부학장 片山隆男 선생, 당해 연구소장 上原一慶 선생, 부소장 前田啓一 선생에게는 마음으로부터 인사를 올린다. 또 논문초고의 편집에 많은 조언을 해 준 岡村良子씨, 본서의 출판에 처음부터 끝까지 신세를 진 橋爪幸彦씨에게 감사드린다. 본서는 저자에게 3번째의 단독저서이지만, 결국 3권 모두 아내 淑江의 큰 조력에 의존하지 않을 수 없었다. 감사드린다.

마지막으로 본서의 출판과 편집을 담당해준 御茶ノ水書房의 小堺章夫씨에게 인사를 올린다.

2012년 12월

武城正長

차 례

제 1 장 FOC를 둘러싼 논점의 개괄적 정리

제 2 장 그리스 해운의 특이성

제 3 장 미국의 군사전략과 편의치적제도의 '형성'
-'Effective U.S. Control' Shipping을 중심으로-

제 4 장 편의치적제도의 '형성'과 제1차 UN해양법회의
-1950년대 유럽과 미국의 대립을 중심으로-

제 5 장 남북문제로 전이된 편의선적제도와 그 혼란

제 6 장 제2선적, 톤수세제와 국제해운의 구조 변화

- 유럽 해운을 중심으로 -

제 1 장

FOC를 둘러싼 논점의 개괄적 정리

1. FOC(Flags of Convenience)란 무엇인가

편의치적선(便宜置籍船)은 국제적으로는 Flags of Convenience(FOC로 약칭), 또는 Open Registry(자유선적)으로 불린다. FOC의 개략적인 이미지는 대개 다음과 같은 것이다.

① 자본을 투하한 선주[1]는 대부분의 경우 선진국 또는 신흥국의 법인, 개인이다.
② 법인세는 적용되지 않고(無稅), 등록세와 선박세, 기타가 약간 부과될 뿐이다.
③ 외국인을 승조원으로 고용하는 것이 자유롭다(자국민은 오히려 드물다).
④ 이것들이 집적되어 높은 경쟁력을 가진다.

제2차 세계대전 후 FOC의 발전을 대략적으로 나타내면 다음 [그림 1-1]과 같다. 일시적으로 감소하는 시기도 있지만, 일관되게 성장을 지속하고 있는 것을 알 수 있다.

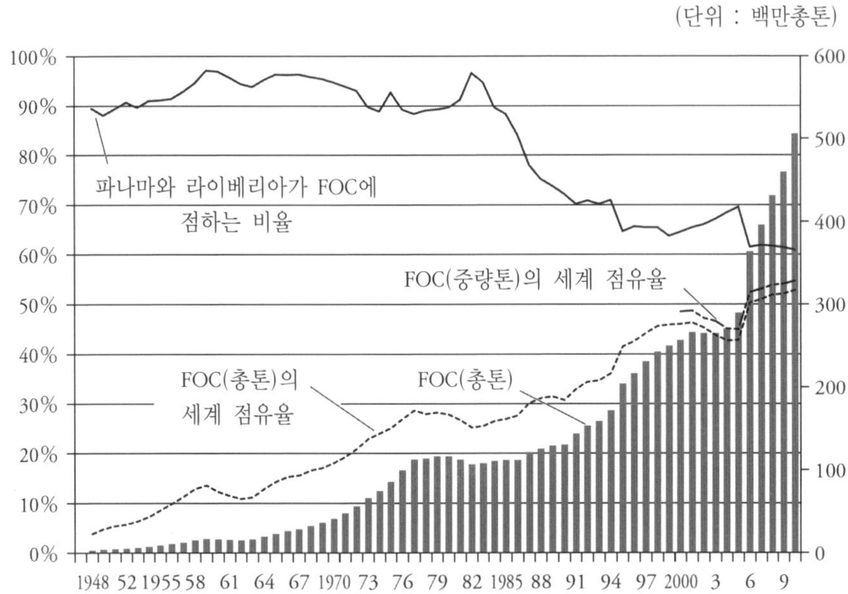

[그림 1-1] 편의치적 선복의 추이

출처: 권말부표 1-1 및 1-2 참조.

한편 2011년 ITF(International Transport Workers' Federation, 국제운수노련)이 지정하고 있는 편의선적국(便宜船籍國)은 <표 1-1>과 같다.

FOC의 동향보고에서는 통상적으로 상위 10개국[2)]을 중심으로 통계처리가

〈표 1-1〉 ITF가 지정한 편의선적국

Antigua and Barbuda, Bahamas, Barbados, Belize, Bermuda, Bolivia, Burma/Myanmar, Cambodia, Cayman Islands, Comoros, Equatorial Guinea, France(second register), Georgia, Germany(second register), Honduras, Jamaica, Lebanon, Liberia, Malta, Marshall Islands, Mauritius, Mongolia, Netherlands Antilles, North Korea, Panama, Sao Tome & Principe, Sri Lanka, ST. Vincent & the Grenadines, Tonga, Vanuatu. 계 32국/지역

출처: ITF [*Seafarer's Bulletin*] 제25호(2011), p.26.

주) 제2선적(second register)이 포함되어 있는 것은 실질보유 선주국의 조합이 교섭관할권을 갖고 있는 것과 관계함.

수행되는데, 그것에 따르더라도 FOC는 세계적으로 1.6만척, 6.84억DWT[3)]이나 존재하고, 세계선복에서 차지하는 점유율은 척수로 34.6%, 톤수로 59.3%이다. 벌크선에서는 톤수 대비 무려 66.8%를, 그리고 탱커선은 58.6%, 컨테이너선은 56.1%를 점하고 있다(2010년 1월 1일).

이 통계는 300총톤 이상의 선박을 대상으로 하고 있다. 국제항해에 종사하지 않는 내항선이나 객선도 포함하고 있으므로, 대략 세계의 국제항해에 종사하는 화물선의 약 2/3는 FOC라 해도 큰 잘못이 아닐 것이다. 그것도 상당한 기세로 점유율을 높여가고 있다(권말부표 1－1, 1－2 참조).

이 FOC를 본서는 다면적으로 분석하려 하는데, 먼저 용어부터 살펴보도록 하자. FOC에는 대개 3개의 용어법이 있다. ① 선박(船舶)으로서의 FOC, ② 선적(船籍)으로서의 FOC, ③ 제도(制度)로서의 FOC가 있다. 이하 약간의 설명을 붙여둔다. 또한 이 절에서는 기술내용의 성격상 FOC 또는 Flags of Convenience를 그대로 사용하는 경우가 많음을 부언한다.

(1) FOC라는 용어에 관해

(a) 선박으로서의 FOC

일반적으로 Flags of Convenience의 일본어 번역으로는 '편의치적선(便宜置籍船)'이 쓰이고 있다. Flags가 선박이 되는 배경의 하나는 선수에는 선사기(company flag), 마스트에는 행선국기(destination flag), 선미에는 국적기(national flag, ensign)를 게양하도록 되어 있다(일본 선박법 제7조; 동 시행세칙 제43조). 따라서 FOC의 flag는 선미의 국적기를 가리키지만, '선박'을 의미하는 것이라고도 할 수 있겠다.

다음으로 편의'치적'선인데, 일본국어대사전(日本國語大辭典)이나 다른 사전에도 '置籍'이라는 단어는 보이지 않지만, 어원을 따져보면 '관동주(關東州)(의) 치적선'으로 거슬러 올라갈 수 있겠다. 일본은 포츠머스 조약(1905년)에 따라 뤼순(旅順), 다렌(大連)을 포함하여 요동반도의 남부를 러시아로부터 계승하여 조차지로 만들었는데, 그 땅을 관동주로 명명하고 뤼순에 도독부를 두었다. 일본의 관할 하에 들어간 것으로 그곳에 거주하는 자가 자연스럽게 선박을 갖게 되었는데, 선박법이 그 관할지에 미치지 못하였기 때문에 무선적 취급을 받았다. 그 후 그곳의 해운업은 통상 행정, 군사의 각 방면으로부터 중시되어 1911년 12월 '관동주 선적령(府令 제35호)'이 공포되었고, 다음 해 33척의 치적이 인정되었다. 제1선은 남만주철도회사 소유의 濟通丸(1,038총톤)이다. 문헌에는 '당주(當州) 치적선'이 사용되었는데, 그 용법으로부터 FOC는 편의(편리한) 선적(국)에 적을 두는(등록하는) 선박이 된다(南滿洲鐵道, 1924 참조). 또한 편의치적이란 자기 '소유' 선박의 등록에 관련된 용어이고, 선주 또는 선주국으로부터 파악하려 한 점에 주목하고 싶다.

그리고, Flags of Convenience가 언제부터 쓰여 왔는지에 관해서 많은 문헌은 OEEC의 1954년 보고서를 지적하지만,[4] 유럽에서 먼저 쓰였다는 것은 마음에 걸린다. Carlisle은 1939년까지 '파나마 선적은 convenient(또는 convenience flag)'라는 용법을 썼지만, 문구로서 Flags of Convenience가 공적인 장에서 최초로 사용된 것은 1950년 2월 미국 상원 외교통상위원회에서라 한다(Carlisle, 1981, p.69, p.142). Flags of Convenience라는 프레이즈가 성립됨에 따라 개념적으로 고정된 뜻을 갖게 되었다고 할 수 있을 것이다.[5] 사실 이 용어를 실질적으로 만들어 낸 미국의 군사전략은 1947년에 형성되었으나, 그것에 관해서는 제3장에서 상술하겠다.

일본에서 현재 일반적인 용어가 된 '편의치적선'은 언제쯤부터 사용된 것일까? 제2차 세계대전 후 ILO에서 최초로 문제가 제기되었을 때 편의치적국은 파나마 하나만으로 봐도 좋을 상황이어서 파나마선이 구체적으로 문제가 되었다. 그 후 국제적으로 FOC가 부상한 것은 UN 제1차 해양법회의와 ILO의 제107, 108호 권고를 둘러싸고서다. 면밀한 조사는 아니지만, 최초로 사용된 것은 [海上勞動](일본 운수성 선원국 발행)에서 'ILO 해사예비회의'의 모습을 전하는 池要(선원국 노동기준과장)의 '편의적 선적'인 것 같다(1956년 12월호 12쪽). 1958년 7월호(20쪽)에서는 井上弘(해운국 해무과장)이 '해양법 국제회의의 개황' 중에 '편의주의 국제선박'이라는 말을 사용하고 있다. 양자의 중간에 해당하는 1957년 6월, 脇村義太郎는 [中東の石油]에서 그리스 선주에 주목하며 '편의국기선'이라는 말을 사용하고 있다(150쪽).

'편의치적선'이라는 용어는 [海運] 1958년 4월호에 '편의치적선 문제'라는 기사로 사용되었다(내용은 OEEC의 조사연구보고 소개, 제4장 2(4) 참조, 58쪽, 집필자명 없음). 다음 해 松尾進의 책 [海運]이 출판되었는데, 제4장 제3절은 '편의치적선과 신흥해운국'이었다. 전술한 바와 같이 '편의치적'에는 선박의 선적을 어디에 둘 것인가에 대한 선주의 시점이 내재하고 있지만, 이 점을 포함하여 1958년의 잡지 [海運]이 최초로 사용한 것으로 봐도 좋을 것이다.[6] 또 초점이 선적(국)에서 치적으로 바뀌어 간 것에도 유의해야 할 것이다.

(b) 선적으로서의 FOC(便宜船籍)

'선적으로서의 FOC'도 꽤 사용되었지만, '편의치적'이라 불린 적이 많다. 예를 들면, 水上千之의 저서명은 [船舶の国籍と便宜置籍]였다.[7] 그 제2부는 '편의치적 및 선박과 기국 사이의 진정한 관계의 개념'으로 오로지 편의치적과 그것에 관련된 사항을 다루고 있다. 그 제1장을 '편의치적'이라고 명명하고 서두에 "편의치적(Flags of Convenience)이라는 말은 …"(142쪽)이라며, 선적으로서의 FOC인 것을 밝히고 있다. 다만, 전술한 바와 같이 일본어로서 익숙하지 않은 '치적(置籍)'을 왜 사용했는지는 명확하지 않다. 선주의 입장 또는 행동으로부터 '편의치적' 또는 '편의치적국'이라고 하는 것은 알겠지만, 내용적으로는 '선적', '선적제도'를 대상으로 하고 있다. 필자는 이와 같은 상황에서 '편의치적선 제공국' 등을 사용한 적이 있으나, 이 책에서 선적으로써의 FOC는 '편의선적'이라고 하겠다.[8] 또한 전술한 바와 같이 선미에는 선적국의 국기를 게양하는데, 선체에는 '선명과 선적항'이 각인된다(일본 선박법 시행세칙 제44조).

문자 그대로 선적을 가리키는 것으로 FOC와 거의 같은 의미로 'Open Registry'라는 용어가 널리 사용되고 있다.[9] Open Registry는 1972년에 UNCTAD가 사용한 것이 시초다. 종래 UNCTAD는 세계의 선박을 국가 그룹별로 선진국, 라이베리아, 파나마, 남유럽, 사회주의국가, 개발도상국으로 분류해 왔다. 1972년부터는 키프로스, 싱가포르, 소말리아를 추가로 Open Registry로 정했는데, 그 이유는 FOC 국가로서 파나마, 라이베리아 등은 자유선적정책(Open Registry Policy)을 선언하고, 외국 선주가 지배하는 선박을 증가시키려고 하기 때문이라고 했다(*RMT*, 1970, p.8; 1972, pp.13~14; UNCTAD, 1977, p.1).

(c) 제도로서의 FOC

우리가 FOC라고 말할 때 '제도로서의 FOC'를 대상으로 할 때도 많다. 예를 들면 'FOC의 문제점' 등으로 말할 때, 구체적인 예를 들자면, 파나마선을 가리키는 것도, 그 선적을 말하려하는 것도 아니다. FOC라는 제도, 또는 시스템에 주목하는 것인데, 그것을 가장 강조한 사람은 Metaxas일 것이다. 그는 저작 제2장의 표제를 'FOC라는 제도(FOC Institution)의 형성과 발전요인'으로 하고 있다(Metaxas, 1985, p.23). 이하 이 책에서는 '편의선적제도'를 사용하기로 한다.

(2) FOC에 관한 몇 가지 정의와 사고방식

FOC를 어떻게 정의하는가는 꽤 어려운 문제다. 많은 연구자들이 정의하려고 시도해 왔지만, 누구에게나 받아들여지는 통일된 정의까지는 도달하지 못하고 있다. 나타나는 현상이 복잡하기 때문이다. 다만, 1970년에 제출된 Rochdale 위원회 보고서[10)]의 'FOC의 특징'만큼은 자주 인용되고, 비판받는 일도 거의 없다. FOC를 이해하는 데 실마리가 될 수 있으므로 요약해 둔다.

① 선적국은 자국민이 아닌 자(non-citizen)에게 등록선박에 대한 소유와 지배(control)의 양쪽 또는 한쪽을 허용하고 있다.

② 등록은 간단하고, 보통 해외 영사관에서 수행된다. 다른 선적으로의 이전에 대한 제한도 없다.

③ 선박이 창출하는 소득에 대한 과세가 없거나 낮다. 보통 톤수 베이스의 등록료와 선박세(annual fee) 정도만 부과된다.

④ 등록국은 작은 나라(small power)들로, 등록선박 모두를 필요로 하는 상황은 없을 것이다. 다만, 선박당 수취금액은 소액이라도 대량의 선복이 등록하게 되면 그 나라의 국민소득과 국제수지에 큰 영향을 준다.

⑤ 외국인(non-nationals) 선원의 배승은 자유다.

⑥ 등록국은 자국법 또는 국제법에 의거해서 규제를 실시할 만큼의 힘도, 행정조직도 가지고 있지 않다. 또한 선사 자체를 컨트롤하려는 의지도, 능력도 갖고 있지 않다.

보고서에서는 이와 같은 특징 가운데 몇 가지를 가진 해운국은 있지만, 모두 충족하고 있는 나라는 편의선적국뿐이고, 나아가 해운에 대한 과세의 가능성이 사실상 없는 것도 이 나라들뿐이라 하고 있다.[11)]

이미 고전에 속하는 *Flags of Convenience*에서 Boczek은 기능적인 측면에서 FOC를 다음과 같이 정의하였다. "편의로, 이유야 어찌 되었든, 좋은 조건 하에서 외국인이 소유, 지배하는 선박의 등록을 허가하는 나라의 선박(flags)"이다(Boczek, 1962, p.2). 그는 법률가이지만, 논란이 있었던 '진정한 관계(genuine link)'의 유무로 판단하는 것에 대해, 그 개념이 명확하지 않다고 반대하고 있다(*Ibid.*, p.3).

Boczek는 '진정한 관계'를 반대했다고 하더라도 법률가답게 국적부여요건에 주목했지만, 선주의 행동에 주목한 것은 Metaxas였다. "Flags of Convenience란 해운기업이 다음에 기술하는 항목을 회피하는 것으로 사적 이윤(private profit)을 극대화함과 동시에 사적 비용(private cost)을 극소화하는 관점에서 자기 선박을 등록하는 나라의 국기(flag)이다. (a) 경제 및 기타 규제, (b) 당해 해운기업의 본국에 등록할 경우 적용될 여러 생산요소의 이용 조건"이라 하였다(Metaxas, 1985, p.14). 사적 비용이 강조되고 있지만, 사회적 비용과도 관련이 있다(다음 절에 기술).

Metaxas는 FOC 외에 준(*quasi*) FOC도 정의하고 있다. 준 FOC는 등록선박을 증가시키기 위해 FOC와 유사한 혜택을 제공하지만, (a) 국내 또는 국제규칙을 효과적으로 강제할 수 있는 행정기관을 갖추고 있고, (b) 상당한 자국성 요건을 갖추고 있는 나라나 지역의 선적이라 하고 있다. 그리고 버뮤다, 바하마, 네덜란드령 안틸레스, 홍콩, 지브롤터를 예시했다.[12)]

법학자들과는 대조적으로 경제학자인 Sturmy는 진정한 관계를 언급한다. "Flags of Convenience란 현재 비난을 내포한 용어로 사용되고 있지만, 그 나라와 진정한 관계를 갖지 않는 개인이나 회사에, 그들 선박의 등록을 자국의 항만에 허가하는 나라의 국기(the flag of any country)를 가리키는 용어"라 한다. 다만 무엇이 진정한 관계인가는 정의하기 나름이라 하고, 개별 사안에 있어서는 상당한 궤변(casuistry)이 횡행하고 있다고 했다. 그 예로써 그리스 선주 소유의 영국 선박, 영국 선주가 실질적으로 소유하는 홍콩 선사 경유의 파나마 선박을 든다. 파나마, 라이베리아, 온두라스가 그 대표로 거론되는 것에 이론은 없지만, 한계를 확정할 수 없다고 한다(Sturmy, 1962, p.211).

Grundey는 해외에 자회사를 두는 것은 많은 산업에서 볼 수 있는 것으로, 스웨덴 선사 Salen group이 실질 소유하는 영국 선박도 자국에서의 어떤 부담을 회피하려는 것이고, 따라서 Metaxas의 정의에 의하면 공산권 이외의 많은 국가의 선적은 편의선적으로 볼 수 있다고 비판한다. 애초에 주권을 행사, 강제하는 동기(motivation to impose sovereignty)는 국민과 국민의 이익을 보호하고, 규제하는 국가의 의무에서 유래하는 것으로, 그것과 다른 FOC는 다음과 같이 정의한다. "FOC는 선적을, 주권을 행사하기 위한, 따라서 선박을 지배하기 위한 수단, 절차(procedure)로 볼 수 없고, 자국의 재무 측면, 기타 규제로부터 벗어나기를 희망하는 외국선주에게 판매할 수 있는 서비스로 보는 나라의 국기(the flag of a state whose government)"이다. 만일, 정부가 판매 가능한 서비스(salable service)로 생각한다면, 매력적인 가격(세금 등), 정부의 '최소한의 개입' 등 선주의 요망에 부응하는 선적제도가 될 것이다.[13)]

Tolofari는, Grundey가 말하는 행정서비스를 비즈니스로써 판매하는 국가라는 정의나 Metaxas의 정의를 참고하면서 다음과 같이 정의한다. "자유선적국(open registry state)이란 유효한 지배력이나 관할권을 행사하는 수단이 아닌, 무엇보다 국민소득이 되는 수입을 얻기 위하여 등록선주에게 선박의 국적을 판매하는 정책을 선언한 국가이다. (당연한 일이지만－필자) 등록선주에 대해서는 국제적으로 경쟁할 수 있는 코스트와 재무상의 우위성 확보가 가능하도록, 선주 본국의 선적과 비교해서 상업적, 경제적으로 매력적인 조건을 제공하는 국가이다"(Tolofari, 1989, pp.20~21). Carlisle의 [판매되는 주권, *Sovereignty for Sale*, 1981]과 일맥 상통하는 것이다.[14)]

지금까지 선박등록요건, 자국등록의 불이익의 회피, 실질적인 관계, 편의선적국의 이익을 키워드로 하는 FOC의 정의를 살펴 보았지만, 일본에서 소수의 연구자만이 이것을 시도하였다.[15)] 그 가운데 山内惟介는 Boczek와 Metaxas의 정의를 검토한 후, 이들이 FOC의 메리트와 더불어 자국 선적의 디메리트 회피를 강조했다고 보고, 다음과 같이 포괄적으로 정의한다(山内, 1988, 12쪽). "실질적인 선주가 그 소유로 인한, 선박을 본래 등록해야 할 자국에 등록할 경우 발생하는 불이익을 회피하기 위해(소극적 이유), 또는 어딘가 다른 나라에 등록하는 것으로 자국등록으로는 얻을 수 없는 편의를 향유하기 위해(적극적 이유), 당해 선박을 스스로, 또는 형식적인 외국법인을 통해 타국에 등록하는 경우, 편의를 제공하는 나라를 편의치적국, 그곳에 등록된 선박을 편의치적선, 그 선박이 갖는 선적을 편의선적, 당해 선박이 게양하는 국기를 편의국기, 그리고 그 선박의 실질적 소유자를 편의선주라 한다." 山内의 의도는 "선적국과 실질적 선주의 소속국 간의 불일치 및 편의선주에 있어서 편의성의 존재"(山内, 1988, 29쪽)라는 2가지 사실의 확인에 있고, "실질적 선주의 소속 국적을 선적으로 하는 입장에 타당성이 인정된다"(같은 책, 27쪽)라 했다.

확실히 선적국과 실질선주 소속국의 불일치에 대한 지적은 중요하다. 그러나 먼저 'flags of convenience' 현상에 불가결한 편의선적국이 향유하는 이익이 빠져 있는 점에서 포괄성은 충분하지 않다고 볼 수 있다. 이것은 '편의선적'으로 언급하면서 그것을 제공하는 국가를 '편의선적국'이라 하지 않고, '편의치적국'이라 한 점에서 나타나 있다. 편의'치적'국이란 실질적인 소유 선주 또는 그 소속국으로부터 유도된 용어법이기 때문이다. 둘째, 선적국과 선주소속국의 불일치와 편의성은 표리 관계에 있다고 할 수 있지 않을까? 위와 같은 불일치는 '편의성'이 존재하지 않으면 발생하지 않기 때문이다. 세 번째, 편의성은 다양하게 나타나겠지만, 그렇다면 통상 다국적기업의 경우에도 편의치적선이라 할 수 있지 않을까? 예를 들면 Grundey가 앞서 지적한 외국선주 소유의 영국 선박이 그 예가 된다.

(3) FOC의 기원에 관해

앞에서 시사했던 바와 같이, FOC는 제2차 세계대전 이후 나타난 현상이다. 그런데 많은 문헌은 그 이전부터 존재했다고 기술하고 있다. 이런 사실을 포함해서 FOC의 기원을 찾아보자. 더불어 전술한 정의를 바탕으로 다음과 같은 논점에서 FOC의 핵심부분을 조금 더 밝혀 보고자 한다.

① 과거에 존재했다고 하는 국기를 빌린 선박은 FOC인가?

② 제1차 세계대전 후의 제도로서 파나마 선적을 어떻게 보아야 하는가?

③ Rochdale 보고서에 나타나는 것처럼 논점은 다의적이지만, 핵심부분이 있다면 그것은 무엇인가?

④ 종래의 논의에서 경시되어 온 논점은 무엇인가?

(a) 옛 시대의 FOC

Boczek는 이미 16세기에 모험적 영국 상인이 돈벌이가 좋았던 서인도제도 무역에 참여할 당시에 스페인의 독점적 규제를 회피하려는 수단으로 스페인 국기를 달고 항해하던 것을 소개하고 있다(Boczek, 1962, p.6). 水上千之는 Metaxas를 인용하면서 "선박의 등록 또는 국기를 다른 나라에 옮기는 것은 18세기 이래 종종 어떤 이유로 행해졌다. … (예를 들면) 제노아 선박은 프랑스 국기를 달고 항해했다."고 기술하고 있다(水上, 1994, 145쪽). 다만 전자의 사례는 주권 개념이 확립된 계기가 된 베스트팔렌 조약(1648년) 이전의 일이고, 제도로서 선적이 미확립된 시대였다(제3장 4 (1) (a) 참조). 또한 후자의 사례는 '빌려쓴' 프랑스 선적이 편의치적은 아니었을 것이다.

(b) 제2차 세계대전 이전의 파나마 선적

榎本喜三郎는 "16, 17세기 이후의 편의국기 게양선과 본질적으로 변함이 없지만 1922년 사례를 계기로 그 후 많은 선박들이 FOC선이 되었기 때문에 이 케이스가 근대 FOC선의 시작이라고 생각한다"(榎本, 1993, 7쪽)라고 기술하고 있으나, 제2차대전 전의 파나마 선적에는 그 이전과 본질적 변화가 있었던 것일까?

2가지 측면에서 분석할 수 있을 것이다. 하나는 파나마로 선적을 이전하는 측의 사정이고, 다른 하나는 국가로서 파나마의 정책이다. 제2차대전 전의 파나마 선박이 FOC였던 사례로, 상기한 榎本과 같이, 미국의 금주법(Volstead Act, 1919~1933)을 회피하기 위해 여객선이기도 했던 정기선(*Reliance*호, *Resolute*호)의 예가 자주 인용된다. 그러나 이 사례는 미국 해사위원회의 승인을 받은 선적 이전으로, 후일 최고재판소에서 법률의 회피는 부정되었기 때문에 적절한 사례로 볼 수 없다.[16] 오히려 술을 밀수하기 위한 전적이 문제였다.

*Reliance*호, *Resolute*호의 그늘에 가려 눈에 띄지는 않았지만, 미국에서 파나마로 전적된 최초의 선박은 베르사이유 조약으로 획득한 배상선 7척이었다. 미국 해사위원회는 1921년부터 22년까지 민간에 불하하면서 미국적선과 경합

하지 않도록 배선하는 것을 전적의 조건으로 했다.[17] 한편 Boczek는 United America Line의 케이스를 최초의 전적이라고 주장하면서, 그 후 노동조합의 요구로 상승한 코스트를 저하시키기 위해 1924년까지 15척의 전적이 있었다고 한다(Boczek, 1962, p.10).

파나마로의 이적은 미국뿐만 아니라 많은 나라와 지역으로부터 있었다. 예를 들면, 스페인의 내전과 관련된 바스크로부터의 이적, 난민수송을 위한 이적, 이중과세 회피를 위한 이적(노르웨이), 해적 호송을 위한 이적, 나치에 얽힌 ESSO의 자유도시 단치히(Gdansk)로부터 25척의 전적, 미국의 중립법을 회피하기 위한 전적 등을 들 수 있다. 그리스 선주의 임금, 사회보장, 선원고용규제를 회피하기 위한 본국, 영국, 프랑스, 네덜란드로부터의 전적도 상당수에 달하지만, 상술한 사례는 경쟁상 유리하기 때문에 파나마 선적을 선택했다고 하기보다는 여러 가지 곤란한 또는 불리한 사정을 회피(refuge)하는 것이 가장 큰 목적이었다고 할 수 있다.[18]

두 번째 측면은 파나마의 동향이다. 원래는 여러 가지 사정을 회피하기 위해 파나마로 이적했다 하더라도 이 나라에 이적이 집중한 것은 파나마의 경제, 사회상황, 해사정책이나 국제적 관계에 있어서 특수한 사정이 존재했던 것을 알 수 있다. 해사정책에서는 주로 ① 영사등록, ② 외국회사 소유, ③ 파나마 해사법, ④ 법인세의 면제, ⑤ 등록료와 연간선박세 등이 그것이다.

먼저 영사등록은 원래 파나마에 조선소가 없었기 때문에 내항용 선박은 외국에서 구입하게 되지만, 그러한 경우 영사가 가등록증을 발행하는 것에서 시작된다. 재정법에 규정되어 있었지만, 1925년 해사법 제18조로 옮겨졌다.[19] 외국선주에게는 아주 편리한 제도가 되었다.[20] 외국인 소유는 파나마 법인을 매개하면 1916년 상법 제1080조로 인정받았다(Carlisle, 1981, p.20).

파나마 해사법은 1925년에 제정되고 다음해 개정법이 만들어졌다. 주목할 점으로 파나마 선원의 10% 고용조항(제16조), 대통령의 상선학교 설립권한 부여와 상선학교 졸업자의 파나마선 고용요구권한의 부여가 이 법안에 규정되어 있었다. Carlisle은 이 법률의 제정에 미국의 그림자는 보이지 않는다고 한다(*ibid.*, p.21). 적어도 이 시점에서 파나마는 이 법을 바탕으로 외국인 소유의 선박을 통해 파나마 선원을 육성하고, 나아가 파나마 해운을 자립시키려 했던 것으로 생각된다(1914년 파나마 운하 개통). 그러나 실제로 상선학교는 설립되지 않았고, 후년에 관련 조항은 삭제되었다. 또한 10% 조항에 단서가 있어 동 조항의 의무를 회피할 수 있었다(*ibid.*, p.20, p.69).

파나마 선적이 중요한 의미를 갖게 된 것은 1936년부터라 할 수 있겠다. 이해 파나마의 행정장관은 해운업의 수입에 대해 1934년 소득세법 적용을 면제하는 결정을 내렸기 때문이다(*ibid.*, p.51, 53, 55). ESSO의 이적도 있었지만, 1936년 이후 파나마 선복은 급증한다. 1935년 43척, 13.7만 총톤이었는데, 1939년에는 159척, 71.8만 총톤으로 증가했다. 파나마 정부는 이러한 법인세 면제 효과를 바탕으로 선적 관련 수입획득 방향으로 정책을 전환하게 된다.

법인세 면제에 대해 두 가지 큰 의의가 있다. 하나는 세계 최초의 편의선적법이 가능해졌다는 것이고, 다른 하나는 파나마가 편의선적국으로서 국가수입, 즉 세입확대를 위한 제도로써 FOC를 운영하기 시작했다는 것이다. 법인세에 대해서는 나중에도 검토하겠지만, 법인세가 면제됨으로써 선주 부담은 톤수에 링크된 정률의 선박등록료(initial registration fee)와 연세(annual fee)만으로 구성되어 강한 인센티브가 작동한다. 林久保博에 따르면 1960년대의 케이스지만, 등록료, 연세는 대개 일본보다 낮은 수준이고, 경우에 따라 다를 수 있지만, 법인세의 유무가 큰 영향을 미친다. 온두라스의 경우 등록료와 연세는 낮지만, 파나마와 라이베리아에 비해 온두라스 선적이 적은 것은 소득에 과세되기 때문이라고 한다(林久保, 1970, 上 12쪽).

두 번째의 국가수입에 대해 별로 주목하지 않지만, 매우 중요한 이슈이다. FOC냐 아니냐를 판단하거나, FOC를 평가하는 데 중요한 지표가 되기 때문이다. 먼저 선박등록료와 연세를 살펴보면 그 명칭으로부터 등록이나 그것을 유지하기 위한 서비스에 대한 반대급부처럼 이해할 수 있지만, 조세의 한 형태로 해석해야 한다. 조세에 대한 통설은 "국가가 제공하는 특별한 급부에 대한 반대급부가 아니라, 공공서비스를 제공하기 위한 자금조달 목적으로 법률이 정한 규정에 따라 사인에게 부과하는 금전급부"(中里 외, 2011, 21쪽)이며, 세금으로 정의된다. 위에서 인용한 林久保는 '선박등록세와 연세'로 표현한다. 콜즈와 와트는 'registration fee and annual tonnage tax'라 했다(Coles & Watt, 2009, p.260).

법인세를 면제함으로써 파나마 정부는 소득의 실태, 즉 선박소유회사의 경영상태를 추적할 필요가 없어, 징세비용이 최소화되고, 안정된 세입원을 획득하게 되었다. Carlisle도 파나마 해사시스템은 선원을 위한 것이 아니라 영사 및 중앙정부의 수입을 위한 것이었다고 지적한다.[21)]

(c) 패권국가 미국의 군사전략과 FOC의 창설

파나마의 해사법이 정비되고, 파나마로 이적이 증가했다고 하여 FOC가 국제적으로 '허가받은 존재'가 된 것은 아니었다. 이미 1933년 ILO 합동해사위원회(JMC)는 파나마로의 이적이 노동조건을 저하한다는 이슈를 의제화하였고, 제2차대전 이후 곧바로 ILO에서 조사를 실시하였다.[22)] 또 UN 제1차 해양법회의(1949~1958년)에서 선박국적 요건이 주요 의제가 되어 FOC는 벼랑 끝에 서게 되었다.

이것을 구제한 것이 미국이었는데,[23)] 미국을 움직인 것은 파나마의 해사정책과 무관하게 패권국가로서 군사전략이었다. 미국의 세계전략에 있어서 FOC는 불가결한 존재가 되었기 때문이다. 제3장에서 상세히 설명하겠지만, 패권국가의 군사전략에 FOC가 포함됨으로써 그 존재를 국제적으로 부정하기 어렵게 된 것이다. 이러한 의미로 FOC는 미국이 창조한 것이나 다름없고, 그 기원은 1947년으로 보아야 할 것이다. 1947년에 '미국이 효과적으로 지배할 수 있는 선대(Effective U.S. Control Shipping)'라는 군사정책이 확립되었기 때문이다.

(4) FOC의 재정의

(a) 재정의와 약간의 해설

앞에서 FOC에 관한 몇 가지 정의와 그 사고방식을 소개했는데, Grundey의 정의는 그리스와 같은 편의성이 높은 선적과 FOC를 구분하는 데 유효한 정의라 할 수 있다. 그의 정의는 Torofary보다 더 나은 정의로 평가할 수 있지만, 몇 가지 문제점이 있다고 생각한다. 첫째, FOC는 제2차대전 이전 산물이냐 아니냐이다. 그들의 정의에 따르면 제1차대전 이후 파나마 선적에 그 기원을 두지만, 그것은 사회과학적인 시각으로 보면 충분한 설명이 되지 않는다. 둘째, 복잡한 FOC 현상을 간결하게 표현하므로 매력적이기는 하지만 너무나 추상화되기 쉽다는 점이다. Rochdale 기준을 좀 더 잘 표현할 여지가 남겨져 있다고 생각한다. 셋째, 국제법 또는 국제사회와 관계에 대한 언급이 부족한 점이다. 이상을 고려해서 다음과 같이 FOC를 재정의하고자 한다.

"FOC란 미국의 군사전략을 원동력으로 하여 실질적으로 제2차대전 이후 발생한 제도이다. 작은 나라가 이 제도를 만드는 목적은 국가수입을 획득하는 것에 있다. 이 목적과 관련하여 그 제도적 특징은 오프쇼어(off-shore)적 특성에서 찾아볼 수 있다. 이 오프쇼어성에 의해 선적국은 수입을 확실히 보장받고, 그것을 이용하는 선주는 국제경쟁력을 획득할 수 있다. 또한 FOC와 선적국 국민경제의 연관관계는 극히 희박해진다."

약간 부연하면 패권국가와 관계를 제외하고 FOC를 정의하는 것이 불가능하다는 것은 앞에서 언급했지만,[24] 양자를 결부시키는 요인과 요소는 후술하는 것처럼 파나마 선적의 오프쇼어성이다.

다음으로 국가수입이 목적인 경우 전제조건은 그 국가가 소국이어야 한다. 예를 들어 편의선적국 간의 경쟁이 치열하기 때문에 연간등록료는 톤당 10센트인 나라가 많은데, 1천만 톤이 등록했다 하더라도 수입은 100만 달러밖에 되지 않는다.[25] 이 금액이 비중 있게 쓰이는 국가가 되려면 소국이어야 한다. 또한 국가수입을 극대화하기 위해서 더 많은 선적등록과 행정비용의 최소화를 목표로 해야 하는데, 양자는 오프쇼어성의 강화로 실현될 수 있다. 예를 들면, 외국 선주에게 일반 다국적기업처럼 선적국의 국민경제 관련 투자를 요구하면, 시장이 좁은 소국 리스크로 선주들은 선적이전을 주저하게 된다. 한편 선적국이 Grundey가 말하는 주권을 행사하려면 행정비용이 국가수입을 상회할 가능성이 높다. 따라서 선적국은 FOC를 오프쇼어적 존재로 규정하여 '보살피지 않는 것'이 더 중요해진다.

(b) FOC의 특질로서 오프쇼어성

그런데, 오프쇼어라면 오프쇼어 금융시장, 오프쇼어 센터가 유명하다. [経済辞典 제4판](有斐閣)은 이것에 대해 "해외로부터 자금을 조달하고 해외에 융자하는 국제금융시장으로, 유로시장의 지역 확대판이라 할 수 있다"고 기술하고 있다. 及能正男(1986, 21쪽)은 오프쇼어 센터의 요건으로 다음의 4가지를 들고 있다. 첫째, 자금의 이동제한이나 대출금리 규제 등 금융거래 전반에 대해

규제가 없다. 둘째, 자금거래 코스트가 극히 적다. 예컨대 세법상 우대책이 실시되고, 예금준비율 적용이 제외되고, 예금보험제도가 존재하지 않기 때문이다. 셋째, 정치적 및 경제적 안정성의 유지다. 외국자산의 국유화는 극단적인 경우에 해당하지만, 과세 강화 등은 시장의 지속성에 대해 리스크가 된다. 넷째, 국제금융시장과 연관관계를 맺고 있다. 어원적 의미에서 오프쇼어(off-shore)는 연안지역이라든가, '해안에서 멀리 떨어진 해역' 등이 되지만, 상술한 것처럼 오프쇼어성은 국민경제로부터 격리된 금융활동이고, 그 때문에 자유롭고, 국내적 제약이나 규제로부터 해방된 활동이 유발된다.[26] 그러면 FOC는 어떠한 측면에서 어느 정도 오프쇼어성을 갖고 있는가? UNCTAD에서 논의된 사항은 제5장 3절에서 다룬다.

(가) 미국의 군사전략상의 요청과 오프쇼어성

먼저 미국의 군사전략 측면에서 살펴보면 징용 전 단계로 정기용선으로 외국선박을 미국의 군사전략에 투입하는 것도 생각해 볼 수 있으나, 취항지가 곤란한 상황에 빠지면 최후에 외국선(FOC)의 징용이라는 강권에 의지할 수밖에 없다. 이 경우 첫 번째 요건은 미국 선주가 소유하는 선박이 되지만, 두 번째 요건은 당해 외국선박에 대한 기국의 양해이다. 외국정부에 의한 징용은 기국이 보유하는 자국선박에 대한 배타적 관할권(공해)을 배제하는 것이므로 명백한 주권의 침해가 된다. 그것의 양해에 정부 간 협정뿐만 아니라 묵인도 포함되는데, 기국 정부가 양해할 수 있는 최대의 요소는 자국선이 자국, 특히 자국 경제와 무관하거나 거의 관계가 없는 경우이다. 예를 들면, 피징용선이 기국의 외국무역에 중요한 선박이거나, 자국 선원이 다수 승조하게 되면 자국민의 안전 확보라는 최저한의 국가의 역할로 인하여 양해는 곤란해질 것이다. 이에 비해 FOC가 오프쇼어적 존재라면 기국도 승인 또는 묵인하기 쉬워진다. 단, 오프쇼어성에는 다양한 형태가 존재한다.

(나) 조세도피처(tax haven)와 실체 없는 현지법인

편의선적국은 조세도피처로 잘 알려져 있다.[27] 이것으로 선주를 유인하려는 것은 명백하지만, 여기서는 법인세 면제에 주목한다. 예를 들면 매우 낮은 세율이라도 법인세를 부과하게 되면, 국가는 소득의 유무나 소득은폐의 유무를

조사하지 않을 수 없다. 입회조사권은 당연히 수반되는데, 제도로서 이것들을 완결시키려면 실체가 있는 회사(현지법인) 설립을 강제해야 한다. 회계장부의 준비는 물론, 주주총회나 이사회의 국내 개최(필수는 아니더라도)도 요구받게 된다.[28] 이에 비해 법인세를 면제하면, 전술한 것처럼, 징세사무나 그것을 위한 비용을 생략할 수 있다. 더욱이 상술한 관련 규제는 불필요해지고, 행정코스트는 세제면에서 극소화된다.

이렇게 되면 비로소 오프쇼어적 페이퍼 컴퍼니의 존립이 가능해진다. 외국 선주에게 세무비용이 줄어들 뿐만 아니라, 경영의 자유도가 극도로 상승하기 때문에 유인효과가 크게 향상된다. 절세효과에 대해 부언하면, 선주의 본국에서 택스 해븐 대책세제가 실시되지 않는 경우, 감가상각 그 자체가 문제가 되지 않게 되므로 기업의 판단에 기초하는 자유상각을 할 수 있어 고축적 시스템을 획득할 수 있다.[29]

(다) 무역, 해운, 금융의 오프쇼어화

UNCTAD의 조사에 따르면 1973년 일본은 라이베리아와 파나마로 선박 수출을 각각 15.74억 달러, 4.91억 달러어치 하였다. 이에 비해 라이베리아와 파나마의 수입액은 단지 1,200만 달러와 3,300만 달러밖에 보고되지 않았다(UNCTAD, 1977, p.64). 최근의 예를 들면, 일본으로부터 파나마로의 선박 수출은 2010년 약 147억 달러였지만, 파나마측의 '수송, 통신기'의 수입액(2008년)은 7.6억 달러에 지나지 않는다(JETRO 홈페이지). 이 두 가지 사례에서와 같이 해운활동의 기본이 되는 선박의 '수입'에 대해 라이베리아나 파나마 정부는 관여하지 않고 있다고 볼 수 있다.

다음으로 해운활동에 대해 살펴보자. IMF의 국제수지통계는 국제경제를 살펴보는 데 가장 기초적인 통계인데, 파나마는 FOC의 해운수지를 계상해오지 않았다. 그 이유로 "외국인 소유의 파나마적 선박에 있어서 파나마인이 점유하는 자본비율이나 파나마 선원의 비율은 무시해도 좋을 정도다. 실질적으로 파나마 경제의 일부를 형성하거나 담당하고 있다고 할 수 없으므로, 국제수지의 목적을 고려해서 상기 선박을 소유하는 회사는 비거주자로 취급한다. 다만, 그런 회사가 지불하는 세금, 요금 및 약간의 선원의 송금에 대해서는 계상하기로 했다"고 주석을 달고 있다(IMF, 1994, p.543). 요약하자면, 내항선 등으로 사용하는 것이 아닌 편의선적을 위한 선박의 수입, 수출(매각)이나 편의치적선이 벌어들인 운임 등은 편의선적국의 국민경제와 관련이 없으므로, 선박의 매매나 해운활동은 오프쇼어적인 경제활동으로 자리매김되고 있다.

高橋元(1979, 3쪽)에 따르면 조세도피처의 일반 요건 중 하나는 '외환관리가 없는 것'이다. 氷川秀男과 及能은 오프쇼어 뱅킹센터로서 파나마, 라이베리아, 버뮤다, 바하마, 케이만, 네덜란드령 안틸레스, 레바논, 키프로스, 바누아투, 마셜제도 등을 들고 있다.[30] 이 많은 센터는 금융실무를 수행하지 않고, 장부관리지(부킹센터)에 지나지 않는다. UNCTAD의 조사보고서는 편의선적국에 있는 자회사에 주목해서, "선박의 구입이나 할부변제금, 운항수입과 그 비용, 이익과 손실 등을 수반하는 금융플로는 자회사의 수지계산서에 올바로 기재된다 하더라도, 그것이 꼭 선적국으로 또는 선적국으로부터 동일한 금융플로를 발생시킨다고 볼 수는 없다. 이것을 인지하는 것은 중요하다." 예를 들어, 선박 구입의 경우, "정기적인 분할지불은 기국을 통해 행할 필요가 없이 모회사와 조선소, 또는 이전 소유자 사이에 직접적으로 해결할 수 있다"고 한다. 실제로 현지 자회사는 모회사 등을 선박관리자로 지정하고, 지정된 자가 금융 플로, 통화를 취급하기 때문에, 현지 자회사의 장부에는 '기재'될 뿐이다(UNCTAD, 1977, pp.46~47). 물론 '직접 해결'한다고 하지만, 무역결제에는 외환취급은행을 매개로 할 필요가 있고, 자금조달에는 오프쇼어 센터를 이용하게 된다. 실제로는 유로달러, 오프쇼어 센터, 택스 해븐이 삼위일체적으로 기능하고 있다고 할 수 있다. 유로달러에 대해서는 제2장에서 다루겠다.

(라) 오프쇼어적 해상노동시장(세계단일시장)

편의선적제도에서는 외국인선원의 고용이 자유롭다고 지적되는데, 그것이 갖는 의의는 의외로 심각하다. 통상 해외진출하면 노동력 조달이 진출지인 나라의 노동시장을 통해 이루어진다. 예를 들어 외국인 고용이 진출지국에서 자유롭다고 하더라도 마찬가지다. 그런데 편의치적선에서는 선적국의 선원노동이 존재하지 않으므로,[31] 고용주인 선주는 글로벌하게 선원을 고용하게 된다. 구체적으로는 예를 들어 필리핀으로 대표되는 것처럼, 선원 거주국가의 선원시장에서 조달하게 된다. 다만 주의를 기울여야 할 것은 ① 특정국에 한정되지 않는 것, ② 임금수준의 변화 등으로 상기 시장은 이동하는 것, ③ 리스크 분산을 고려하여 다수의 국가로부터 조달하는 것이다. 요약하자면, 해상노동시장은 오프쇼어적인 세계단일시장으로서 실재하고 있다고 할 수 있다.

(마) 행정비용의 극소화와 오프쇼어성

편의선적국이 국가수입을 극대화하기 위해, 또는 외국선주를 더 많이 유인하기 위해, 또는 다른 편의선적국과의 경쟁상 우위에 서기 위해 많은 수단이 채택되어 왔는데, 크게 세 가지로 나누어볼 수 있겠다.

첫째, 징세비용이다. 법인세 면제에 의한 징세비용의 최소화에 대해 이미 설명했는데, 선박등록세, 연세와 기타 조세가 선박의 톤수라는 명확한 기준에 따라 부과되고 있는 것에도 주목할 필요가 있다. 순톤수를 쓰거나 총톤수를 쓰는 등 여러 가지 기준이 있고, 톤당 예를 들면 0.1달러라든지, 선박의 크기에 몇 가지 단계를 가지는 부과금이라든지 하는 경우가 있지만, 어느 쪽이든 계산이 복잡하지 않다. 이에 따라 선주가 어느 정도의 이익을 획득하는가에 대해서는 택스 해븐 대책세제에 달려 있다.

둘째, 사회보장비다. 외국인 선원의 고용을 자유롭게 하는 것으로 사회보장제도를 확립하지 않아도 된다. 선주의 이익은 커지지만, 선원의 불이익도 커지므로, 연금 등의 보장 대신에 임금은 자국선보다 높아지는 경향이 유럽에서 나타났다.

셋째, 안전에 관한 행정비용이다. 편의선적국도 IMO조약, ILO조약을 비준하고 있으므로 서브스탠다드선은 예외라는 견해가 있다. 다만, 행정코스트 면에서 보자면 약간 다른 모습이 된다. 국제법은 기국주의를 원칙으로 하고 있다. 이 원칙의 이론적 함의는 해사행정기구를 자국에 두고, 실효적으로 관할하는 것이 되겠지만, 실제로는 타국(많은 경우 전통적 해운국)의 선급협회에 의존하고 있다고 볼 수 있다. 승조원의 자격에 대해서도 타국의 면허에 동등한 자격을 부여하는 제도를 채용하고 있는 나라가 많고, 스스로 시험제도를 보유하고 있더라도 그 활용은 매우 적은 것으로 보인다.[32] 요약하자면, 외부자원을 활용하는 것(아웃소싱)으로 행정비용을 대폭 억제하고 있는 것이다. 더욱이 실효성의 확보를 PSC(Port State Control, 항만국통제)라는 외국의 해사행정기구에 의존하고 있는 것이 실상이라고 해도 과언이 아니다. 이것에 대해서는 다음 절에서 다루겠다.

이상에서 살펴 본 세 가지 행정비용의 최소화 방법은, 편의치적선을 국민경제의 바깥으로, 즉 오프쇼어적 존재로 등한시함으로써 행해지고 있다고 할 수 있다. 징세비용의 최소화라 하더라도 편의치적선이 국민경제 내의 존재라면 코스트 삭감보다도 세수 확보를 중시할 것이므로 법인세를 면제하는 것은 있을 수 없다. 사회보장비에 대해서도 많은 것을 이야기할 필요가 없다. 승조원을 자국의 노동자로 하려 한다면 다른 방향으로 전개될 수밖에 없다. 안전비용에 대해 Grundey식으로 말하자면, 국가주권의 행사로 생각하는가 아니면 서비스의 판매로 생각하는가의 문제이며, 후자에서 국적증서는 당해 기국과의 인연이 옅은 것이 된다.

(바) 국제법과의 관계

전술한 것처럼 편의선적제도는 철저한 오프쇼어화 위에 성립되었다고 인정할 수밖에 없다. 해운산업을 진흥시키려는 것이 아니고, 단지 선적서비스만을 판매하는 것으로 보이는 작은 나라들이 다수 존재한다. 이러한 부자연스러움을 둘러싸고 격렬한 논쟁과 정치적, 사회적 대립이 발생해 왔지만, 편의선적제도를 단계적으로 폐지하거나 축소하는 데 성공하지 못했다. 오히려 다음 <표 1-2> 에서 보듯이 점점 더 번성하고 있다.

이러한 상황이 제2차대전 후 반세기 이상에 걸쳐 국제사회에서 허용되어 온 요인의 하나로 국제법 고유의 성격을 지적하는 것은 무의미하지 않을 것이다. 유럽에 한정되지만, 국가주권이 탄생한 것은 1648년의 베스트팔렌 조약이라고 한다. 보댕의 [국가론, 1576]이나 홉스의 [리바이어던, 1651] 등은, 국가를 '최고의 권력', '지상(至上)의 권위' 등으로 자리매김하여, 근대적인 국가주권의 확립에 큰 역할을 했다(橫田, 1972, 37쪽). 주권국가에는 ① 영토의 확정, ② 물리적인 폭력의 독점(상비군, 경찰), ③ 근대적 관료제, ④ 공적 인격으로서의 권력구조(군주의 사적 인격으로부터의 분리), ⑤ 정치와 종교의 분리(30년전쟁의 종언) 등의 요인이 갖춰져야 한다.[33] 그리고 예를 들어, 자본주의 사회나 사회주의 사회에서 이런 주권을 바탕으로 국내질서를 어느 정도로 유지하는가는 그 체제의 자유라 하였다.

이처럼 국내적으로 모순이 없는 통일체가 형성되었지만, 국가관계와 지역규모에서 편성의 문제가 되면 매우 곤란할 수 있다. '지상의 권위'로서 국가가 존재함에 따라 국가의 안과 밖은 분리됨과 동시에, 국가 간은 '지상(至上)'으로 인해 평등해지고, 국가를 초월한 통일적 권위를 수립하는 것은 어렵게 되었다. 이러한 절대적 국가의 존재는 서구적인 '개인'과 깊은 관계가 있는 것을 들여다 볼 수 있다. 실제로 앞에서 기술한 난제의 해결은 개인과 개인의 (계약)관계와 마찬가지로 국가와 국가의 합의인 2국간 조약이나 다국간 조약에 근거하고 있다(조약법에 관한 비엔나 협약 전문 참조). 국제법은 현대에서도 기본적으로 이 틀을 유지하고 있다.

해양으로 눈을 돌리면, 영토(내수, 영해 등은 생략) 이외에 권력은 미치지 않는 것이 된다. 국제법은 이 권력의 공백지대를 '공해(公海)'라 하고 있지만, 무법지대로 방치할 수는 없어서, 선박에 대해 국가가 선박에 국적을 부여하고 지배하는 것으로 공해의 질서 유지를 도모하게 되었다(기국주의).

그러나 어떤 선박에 국적을 부여할 수 있는가는 문제로 남겨졌다. 이 점에 대해서는 여러 단계를 거쳐(제3장 3 (1) (a) 참조) 각국이 결정할 수 있다는 국제관습법이 성립되었다.[34] 제2차대전 이후 편의치적선의 증대에 위기감을 가진 유럽은 "기국(旗國)과 선박 사이에 '진정한 관계'가 없으면 안되고, 그것이 없는 경우 타국은 그 국적을 부정할 수 있다."는 구속력을 담은 성문국제법(공해조약)을 성립시키려 했지만, 실패했다(상세히는 제4장 참조).[35]

국가주권의 차원에서 보면, 국적 부여 권한에 기본적으로 동요가 초래되지 않는 수준에서 어느 정도 합의가 이루어졌다. 이에 따라 편의선적국은 오프쇼어적인 선적을 보유할 수 있게 되었고, 이는 국제법상 '주권 중시'의 전통이 반영되었다고도 볼 수 있겠다.

2. FOC를 둘러싼 여러 논점

"FOC는 훌륭한 제도다"라고 찬사를 보내는 사람은 아무도 없다. 여기서 편의선적제도에 다양한 논점이 숨어 있다는 것을 알게 된다. 편의치적선이 아직 매우 적었던 1960년대 초두에 Sturmy는 "FOC 문제의 해결책이 있기나 한 것일까? 애당초 문제가 있기는 한가?"라고 문제를 제기했는데, 1980년 중반에는 많은 문제점을 인식하고 제약을 가할 필요성을 언급하고 있다(Sturmy, 1962, p.232, 1985, pp.57~63). 다만 편의선적제도의 문제점이 무엇인가에 대해서는 지적할 기회도 많으므로, 이 절에서는 여러 가지 논점의 정리에 역점을 두겠다.

한편, 앞의 절에서는 FOC를 그대로 사용한 적이 많았지만, 앞으로는 제도를 가리키는 경우 '**편의선적제도**'를, 선적국을 가리키는 경우에는 '**편의선적국**'을, 선박을 가리키는 경우에는 일본에서의 일반적 용법인 '**편의치적선**'을 원칙으로 사용하기로 한다. 마지막의 편의'**치적**'선은 앞에서 다룬 것처럼 실질적인 소유자인 수익선주 측면의 시각이어서 매우 마음에 걸리지만, 예를 들어 '편의국적선'(주 6 참조)도 부자연스러워서, 반세기 이상의 역사를 가진 '편의치적선'을 선박을 가리키는 FOC의 명칭으로 사용하기로 한다. 또 본서의 타이틀에서와 같이, FOC 전체를 가리키는 경우에도 사용하기로 한다.

(1) 미국 군사전략의 수단으로서 편의선적제도

전술한 바와 같이 편의선적제도에 대해 논의할 때 무엇보다 미국의 군사전략이 그 기초가 되었다는 사실에 주목하지 않을 수 없다. 제2차대전 이후 미국은 제3차 세계대전의 가능성을 전제로 한 군사전략을 구축하는데, 제1차와 제2차 세계대전과 마찬가지로 '총력전'을 상정하였다. 이 전략에서 무엇보다 중요한 것 중 하나는 국민생활에 필요한 물품과 군수품을 수송하기 위한 상선을 평시에 지속적으로 보유해야 한다는 것이었다. 그러나 미국에는 이미 그 능력이 없었다. 자국 조선소의 선가는 높았고, 선원의 임금도 매우 고액이어서, 보조금만으로 필요한 거대 선대를 유지하는 것이 불가능했기 때문이다.

그래서 대체안이 모색되었다. 제2차 세계대전 중의 경험에서 힌트를 얻은 Effective U.S. Control Shipping(미국이 효과적으로 통제하는 선대) 정책이 그것이었다. 구체적으로는 미국 선주가 보유하고 'PanLibHon'이라 칭해졌던 파나마, 라이베리아, 온두라스 선적의 선박을 전시에 징용해서 사용하고자 한 것이다.

그 수단성은 3가지 의미를 가진다. 첫째, 군사전략 달성을 위한 수단이었기 때문에, (좋고 나쁨은 별도로) 국제해운이 역사적으로 형성해 온 해운시장 및 질서와 제도는 전혀 고려되지 않았다. 그 단적인 사례가 소유권이 외국인에게 허용되었고, 외국인 선원이 자유롭게 고용되었다. 이것을 최대한으로 활용 가능했던 미국 자본과 그리스 자본은 높은 경쟁력을 과시하며 기존의 시장질서를 잠식했다. 둘째, 앞 절에서 다룬 오프쇼어성이다. 셋째, 미국의 권력행사에 의해 영속성을 얻은 것이다. 바꿔 말하면, 국제해운의 역사가 만들어 낸 자생적 제도가 아닌 것이다.

많은 문헌에서 편의선적제도의 기원이 수세기 전으로 거슬러 올라간다는 것은 이미 언급했지만, 거기에서 나타난 사례는 '틈새'에 불과했기 때문에 방치되어 온 것에 주의해야 한다. 만약 그것이 비대화되었다면 국제해운시장의 질서를 어지럽히는 것으로 배척되었을 것이다. 파나마도 그 예외가 아니다. 뒷장에서 상세히 다루겠지만, 유럽의 편의치적선 배척운동은 집요한 것이었다. 그럼에도 불구하고 살아남은 것은 미국의 패권 때문이었다. 이 세 번째 논점은 논자의 사회과학적 인식을 묻는 것이기도 하다.

(2) 국가수입 확보의 수단으로서 편의선적

편의치적선을 제공하는 편의선적국은 자국 해운의 창설, 발전을 위해 자유선적을 실시하는 것이 아니고 국가수입(외화)을 획득하는 수단으로 활용하고 있는 것은 잘 알려져 있다. 전술한 바와 같이, Grundey는 이런 수단성을 FOC 정의의 핵심부분으로 사용하였다. 작은 나라에 이 제도가 얼마나 매력적인지는 1970년대 이후 새로 진입한 편의선적국 일람(<표 1-2>)에서 알아볼 수 있다. 예를 들어 라이베리아의 해운수입은 1975년 1,650만 달러로 국가세입의 13.2%를 점하고 있다. 1981년에는 2,010만 달러, 9%였다(Nelson, 1984, p.188, p.300). 또 UNCTAD(1977, p.67, par.207)는 등록료, 세금 등에서 1975년, 라이베리아 1,890만 달러, 파나마 640만 달러, 키프로스 100만 달러, 싱가포르 90만 달러, 버뮤다 20만 달러로 추정하고 있다(1960년대에 관해서는 *MT*(1971), pp.94~95 참조).

한편 편의선적대국은 물론, 소국에서 해사행정비용의 최소화 압력은 상상을 초월한다. 바누아투는 1906년 이래 영불공동통치령으로 이례적인 식민지 상태에 있다가, 1980년 독립을 계기로 편의선적국에 끼게 되었다. 인구는 겨우 약 24만명이고, GNI는 6억 달러이며, 항상적인 무역적자국으로 원조 없이는 버티기 어렵다. 오프쇼어센터를 통해 200만톤 정도의 등록선복량으로 초기등록료와 별도로, 세금과 검사료 등으로 얻을 수 있는 수입은 연 40~50만 달러 정도로

〈표 1-2〉 신규진입 편의치적국과 그 선복

선적국	진입년도	척	천D/W
Barbados	1973	100	1,073
Mauritius	1974	3	12
ST. Vincent & the Grenadines	1974	541	6,919
Tonga	1976	28	73
Vanuatu	1983	58	2,036
Antigua and Barbuda	1987	1,194	13,011
Marshall Islands	1992	1,240	75,974
Belize	1992	242	1,210
Cambodia	1995	730	2,556
Sao Tome & Principe	1999	15	26
Bolivia	1999	42	124
Comoros	2001	201	1,004
Mongolia	2003	106	1,225

출처: DeSombre, 2006, p.44; ISL, 2010, pp.19~21.
주) 선복량은 2010년 1월 1일 현재

추측된다. 오프쇼어 센터와의 연결효과에 중점이 있는지는 알 수 없으나, 행정비용 최소화의 압력은 앞 절에서도 언급한 바와 같이 상당히 높지 않을 수 없다. 결국, 주권을 행사하면서(국적부여요건의 설정), 실효적 관할의무를 충분히 달성할 수 없는 문제를 계속 끌어안고 가게 된다.

(3) 해난(낮은 안전성)

OECD는 1964년부터 1973년까지 10년간 전세계의 '전손선박'을 조사하였다. 이 보고서에 따르면 편의치적선의 전손율은 OECD 가맹국에 비해 톤수로 4.1배, 척수로 3.1배였다.[36] 당시 편의치적선의 해난이 얼마나 많았는지가 놀랄 정도지만, 그것보다도 세계를 떨게 했던 해난은 원유 유출에 의한 해양오염이었다. 특히 원유 범벅이 된 빈사상태의 바닷새들의 영상은 환경파괴의 심각성을 여실히 보여주었다. <표 1-3>은 편의치적선에 의한 대규모 원유유출사고를 나타낸 것이다.

〈표 1-3〉 편의치적선의 주요 해양오염 사고

년도	선명(중량톤)	기국	유출량(톤)	비고
1967	Torrey Canyon (118,285)	Liberia	119,000	영국 남서부 실리제도와 란즈엔드곶 사이의 얕은 연안에서 좌초, 원유가 타올라 폭격, 프랑스 해안도 오염
1968	World Glory	Liberia		남아프리카
1970	Pacific Glory	Liberia		영국 와이트섬 연안, *Allegro*호와 충돌
1971	JULIANA	Liberia	7,000	일본 니가타, 황천 묘박 중 좌초
1976	Argo Merchant	Liberia		미국 동부 낸터켓, 좌초
1977	Hawaiian Patriot	Liberia	95,000	호놀룰루 서쪽 330마일, 선체 균열, 유출
1978	Amoco Cadiz (233,690)	Liberia	223,000	프랑스 부르타뉴 연안 조타기 고장, 표류, 좌초, 절단, 전량 유출
1985	NOVA	Liberia		
1985	Neptune	Liberia		
1991	ABT Summer (267,810)	Liberia	260,000	앙골라 연안 폭발 화재
1993	MV Braer (89,730)	Liberia	85,000	영국 Shetland, 좌초
1996	Sea Empress (147,273)	Liberia	72,000	영국 Milford Haven항 밖에서 좌초
1997	Diamond Grace (258,000)	Panama	1,550	일본 도쿄만에서 좌초
1999	Erika (37,283)	Malta	11,000	프랑스 비스케이만에서 절손, 부르타뉴 해안 오염
2000	Natuna Sea (90,000)	Panama	7,000	싱가포르 센토사섬 남방 좌초
2002	Prestige (81,589)	Bahama	77,000	스페인 북서부 연안에서 절손, 스페인, 프랑스 해안 오염

출처: 海事리포트(각 연도), 일본 해상기술안전국, '주요한 탱커 원유유출 사고에 관해서' (國土交通省 HP). 逸見, 2006, 268쪽 외.

주 1) *Diamond Grace*호를 제외하고 7,000kl 이상의 유출 사례

2) 좌초, 절손 등은 승조원이나 선체에 문제가 있는 것으로 추측됨.

최근에는 세계의 이목이 집중되는 편의치적선의 해난은 감소한 것처럼 보이지만, 도쿄 MOU의 PSC(이 절 (5) 참조)에 의한 구류(detention)는 편의치적선들이 상위를 점하고 있다. 또한 2011년도 후반 6개월간 일본에서 실시된 PSC로 구류된 99척 중 최악의 5개국은 캄보디아 45척, 파나마 28척, 시에라리온 10척, 벨리즈 3척, 베트남 3척이었다.[37)]

일반적으로 구류율은 저하되고 있지만, 신흥 편의선적국의 대두를 감안하면 낙관하기 어렵다. 사실 2006년에 빈발한 일본 선사가 지배하는 편의치적선의 해난에 관련하여 일본 해사국 외항과는 '편의치적선 등의 안전대책의 재점검에 관해서'를 船主協会에 발송(동년 12월 22일)함과 동시에, 주요 외항선사(10사)에 재점검의 결과와 새로 마련한 조치 등을 보고하도록 요청한 바 있다.[38)]

(4) 선급협회(classification society)의 상업화

몰타(Malta) 선적의 편의치적선 에리카(Erika)호는 3만 7천 중량톤의 단일선체 유조선이었다. 1975년에 일본 가사도(笠戸) 도크에서 건조된 노후선이다(사고 당시 선령 25년). 에리카호는 됭케르크항(프랑스)에서 중유를 거의 만재하고 1999년 12월 8일 이탈리아를 향해 출항했다. 2일 후 비스케이만에 다다를 무렵부터 황천을 만나, 갑판상의 균열을 발견하여 루아르강 하구 가까이 생나제르에 피난하려 했지만, 12일에 선체가 두 동강이 나서 최종적으로는 침몰했다. 2만 톤이 넘는 유출유는 부르타뉴 지방을 뒤덮어 굴, 키조개의 양식, 월동하고 있던 바닷새와 제염업, 관광업에 심각한 손해를 끼쳤다.

에리카호의 안전을 인증한 것은 이탈리아 선급협회 RINA였지만, 건조 이래 NK(일본), ABS(미국, 79년), BV(프랑스, 93년) 등 변경을 거듭했다. RINA는 1998년 선급을 인수하여 3회의 검사를 실시함과 동시에 선박관리회사에 대해 ISM 코드상의 적합서류(DOC) 발행과 에리카호의 안전관리증서(SMC)의 인증도 수행했다. 1월 후에 나온 프랑스 사고조사위원회의 잠정보고서는 사고의 주요인으로 "부식에 의한 선체의 강도 부족이고", "사고 이전부터 부식을 알 수 있는 상황이었음에도 선급협회 및 선박관리회사는 적절한 조치를 취하지 않았다."고 했다.[39)]

여기서 선급협회의 상업화 문제를 조금 상세히 살펴보고자 한다. 편의치적선의 증가로 인해 상업화가 빠르게 진전되었기 때문이다. 선급협회는 1760년의 로이드선급의 설립까지 거슬러 올라갈 수 있지만(Özçayir, 2004, p.477), 주제와 관련하여 말하자면 타이타닉호 해난 후에 성립된 SOLAS 조약(International convention for Safety Of Life At Sea, 국제해상인명안전조약)과 1930년 LL 조약(International convention on Load Line, 국제만재흘수선조약)을 주목해야 한다. 이 조약에 따라 각국 정부(기국)는 주로 선체, 기관, 설비, 만재흘수선 등의 안전검사 의무를 부여받게 되지만, 그 업무의 대행을 다른 기관에 위탁하는 것이 인정되어, 해운 각국에 선급협회가 설립되었다. 일본은 1934년 제국해사협회 선급부(1946년 일본해사협회로 개칭, Class NK)가 선박안전법상의 인증기관으로서 인정받았다.

그런데, 조선소가 없는 편의선적국이 검사기관을 가지는 것은 불가능하고, 또 조약상으로도 필요치 않아서 편의선적국은 타국의 선급협회를 이용하게 된다. 각국의 선급협회에는 자국적선 이외의 고객을 맞이하는 계기가 되어 선급협회간 경쟁이 시작되었다. 1980년대에 들어 또한번 전환기를 맞이한다. 전통적 해운국의 선박은 차차 편의치적하여, 각국의 선급협회는 급속히 독점적인 자국의 시장을 잃게 되었기 때문이다. 오래지 않아 주된 고객이 편의선주가 되는 상황이 되어, 치열한 고객획득 경쟁이 벌어지게 되고, 그런 가운데 선급협회의 상업화는 피할 수 없게 되었다. 컨설턴트인 PRISMA는 유럽위원회에서 "선급협회에 대한 상업적 압력 및 충분한 전문성과 프로의식을 갖추지 못한 선급협회의 증가로, 선급협회에 대한 해사사회의 신뢰는 최근 수십년간 저하되고 있다"는 견해와 함께 "우려가 증대하고 있다"고 보고했다.[40] 프랑스 정부는 에리카호 해난으로 RINA를, 스페인 정부는 *Prestige*호 해난으로 ABS를 제소했고, 이러한 사건들이 선급협회에 대한 신뢰 저하를 보여주고 있다.

에리카호의 해난은 해양오염의 심각성과 당해 선박을 둘러싼 실태의 복잡성으로 EU 전체의 문제로 취급되었다. 2000년부터 2005년까지 3회에 걸친 정책(ERIKA Package I~III)이 수립되었으며, 그 사이에 에리카호와 유사한 프레스티지호의 침몰사고가 발생(2002년 11월)했기 때문에 정책대응은 다음과 같이 매우 엄격하게 실행되었다. ① 단일선체 유조선의 단계적 폐지를 앞당김, ② 기름유출 보상기금을 인상, ③ PSC(항만국통제)의 강화, ④ 유럽해상보안청의 창설 등 여러 가지였으나 선급협회에 관해서는 다음과 같은 결정이 내려졌다. ① 선급협회의 업무에 대한 감시의 강화: 각국별로 분산되었던 선급협회의 인가, 감독을 EU와 각국의 공동권한으로 하여 감시를 강화한다. ② 선급협회의 품질관리의 강화: 종래 품질관리의 방법, 요소를 공통화하여 강제하고 제재를 도입한다.[41] 또한 그 사이 EU 기준과 IMO 기준의 부조화가 있어 IMO 기준의 대폭 변경이 행해진 사례도 많았다.

다음으로 선급협회의 상업화는 더블 스탠다드의 의심을 불러일으키는 계기도 되었다. 파리 MOU는 2001년 보고에서 "구류된 선박 1,699척 가운데 선급협회의 책임에 의한 것으로 생각되는 것이 380척(22%) 있고, 그 가운데 297척(78%)은 블랙리스트 게재국을 기국으로 하는 선박이었다"고 하고, "이것은 선급협회가 더블 스탠다드를 운용하고 있다는 점을 시사한다"고 지적했다.[42]

이러한 상황을 검증하기라도 하듯, 도쿄 MOU는 2008~2010년의 3년간 구류선 5,679척 가운데 선급협회에 귀책되는 구류(Recognised Organization responsible detentions)는 635척(11.2%)이라고 보고했다. 본래 선급협회는 정부의 대행기관이고, 검사는 엄정하고 공정하게 수행되어야 한다. 그럼에도 불구하고 귀책되는 구류가 11.2%에 이른 것은 선급협회에 대한 신뢰가 현저히 떨어졌다는 것을 의미한다. 에리카호 해난에서 보듯이 '선급협회의 상업화'가 임계수준 초과를 의심할 만큼 걱정스러운 상황에 와 있다.[43] 일본에서는 2008년에 공익법인 개혁이 실시되었는데, 일본해사협회(Class NK)는 공익법인이 아니라 NPO인 일반재단법인을 선택했다(2011년 4월 이행). 그 후 NK의 상업화는 급피치를 올리며 전개되고 있다.

(5) 편의선적국의 관할, 규제능력과 PSC(입항국의 감독) 및 MOU

PSC(Port State Control, 항만국통제)는 입항국의 공적 기관이 외국선박을 감독하는 행위를 가리킨다. IMO나 ILO의 여러 조약과 규칙 중 해당 규정을 외국선이 준수하고 있는가를 당해 조약 등이 정하는 범위 이내에서 검사(inspection)할 수 있다. 경우에 따라서 출항금지에 해당하는 구류(detention)도 허락된다.

MOU(Memorandum of Understanding on Port State Control)는 PSC와 불가분

의 관계를 가지며, 일정 해역의 국가들이 협력하여 통일된 기준에 기초하여 효과적으로 PSC를 실시하려는 것이다. 역사적으로는 ILO의 노사에 의한 협의기관인 JMC(Joint Maritime Committee)에서 1972년 편의선적 문제가 다루어진 것에 기초하고 있다. 1976년에 채택된 '상선의 최저기준에 관한 조약(제147호)'에 PSC가 정해졌지만, 이 조약에 주목하는 것은 PSC를 효과적으로 운용하기 위해 각국의 협력을 정한 '헤이그 각서(The Hague Memorandum of Understanding on Port State Control, 헤이그 MOU)'가 1978년 체결되었기 때문이다.[44] 또한 2006년의 해상노동조약에서 본 조약은 개정, 파기되었지만(2013년 8월 발효), PSC는 강화되었다(상세에 관해서는 이 책 결어의 주 2)를 참조).

PSC를 한 나라가 독자적으로 실시하면 부담에 비해 효과가 약하다. 만일 어느 (상업적) 해역마다 각국이 협력하여 실시하면 중복검사를 피하는 것이 가능하고(우량선에 대해), 문제가 많은 선박에 관해서는 정보교환을 통해 추적조사도 가능해지며, 블랙리스트에 올리는 것도 가능하다. 그렇게 되면 당해 선박은 그 해역에서 상권을 잃는 것과 마찬가지인 상황에 몰리게 될 것이다.[45] 반대로 이와 같은 방법, 수단이 채택되지 않으면 서브스탠다드(기준 이하) 선박의 배제는 곤란하다.

이처럼 PSC와 MOU는 편의치적선과 서브스탠다드선의 규제에서 매우 강력한 무기로 기능하고 있지만, 국제법상의 성격이나 편의선적제도와 관련해서 애매하게 처리되고 있다고 생각된다. 먼저, PSC의 성격에 관해서 '기국의 관할의무에 대한 지원 또는 원조'인가, '국제협력'인가 논란이 있다.[46] IMCO(정부간 해사자문기구)는 1975년의 '입항국의 선박규제수단(Resolution A.32 IX)'에 대해 PSC를 기국이 채용하는 수단의 보완(complementary)으로 보고 있다. 또한 PSC는 주로 조약의 실효성을 확보하려는 기국을 지원하는 하나의 수단이라고 결의하고 있다(UNCTAD, 1981a, p.6). 이것이 영향을 미치고 있는지도 모른다. 그러나 이와 같이 이해하는 것은 약간 피상적이라고 생각한다.

첫째, PSC는 입항국의 영역주권에 근원을 두는 입항국의 독립적 권력행사이고—IMO조약 등의 범위 안으로 한정되지만—기국의 대리인으로서의 권력행사가 아니다.

둘째, 기국에 대한 지원이라 해도, 개발도상국에 대한 지원과는 성격이 다른 것이다. 이미 기술한 바와 같이 편의선적국은 국가수입을 얻기 위해 선적을 제공하고 있어서, 지원해야 할 역사적, 도의적, 사회적 근거는 희박하다.

셋째, 해양법은 문서를 통해 상기 보완기능 등을 '부정'하고 있다. 예를 들어 공해조약 제5조는 각국에 선적부여요건을 자유롭게 정하는 권한을 부여함과 동시에 당해 선박에 대해 배타적 관할권을 부여하는(제6조) 한편, 그 논리적 귀결로써 당해 선박을 유효하게 관할해야 한다(UN해양법조약도 마찬가지임). 요약하면 국제법은 '지상의 권위'에 기대하여 해양의 질서는 기국의 힘만으로 자기 완결적으로 유지할 수 있다고 적어도 규범적으로는 생각하고 있고, 타국의 지원을 필요로 하는 것은 아니다. 물론 전 세계에 흩어져 있는 자국선을 감독하는 것은 매우 어려운 일이지만, 조약은 '진정한 관계'가 존재한다면 그것을 극복할 수 있다고 생각하는 것이 아닐까?

넷째, 역사적으로 보아도 협력이나 지원과는 관계가 없다. 단서가 된 ILO 147호 조약은 편의치적선의 규제, 즉 주로 유럽 해운의 방위가 배후에 있었던 것으로 IMO 관계에 관해 말하자면 유럽의 해양환경 보전이 가장 중요했던 것은 두말할 나위도 없을 것이다.

MOU에 대해 정리해 두고자 한다. MOU에 관해서는 비구속적 합의 또는 연성법률(soft law)적 측면이 강조되지만, 구속력 있는 다국간 조약이 되는 경우 어려움은 어디에 있는 것일까? 다국간 조약으로 하는 경우, 그 근거가 되는 권원(權原)은 어디에 있는가? 수행주체는 누군가에게 봉착해버리는 것이 아닐까? 지역적인 감독기관을 설립해도 당해 기관이 가맹국 이외의 선박을, 예를 들어 구류해서는 안 될 것이다. 역시 영역주권이라는 '퇴로'를 잃어버리면 안된다.

마지막으로 역사적으로 보자면, PSC나 MOU는 손을 떼어서는 안되는 해양환경의 파괴상황이나 해상노동의 가혹한 현실로부터 생겨난 제도인 것은 확실하다. 다만, 사회학적으로 말하자면 기국의 조약불이행 등에 대한 제재로써의 측면과 편의치적선을 이용하는 해운자본이 편의치적선에 대한 많은 비판을 어느 정도 받아들이기 위해 각국 정부에 기국의 능력 부족의 보완을 '요청'한 결과 생겨난 측면이 있다고 말할 수 있겠다.[47]

(6) 해상노동의 곤란성의 증폭

해상노동의 특성으로 가정과 사회로부터 분리성과 자기완결성 등을 들 수 있다. 이런 '해상노동의 특수성'으로 인하여, 일반 육상노동에 비해 곤란하다고 말할 수 있다. 편의선적제도는 이 곤란성을 해소하는 방향이 아닌 증폭하는 방향으로 영향을 미쳤다. 한마디로 말하면 노동자는 자신이 소속된 국민경제와 불가분의 관계를 갖는데, 편의치적선의 선원은 국민경제로부터 분리되어 세계시장에 내던져진다. 세계시장에 몸을 둔다고 하더라도 거기에 코스모폴리탄의 세계가 존재하는 것은 아니다. 원리적으로 가장 급진적인 주권국가의 집합과 같은 세계가 펼쳐져 있는 것에 지나지 않는다. 불가분인 것을 가분하는 것(분리하는 것)은 절대적 모순이라 할 수 있는데, 고용관행을 포함한 이런 모순성은 선원에게 고통을 주는 경우가 많아진다.[48]

(a) 유기(abandoned seafarers)

예를 들어 어느 항구에 입항한 이후, 선주의 선원임금 미지급 상태로 연료유, 식량, 물과 기타 필수품의 공급 없이, 출항도 못하고 방치되는 경우가 있다. 선주의 도산으로 발생하는 유기사건이 많지만, 반드시 이것에 한정되지 않는다. ILO 보고서에 따르면, 1999년 1년간 97척, 2,149명의 선원이 유기되고 있다.[49] 믿을 수 없을 만큼 많은 수인데, 이 중 3분의 2는 편의치적선이다. 이와 같은 사태가 발생하는 것은 기국이 선주에게 적절한 법의 준수를 지시하지 않거나 집행을 확보하지 못하는 것에 기인한다. 편의치적선의 경우 기국에 존재하는 현지법인은 소위 페이퍼 컴퍼니이기 때문에 후자라 할 수 있다. 입항국에서 보면 관계관청은 사적 소유권도 얽혀 있어 유효한 수단을 강구하기 어렵다. 실제로는 ITF나 ICMA(International Christian Maritime Association)와 같은 종교단체 등의 원조로 긴급 대응하고 있으나, 해결까지 수년이 걸리는 경우도 있다.

(b) 불안정 고용

선원은 승선 후 1년 정도 해상에서 노동에 종사하고 하선하여 귀국하는 것이 보통이다. 이러한 관계로 승선 중인 기간만을 계약하는 기간고용의 형태를 띠고 있다. 그러나 이런 고용형태는 1년 전후라는 불안정 고용이 될 수밖에 없다. 이 때문에 hiring hall(미국)이나 선원상비제도(영국) 등과 같이 고용주는 승선시마다 바뀌지만 고용의 지속성을 확보하는 노사관계를 만들어 왔다. 일본은 육상과 같이 종신고용제였는데 세계적으로 희귀한 사례에 해당한다.

전통적 해운국뿐만 아니라 선원시장이 1국 내에서 형성되어 있는 경우 노사관계의 영속성으로부터 고용의 안정성을 고려하지 않을 수 없으나, 편의선적제도는 이런 시장질서의 틀을 없애는 것이었다. 그 결과, 편의치적선의 선원시장은 세계화가 되는 동시에 선주는 선원조달을 맨닝회사(manning agencies)에 의존하지 않을 수 없다.[50] 따라서 선원의 고용감독은 기국이 아니라 선원공급국이라는 사태도 발생한다.[51] 기국주의 아래에 있으면서 그것을 관철하지 못한다. 편의선적제도의 하나의 큰 결함이라 말할 수 있다.

(c) 재판받을 권리의 실질적 포기

근대법의 특징인 기본적 인권의 하나로 '재판을 받을 권리'가 있다. 형사재판, 행정재판뿐 아니라 민사재판도 포함된다(일본 헌법 제32조). 민사관계에 대해 재판을 받지 못하면 계약의 존립과 해석에서 강자의 견해만 통하게 되기 때문이다. 편의선적제도에서 선원은 실질적으로 이 권리의 포기를 강요받게 된다. 예를 들어 필리핀 선원이 노동재해로 부상당한 경우 영국의 선주를 상대로 선적국 파나마에서 기소하거나 임금의 지불을 요구하여 영국에서 소송을 제기하는 것은 사실상 곤란할 것이다.

(d) 노동법, 노동감독의 실질적 부재

불안정 고용과 닮은꼴이지만, 노사관계가 1국 내에서 형성되어 있다면, 예를 들어 기국은 다른 곳에 있더라도 실질적인 폐해는 적을 것이다. 기국의 노동법에 저촉하는 경우가 있으면 집단적인 노사관계가 그것을 허용하지 않을 것이기 때문이다. 그러나 편의치적선에서는 3자(기국정부, 선주, 선원)의 소속국이 모두 서로 다르고, 기국의 감독기관이 노동법의 실효성을 확보하려 하여도 페이퍼 컴퍼니 상대로는 사실상 강제하기 어렵다. UN해양법조약은 "어느 나라도 자국을 기국으로 하는 선박에 대해서 행정상, 기술상 및 사회상의 사항에 관하여 유효하게 관할권을 행사하고 유효하게 규제를 행한다"(제94조 제1항)고 정하고 있음에도 그러하다.

(e) 단결권 행사의 곤란성

후술하는 포디즘(Fordism) 하에서는 단결권과 단체교섭권이 보장되어 '조정'이 이루어졌다. 편의선적국에서도 대부분 ILO 제87호와 제98호 조약을 비준하고 있으나, 실제로 단결권을 행사하여 유효한 노사관계를 구축하는 것은 선상에서도, 선적국에서도 매우 곤란하다. 원래 해상노동은 전술한 바와 같이 약 1년간 승선 후 하선하므로 지속적인 인간관계를 구축하는 것이 어렵다. 게다가 하선하면 가족이 기다리는 고향으로 돌아가 각자 분리된 존재가 된다. 거기에 全日本海員組合과 같이 전문가를 보유하는 산업별 또는 직능별 조직이 필요하게 되지만, 단체교섭을 거듭하여 타결하기 위해서는 상대방인 선주(단체)도 또한 동일국 내에 있을 필요가 있다. 포디즘의 시대에는 세계적으로 보아 이와 같은 노사관계였다고 볼 수 있다.

그러나 편의선적제도는 이것을 해체한다. 편의치적선에서는 노사가 각각 다른 나라에 존재하는 것이 오히려 보편적이다. 더구나 혼승(mixed crew)에서는 선원의 소속국가가 다수가 된다. 이 어려움을 타개하는 방법이 없는 것은 아니다. 세계적인 조직인 ITF는 교섭관할권을 실질적인 선주국의 노동조합에 부여하는 것으로 계속적인 노사관계를 유지하려 하고 있다. 다만 거기에는 많은 난제가 수반된다.[52)]

(f) 선진국 선원의 급감

수십년간 장기적으로 보면, 선진국의 선원이 저출산과 고령화 등으로 감소하는 것 자체는 자연스러운 모습이다. 다만 문제는 선진국 선원에 대한 수요가 급감하여 대량의 실업 선원이 발생하는 경우이다. 선원의 지식과 기술은 매우 특수하고, 또한 장기에 걸친 해상경험을 통해 축적된다. 선원에 대한 수요의 감소가 적으면 이런 특수능력은 육상의 해사 관련 산업에서 유효하게 활용될 수 있으므로 전직이 어렵지 않다. 그런데 급감하는 경우에는 이 특수한 능력이 육상에서 필요 없게 되어 전직은 곤란하게 되고, 사회적으로는 유용한 능력의 상실이 된다.

ILO에 따르면 1968년 EC(EU) 9개국(그리스 제외, 노르웨이 포함)의 선원수는 365,608명이었는데, 1992년에 175,703명으로 반감했다. 이런 추세는 1970년대

기술혁신에 의한 대형화와 자동화로 대폭 감소했지만, 1980년대는 오로지 플래깅 아웃에 의한 것이었다(ILO, 2004, pp.56~58). 일본은 세계에서 가장 급격히 감소한 나라라 할 수 있다. 1974년 피크 때 외항선원은 56,833명이었으나, 2010년에는 2,256명까지 감소했다. 감소율은 실제로 96%에 이르렀다(海事리포트, 2011년판, 166쪽).

(7) ISM코드와 편의치적선—기국주의의 동요?

(a) ISM코드 작성의 경위[53)]

선박의 안전은 1929년의 SOLAS 조약 이래 선체, 기관과 기타 설비의 물리적 안전을 중심으로 확보하려 해왔다. 그 후 편의치적선의 대형해난, 특히 해양오염을 통해 인적 요인에 주목한 1978년 STCW 조약(International Convention on Standards of Training, Certification and Watchkeeping for Seafarers)이 작성되었지만, 유효하게 기능했다고는 말하기 어렵다. 확실히 선박직원 자격에 관해 세계표준이 최초로 확립된 것은 높이 평가할 수 있지만, 일의 성질상(최대공약수가 채택될 수밖에 없으므로) 그 등급은 낮았다. 업계측은 저렴한 양성비로 달성 가능한 수준이 조약적합자격으로 충분하다고 보았으므로, STCW 조약은 높은 기준을 달성한 전통적 해운국의 선박직원을 배제하는 결과를 낳았다. 그 때문에 세계 전체로 볼 때 직원의 질이 오히려 저하되는 효과를 가져왔다.

1987년에 발생한 페리선(*Herald of Free Enterprise*)의 전복사고(수밀문 폐쇄 불량)로 188명이 사망한 해난을 계기로 영국을 중심으로 선박관리규칙이 작성되었지만, SOLAS 조약에는 도입되지 못했다. 그 후 *Exxon Valdes*(1989년), *Aegean Sea*(1992년), *Brear*(1993년), *Maesk Navigator*(1993년) 등의 원유유출 사고나 객선 *Scandinavia Star*(1990년, 158명 사망)의 해난이 발생했다. 더욱이 대형 벌크캐리어(편의치적선이 많다)의 침몰, 행방불명이 30척 이상에 달했다(国交省測度課, 2008, 2쪽). 그 때문에 지금까지 이상으로 인적 요인에 관여하지 않을 수 없게 되어 1994년 SOLAS 조약 부속서에 제IX장(ISM코드)이 만들어져 강제화되었다. 이것에 맞춰서 1978년의 STCW 조약도 개정되었다(1995년).

(b) ISO9000과 ISM의 관계

이 규격(ISO9000)은 1987년에 국제표준화기구(ISO)에서 정해졌다. 고객이 제품이나 서비스를 구입하는 경우 도움이 되도록 공급처의 품질관리시스템을 제3자가 보증하는(Quality Assuarance) 구조다. 제3자, 즉 심사등록기관이 품질관리시스템을 인증하는 것으로, 고객의 신뢰를 획득할 수 있도록 완성한 제품의 검사뿐 아니라 모든 업무 프로세스에 있어서, ① 기업의 통일된 방침 하에, ② 관리책임자를 정하고, ③ 각 개인의 권한과 책임을 명확히 하며, ④ 품질을 실현하기 위한 매뉴얼을 문서화하고, ⑤ 그것에 따라 업무의 집행을 기록하는 것으로 적정한 품질관리를 증명할 수 있는, 그러한 시스템을 구축, 실행하고 있는 것이 요구된다.

ISM코드에는 ① 안전관리시스템(SMS)의 기능적 요건, ② 안전 및 환경보호의 방침, ③ 회사(후술함)의 책임 및 권한, ④ 관리책임자, ⑤ 선장의 책임 및 권한, ⑥ 경영자원 및 요원배치, ⑦ 선내업무계획의 책정, ⑧ 긴급사태의 준비, ⑨ 부적합, 사고 및 위험 발생의 보고 및 해석, ⑩ 선박 및 설비의 보수, ⑪ 문서관리, ⑫ 회사에 의한 검증, 수정 및 평가(내부감사 포함)의 규정을 정하고 있다. 주목해야 할 점은 의무이행의 주체는 '회사'라는 것이다. 예를 들어 ⑧ 긴급사태의 준비는, 회사가 상정 가능한 긴급사태를 식별하고, 대응하는 절차를 확립해 두지 않으면 안된다고 정하고 있다(A부－7).

ISO9000과 ISM코드의 차이는 임의인증(전자)인가 강제(후자)인가이다. 회사는 기국의 주무관청(Administration)에서 육상검사를 거쳐 DOC(Document of Compliance, 적합서류)를 발행받아야 된다. 또한 PSC의 대상이 되는 증서는 SMC(Safety Management Certificate, 안전관리증서)인데, DOC를 기초로 선내검사를 거쳐 주무관청이 발행한다. 유효기간은 DOC, SMC 모두 5년으로, 전자에 관해서는 연차검사가, 후자에 관해서는 중간검사가 실시된다.

(c) ISM코드의 영향

ISM코드는 그 내용이 획기적이었기 때문에 각 방면에 큰 영향을 끼쳤다. 또한 이것을 통해 편의선적제도가 안고 있는 문제가 심각하다는 것이 명확해졌다. 이에 따라 몇 가지 사항을 지적해 두고 싶다.

첫째, 전사적인 프로세스 관리가 불가결하다는 것이 인정되었다. 해난에는 인적 요인의 관련성이 종래로부터 인정되고 있었지만, 선박은 자기완결적인 것으로 간주되어 선박직원의 자격을 그것에 상응하는 기준으로 유지해 두면 충분하다는 생각이 강했다. 그런데, 전술한 바와 같이 선박직원의 질이 저하된 것이나, 해상에서 위험의 증대(번잡해역의 증가, 위험물운송의 증가, 대형화, 고속화에 따른 피해, 오염의 증대)나 정보통신기술(ICT)의 발달 등으로 육상에서 선박의 운항프로세스를 관리하는 방향으로 이행되었다. 수천년의 선박 역사에서 문자 그대로 대변혁이 일어난 것이다.

둘째, 선박관리회사가 주체로 등장한 것이다. ISM코드는 '회사'를 주어로 하고 있으나, '회사'란 "선박소유자, 또는 선박관리자 혹은 나용선자, 기타 책임을 인수하고, 또한 그 인수 당시 이 국제안전관리코드에 따라 부과된 모든 의무와 책임을 인수하는 것에 동의한 자를 말한다"(ISM1.1.2)고 정의된다. 전술한 것처럼 ISM코드의 배후에는 편의치적선이 숨어 있다. 주지하다시피 그 소유자는 명목상의 회사이고, 이 코드를 실천할 능력이 없다. 이 때문에 실질적으로 편의치적선을 관리하고 있는 선박관리자를 규제의 대상으로 하지 않을 수 없게 된 것이다. 사실 코드는 관리회사를 염두에 두고 정해졌다. 종래 선박관리회사는 선박소유자의 '대리인'으로 행동하고 커미션을 얻는 것으로 경영을 유지해 왔다. 그런데 ISM코드에 의해 선박 소유자의 '지위'를 대신하는 큰 변화가 발생했다. 선박관리업자는 안전관리시스템을 확립하고, DOC와 SMC를 취득하여 관리선박의 운항 전체 프로세스를 관리해야만 되게 되었다. 이런 상황을 고려해서 BIMCO(Baltic and International Maritime Council, 발틱국제해운협의회)도 1998년에 표준선박관리계약서인 'Shipman 98'을 제정했다(赤地 외, 1999 참조). 거기에는 선박관리업자가 '회사'에 해당한다는 것, 따라서 전술한 '회사'의 여러 가지 의무를 모두 수행해야 한다는 것이 정해져 있다. 대외적, 대내적 책임과 고용관계가 중대한 일이지만, 여기서는 생략한다.[54]

셋째, 선급협회에 대한 ISM 특수와 선급협회의 상업화 촉진이다. ISM코드는 기국주의를 유지하므로 DOC와 SMC의 발급이나 검사수행 기관은 전술한 바와 같이 기국의 주무관청이다. 다만 다른 경우와 마찬가지로 '주무관청이 인정한 조직(an organization recognised by the Administration)'도 발급과 감독이 가능하다(13.2.13.7). 대행기관으로 불리는 조직의 실상은 선급협회로, 종래의 하드웨어 검사에 더하여 '회사와 선박의 검사(verification)'라는 소프트웨어가 추가된 것으로 특수를 맞이한 것이다. 통상, 편의선적국 정부는 기국 이외에 존재하는 선급협회와 계약을 통해 인정을 시행하므로, 상업화가 한층 더 촉진되었다고 할 수 있다.[55)]

넷째, 편의선적국은 외국의 선급협회나 선박관리회사에 점점 더 의존할 수밖에 없게 된 점이다. 기국의 대행기관으로서 외국의 선급협회를 인정하는 것은 위법은 아니다. 또한 선박관리회사가 편의치적선을 관리하기 위해 안전관리시스템(SMC)을 구축하는 것은 안전성이나 오염방지의 강화에 도움이 되는 것이 명백하다.[56)] 다만 해양법조약 제94조가 정하고 있는 기국의 의무로부터 점점 더 멀어지게 된 것은 부정할 수 없다.

다섯째, 기국주의의 한계를 노출한 것이다. 많은 편의치적선에서 기국(제1국)과 기국 이외의 제2국에 존재하는 실질선주, 제3국에 존재하는 선박관리회사, 또한 제4국에 존재하는 선급협회라는 대행기관에 의한 선박관리회사의 검사, 마지막으로 당해 '회사'가 제5국의 선원 고용을 수행하는 메커니즘이 된다. 너무 복잡하여 기국에 의한 배타적 관할권과 이것의 행사는 거의 환상에 불과하다는 것이 드러났다(해소책에 관해서는 결어 참조).

당초(1991년) 일본은 하드웨어 중심의 SOLAS 조약과 달리 소프트 면을 취급하는 것, 선주가 아닌 운항관리회사를 규제하는 것 때문에 새로운 별도의 조약을 주장했으나, 결국 "기국주의와 SOLAS 조약의 틀 안에서의 처리되었다." 工藤栄介(1994, 33쪽)는 이러한 표현으로 기국주의를 초월하는 측면이 ISM에 내재한다고 지적한다. 그리고, "회사에 대한 감사라 하지만, 그것은 개개의 선박만 대상으로 하고, 본선에 적합한 관리가 담보되는가 아닌가를 약속시키는 것에 그치는 것으로, 당해 회사의 사업 전체를 규제하는 것은 아니라는 것이 확인되었다"고 한다. 확실히 '회사'에 발급되는 것은 서류(Document)인 것에 대해 선박에 대해 발행되는 것은 증서(SMC)이다. 선내에는 DOC의 사본을 비치해야 하지만, 그것은 원본이라는 것의 인증, 증명을 받은 것이 아니라도 좋다고 정한다(13.6).[57)]

富岡仁(2002, 24쪽)은 다른 각도에서 "현실에서 이 개정에 따라 기국주의의 사고방식을 초월하는 상황이 출현하고 있다"고 지적하고 다음 사항들을 기술하고 있다. ① 기국 정부는 자국적 선박을 넘어서 외국에 있는 회사의 안전관리시스템을 대상으로 검사하는 것,[58] ② 기국의 요청이 있으면, (편의치적선의－필자) 실질 선주국 정부와 관리회사에 의해 실질적으로 운항관리할 수 있다는 것, ③ 현실적 기능으로는 관리회사가 책정한 안전관리시스템을 기국은 승인할 수밖에 없다는 것을 열거한다. 선급협회가 빠진 것은 유감이지만, 기국주의의 한계를 보여주고 있는 것은 확실하다. 또한 ②에 관하여 DOC뿐 아니라 SMC도 피요청국이 발급할 수 있다(13.2, 13.7).

(8) 편의치적선의 사회적 비용

(a) 사회적 비용

'사회적 비용'에 관해서는 자동차 사회의 진전으로 인해 자동차 교통의 분야에서 주요 이슈가 되고 있다. 이 비용에 관해서는 제3자의 손실에 한정하는가, 사회 전체로까지 확대하는가의 논의가 있었지만, 지구온난화 문제나 생물다양성 보전조약의 성립에 따라 후자에 수렴했다고 할 수 있다. 그것은 K.W. Kapp이 반세기 전부터 제기한 생각이지만,[59] 宇沢弘文는 다음과 같이 해설한다. "어떤 경제활동이 제3자 또는 사회 전체에 대하여 직접적, 또는 간접적으로 영향을 끼치고, 여러 가지 형태로 피해를 야기할 때, 외부불경제가 발생하고 있다고 한다." 이 가운데 "발생자가 부담하지 않는 부분을 어떠한 방법으로든 계측하고, 집계한 금액을 사회적 비용이라고 부르고 있다"고 한다(宇沢, 1974, 79쪽). 바꿔 말하면 자동차의 이용자에게 있어서 비용부담은 적고, 자동차를 이용하면 이용할수록 자기의 이익은 증가하므로, 자동차 교통에 과도하게 의존하는 자동차 사회의 도래는 필연적이었다고 할 수 있다.[60]

이런 논리는 편의치적선에 대해서도 그대로 적용할 수 있다. 세계 화물선의 60% 정도가 편의치적선인 현실에서 이것에 "과도하게 의존하고 있다"고 말할 수 있고, 사회적 비용의 관점에서 재검토할 필요가 있다. 그러나 선박평형수 경우처럼, 편의치적선에 관계없이 해상수송 전체가 생물의 다양성을 손상하고 있는 경우도 있으므로, 이 책에서 사회적 비용의 논의는 편의치적선 특유의 것으로 한정한다. 이것은 마치 승용차와 트럭 간 사회적 비용의 차이와 유사한 측

면이 있다.[61)]

(b) Metaxas에서 보는 편의치적선의 사회적 비용

Metaxas는 이 문제를 깊이 있게 연구한 학자이다. 그는 먼저 확실한 규제하에서 전통적 해운의 선박(regulated fleet)과 편의치적선의 운항비용을 비교하고, 왜 비용차이가 발생하는가에 관해 고찰했다. 그 요인으로, 경제적 규제와 안전규제의 회피 및, 노동비용의 절하를 지적한다.[62)]

또한 주목할 것으로 선박보험의 보험료를 둘러싼 상호보조(cross-subsidisation)에 관한 기술이 있다. 편의치적선의 보험요율이 다른 선박보다 확실히 높지만, 편의치적선의 해난에 대한 보험금 지불액은 그 이상으로 크다. 보험시장으로부터 보자면, 상술한 규제된 선박이 편의치적선을 보조하는 구도가 되는 것이다. 이와 같은 결과가 발생하는 이유로 보험브로커나 P&I(Protection and Indemnity, 선주책임상호보험조합)가 보험료를 싸게 하지 않으면 편의치적선의 소유자는 런던으로부터 뉴욕으로 (또는 그 반대방향으로) 간단히 상대를 바꿀 수 있고, 또한 보험회사는 보험회사대로 서비스의 판매액을 확대해야만 되는 사정이 있기 때문이라고 한다.

업계 안의 '내부보조'에 관해서는 일본에서도 지적된 바 있다. 일본 선박보험연맹은 1975년 편의치적선을 업계 전체에서 취급하는 한편, 일본선박+알파의 요율을 적용하기로 했지만, 91년도까지 적자가 지속되었다고 한다(83~86년 제외). 예를 들면 1982년의 손배율은 일본선 67%에 비해 편의치적선은 116%로 2배 가까운 클레임에 시달렸다. 그 이유로 온건한 요율 개정을 시행해 온 점, 편의치적선이 급증한 점, 편의치적선은 해외부보가 자유로워 해외보험자와의 경쟁에 직면하게 된 점을 들고 있다.[63)]

Metaxas의 상술한 주장은 주로 저서의 제5장(Flag of convenience in relation to social and private costs)에서 기술되고 있으나, 제6장에서는 편의치적선의 사회적 비용과 편익(Flag of convenience and social cost and benefit)에 관해서 기술한다. 거기서는 해난, 특히 해난에 의한 해양오염 및 해상에서의 인명 상실에 대한 비용을 편의치적선은 부담하지 않고 사회적 비용이 된다고 기술하고 있다. 다만, 그 비용을 화폐가치으로 측정하는 것이 목적이 아니라며, 항목의 열거에

그치고 있다.[64] ① 해운산업에 대한 나쁜 평가, ② 선원의 이직, ③ 유지보수, 수선의 부족에 따른 장기 부가비용, ④ 부상, 질병의 증가에 의한 인적자원의 상실, ⑤ 노동분쟁(dispute)에 수반되는 정박기간의 증대, ⑥ 훈련비용 및 기술, 관리스킬의 경제적 이전, ⑦ 저임금과 열악한 노동조건에 수반되는 선원 및 가족이 부담할 수밖에 없는 비용 등이 제시되었다.[65]

결론적으로 사적 비용에 사회적 비용을 플러스하여 종합적으로 평가하면, 장기적으로 본 경우 편의선적제도는 해운계가 내셔널 플래그로만 편성되는 경우에 비해 비용이 높고 운임도 높아질 것이라 한다. 효율적인(efficient) 해상운송시스템은 애덤 스미스의 보이지 않는 손으로 이끌어지는 것이 아니라 타 산업과 마찬가지로 필요한 비용이나 편리성에 대해 정당한 지불이 수반되지 않으면 안된다고 결론짓고 있다.[66]

(c) PSC의 비용, 기타

앞의 <표 1-3>에서 본 것처럼 편의치적선에 의한 해양오염은 매우 심대한 것이다. 오늘날에도 계속되고 있으나, 1980년대까지와 비교하자면, PSC의 효과도 있어서 감소하고 있다고 할 수 있겠다. 역으로 말하자면, 편의치적선의 사회적 비용 가운데 최대의 것은 각국이 부담하는 PSC에 드는 비용이라 말할 수 있을 것이다. 예를 들면, 도쿄 MOU의 연간예산은 2011년도 1.4억엔 정도였는데, 일본의 외국선박 감독관은 139명(2012년)으로 그 인건비는 매우 크다. 또한 선박 방문용 단정의 비용 등도 무시할 수 없다(海事리포트, 2012년판, 206쪽). 위의 사례는 1개국만의 것으로 세계 각국이 배치하고 있는 외국선박 감독관, 기타의 재정적 부담을 누적시켜 보면 놀랄 만큼 거대한 금액이 되지 않을까?

물론 편의선적국 자신도 자기가 소속된 지역의 MOU에 참가는 하고 있다. 예를 들면 카리브 MOU에는 다수의 편의선적국이 이름을 올리고 있다. 다만, 세계 전체로 보면 무시할 만한 수의 선박만이 입항하고 있는 것이다.[67] 또한 선진국 선원의 급격한 실업의 성격에 관해서는 전술했지만, 국가에 의한 육성비 등이 효과를 잃는다는 점에서 사회적 비용의 하나로 말할 수 있다.

(9) 개발도상국 해운의 발전 저해와 선진국 해운의 침식

일반적으로 신흥공업국의 발전 패턴은 외자도입과 개발독재로 이루어졌다고 판단된다. 그러나 해운산업 분야의 편의선적제도는 이것과 다른 패턴을 보여주었다.[68] 개발도상국의 규제나 국가 리스크는 투자하려는 외국자본에, 진퇴가 자유롭고, 이것에 비용이 거의 들지 않는 편의치적선과 비교하면 부담이 크기 때문이다. 필리핀의 상황을 보면 이것이 잘 이해될 것이다. 해상노동력은매우 경제적인 생산요소인데, 고부가가치화된 해운서비스로는 수출할 수 없는 부가가치가 낮은 노동력의 수출에 머무르고 있다.

선진국 해운이 편의선적제도에 침식되었는가 어떤가에 관해서는 '일본 상선대'와 같이 평가가 어려운 측면이 있다.[69] '자국선+지배외국선'으로 본 경우, OECD 가맹국의 지배선복은 세계의 71%를 점하고 있다(ISL, 2010, p.164). 이 자료로만 보면 선진국 해운자본은 건재하고, 편의선적제도에 침식된 것처럼 보이지 않는다.

다만, 해운자본이 아닌 국가 또는 정부의 입장에서 보면 양상은 달라진다. 무엇보다도 자국의 귀중한 해상기술자(특히 선박직원)를 많이 잃고 있고, 그 추세가 멈추고 있지도 않다. 또한 자국선이나 상기 해상기술자의 대폭 감소로 해사클러스터의 유지도 어려워지고 있다. 더욱이 제6장에서 상세히 다루지만, 톤수세제의 '세계표준화'는 심각한 상황을 이야기하고 있다. 국제해운산업 또는 국제적인 해운자본은 사회 내부의 존재로서 (어느 나라에 소속되든지) 부담해야 할 조세를, 타 산업에서 지불하는 것처럼 동일하게 지불하지 못하는 상황에 빠져 있는 것을 의미하고 있기 때문이다. 이 병리현상이 편의치적선의 비대화에 기인하는 것은 확실하다.

3. 전후 세계경제의 변동과 편의선적제도

(1) 황금의 30년과 포디즘

상세히는 후술하겠지만, 편의선적제도 그 자체는 냉전의 산물이고, 세계사와 밀접하고 불가분이다. 또한 편의치적선의 증대는 각국 해운자본의 국내로부터의 탈출이라는 성격이 강한데, 탈국경이라면 당연히 그것을 허용하는 광의의 제도 변혁이 필요하게 된다. 이 절에서는 주로 제2차 세계대전 이후 세계 정치 경제의 변천에 초점을 맞추면서 편의선적제도가 그것과 어떻게 관련되었는지 추적한다.

(a) 포디즘

제2차 세계대전 이후 1970년대 오일쇼크 때까지 장기간에 걸쳐 세계적인 성장과 번영기간을 흔히 '황금의 30년'이라 표현한다(石見, 1997, 137쪽; 山田, 1993, 102쪽; 正村, 2009, 81쪽; Marglin/Schor, 1993). 이 번영을 거시적으로 규정하는 것으로 조절학파(regulation school)는 '포디즘'을 제창했다. 포드의 생산방식은 전쟁 전의 것이고, 한 기업의 명칭으로 자본주의의 어떤 시대를 개념화하는 것에 저항도 있었지만, 예컨대 IMF/GATT 체제로 이 시대를 총괄하기에는 너무 협소하기 때문에, 그 포괄성을 상당한 정도로 받아들여지게 되었다.

그런데, 조절학파는 자본주의 사회를 분석하는 도구로써 '축적체제'와 '조정양식'을 사용한다. 원래 자본주의는 모순이 가득하므로, 어느 시대든지 자본의 축적체제를 쌓아 올리는 것만으로 사회를 원활하게 운영하기 어렵고, 축적체제와 한몸이 되어 체제 내에서 발생하는 여러 모순을 완화하거나 조절하고, 타협하는 '조정(調整, regulation)'이 필요하게 된다. 이때 어떤 시대에 이루어진 조정방법을 '조정양식'이라 한다.

축적체제, 조정양식이라도 안정된 존재가 되기 위해서는 그것들이 제도로써 결실을 맺는 것이 필요하다. 조절학파는 그것을 제도 제(諸)형태라 하고, 크게 임금노동관계, 화폐형태, 경쟁형태, 국가형태, 국제체제와 그것으로의 편입형태를 중시한다.[70] 이상의 여러 형태 가운데, 자본주의 사회에서는 자본－임금노동관계가 가장 중요하다.

황금의 30년 시기 축적체제에 대해, 山田鋭夫는 테일러주의(구상과 실행의 분리－숙련과 자립성의 박탈), 실행작업의 분할과 단순화와 조직의 수직적 편성을 들고 있다. 조정양식에 대해, 노동자에게는 고통스러운 테일러주의의 수용과 생산성지수 연동임금을 언급한다. 다시 말하면, 기계화에 의한 대량생산과 대량소비, 또는 생산성상승 → 임금상승 → 소비확대/투자확대 → 수요증대의 사이클로 제시되었다. 정치적으로는 최저임금제나 사회보장의 확충, 즉 복지국가가 목표가 되고, 경제정책으로는 케인즈주의적 유효수요정책이 채용되었다.[71)]

포디즘에 관해서는 두 가지를 더 추가하여 언급한다. 하나는 체제간 경쟁이다. 원래 생산성의 급속한 상승과 임금상승(풍요로운 생활)은 사회주의 사회가 표방하고 있던 것으로, 체제간 경쟁에서 승리하기 위해서는 생산성을 지표로 한 임금제도를 자본주의 제국이 받아들이지 않을 수 없었다.

다른 하나는 국제체제와 그것으로의 편입에 관련된 '브레튼우즈체제'이다. 제2차대전 이전의 괴로웠던 경험(근린궁핍화정책 등)에 비춰 IMF는 외환거래의 자유화와 안정화를 주요 과제로 했는데, 첫째, 외환거래에 있어서 고정환율제를 유지하기 위해 국제자본의 이동을 규제한 것이다. 자본이동이 자유로우면 의도적 자본거래에 의해 고정환율제는 파탄한다(石見, 1999, 145쪽). 결국 외환거래의 자유화는 재화와 서비스무역에 한정되었다. 둘째, 외환거래의 안정화를 위해 각국에 평가유지의 의무가 부여된 것이다. 예를 들어 '달러(국제수지)의 천정'이다. 호황으로 수입이 증대하고, 지불을 위한 달러가 부족해지면 금융긴축정책에 의한 조정이 시행되었다. 이 두 가지가 의미하는 것은 크다. 먼저, 국민경제는 말하자면 폐쇄된, 자율적인 단위가 되었다는 것이다. 폐쇄되어야만 복지국가정책도, 케인즈주의 정책도 가능해진다. 더욱이 자본이동의 규제는 편의치적선과 깊숙히 관련된다.

(b) 유로달러(오프쇼어) 시장

高木(2006, 233쪽) 등에 의하면 유로달러 시장은, 미국의 자산 압류를 우려한 소련의 은행이, 무역 등에서 획득한 달러를 런던의 은행에 달러 그대로 예금했던 자금을 배경으로 하고 있다. 한편 1956년 수에즈 운하의 국유화로 파운드 위기에 내몰린 영국 정부는 민간은행에 파운드화를 기반으로한 대외 대부행위를 금지했다. 이것에 타격을 받은 상업은행들은, 노하우 활용과 고용유지를 위해 영국 정부의 승인하에 파운드화 이외 달러에 의한 대부를 시작했다. 여기서, 바깥으로부터의 예금을 바깥에 빌려주는 '외－외'의 오프쇼어 시장이 성립하게 된다. 1960년대에 들어 달러 방어를 위해 취해진 1963년 미국의 이자평형세(IET, 외국의 미국내 기채코스트 상승) 등이 유로달러채를 발생시켜 1965년에는 대외직접투자 자주규제(1968년 법제화)가 채용되었지만, 미국의 다국적기업은 이러한 제약을 유로달러로 회피하면서 유로달러 시장은 성장해갔다. 한편, 자금 공급 면에서는 레귤레이션Q로 불리는 예금금리의 상한제가 60년대 후반의 시장금리 상승 국면에서 족쇄가 되어 미국 내 예금이 유로달러로 빠져나왔다. 그 이후에는 오일달러가 대량으로 유입된다.

유로달러 시장의 중요성은 단지 시장의 비대화에 있는 것이 아니라, 해당 시장에서는 "감독책임을 맡아야 하는 중앙은행이 존재하지 않는다"는 것이다(桜井, 2004, 79쪽). 또한, 제어하는 권력의 부재는 '민간 자본이동의 자유'를 의미한다(자금량에 한계가 있지만). 규제 주체의 부재와 자유로운 자본이동의 세계는 브레튼우즈체제와 상반된 것이였고, 결국 그 체제의 붕괴를 초래했다.

(2) 미국과 그리스를 중심으로 한 편의치적선의 시대

앞에서 기술한 것처럼 포디즘은 냉전시대의 체제간 경쟁으로 지탱되었지만, 편의치적선도 태생부터 냉전과 깊이 관련되어 있다. 미국은 비상시에 제어할 수 있는 편의적인 선대를 확보하기 위해 편의선적제도를 창설한 것에 관해서는 이미 언급했지만, 미국인이 실질적으로 소유하는 편의치적선만으로는 충분하지 않다고 판단하여 그리스 선주를 지원하여 그들에게 보완적인 역할을 기대했다. 제2장에서 상세히 다루지만, 대개 오일쇼크 때까지 미국과 그리스의 편의치적선 시대라 할 수 있다(<표 1-4 참조>). 다음 제2장의 <표 2-3>에서 보듯이 그리스 편의치적선이 미국을 상회하는 시기는 1952년으로 예상보다 빠르다.

환언하면, 다른 해운제국은 편의치적선을 실질적으로 소유하는 것에 소극적이었는데, 넓게 보면 그 이유를 포디즘에서 찾을 수 있다.

첫째, 브레튼우즈 체제 하에서 자본이동은 제한되어 있기 때문에 해외직접투자에 해당하는 편의치적선화는 기본적으로 곤란했다는 것이다.[72]

둘째, 제2차대전 이후 유럽을 포함해 달러부족시대가 장기간 지속되었는데, 외항해운은 그것을 보충하는 외화획득산업으로 자리매김되었다. 이 때문에 해운조성정책이 성행하였고, 조성 정도도 자국선이 국제경쟁력을 보유할 정도의 수준까지였기 때문에 편의치적선화할 필요는 없었다.

〈표 1-4〉 편의치적선의 수익선주국 점유율 추이

수익선주의 국적	1959년		1969년	1972년	1975년
A. OECD의 특정국	%	천총톤	%	%	%
그리스	43.2	7,202	43.8	35.4	26.2
미국	41.9	6,978	25.4	22.2	20.0
서독	1.0	159	–	1.3	1.7
일본	–	–	–	1.0	–
프랑스	0.3	56	–	0.5	0.6
스위스	0.6	102	0.5	0.2	–
덴마크	–	–	0.3	0.1	–
네덜란드	0.1	15	–	0.1	0.4
이탈리아	4.8	806	5.3	–	2.9
스페인	1.4	227	–	–	–
영국	1.0	156	–	–	–
기타	1.5	–	–	0.1	–
소계	95.8		75.3	60.9	51.8
B. 그 외 특정국과 특정 지역					
홍콩	1.1	175	5.4	6.4	–
기타	2.0		1.7	1.6	–
소계	3.1		7.1	8.0	–
불명	1.1	186	17.6	31.1	48.2
총계	100.0		100.0	100.0	100.0
총톤수계(천톤)		**16,700**	**35,880**	**55,980**	**85,510**

출처: UNCTAD

주 1) 1959년은 라이베리아, 파나마, 온두라스, 다른 해는 온두라스를 제외하고 라이베리아, 파나마, 싱가포르, 키프로스, 소말리아

2) 1972년의 미국은 EUSC선, 1975년 일본에는 船主協会에 의하면 시쿠미선(仕組船)이 28 백만DW

셋째, 선박의 대형화나 고속화로 생산성 향상이 현저하고 선원도 타 산업과 마찬가지로 생산성지수 임금을 받을 수 있었다.

넷째, 편의치적선의 승조원은 기본적으로 유럽 선원으로 편의치적선의 우위성은 조세에 있었다는 것이다.

다섯째, 제4장과 제5장에서 자세히 다루겠지만, 전통적이고 지배적인 해운국이었던 유럽 제국은 기본적으로 편의치적선을 불공정하고 유해한 선박으로 인식하고 있었기 때문에 확대할 여지는 별로 없었다.

여섯째, 편의치적선은 아직 마이너한 존재로 가격(운임, 용선료) 등에 관련된 결정권을 보유하고 있지 않았다. 특히 주요한 수익원이 되었던 정기선 분야에서는 해운동맹이 건재했고, 동시에 자사선주의가 채용되어 편의치적선을 필요로 하는 단계에 도달하지 않았다(武城, 2002, 233쪽).

그리스에 관해서는 아직 많은 문제가 남아있다. 왜냐면, 그리스만이 달러과잉으로 환율을 관리할 필요가 있었기 때문이다. 항상적인 무역적자와 원조로 버티던 그리스 경제에서 왜 그리스 해운은 1950년대부터 세계 제일의 편의치적선 보유국이 되었을까? 유로달러의 활용 등 '그리스해운의 특이성'을 따져보아야 하지만, 다음 장으로 과제를 넘긴다.

(3) 신자유주의 경제로의 이행과 편의선적제도

(a) 과도기로서 1970년대

(가) 닉슨 쇼크(1971년 8월)

미국이 대외원조나 군사지출 등 명목으로 달러를 공급하면서, 1960년대에 달러 부족이 서서히 해소되지만, 결국 달러위기(제1차, 제2차)에 휩쓸리게 된다. 그리고 닉슨 쇼크로 제2차대전 이후 장기간 명맥을 유지하던 브레튼우즈체제는 종말을 고했다.

스미소니언 협정(1971년 12월)의 파탄으로 변동환율제로 이행했지만, 첫째, 고정환율제의 평가유지의무가 없어진 대신에 외국통화와의 교환비율은 환율시장이라는 외적인 시장에 맡겨져 국민경제의 자율성과 안정성은 저하되었다. 둘째, 자본이동을 제한하는 논리적 필연성이 없어진 것도 크다. 다만, 각국이 모두 크게든 작게든 제한을 지속했기 때문에, 완전히 자유롭게 된 것은 1980년대에 들어서부터였다. 수급 밸런스의 조정은 유로달러에 의해 수행되었다고 볼 수 있으나, 오일달러의 유입으로 시장규모는 급속하게 확대되었다(石見, 1999, 196쪽, 209쪽).

(나) 포디즘의 위기

포디즘의 축적체제는 생산성의 상승을 전제로 한다. 가전이나 자동차에서 보이는 것처럼 내구소비 등이 한 바퀴 돌고 나면 소품종 대량생산에서 다품종 소량생산으로 이행이 강요되어 생산성 상승의 둔화는 피할 수 없었다. 경제의 서비스화 현상도 마찬가지 결과를 낳는다. 더욱이 테일러의 과학적 관리의 문제점들이 노동현장에서 나타났다. 현장의 반란이라고 할 수 있을 만큼 '살쾡이 파업(wild cat strike)'의 빈발이 이것을 입증해 주고 있다.

조정양식을 살펴보면, 케인즈주의 정책이 그 나름의 성공을 거두면서 노동시장을 압박하여 임금이 생산지표를 넘어 급상승했다. 또한 공업화에 수반하는 도시화로 농촌적 유대는 해체되고 실업, 의료와 연금 등의 사회보장비는 상승하였다. 이상에서 기술된 현상들이 포디즘을 위기로 몰아갔다.[73)]

(다) 남북문제의 피크

선진국에서 '황금의 30년'의 종말이 국제관계에서 주권국가의 지위나 개념을 붕괴시키는 것은 아니었다. 제2차대전 이후 식민지로부터 다수의 국가가 독립했다. 이것은 주권국가의 탄생을 의미하는 것뿐만 아니라, 종주국에 대한 '항의'도 포함하여, 이른바 남북문제의 해결을 요구하는 것이었다. 1974년에 UN의 자원특별총회는 '신국제경제질서(NIEO)'를 선언한다. 그것은 주권국가의 자립과 자율을 강하게 주장하는 것이었다.

(b) 국제해운에 있어서 편의치적선화의 조류

세계의 정치, 경제의 변혁을 배경으로 편의치적선의 세계는 일찍부터 다음 시대로 돌입해갔다. 그리스와 미국의 시대에서 전 세계적인 편의치적선화로 흐름이 변화하였다. 1970년 편의치적선은 세계의 18.1%(4,100만 총톤)를 점하고 있었으나, 1977년에는 10% 상승한 28.2%(1.1억 총톤)가 되었다. 선복은 2.7배로 증가했다(권말부표 1-1 참조). 이 시대의 특징을 다음과 같이 정리한다.

첫째, 자금조달이 용이해서 편의치적선을 소유하기 쉽게 된 것이다. 스미소니언 협정 이후 주요국 통화의 대 US$ 환율은 일본이 16.88%로 절상폭이 최대이고, 다른 통화도 연이어 상당한 절상폭을 기록했다(파운드 8.57%). 즉, 각국 모두 달러 부족을 염려하는 상황에서 벗어나게 되어 자본이동의 제한은 완화됨과 동시에 유로달러를 활용한 자금조달도 일반화되었다. UNCTAD는 1977년의 조사보고서에서 '선진제국의 새로운 다수의 선주들'이 유로달러 시장(오늘날의 오프쇼어 시장)에서 자금조달이 가능해졌고, 금융기관은 그것을 요구했다고 기술하여, 편의치적선의 증대는 유로달러 시장의 확대에 따른 영향을 받은 것처럼 기술하고 있다(UNCTAD, 1977, p.38, p.51, p.63).

UNCTAD의 보고서보다 약간 빠르게 발표된 [최근의 시쿠미선(仕組船) 건조에 관하여][74]에서 千田伸弘(당시 일본개발은행 조사부)은 다음과 같이 기술하고 있다. "12만중량톤형은, 시쿠미선의 금리수준이 8%의 경우 시쿠미선이 유리하지만, 최근과 같이 유로달러의 금리수준이 상승하면 계획조선 쪽이 유리하게 된다"(千田, 1973, 12쪽). 또한 "최근 유로달러의 금리상승 문제도 있어서, 시쿠미선 건조계획은 신중하게 진행해야 할 것이다"(같은 책, 15쪽). 시쿠미선은 편의치적선으로 바꿔 읽을 수 있기 때문에, 편의치적선의 건조에 당시 유로달러가 일반적으로 이용되고 있었던 것을 알 수 있다.

둘째, 편의치적선 승조 선원의 아시아 이동이 진행되어, 전통적 해운국의 선박과 비용 차이가 확대된 것이다. 1975년의 해외취업선원 수는 필리핀 2.3만명, 대만 1.1만명과 한국 1.0만명이었다. 또 1978년의 라이베리아선 승조원의 국적을 보면 아시아 선원이 57%를 점하고 있다(다음 제5장의 표 5-2, 5-5~7 참조).

이처럼 편의치적선 선원의 아시아 시프트를 '이민 또는 국제노동력이동'[75]의 시점에서 바라볼 때 Sassen의 지적은 참고가 된다. Sassen은, 미국으로의 이민에 대한 종래의 중심적 가설은 "빈곤, 과잉인구, 경제의 정체가 이민의 유출을 불러일으키는 주요한 원인이다"라는 것이었으나, 실태는 그렇지 않고, 해외투자가 다음 경로를 거쳐 이민을 촉진시키는 요인이 되고 있다고 했다. ① 임금노동자의 새로운 편입과 그에 따른 전통적 노동구조의 해체(제1차 산업에서 제2차 산업으로 등), ② 공업노동으로의 여성의 진출과 남성노동자에 대한 영향, ③ 해외투자의 근원인 선진 공업국과의 실체적 및 이데올로기적 유대의 강화

(Sassen, 1992, 26, 48쪽).

선원의 경우 ③요인과 맞지 않으나, 외자도입에 의한 공업화와 취업구조의 재편을 폭넓게 이해하면 1970년대 대만에서 급속하게 외국적선에 승선한 선원 수가 증가한 이유를 알 수 있다. 하나 더 부가하면, 송출국측의 국가적인 촉진 요인 중 공업화에 수반하는 외화 부족과 그 완화를 위한 것도 지적할 수 있을 것이다(한국의 사례). 다만, 필리핀에 관해 말하자면, 빈곤설도 무시할 수 없다.

셋째, 세계 선복에 점하는 편의치적선의 증대에도 불구하고, 편의선적제도는 가장 어려운 시대를 맞이했다. 두 방면으로부터 공격이 있었다. 하나는 유럽이었다. 전술한 바와 같이, 유럽은 제2차대전 이후 일관되게 편의치적선을 불공정하고 유해한 선박으로 인식해 왔으며, 그 점유율의 증대와 해난의 다발로 인해 PSC에 의한 규제를 개시했다. 다른 하나는 남북문제였다. 남쪽 그룹의 나라들은 선진국의 선주들이 편의치적선을 실질적으로 지배하므로, 편의치적선으로 인해 개발도상국의 해운이 그 성장을 저해받고 있다고 인식했다. 그 결과 1979년 제5회 마닐라총회에서 NIEO(신국제경제질서)로 대표되는 '남북문제의 제기'를 배경으로 편의선적제도의 단계적 폐지(phase out)의 방향성이 결의되었다(폐지결의 그 자체는 1981년 특별회합에서 행해졌다. 제5장 5 (1) 참조).

(c) 석유위기와 남북문제 및 편의선적제도

석유위기는 세계적인 스태그플레이션과 밀접한 관련을 갖는다. 에너지 가격의 폭등으로 인플레이션이 유발되고 석유가격 상승분을 지불하기 위해 선진국 화폐가 유출됨으로써 경제성장의 정체가 일어났다. 이때 편의선적제도는 남북문제로 성격이 변화되어 큰 영향을 받았다.

첫째, 서미트(주요국 수뇌회담)에서의 OPEC에 대한 대결자세가 있었다. 서미트는 제1차 석유쇼크에 대응하기 위해서 설치되었으나, 제2차 석유위기 직후의 도쿄 서미트에서는 "새로운 도전이 발생했다"고 하며, 수치목표까지 정한 석유소비의 절약, 대체에너지로써 석탄의 이용을 선언했다. 전술한 자원 내셔널리즘은 NIEO에도 활용된 남쪽 국가들의 중요한 전략이었으나, 직접적이지는 않았다 하더라도, 그것과의 대결은 남북문제를 변질시키는 것이 되었다.

둘째, 스태그플레이션에 의한 개발도상국에 대한 원조가 감소되었다(室井,

1997, 48쪽).

셋째, 오일머니의 일부는 남쪽 국가들의 공업화 자금이 되어 NICS(신흥공업국)가 탄생하는 계기가 되었다.

넷째, 소위 '남남문제'였다. 석유가격의 폭등은 남쪽의 비산유국을 괴롭히는 것이 되어 남쪽 국가 내부에서의 남남격차(NICS 포함)가 명확해졌다. 그 때문에 "남쪽 제국이 일치단결하여 북쪽 제국에 다양한 요구를 제시한다"(室井, 1997, 57쪽)는 Prebish 전략은 1980년대 이후 발동하는 것이 어렵게 되었다.

편의선적제도에의 영향은 다음과 같다.

먼저, 자원 내셔널리즘의 연장선상에서 개발도상국 해운을 발전시키기 위한 자국화 자국선주의(국기차별)와 편의선적제도의 단계적 폐지의 쌍방이 불가분의 것으로 주장되었기 때문에 해운자유의 원칙을 표방하는 유럽이나 일본은 그때까지의 편의선적제도에 대한 규제 용인의 스탠스를 변경하여 소극적이지만 규제에 반대하는 교섭 자세로 전환하게 되었다(상세히는 제5장 3절 참조).[76]

다음으로 아시아 NICS의 대두에 수반하여 그들 나라의 해운이 발전하고, 국제해운에서도 남남문제를 안게 되었다. 1983년 홍콩은 수익선주국으로서 제2위로 올라섬과 동시에 대만은 6위, 중국은 10위, 한국은 11위가 되어 복잡한 양상을 보이기 시작했다(다음 제5장 <표 5-3> 참조).

(d) 신자유주의, 규제완화와 편의선적제도

석유위기와 스태그플레이션에 흔들린 선진국은 당초 케인즈주의적 정책을 견지했지만, 그 효과는 그다지 좋지 않았고, 1970년대 말부터 1980년대 초에 걸쳐 신고전파 경제학이 대두하여 신자유주의, 작은 정부, 시장원리주의와 규제완화가 주목을 받았다. 이것들은 레이거노믹스 또는 대처리즘이 되어 정책화된 것이다.

먼저 편의선적제도와 관련성을 살펴보면, 자본이동의 자유화나 규제완화는 전술한 편의선적제도가 널리 알려져가는 가운데 플래깅 아웃이라는 자국적선의 유출현상(편의치적선화)이 현저해졌다. 광의로는 편의치적선으로 건조되는 신조선을 가리키는 경우도 있지만, 제5장 <표 5-1>에서 보듯이, 1989년에 세계의 약 3분의 1은 편의치적선이 된 상태가 되었다. 또한 변동환율제 하에서 선진국 선원과 개발도상국 선원의 임금격차가 확대되어 승조원의 아시아 시프트(특히 필리핀 선원으로의 집중화 경향)가 한층 진전되었다.

편의치적선의 비대화는 부메랑 효과에 의해 유럽 해운을 위협하게 된다. 영국 대처 정부는 자국적선에 외국인 선원의 고용을 허용하는 규제완화정책을 내놓았다. 맨섬(영국 자치령)의 오프쇼어 선적이 제1호가 되지만, 다른 나라에서도 어쩔 수 없이 채택하게 되었다. 이른바 '제2선적제도'인데, 제6장 3에서 상술한다. 미국은 (범위를 한정한) 조성정책으로 자국 해운을 지원했지만, 다른 나라는 작은 정부나 시장에 맡기는 정책 하에서 규제완화가 유일한 수단이 되었다. 더욱이 국제해운시장의 규모가 크게 확대되어 조성정책으로 커버할 수 없게 된 것에 유의할 필요가 있다.

한편 남남문제나 신흥국의 대두 등, 복잡한 양상을 드러낸 것도 1970~1980년대였다. NIEO 선언 10년 후 베오그라드에서 열린 UNCTAD 제6차총회(1983년 6월)에 관해서 한 전문지는 타이틀로 "좌초 직전의 남북교섭"(貿易と産業, 1983년 8월호)을 붙일 정도였다.

(4) 글로벌라이제이션과 편의선적제도

(a) 글로벌라이제이션

글로벌라이제이션이라 불리는 현상이 언제쯤부터 시작되었는지에 관해서는 많은 논의가 있다. 지구상에 존재하는 사람들의 이동, 교섭, 교류, 상호의존이라는 간단한 지표를 써도, 인류가 아프리카로부터의 이동의 개시에 기점을 설정하는 것도 가능하고, 1492년 콜럼버스의 신대륙 발견이나 산업혁명 이후 세계무역의 완성에 그 출발점을 찾아낼 수도 있다. 세계의 상호의존성은 이 단계에서 상당히 깊어졌다. 상호의존은, 바꿔 말하면 상호작용이고, 경제적, 정치적, 문화적인 상호작용의 증대와 심화이기도 하다. 이미 거론한 변동환율제로의 이행이나 금융의 자유화는 상호작용을 극대화한다. 다만, 본서에서 글로벌라이제이션을 정면으로 다룰 여유는 없다. 한마디만 추가하면, 자본주의가 세계를 완전히 뒤덮은 것을 의미하는 '소련의 붕괴' 이후 '글로벌라이제이션'이라는 용어가 유포되어, 사람들의 의식을 크게 바꿨다는 점에서 주목해야 할 변화라고 생각한다. 실제 신자유주의적인 경제질서는, 워싱턴 컨센서스(1989)에서 보이는 것처럼, 움직일 수 없는 것이 되었다.[77)]

이러한 점에서 1990년대 이후를 하나의 단계로 생각하고 싶다. 상술한 것과 같이 전체를 다루는 것은 불가능하기 때문에, 편의선적제도에 관련된 두 가지 것에 관해 언급한다.

(b) 이민제한과 편의선적제도

이민, 또는 인구이동은 매년 증가하고 있으나, 예를 들어 물건(무역)의 이동만큼 자유롭지는 않다. 이민(또는 이민 반대)이 각국에서 정치문제가 되는 것처럼, 물건이나 돈에 비하면 오히려 제한되어 있다고 말해도 좋을 정도다. 이 점에 대해 Wood는 "자본이 글로벌하게 이동하기 위해서 국경을 넘어 노동력, 자본, 시장을 자유롭게 이용할 필요가 있다. 그러나 글로벌한 자본은 동시에 노동자의 자유로운 이동을 제한할 필요도 가진다. 생산비용과 노동조건의 차별화를 통해 이익을 확대할 수 있고, 이를 위해 세계경제와 사회를 세분화하는 것이 중요하다"고 주장한다. 확실히 임금과 기타 노동조건이 평준화되면 다국적기업에 있어서 세계적 네트워크의 형성에 의한 '세계 최적지생산'의 의의가 상당한 정도로 사라져 축적체제를 잃어버리게 된다.[78)]

한편, 편의선적제도는 외국인 선원 고용의 자유를 큰 특징으로 하고 있으나, 이것은 앞에서 언급한 자본의 논리와 어떻게 관련되는 것일까? 편의선적제도에 있어서 '이민'이 자유로운 최대의 이유는, 국제해운의 지배적 자본이 편의선적제도를 만든 것이 아니기 때문이다. 반복적으로 지적한 것처럼, 패권국가 미국의 부산물이다. 미국이 징용을 원활하게 수행하기 위해서는 편의선적국에 선원이 없는 편이 바람직했고, 그와 같은 나라를 선택하면 필연적으로 외국인 선원 고용의 자유를 인정하지 않을 수 없다. 예를 들면 라이베리아 선적의 경우, 선원을 라이베리아인으로 한정하는 것은 불가능하고, 의미가 없다.

반대로, 편의선적국에 있어서 외국인 선원은 자국의 노동시장에 참여하지 않고, 오프쇼어에 존재하는 것뿐이므로 사정이 나쁘지 않다. ILO의 1958년 선원신분증명조약(제108호)은 당해 증명서에 유효기간을 부기하여 그 기한 종료 후 1년간 재입국을 허가하지 않으면 안된다고 규정하는데 그친다(제3~4조).

이처럼 생각해 보면, 미국의 군사전략이 개입되지 않았다면, 국제해운의 지배적 지위를 차지하고 있던 유럽 해운이 예를 들어 아시아 선원을 고용하려는 경우에는, 그들을 자국(적선)으로 초청하여 굳이 자국의 노동조건을 적용하지 않고,[79] 그들의 모국에 자본진출하지 않았을까? 그것은 다른 산업의 다국적 기업화 및 해외진출과 궤를 같이하는 것이기도 하다.

(c) 국민국가의 변용과 편의선적제도

오바마 대통령은 2012년의 대통령선거에 맞물려 연방 법인세율을 35%에서 28%로, 제조업에 대해서는 25% 이하로 인하하는 개혁안을 같은해 2월에 발표했다(朝日新聞, 2012년 2월 23일). 25%는 OECD가 결정한 경(輕)과세국인가 아닌가의 기준이어서, 놀라움으로 받아들여졌다.

또한 일본 정부는 2009년도 세제 개정에서 해외자회사로부터의 배당을 비과세로 하는 '수익금 불산입제도'를 신설했다. 다음 해에는 택스해븐 대책세제의 대상이 되는가 아닌가를 결정하는 트리거 세제를 25%에서 20%로 인하했다. 오사카부(大阪府)와 오사카시(大阪市)는 '간사이(關西) 이노베이션 국제전략종합특구'로 오사카부의 외부로부터 진입하는 기업에 대해, 법인사업세 등의 지방세를 5년간 전액 면제하는 조례안(면세액 300억엔)을 의회에 제출한다고 한다(같은 해 8월 7일). 더욱이 각지의 항만에서는 이용촉진책의 일환으로 예를 들어 컨테이너 취급료 등을 경감하는 조치를 도입하고 있다.

이처럼 국가나 지방자치체의 기업에 대한 우대조치의 사례는 열거하기 힘들 정도로 많다. 포디즘의 시대에는 생각할 수 없었던 것이고, 글로벌라이제이션의 산물이라 하겠다. 나아가, 국민국가의 변용과 관련이 있다. 이 점에 관해서 S.Strange는 권력을 "결과에 대하여 영향력을 미칠 수 있는 것"이라 정의한 다음(Strange, 1998, 38쪽, 317쪽), 권력이 국가로부터 시장(기업, 비국가적 권위)으로 시프트하고 있는 것을 [국가의 퇴장, *The Retreat of the State*]을 통해 저술했다. 그리고 다음과 같이 말한다. "이 책의 가설은, 국가로부터 시장으로의 시프트가 초국가기업을 실제로 정치상의 플레이어로 바꿨다는 것이다." 그러나 이런 논의는 초국가기업(transnational corporation)이 외교에 영향을 주고 있다든지, 흑막적 파워라든지 하는 것이 아니다. "오히려 초국가기업 자체가 정치적 제도이고,

시민사회와 정치적 관계를 가진다는 것을 의미한다." 또한 "초국가기업이 여러 국가의 정치로부터 권력을 훔쳤다든지 탈취했다든지 하는 것이 아니다. 권력이 손쉽게 그들에게 넘겨졌다"고 한다.[80)]

그는 구체적으로 4개의 가설을 제시한다. ① 국가는 민영화와 조성정책의 폐지를 통해 전체적으로 재화나 서비스의 생산에서 이탈했다. ② 초국가기업은 외자도입 등을 통해 선진국에서 개발도상국으로 부의 재분배를 국가보다 더 많이 수행했다. ③ 해외자회사의 노사관계를 포함하여 노사관계의 주요 문제의 관리도 국가(정부)에서 초국가기업으로 이동했다. ④ 이전가격, 택스해븐에 국한되지 않고, 간접세의 증대나 법인세의 경감 등 무제한이라 간주되어 온 국가의 과세권이 제한되고 있다(Strange, 1998, 81쪽 이하, 95~96쪽).

S.Strange는 '국가의 후퇴'에 관해 말하고 있지만, 적극적으로 국가를 규정하려고 하지는 않았다. 이것에 대비해 J.Hirsch는 [국민적 경쟁국가, *National Competitive State*]를 1995년 출간하여 다음과 같이 말한다. 영국인이나 영국 정치에 있어서 "영국에 생산거점을 설립한 자동차기업이 '영국' 기업인가, '일본' 기업인가는 지금은 중요하지 않아 보인다." 본질적인 것은 영국에 생산거점을 두는 것이다.[81)] "그것과 함께 국가의 경제정책이 노동조합이나 '민족'자본과 결합하여 국내수요의 조정이나 무역정책에 의한 자국산업의 보호에 관심을 집중하던 시대는 끝나고 말았다." 변화된 것은 국가와 자본의 관계이고, "대략 말하자면, 국가의 정치는 다른 국가와 경합하여 글로벌하게, 보다 유연하게 행동하는 자본을 위해 유리한 가치증식조건을 마련하는 것에 점점 관심을 갖게 되었다." "이러한 의미로 자본주의 국가의 새로운 유형의 형성, 즉 '국민적 경쟁국가'에 관해 말할 수 있다"고 한다(Hirsch, 1998, 114~115쪽). 다국적기업은 "글로벌하게 이동하는 능력과, 이전할지도 모른다고 하는 단순한 협박을 통해 국가, 노동조합, 기타 사회집단에 대해 점점 더 큰 영향력을 행사할 수 있는 지위를 획득하고 있다"(*ibid.*, 133쪽). 이와 같은 세계화 흐름에서 '경쟁국가'의 역할은 "조금 과장해서 표현하자면, 사회의 모든 영역을 글로벌한 경쟁능력이라는 목표를 향해 이끄는 것에" 있다(Hirsch, 2005, 154쪽).

Strange나 Hirsch가 집필에 종사하던 15년 정도 전과 달리, 이 책의 모두에 예시한 오늘날의 상황은 그들의 주장을 저항 없이 받아들일 수 있는 것은 아닐 것이다. 다만, 국가를 다국적기업이 일정 정도 컨트롤하고 있다고 하더라도 국가가 그것에 종속되고 있는 것은 아니다. 양자는 협력적인 동시에 경쟁적이고, 보완적인 동시에 대립적이기도 하다.[82] 이런 관계는 물건(무역)과 돈(자본)의 이동이 자유롭게 된 현대에서, 전술한 것처럼 사람의 이동만은 자유롭지 않고, 제한이 불가피한 것에서 가장 강하게 나타난다. 노동력의 이동이 자유롭지 않다고 하는 것은, 반대로 국가가 일정 책임을 진다는 것이고, 고용의 창출·유지에 노력하고, 강권을 발동하는 장면도 생각할 수 있다는 것을 의미한다. 만약, 다국적기업이 법인세의 감면이나 해외진출의 편의(외국정부에 대한 공작을 포함한다)를 요구만 하고 고용을 창출하지 않는다면, 특별한 배려를 해서까지 자국에 머물 것을 요청하지는 않을 것이다.

전술한 일은 세계적으로 널리 퍼진 '톤수세제(tonnage tax)' 또는 톤수표준세제에 재현될 수 있다. 다음 제6장에서 상세히 기술하지만, 최초로 도입한 것은 1996년 네덜란드였다. 더욱이 다음 해 유럽위원회는 '해운조성에 관련한 가이드라인'을 제정(개정)하기 때문에 여기서 검토해 둔다. 이 세제는 선박의 톤수를 기준으로 하여 법인과세를 하는 것으로 톤당 이익을 일정액(률)로 '간주하는' 것으로 대폭의 감세를 선사에 부여하려는 것이다. EU 각국의 선박(이하 EU선)과 편의치적선과의 경쟁력의 차이는 재무비용에 있다고 보고, 그 비용 차이를 감세를 통해 메우려 하고 있다.

다만, 법인세를 경감하려면 다음과 같은 '공공목적'이 필요하다. ① EU선의 확보, ② 고용의 확보, ③ 해사기술의 개발(해사 클러스터의 유지), ④ 안전성의 향상 등을 내걸었다. 논리적으로 말하면, EU선을 대상으로 과세이익을 압축하면 EU선은 증가로 바뀔 것처럼 보이지만, 실제로는 많은 외국선(주로 지배편의치적선)을 정기용선하고 있고, 그것도 대상으로 하지 않으면 부활은 어려워지므로 이른바 '3배의 룰'이 만들어졌다. 요약하면, 법인세라는 '조세 중의 조세'를 경감하는 것으로 상술한 여러 목적을 달성하려 한 것이지만, 주의해야 할 것은 법인세의 경감이 신자유주의적(시장주의적) 특성과 다른 것이다. 오히려 그것과 대립하는 측면을 가진 정책이라 보아야 한다. 일본식으로 말하면 조세특별조치법에 의한 조성(감세=숨겨진 보조금)정책이기 때문이다.

다국적기업인 해운기업이 국가에 대해 특별취급을 요구, 실현하는 것에 대해서는 일본의 사례가 이해하기 쉽다. 종래 일본 정부는 시장원리에 따라 EU의 정책을 '외항해운의 자유롭고 공평한 경쟁을 왜곡할 가능성이 있는' 숨겨진 보조금에 해당한다고 하여 반대했다(다음 제6장 주 40 참조). 그런데 2000년대에 들어서 톤수세제를 도입하고 있는 각국 선사와 일본 선사 간 축적조건의 차이가 심해지자, 일본선주협회는 이퀄 풋팅론을 주장하며 로비활동을 전개했다. 2008년 법률 제정에 성공하지만 대상 선박은 일본 선박으로 한정하였다. 대상 선박의 확대를 요구하는 활동 중에 선주협회장은 당 협회의 요구사항을 인정하지 않는 것은 "국외로 나가라는 것과 마찬가지가 아닌가"라며 불만을 표명했다.[83] 그리고 2012년 드디어 확대를 인정하는 법률이 제정되었다.

주

1) '선주'라는 용어에 관해서. 본서에서는 '해운기업', '선박회사', '선사' 등은 별로 쓰지 않고, '선주'를 거의 일관적으로 사용한다. 해운업자의 모임인 일본선주협회로 대표되는 것처럼, 업계의 관용어이기 때문이다. 해운업자는 오너(owner)와 오퍼레이터(operator, 운항업자)로 나뉘어지는 경우가 있으나, 선주는 전자의 오너의 의미로도 사용된다. 다만, 이 경우에도 순수한 선박소유자를 의미하는 것은 아니고, 선원을 고용하고 항해가 가능하도록 준비하는 소유자를 가리킨다. 오너는 통상 오퍼레이터와 정기용선계약을 체결하고 용선료를 받는다(연료 등은 후자 부담). 일본의 전통에서는 오퍼레이터도 자사선을 소유하고, 선원도 고용하고 있다. 대형3사(日本郵船, 商船三井, 川崎汽船)가 그 대표다. '오너 오퍼레이터'로도 불린다. 이 책에서 선주는 대부분의 경우 오너에 해당한다.

2) ① 파나마: 2.9억톤(DWT, 이하 동일, 다음 주석 참조), 41.9%, ② 라이베리아: 1.4억톤, 20.7%, ③ 마셜제도: 76백만톤, 11.1%, ④ 바하마: 59백만톤, 8.7%, ⑤ 몰타: 56백만톤, 8.2%, ⑥ 키프로스: 31백만톤, 4.6%, ⑦ 앤티가바부다: 13백만톤, 1.9%, ⑧ 버뮤다: 9백만톤, 1.4%, ⑨ 세인트빈센트: 7백만톤, 1.0%, ⑩ 케이만제도: 4백만톤, 0.6%, 합계: 6.8억톤, 100%(ISL, 2010, p.187).

3) 선박의 수송능력(capacity)을 표현하기 위해 여러 가지 톤수가 사용되지만, 적재용적에 주목하는 것이 총톤(G/T, Gross Tonnage)이다. 이것에 비해 적재중량에 주목하는 것이 재화중량톤(D/W, DWT, Dead Weight Tonnage)이다. 공업의 발전에 따라 중량물이 많아져 후자가 사용되는 케이스가 많은데, 장기 통계에서는 총톤에 의존할 수밖에 없는 경우가 많다.

4) Boczek, 1962, p.59; 榎本, 1993, 407쪽; 逸見, 2006, 91쪽. 한편 Sturmy는 1945년 이후라 하고 있는데, 근거는 제시하고 있지 않다(Sturmy, 1962, p.211).

5) Boczek는 FOC에 찬성, 반대하는 양쪽의 사람들 모두 FOC를 사용하고 싶어하지 않는다고 하고, flags of 뒤에 necessity, attraction, runway, refuge, tax-free, free booters 등을 붙여서 사용하려 하고 있다고 한다(Boczek, 1962, pp.5~6).

6) 海事産業研究所가 편찬한 [편의치적선에 관한 문헌목록]에서 처음 나온 것은 [海運調査月報] 1957년 12월호로 되어 있지만, "편의치적선 대책~"은 '편의국적선'의 오역이다. 한편, [海上勞動], 1958년 3월호, 13쪽의 ILO 총회 사무국장 보고의 소개에서는 '편의선적'을 사용하고 있다.

7) 下山田聰明은 open registry에 대해 '자유선적'으로 번역하고 있다(下山田, 2003, 2쪽).

8) Carlisle은 "The Panamanian and Honduran operations of United Fruit were not true 'flag of convenience' registry in the sense in which the term came to be used after 1950"(Carlisle, 1981, p.46)과 같은 사용법을 하고 있다.

9) 예를 들면, 어느 해운용어사전에서는 open registry를 '개방선적' 또는 FOC라 하고 있다(Brodie, 2007, p.172). 또 다른 사전에서는 가끔 FOC가 사용되고 있다고 한다(Branch, 1995, p.328, p.595).

10) Committee of Inquiry into Shipping(1970). Viscount Rochdale은 1967년 7월에 상무장관으로부터 위원장으로 지명되었다. 조사는 해운에 관한 문제 모두에 걸친 것이었으므로 보고는 1970년 5월이 되었다.

11) Rochdale, 1970, p.51, par.184. 버뮤다, 바하마(1973년 독립에 주의)에 관해서, 일반법령과 감독은 영국에 따르지만, 법인세는 면제되므로, 그것만 보면 영국 선적도 편의선적을 제공하고 있는 것으로 보여져도 어쩔 수 없다고도 지적한다(*Ibid.*, par.186).

12) Metaxas, 1985, p.15.(b) 부분에 관해서 Doganis와의 공저에서는 "a substantial national requirement"(Doganis and Metaxas, 1976, p.3)이라 하고 있으나, 단독저서에서는 national

을 빼고 있다.

13) Grundey, 1978, pp.1~4. 만일 자국민에 의해 소유, 관리, 배승이 행해지지 않는다면, 주권을 행사하는 동기가 없는(not present) 것이 된다고도 한다. Quasi-FOC에 관해서는 FOC와 유사하지만, 소유권, 선박관리, 승조원에 관해서 자국과의 관계성을 상당히 가지고 있고, 그 결과 통치의욕을 알 수 있는 선적으로 한다. 그리스를 그것의 좋은 사례로 든다. 인용의 방법은 다르지만, 東海林滋(1983, 171쪽)도 Grundey를 지지하고 있다.

14) 흥미있는 타이틀로서 Bergstrand의 Buy the Flag가 있다. Grundey의 정의를 최상의 것으로 한다(Bergstrand, 1983, p.2). 그러나 FOC를 제공하는 편의선적국과 이용하는 선주 쌍방을 고찰해야 한다며, 그것을 이용하는 선주의 경제적 요소에 관해서 힘을 들여, '국적의 구입(buy)'에 관해서는 깊이 언급하지 않고 있기 때문에(Bergstrand & Doganis, 1985, pp.413~32), 지적하는 데 그치고 있다.

15) 逸見, 2006, 91쪽 이하에 약간의 소개가 있다. 織田政夫(1975, 145~146쪽)은 편의치적(flag of convenience)은 "어느 나라가 (외국선주에게 본국에서는 얻을 수 없는 편의를 공여하기 위해 국적을 부여하고-필자) 그것도 그 운항활동에 대해 어떠한 효과적 규제를 가할 의지 또는 능력을 갖지 않는다는 조건 하에 있는 선박과 치적국의 관계를 가리킨다"고 한다. 치적이라는 행동을 관계성으로 파악하려는 의도는 어디에 있는지 이해하기 어렵다. 로치데일 보고를 소개하고 있지만, 편의치적선의 '수익'에 관해서는 언급하고 있지 않다. 山本泰督(1965, 42쪽)은 FOC를 '편의국기(선적)'로 정의하고 있다. 상기 '수익'에 대한 언급은 없다.

16) 두 선박은 United America Lines 소속으로 1922년 10월에 파나마로 전적되었다. 이유는 외국선박이라면 미국 연안 3마일(영해)까지 여객에게 알코올류를 판매할 수 있는데, 미국 선박에서는 금지되어 있어서 경쟁할 수 없었다고 한다. 더욱이 다음 해 Cunard사가 관련된 케이스에서 최고재판소는 (논의의 여지는 충분하지만-필자) 3마일을 넘어서 재무성은 권한을 행사할 수 없다고 하며 합법화해 버린다(Carlisle, 1981, pp.14~18). 한편, 최초의 파나마로의 전적은 1919년 8월 밴쿠버의 파나마 영사 아래 수행된 캐나다 선적 *Belen Quezada*호였다고 한다. 나중에 미국으로부터 밀수의 혐의가 씌워졌다(*Ibid.*, pp.6~8). Wilson, 1963, p.72는 FOC의 기원을 여기서 찾고 있다.

17) Carlisle, 1981, pp.9~15. 전적은 영사등록으로 수행되었기 때문에 정확한 날짜는 불명확하다.

18) 水上, 1994, 148쪽은 '역사의 사정'이라 하고 있다. 본문의 사례를 소개하는 Carlisle(1981)은 제4장의 타이틀을 flag of convenience가 아닌 flag of Refuge로 했다.

19) UN, 1955, pp.129~134. 1916년 상법, 1925년 법 제54호 '해사법', 1926년 확충(amplifying)법, 1947년 노동법의 일부가 영역되어 있다. 이하 특별히 언급하지 않는 경우 이 문헌에 따른다.

20) Carlisle, 1981, p.33. 영사는 정부가 고용하는 총영사(9개국), 영사(paid consul), 부영사가 세계에 산재해 있었지만, 기타 급여가 없는 명예영사가 현지에서 채용되었다. 그들은 선적등록료로부터 수입을 얻을 수 있었다. 이런 것도 있어서 영사에 의한 등록료 징수를 둘러싸고 뒷날 많은 문제가 발생했다. 한편 미국과의 결탁은 강하고, 파나마 영사가 없는 항에서는 미국 영사가 대행했다(*Ibid.*, p.31). 파나마 선적으로부터의 이탈에 관해서는 1926년 법 제6조 참조.

21) 영국령 케이만의 전 법무장관은 "소득세나 법인세를 부과하면, 세수를 상회하는 코스트가 든다"고 진술하고 있다. 케이만에는 재무성 직원이 2명뿐이다(朝日新聞, 2012년 1월 9일; Carlisle, 1981, p.69).

22) ILO(1956, pp.3~4, historical review), 西巻(1967, 5쪽), 佐藤(1990, 5쪽), 제4장 4 (2) 참조.

23) 자세히는 제4장 3 참조. UN 해양법회의는 제2위원회에서, 각국은 선박에 대한 국적부여요건을 자유롭게 정할 수 있으나, "다만, 그 선박의 국가적 성격이 다른 나라에서 인정받기 위해서는 국가와 선박 사이에 진정한 관계가 있어야 된다"고, 타국의 거부권을 명확히 하는 조항을 3분의 2 이상의 찬성으로 채택했지만, 본회의에서 괄호 안을 삭제하는 대역전극이 펼쳐졌다.
24) Boczek는 자신의 책 제7장을 The Doctrine of "Effective United States Control"에 충당하고 있다(Boczek, 1962). Carlisle은 제11장을 Effective Doctrine Under Fire로 했다. 최근에는 이 점을 건드리지 않는 것이 많다. Grundey도 이것의 중요성에는 손대지 않았다.
25) 라이베리아와 파나마는 오랫동안 치열하게 경쟁해 왔지만, 결국 1993년 총톤 베이스로 파나마가 역전했다. Grundey가 말하는 salable service를 보는 듯하다. 후술하겠지만, 신규참여가 많은 것은 주권의 평등에 유래하고 있는 것에도 주의해야 한다.
26) 다만, '오프쇼어'를 사용하는 것에 관해서는 약간의 위험이 따른다. 제6장에서 제2선적을 다루지만, 제2선적이라 불리는 것 가운데 맨섬(선적)과 같이 본토로부터 떨어진 자치령의 선적은 지리학적으로 오프쇼어인 선적이라 불리는 경우가 있기 때문이다. 또 제2선적 그 자체도 노동관계를 중심으로 일정한 오프쇼어성을 가지고 있는 것은 부정할 수 없다. 그렇지만, '오프쇼어'성으로 재정의를 시도하려 한 것은 '국민경제와의 희박한 관계'라는 표현으로는 내용이 동반하지 않는 것, 오프쇼어의 정도로 말하자면 전면적일 것, Grundey 등이 지적하는 국가수익 목적도 오프쇼어성을 지렛대로 삼아 도입할 수 있는 것 등에 따른다.
27) 택스해븐은 통상 3가지로 나눌 수 있다. ① 택스 파라다이스(전소득 경과세국): 바하마, 버뮤다 등, ② 택스 쉘터(국외원천소득 경과세국): 파나마, 코스타리카 등, ③ 택스 리조트(특정사업소득 경과세국): 라이베리아, 몰타 등. 자세히는 中村, 1995, 132쪽 이하; 川田, 2000, 12쪽 이하 참조.
28) 森久保, 1970 上, 17쪽. 파나마법에서 국외에서의 주주총회 등에 관해서는 명확하지 않지만, 이 점에 관해서는 馬木, 1993, 28쪽, 47쪽 참조.
29) 일본에서는 1978년 4월부터 택스 해븐 대책법이 시행되었다. 감가상각비의 계산의 번잡함을 회피하기 위해 현지법령준거도 가능하게 했지만, 일본법 선택자와의 균형상 일본법과 동일한 한도를 만들있다고 한다(川田, 2000, 124쪽). 한편 이 법의 시행으로 일본에서의 절세대책으로써의 FOC화는 불가능하게 되었다는 견해도 있지만, 高橋元(1979, 151쪽 이하)이 열거하는 사항으로 보면, 절세의 여지는 남아있는 것처럼 생각된다. 더욱이 미국의 대책법의 경우, 해운에 재투자하는 경우에는 공제되므로(합산되지 않음), 일반론으로는 법인세 회피를 목적으로 한다는 것은 유효할 것이다(合田, 2011c, 154쪽 주 5); 川田, 2000, 22쪽; 水上, 1994, 167쪽; UNCTAD, 1977, p.42, par.115, p.45, par.135).
30) 氷川, 1985, 31쪽; 及能, 1986, 28쪽.
31) 편의선적국에는 자국선원이 적은 편이 바람직하다. 선원이 다수 있으면 노동보호나 연금제도 등을 만들어야 하고, 실업자가 다수 있으면 개입하지 않을 수 없게 된다. 이것은 미국의 군사전략상으로도 그렇다고 볼 수 있다. 자세히는 제3장에서 다루지만, 편의치적선을 징용하는 단계에서 위험한 해역을 향해 선원이 승선해 줄 것인가가 논의된 적이 있다. 전 세계에서 자유롭게 조달할 수 있다면 돈으로 해결할 수 있을 것이다. BIMCO/ISF(2010, p.104)는 라이베리아인 선원을 400명 정도로 추정하고 있다. 다른 곳도 마찬가지겠지만, 파나마는 직원 5,678명, 부원 6,712명으로 추정하고 있다. 기타는 불명이다(원자료는 각국 정부 보고).
32) 馬木, 1993, 149쪽; 제4장 2(2)(c), 주 21) 및 제5장 2 (1) 참조.
33) 正村, 2009, 21쪽 이하. 篠田(2012, 15~18쪽)은 주권의 절대적 권력에 관해서 보댕은 신의

절대성에 유래하고 있다고 하는 것에 대해 홉스는 사람들이 주권자에게 권위를 부여하는 것이라 하며 180도의 전환이 있는 것을 지적한다.

34) 水上, 1994, 59쪽. 무엇보다 국적부여요건을 통일하려는 노력도 있었다. 유럽을 중심으로 하는 국제법학회는 1896년에 '상선을 위한 국기 사용에 관한 규칙'을 각국의 법령을 기초로 하여 작성했다. 소유와 본거지에 관해 자국민성이 요구되었다. 그 후 남미를 중심으로 하는 부스타만테 법전(1928년)과 몬테비데오 조약(1988~1989년, 1940년)이 작성되었지만, 국기의 사용을 허가하는 국가가 그 요건을 결정하는 것으로 되었다. 자세히는 榎本, 1988, 18쪽 이하 참조.

35) 山本草二(1992, 109쪽)는 "'진정한 관계'의 구체적 내용이 어떠하더라도 기국은 자국선박에 대해서 실효적인 관할권과 규칙을 행사해야 할 의무를 지는 것으로, 이것을 태만히 하면 그것만으로 국제위법행위로 국가책임을 추궁당한다"고 한다. 그러나 山本, 1985, 531쪽 이하에 따르면 그 추궁은 용이하지 않다.

36) *MT*, 1974, p.90, p.96. 제5장 1(1) 참조.

37) 国土交通省 海事局 HP 내 '일본에서 구류된 선박일람'. 도쿄MOU(2010)(http://www.tokyo-mou.org/annrep.htm)에 따르면 워스트 10 가운데 6개국이 편의치적국이다. 한편, 캄보디아는 소형선이 많고 평균선령은 27년으로 낡은 배가 많을 뿐 아니라 선급협회의 인증도 취득하지 않은 no class 선박도 많다.

38) 해난에 조우했던 선박은 컨테이너선, PCC, VLCC, VLOC로 해난의 종별은 화재, 선체경사에 의한 항해 불능, 화물선과의 접촉, 원유유출, 피난을 위한 이안 실패, 좌초였다. http://www.mlit.go.jp/kisha/kisha06/10/101222-.html.

39) 赤塚, 2000, 8쪽 이하. 일본 船主協会 HP "'에리카호' 사고의 개요".

40) PRISMA Consulting Group S.A., "A Study into the Policy Implications of the Sinking of ERICA", p.206(運政研, 國際問題研, 2001 발췌).

41) 井口, 2006, 14쪽 이하에 정리되어 있다. Ozccayir, 2004, pp.308~316.

42) "유럽 포트 스테이트 컨트롤이 선급협회에 의한 더블 스탠다드를 지적", 船協, 2002년 9월호, 6~9쪽. 逸見, 2006, 352쪽, 397쪽; 岡田, 2009, 46~50쪽 참조.

43) Tokyo MOU, 2010, pp.41~42; 岡田, 2009, 46~50쪽 참조.

44) 1982년 파리 MOU가 기원으로 된 것이 많으므로 주의를 환기하고 싶다. 상세히는 제5장 1 (2) (c) 참조. 현재 해역마다 8개의 MOU가 성립되어 있다. 미국은 독자적으로 PSC를 시행한다.

45) 大貫 외, 2002는 대형회사의 안전관리 담당자들의 좌담회에서 PSC, MOU에 관해서 미국, 유럽, 호주에서는 단속이 심해서 서브 스탠다드선의 기항이 어려워지고 있는데, 그 바람에 기준 이하 선박들이 아시아로 향하게 될 수도 있다. 그렇게 되면 "공평한 시장원리가 침식되고, 우리들이 응분의 비용을 들여 유지하는 선박의 경쟁력이 떨어진다"(88쪽)라며, 검사체제의 강화를 요망하고 있다.

46) 逸見, 2006, 358~360쪽; 榎本, 1998, 320, 333쪽; 水上, 1994, 290쪽; Pamborides, 1999, pp.53~55; Sturmy, 1983, pp.59~60; Meyer, 1967, p.297.

47) 주의해야 할 점은, IMCO의 1975년 결의와 제6장에서 서술하는 1980년대 이후의 상황과는 크게 다르다는 것이다.

48) 편의치적선으로 한정되지 않지만, 세계 외항선원의 일부가 얼마나 곤란한 해상생활을 강요당하고 있는가는 ICONS(국제해운위원회)의 'ship, slaves and competition'이 눈을 뜨게 해준다. 위원은 Peter Morris(위원장, 호주 교통장관(1983~1990)), James Bell(1999년 중반까지 국제선급협회연합(IACS) 사무국장), 林司宣(와세다대학 교수, 해양법, FOA 사무국장

보(수산국장, 1996~1999), Barry Mekay(캐나다 선박검사국장, 도쿄 MOU 및 파리 MOU의 캐나다 대표 역임) 등 4명이다. '노예'라는 자극적 타이틀은 '머리말'과 기타 부분의 "오늘날 해상에 있는 수천명의 국제선원에게 있어서 해상생활은 현대의 노예이고, 그 직장은 노예선이라 할 수 있다"(ICONS, 2001, p.3, p.57)에서 발췌된 것이다. 세계 21개 도시에서의 철저한 면접을 중심으로 한 조사에는 설득력이 있다(*Ibid.*, pp.220~230에 리스트).

49) ILO, 2004, pp.165~187; 국제해운위원회, 2002, 26~28쪽. 러시아 금융위기의 영향으로 러시아 선박 13척이 포함되어 있다.

50) 맨닝회사에 의존하는 것의 한 결말은 유료의 소개이다. 1개월분의 급료, 또는 최고 2,000US$가 관행이라 들리곤 한다. ICONS, 2000, p.44. ILO 조약 제9호에서 금지되어 있지만, 이 조약은 1920년 ILO 최초의 해사조약의 하나이고 유럽, 미국, 일본 등에서의 악습타파운동이 결실을 맺은 것이다. 이러한 의미에서 격세유전과 같은 현상이라 할 수 있다.

51) 후술하는 것처럼, 노동서비스 수출국인 필리핀은 맨닝업자를 규제하고 있다. 그렇지만, 조합이나 종교단체에 접촉하려 한 선원의 블랙리스트가 작성되어, 동업자 간에서 회람되고 있다고 한다. ICONS, 2001, p.44, p.172.

52) 일본은 세계 최대의 편의치적선 보유국이지만, 全日本海員組合이 5만명을 넘는 외국인 선원을 대표하여 선주와 교섭하고 있다. 다만, 조합임원의 선거권을 비롯해서 조합원으로서의 권리, 모국조합과의 관계 등 기존의 노동법으로는 해결할 수 없는 많은 문제를 안고 있다. 또한 ITF가 지정하는 편의선적국(<표 1-1> 참조)에 소위 제2선적이 들어가 있는 것은, 교섭관할권의 문제가 얽혀 있기 때문이다.

53) ISM코드란 '선박의 안전운항 및 해양오염방지를 위한 국제관리규칙(International Management Code for the Safe Operation of Ship and for Pollution Prevention)'을 말한다. IMO 총회(1993년 11월) 결의 A.741(18)을 가리키는데(SOLAS Chap.IX Reg.1), 2002년에 해상안전위원회에서 개정되었다(MSC.104(73)). 国土交通省 測度課, 2008; Ozcayir, 2004, pp.447~475 참조.

54) 물론 '회사'의 지위에 취임하지 않는 경우도 고려하여, 표준서식에는 '가/부'의 선택지가 설정되어 있지만, '부'를 체크하면 편의치적선을 대상으로 한 거래는 성립하지 않을 것이다. 역으로 어정쩡하게 선박의 운항에 관여해 온 선주는 전문업사에세 위탁하시 않을 수 없게 되므로, 선박관리업자에게 있어서 '특수'가 기대된다고까지 할 수 있다. 篠原 외, 1999, 16쪽. 한편, ISM코드의 원안은 5대 선박관리회사(Group V)가 (그 지위를 다지기 위해?) 작성했다고 한다(国土交通省 測度課, 2008, 2쪽).

55) IMO에 의해 대행기관의 승인 가이드라인이 정해져 있다(A.739). 자세히는 工藤, 1994, 33쪽. 工藤은 (선급협회의 힘의 상승을 배경으로-필자) '회사' 입장에서 보면 많은 선급협회로부터 DOC 등을 취득하는 것은 번잡하고, 머지않아 선급협회의 과점화로 발전할 것으로 추측하였는데, 상황은 예측한 대로 흘러갔다고 할 수 있다. 다만, 역으로 선급협회의 증가, 안일한 상업화의 현상도 드러나고 있다.

56) 관리회사에는 규모의 경제성이 있고(200척 이상을 관리하는 회사도 있다), 편의치적선이 취급선의 중심을 이루고 있다. 또 경쟁이 심하고, 서비스의 품질이 늘 문제가 되고 있다.

57) 工藤이 지적하는 것은 ISO9000의 취지에 합치하지 않는다는 것이기도 하다. 그 때문에 ISM과 ISO 쌍방을 커버하는 국제선박관리협회(ISMA)의 기준코드나, NK의 (ISM용) '선박관리시스템 심사등록규칙'이 작성되었다(海事新聞, 1994년 3월 10일, 11월 8일).

58) 일본은 1993년, 예를 들면 일본 지배의 파나마선의 경우, '파나마의 주관청이 주권을 넘어서 일본의' 선사의 안전관리시스템을 검사하는 것이 된다고 하여, 컴퍼니에 대한 검사는 컴퍼니 소재지국의 주관청이 시행하는 것으로 하도록 제안했다. 이것이 "주관청의 요청에

의해 다른 조약체결국의 정부가 발급한다"(13.2)는 문언으로 끝맺음되었을 것이다(海事新聞, 1993년 5월 20일).

59) Kapp은 1950년대의 미국 공해 문제를 배경으로 하여 "요약하자면, 사회적 비용이라는 말은 생산과정의 결과, 제3자 또는 사회가 영향을 받고, 그것에 대해서는 사적 기업에 책임을 부담시키는 것이 곤란한, 모든 유해한 결과나 손실에 관한 것이다"(Kapp, 1959, p.16)라고 했다. 여기서는 가치 개념의 비용과, 사용가치 카테고리의 손실과의 혼동이 있지만, 이 점에 관해서 植田和弘은 "사회적 손실의 크기를 정당하게 평가하기 위한 제1차적 접근으로써 … 무의미한 것이 아니니다"(植田 외, 1991, 100쪽).

60) 西村弘은 "자동차 사회는, 자동차의 과도한 이용이 시민생활을 위협하고, 그 안정성까지 빼앗는 지경에 이른 사회다"라고 한다(西村, 2007, 23쪽). 宇澤의 저작은 주로 자동차 공해시대를 배경으로 하고 있는데, ① 시민의 기본적 권리를 명확히 하고, ② 그것을 침해하지 않도록 하기 위한 추가적 도로 투자를 사회적 비용으로 하는 경우, ③ 실질적으로 보아 1대당 60만엔이 필요하다(명목 200만엔)고 했기 때문에 일대 센세이션을 일으켰다(宇澤, 1974, 159~168쪽).

61) 10년 전의 성과이지만 兒山·安本(2001, 28쪽)은 대기오염, 기후변동, 소음, 사고, 인프라비용, 혼잡손실에 관해서, 외부비용은 중위추계로 승용차 29.0엔/km, 대형트럭 132엔/km로 산출했다. 총계로 GDP 대비 6.6%라고.

62) 후술하는 ILO의 1950년 리포트(제4장 4 (2))에 보이는 규제회피나, 나아가 럼섬임금에 수반하는 연금, 기타 사회보장 부담금의 무거운 짐으로부터의 해방을 지적한다(Metaxas, 1985, p.77, p.82).

63) 明壁, 1983, 7~14쪽; 清宮, 1992, 22~27쪽. 저자(당시)는 일본 선박보험연맹의 전무이사와 업무부장 대리.

64) OECD는 1975년의 편의치적선에 관한 보고서에서, 사회적 비용(의 금액)에 관해서 조사하려 했지만(네덜란드 담당), 사회적 비용의 컨셉 만들기부터 곤란하다고 포기했다(OECD, 1975, pp.7~8).

65) Metaxas, 1985, p.102. 그래도 아모코 카디즈호 해난에 관해서 금전 면에 대해 언급하고 있다. 그 선박에 대한 미국 국가해양대기관리국(NOAA)의 보고에 따르면, 실질적·경제적 코스트는 1.9억~2.9억 달러(1978년 가치)로 추정되었다. 그것은 세계의 모든 편의치적선의 100일분의 운항코스트와 딱 맞아, 편의치적선의 코스트는 그만큼 낮아졌다고 한다. 사회적 비용의 추계가 불충분하고, 반대로 그 이외의 비용도 포함되는 등 문제점도 많지만, 편의치적선에서 자주 보이는 해난의 사례가 그 이익(benefit)을 무용하게 만드는 정도라는 것을 지적한 것은 참신하다(*Ibid.*, pp.97~99).

66) Metaxas, 1985, x, p.77, pp.101~102.

67) 지역 MOU와 그 멤버국에 관해서는 Ozcayir, 2004, pp.599~605 참조.

68) Metaxas, 1985, p.100은 편의치적선의 증가는 자동적으로 배리어를 형성한다고 한다. Sturmy는 "오픈 레지스트리의 존재가 개발도상국 선대의 성장에 있어서 <u>중대한 장해</u>가 되지 않는다는 사실을 받아들인다 해도, 그것이 (곧바로) 그와 같은 선적이 없어져도 개발도상국에 도움이 되지 않는다는 것까지 의미하고 있는 것은 아니다"고(Sturmy, 1983, p.58) 특유의 우회적 표현으로 절반 긍정하고 있다.

69) [일본해운의 현황](運輸省) 1975년판은 외국용선을 포함해서 '자국 상선대'를 사용하기 시작했다(武城, 1987, 80쪽 참조).

70) 山田, 1993, 54쪽, 83쪽 이하, 94쪽; 若森, 1996, 27쪽 이하, 84쪽, 88쪽.

71) 山田, 1993, 114~123쪽. 조절학파가 포디즘이라고 명명한 것은 이 전후의 설명으로 이해

할 수 있다.

72) 제2차 세계대전으로 인한 대량의 선박의 상실도 관련되어 있다. 그 때문에 해외로의 매선 규제는 보통이었다. 일본의 해상운송법 제44-2조(1996년에 규제완화로 신고제가 됨)는 허가제를 채용하고 있었다. 그것도 실제로는 해원조합의 동의를 필요로 하고 있었다.

73) 山田, 1993, 127~130쪽; 石見, 1999, 186~187쪽.

74) 시쿠미선(仕組船)에 관해서는 몇 가지 용어법이 있지만(合田, 2011d 참조), 여기서는 다음과 같은 사례를 가리킨다. 건조선주는 해외의 독립선사(예: 홍콩)지만, 일본 선사가 일본 적선의 건조를 회피하기 위해 '구조를 기획한 선박'이다. 일본 선사는 ① 용선보증, ② 건조선주의 차입금에 대한 실질적인 보증, ③ 경우에 따라서는 자금조달, ④ 선거(Dock)를 제공한다. 일본 선사가 시쿠미선 건조를 지향하도록, 정책적으로 준비한 낮은 금리의 계획건조량이 크게 확대된 것이 그 배후에 있다. 그 때문에 부제를 '-전기를 맞이한 계획조선-'으로 하고 있다. 유로달러 금리는 보증료를 포함하면 1할을 넘었다고 한다. 한편, 당시 일본선에는 전원 일본인 선원이 원칙이었지만, 닉슨 쇼크와 90일간의 파업이 문제점을 부상시키고 있었다.

75) 일본어의 '이민(移民)'에는 남미 이민에서 보이는 것처럼 독특한 뉘앙스가 있다. 여기서 Sassen(1988)의 번역자인 森田은 원문의 migration을 본문과 같이 번역했다고 말하고 있다(Sassen, 1992, 20쪽 역자주 1). 한편, UN은 이민을 '출신국으로부터 12개월 이상 떨어져서 해외에 생활하는 사람들'로 정의하고 있다(칼스·밀러, 2011, 7쪽). 이 정의는 더욱이 우리를 고민스럽게 만든다. 12개월에 달하지 않는 승선기간의 선원이 많기 때문이다. 그러나 직업으로서 외국선 승무를 반복하고 있으므로 해외노동 또는 이민의 범주에 넣어둔다.

76) 교섭은 UNCTAD(무역개발위원회)의 장에서 수행되고 있다. 자국화 자국선주의는 극단적인 경우 해당하는 2국 간에서 해운서비스를 독점하게 되므로, 유럽이나 일본의 해운자본은 시장을 잃는 것을 의미한다. 한편, 편의선적제도에 관해서는 1986년의 'UN 선적등록요건조약'에서 북측의 의향이 실현된다.

77) 이상을 계기로 한 글로벌라이제이션도 1970년대 이후의 닉슨 쇼크나 레이거노믹스, 대처리즘 등으로 대표되는 여러 변혁이 그것을 준비하고 있었던 것은 말할 것도 없다. 또 매체로서의 정보통신혁명이나 컨테이너라이제이션, 국제항공의 대중화도 무시할 수 없다.

78) Wood, 2004, 219쪽. Hirsch는 "국민국가조직의 결정적인 기능, 즉 세계시장에서도 매우 다양한 소득조건을 유지한다는 기능은 지키며 추진한다는 것이다"고 지적한다. 그 사례로 북미자유무역협정(NAFTA)에 있어서는 리오그란데강에 강철의 커튼이 놓였다고 한다. Hirsch, 1998, 116쪽. 미국-캐나다 자유무역협정에 멕시코를 가입시키기 위해 살리나스 대통령은 "미국은 멕시코의 토마토를 수입하여 손에 넣든가, 미국에서 토마토를 따고 있는 멕시코 이민노동자를 수입하든가, 어느 쪽이든 해야 한다고 경고하고 있다"고 칼스와 밀러(2011, 258쪽)는 소개하고 있다.

79) 예를 들어 아시아 선원의 모국 기준을 적용하는 제2선적제도는 뒷장에서 기술하는 것과 같이 편의치적선이 비대화되었기 때문에 탄생한 것으로, 미국의 개입이 없었다면, 즉 편의선적제도가 존재하지 않으면 필요하지 않고 제도화될 것도 없었을 것이다. 이것도 함의하고 있다.

80) Strange, 1988, 81쪽 이하. 한편, '다국적기업'은 옳지 않다고 반복 지적하고, '초국가기업'을 사용한다(*Ibid.*, 6, 79쪽). 각국 모두 재정적자에 신음하고 있는 것처럼, 신자유주의 정책에 의해 '작은 정부'가 실현되지 않고 '파워가 작은 정부'가 실현된 것은 아이러니다.

81) 1996년 EU해운정책은 자국의 해운자본에 한정되지 않는 것을 지적한다(제6장 5 (1) 참조).

82) 正村, 2009, 118쪽. 正村은 글로벌라이제이션을 베스트팔렌 체제의 변용의 측면으로부터

분석한다. 동 체제는 정교분리에서 보이는 것처럼 사회의 기능분화를 커다란 특징으로 하지만, 이 시대는 반대로 분화(집중)로부터 융합(확산)으로의 특징이 있다고 한다. 그 하나가 정치와 경제의 융합에 있다고 하고, 다국적기업의 국가권력에의 개입(나아가 국제조직에의 개입)을 대표적 사례로 꼽는다. 더욱이 군사청부회사의 등장은, 공공기능의 민영화라고도 할 만큼의 것으로, 공기능이 기업의 의사결정에 위탁되는 것을 의미한다고 한다(같은 책, 142쪽 이하; Singer, 2004; 本山, 2004 참조).

83) 海事新聞, 2010년 11월 25일. 1면 톱의 표제는 "나가라고 하는 것이냐(선주협회장)"로 화제가 되었다. Hirsch를 떠올리지 않을 수 없다.

제 2 장

그리스 해운의 특이성

그리스 해운은 오랫동안 세계 제일의 위치를 차지해 왔다(<표 2-1> 참조). 작은 나라인 그리스[1)]가 대규모 선대를 가질 수 있었던 요인은 다음과 같다.

① 제2차대전 직후 전시표준선인 리버티나 탱커인 T2 선형을 싸게 구입할 수 있었기 때문이다. ② 메이저와 장기적화 보증계약을 체결하고 그것을 담보로 거액의 조선자금을 미국 은행으로부터 융자받을 수 있었기 때문이다. ③ 가장 경쟁력이 있는 편의치적선을 대량으로 보유했다. ④ 해운 불황기에 중고선박을 싸게 구입하고 호황기에 비싸게 팔 수 있는 비즈니스 모델을 채용했다. ⑤ 3국 간 수송에 역량이 뛰어났다.

이런 사실은 전부 역사적으로 증명할 수 있는 현상으로 틀리지 않다고 믿는다. 다만, 다음과 같은 질문을 한다면 어떻게 될까? “왜, 다른 전통적 해운업의 선주와 같은 행동을 하지 않았는지, 또는 하지 못했는지?”

이 장은 세계경제사와의 관계가 중요하다. 제1장에서 보았듯이 브래튼우즈 체제 하에서는 자본이동의 제한과 통제를 통하여 고정환율제를 유지해 왔다. 하지만 긴 시간의 자본 부족의 시대가 계속되었기에 미국을 제외한 나라들에서는 자본이동에 대한 제한이 엄격했다. 이 같은 상황에서 예컨대 일본 선사는 1950년대에 편의치적선을 구입하기 위한 달러 자금을 마련할 수 없을 것으로 보인다. 또한, 선가가 저렴한 해운 불황기에도 외국선을 달러 지불 조건으로 구

〈표 2-1〉 그리스, 일본, 미국의 지배선복 추이

(단위: 천 GT/DW)

		1969년	1972년	1975년	1980년	1990년	2000년	2010년
그리스	선복량	24,296	5,145	44,930	95,634	1,976	133,381	186,095
	세계순위	3	2	1	1	1	1	1
일본	선복량	27,004	35,488	39,740	90,669	80,307	93,473	183,319
	세계순위	2	1	2	2	2	2	2
미국	선복량	28,663	29,474	31,689	86,742	55,107	48,867	41,290
	세계순위	1	3	3	3	3	4	6

출처: *RMT*, Lloyd's Register of Shipping Statistical Table, Harlaftis(1996), p.241 참고 작성.
주 1) 1969년부터 75년까지의 편의치적선 선복은 제1장의 <표 1-4>의 자료에서 가져옴.
2) 1975년까지의 총톤(GT), 1980년부터는 재화중량톤(DW).

입할 수 없었을 것이다.

이처럼 다른 각도에서 생각해 보면 앞서 서술한 여러 요인만으로는 설명이 부족하다는 것을 알 수 있다. 결론부터 이야기하면, 때때로 나타나는 형태가 다르더라도 그리스 해운은 그리스 경제의 "국외에 존재하는 것이 허용되었다"는 사실에서 그리스 해운의 최대 특징 혹은 특이성을 찾아낼 수 있다. 이 사실에만 주목한다면 FOC에 아주 닮아 있었다.

1. 제2차대전 직후 편의치적선의 대량보유

그리스 선주는 1955년에 이미 편의치적선(라이베리아, 파나마에 국한)의 약 63%(약 500만 총톤)를 보유하고 있었다(다음 제4장의 <표 4-3> 참조). 1958년에도 점유율 변화는 없지만(900만 총톤), 1959년에는 앞서 설명한 여러 요인 때문에 47%로 하락했다. 또, 영국해운평의회(CSUK)의 추정에 따르면, 그리스 해운은 1957년에 편의치적선의 53%를 점하여, 제2위 미국의 40%에 비해 크게 앞서고 있었다.[2)]그리스 선주가 이만큼 현저하게 편의치적선을 보유할 수 있었던 정치적, 경제적 여러 요인은 어디에 있을까?

(1) 대량보유의 경제적 요인

(a) '전시보상'

그리스는 1941년 봄 추축국(Axis powers)에 점령당하여 독일, 이탈리아, 불가리아에 분할 통치되었지만, 여전히 크레타 섬에 남아 있던 Tsouderos 정권은 그리스-영국협정을 체결하고 그리스선 전부를 징용하여 정기용선 형태로 연합국에 제공했다. 개전 시에 그리스는 607척, 180만 총톤을 보유한 세계 7위였지만, 전쟁으로 그 중의 72%, 130만 총톤을 상실했다. 하지만, 일본과 달리 그리스 선주는 전쟁종결 시에 '보험금과 운임'의 명목으로 4,750만 파운드를 받을 수 있었다.[3)]

(b) 미국의 전시표준선의 구입

전시표준선(미국)의 해외매각에 대한 전반에 관해서는 후술하지만(제3장 2 (1)), 여기서는 그리스 선주에 주목하고자 한다. 미국 정부 보유의 전시표준선은 국제연합 가맹국(당시의 연합국)의 전쟁 노력에 비추어 매각처가 결정되었다. 국가별 매각이지만, 구입자는 시민이고 사적인 당사자였다. 그리스에 100척의 리버티선이 배정되었다. 전술한 '전시보상'으로 구입자금을 충당해야 했지만, 파운드 기준의 보상이어서 달러로 지불하는 것이 어려웠다. 그래서 선주는 정부의 보증을 요청했고, 양쪽 정부에서 수락되었다.

결국, 그리스 선주는 원가의 1/3이라는 저렴한 보상가격이면서도 25%에 해당하는 410만 파운드의 현금 이외에, 나머지는 금리 3.5%, 17년 할부 지불 조건으로 100척(1,650만 파운드)을 손에 넣을 수 있었다. S. Livanos는 12척이나 구입했다. 그 외에 16,500중량톤의 T2형 탱커도 7척 구입했다(제4장 <표 4-2> 참조). 부언하면, 그리스 선적의 선박은 1946년의 50.2만 총톤에서 1947년에는 120만 총톤으로 급증하는데, 이는 지금까지 설명한 표준선 107척, 78.5만 총톤이 더해졌기 때문이다.[4)]

(c) 해운 BOOM

제2차 세계대전은 총력전이었다. 적국의 숨통을 조이기 위해 적국의 상선을 침몰시키고, 국민경제에 필수 불가결한 물자이동을 차단시키는 전략이 채용되었다. 세계 전체에 막대한 선복이 상실되었다. 전시표준선으로 많은 수의 선박이 건조되었지만, 그 이상의 수가 상실되었다.

전쟁이 끝나고 복구 과정에서는 선박이 부족했기 때문에, 전쟁 직후 해운의 붐이 도래했다. 100척의 리버티선은 1947년도에만 900만 파운드의 수입과 순수익 280만 파운드를 만들어 내고, 그것을 원금으로 그리스 선주는 277척을 구입할 수 있었다고 오나시스는 회상하고 있다(Harlaftis, 1996, p.237). 이들 선박은 후술하는 이유 때문에 편의치적선으로 등록되었다. 전후 복구의 붐(1947년)에 이어서 한국전쟁 붐, 수에즈 붐(1955/1956년)이 계속되었다. 수에즈 붐은 유럽의 부흥과 중첩되어 약 2년간 지속되었다(小川, 1997, 160쪽). 이렇게 해운경기 호황에 힘입어 그리스 선주는 편의치적선으로 재투자를 계속하여, 800만 총톤 이상(1957년)을 보유하게 되었다. 겨우 10년 동안의 일이었다.

(d) 풍부한 그리스 선원

당시 800만 총톤이라는 선박을 편의치적선으로 운행할 수 있었던 것은 그리스 선원 덕택이었다. 1950년대 선주의 출신지는 섬 지역이 압도적이었고, 그들은 혈연, 지연에 따라 출신지로부터 선원을 고용했다(<표 2-2> 참조). 1959년의 선원수는 실로 64,179명이다. 도서국가다운 인재조달이었다.

〈표 2-2〉 출신지역· 연도별 그리스 선원수

출신지	1930년		1959년		1980년	
	인원수	비율	인원수	비율	인원수	비율
도서	5,347	66	31,638	49	21,558	36
아티카	895	11	11,550	18	14,371	24
펠로폰네소스 반도	n/a		2,548	4	6,760	12
그 외 그리스 지역	1,793	23	18,453	29	16,845	28
합계	8,035	100	64,189	100	59,845	100

출처: Harlaftis, 1996, p.276.

(2) 대량보유의 정치적 요인

(a) 트러블이 계속되는 1940년대

그리스의 선주와 정부 간에는 'Troubled 1940s'이라 불리는 시대를 통과하고 있었다. 문제는 ① 그리스-영국 협정에 따른 선박징용, ② 정부개입, ③ 세금, ④ 그리스 선원에 관련된 것이었다.

첫째, 징용에 관한 트러블은 다음과 같았다. 일본에서는 제1차 세계대전으로 '선박 벼락부자'들이 탄생했는데, 세계의 운임과 용선료가 천정부지로 상승했기 때문이다. 이에 대한 반성으로 연합국은 전술한 정기용선의 용선료를 낮추려는 정책을 폈다. 이에 대해 선주들은 "영국에 너무 싸게 팔았다"고 반발했다. 다른 한 가지로 신조선박 27척에 대한 것이었다. 연합국과의 약속으로 그리스 정부는 27척을 시장에서 운용할 수 있었다. 그 결과, 수송톤당 7달러를 받았지만 정부는 망명정부의 유지비용에 충당하기 위해서 선주에게 3.5달러만을 지불했다. 유력 선주들의 소유선박이 많았는데, 그들은 전쟁 후 '착취당했다'고 소리높여 정부를 비판했다.

둘째, 정부의 '부당한 개입'을 둘러싸고 대립했다. 그리스 정부는 상실선의 보험금이나 용선료 수입을 새로 설립한 '그리스 선박위원회(런던)'에서 관리하기로 하였지만, 그리스 선주들은 본래 모든 수입은 자신들의 것이고, 자유롭게 사용할 수 있는 것이었는데, 그럼에도 불구하고 정부가 부당하게 개입했다며 소송을 제기했다.

셋째, 세금 문제는 제2차대전 후 그리스 해운에 결정적 영향을 주었다. 전쟁 중의 임시증세(1939년)로 불화가 있었는데, 전쟁 후에도 1948년의 50%세라는 기선(motor ship) 이익세로 정부와 해운업계는 첨예하게 대립했다(결과적으로는 감액). 결정적인 영향을 미친 세제는 1949년의 '부유자세(LD889/1949)'였다. 이 법률은 모든 국민을 즉시 자국으로 복귀시키는 의도 하에 해외자금의 신고를 요구했다. 다른 한편, 그리스적 선박에는 1,500만 드라크마가, 소유 외국선에는 4,000만 드라크마가 과세되는 것으로 정하고 있었다. 선주는 전자에 대해서는 동의하였지만, 후자에 대해서는 거부하고 소송으로 대응했다. Harlaftis는 이 법률이 해운산업에 영향력을 행사하려고 시도한 최종안(culmination of attempts)에 해당하는 것이었다고 말한다. 하지만 결국, 관련 선주들 중 80%가 런던과 뉴욕으로 탈출하였고(다음 <표 2-4> 참조), 정부는 해운에 대한 통제능력을 잃어버리게 되었다. 일본에서는 생각하기 어려운 일이지만 다음 절에서 서술하는 기원전부터의 역사가 탈출을 용인하는 것이다. 여기에서는 탈출, 즉 국외에서의 해운활동과 자본축적이 활발하게 전개되었던 점에 주목하고자 한다.

넷째는 선원 문제이다. 선주들은 고임금, 특히 영국 선원에 비해 높은 임금(제4장 <표 4-5> 참조)을 문제로 보았는데, 그 배경에는 1944년 12월에서 1949년 8월까지 계속된 장기간의 내전이 있었다. 추축국에 저항하는 게릴라 조직에 뿌리를 둔 좌파의 힘이 강했고, 영국과 뒤이은 미국은 공산당의 영향을 배제하고자 지원과 개입을 계속했지만 시간이 필요했다. 이런 상황에서 선주들의 노동조합에 대한 양보는 불가피하였지만, 그들은 정부의 친노조적 자세(friendly posture)에 원인이 있다고 비판했다.[5)]

(b) 미국의 지원

Harlaftis는 그리스 선주의 방대한 편의치적선 소유의 실상은 그들이 그리스 정부와 반목하고 있었지만, 그보다 미국 정부의 지원정책에 의한 것이었다고 하며, "미국 정부는 융자를 통하여 그리스 선주의 편의치적선 이용을 금융기관을 매개로 명확하게(explicitly) 지원하고 있었다." 그리고 미국 은행은 융자를 요청한 대부분의 그리스 선주에 대해서 편의치적선을 강력하게 권하였다.[6)]

그리스 선주만을 특별 취급했던 배경은 냉전에 있다고 보아야 할 것이다. 1947년 3월 트루먼 독트린으로 그리스는 지정학상 매우 중요한 국가로 부상하게 된다. 1943년에 시작된 그리스 내전(넓은 의미에서)은 마침내 1949년에 종결되는데 그리스 근대사에 저명한 R. Clogg는 "미국의 원조는, 서유럽에서는 대부분이 경제발전에 충당되었지만 그리스에서는 군사목적에 집중되었다. 자본주의 체제로 살아 남았지만, 실질적으로 그리스는 미국을 후견인으로 받아들이게 되었다. … 외국의 영향력이 이 정도까지 미쳤다는 것은, 영국의 지배가 최고점에 달했던 때에도 없었던 일이었다"라고 한다(Clogg, 2004, p.160).

또한, 그리스 북방의 3국은 공산주의 하에 있었기 때문에 그리스는 서방국가의 방위에 활용되었고, 1952년에는 북대서양에 면하고 있지 않음에도 터키와 함께 NATO 가맹국이 되었다(*ibid*., p.165). 그리고 佐原徹哉도 "내전 중에 미국 정부는 그리스 정치에 직접 개입하고 정부 수반의 지명을 포함한 정부의 인사와 군의 편성을 좌지우지하였는데, 그 후에도 1950년대 중반까지 공공연히 관료나 군간부의 인사에 지속적으로 개입했다"(佐原, 2005, 343쪽)고 한다.

1953년에는 군사기지협정이 체결되었다. 다음해 1954년에는 미국 통합참모본부의 산하에 있는 JMTC(Joint Military Transportation Committee)는 그리스 정부의 요청에 응하여 Effective US Control Shipping(다음 장 참조)의 리스트에 그리스를 넣어버리는 해프닝이 일어나기도 하였다(Carlisle, 1981, p.203). 결과적으로 NATO의 지휘명령권과의 관계에서 승인되지 않았지만, 미국 정부가 뉴욕 등에 거주하는 그리스 선주를 '준 미국인'으로 이해하고 있다고 보아도 이상하지 않다. 또한, 징용이라는 주권에 해당하는 행위를 그리스 선주에게 적용하는 것이 가능하지 않더라도, 전술한 '정기용선' 방식으로 그리스 선주 소유의 편의치적선의 이용이 가능했을 것이다. <표 2-3>은 편의치적선의 수익선주의 보유선복을 제한된 가정 하에서 분석한 것인데, 1952년에 이미 그리스가 미국을 능가하고 있다.[7)]

이상과 같이, 미국이 그리스 선주의 편의치적선 취득을 적극적으로 지원한 이유를 이해할 수 있을거라 생각한다.[8)] 다시 말해서 미국 정부 등의 측면 지원과 원조가 없었다면, 그리스 선주의 지혜와 노력만으로는 [그림 2-1]에서 나타나듯이 대규모의 편의치적선 조달이 어려웠다는 점에 유의하고자 한다.

〈표 2-3〉 미국과 그리스의 파나마, 라이베리아 보유선복의 추이

(단위: 천총톤)

	1950년	1951년	1952년	1953년	1954년	1955년
양국선복량	3,606	4,204	4,637	5,340	6,472	7,918
그리스	1,284	2,064	2,466	3,158	4,134	4,965
미국	2,322	2,140	2,171	2,182	2,338	2,953

출처: Lloyd's Register of Shipping(1960); Harlaftis(1996), pp.270~271 참고 작성.
주) 파나마, 라이베리아의 선복에서 그리스 보유선복을 뺀 톤수를 미국지배선복이라 가정함. 따라서 미국의 수치는 실제와 다를 수 있음.

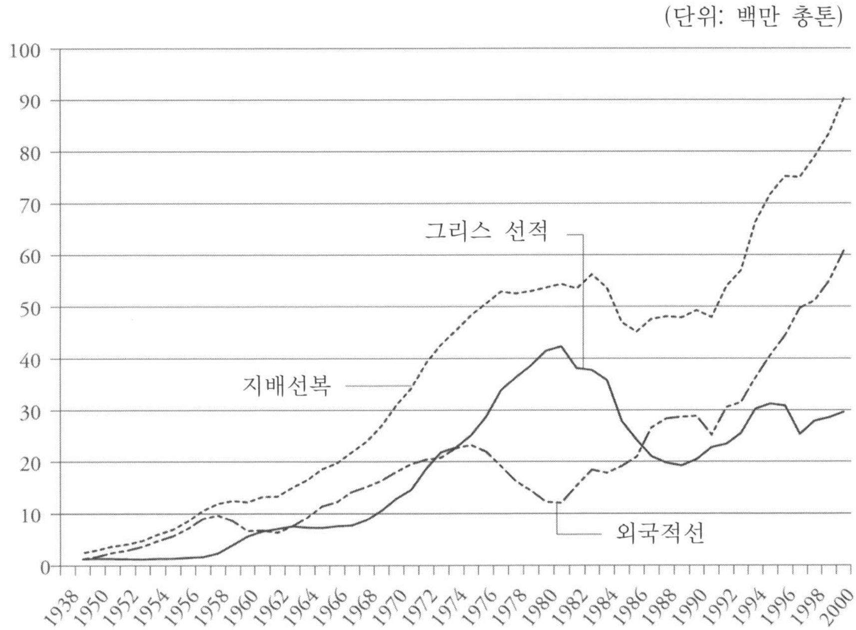

[그림 2-1] 그리스 선주의 지배선복의 추이

출처: 권말부표 2 참조.

2. 런던 그리크(Greek), 뉴욕 그리크(Greek)

(1) 흑해 이민과 그리스 해운의 모델

기원전 8세기에 그리스에는 인구가 증가하면서 폴리스가 탄생했다. 이런 배경에서 지중해나 흑해(黑海) 연안에 폴리스 건설운동(식민활동)을 전개했다. 식민활동이라고 하지만 19세기의 제국주의 식민활동과 다르게 통일국가를 지향하는 것은 아니었다. 흑해 연안에는 기원전 6세기까지 70개가 넘는 폴리스(식민도시, 도시국가)가 건설되었다고 전한다. 이들 도시에 이주한 사람들 중에는 '폰토스(pontos) 그리스인'이라 불리는 사람들이 있었다. 이들은 흑해 남동연안(현재의 키질강 동쪽)에 정주한 그리스인이었는데, 셀주크 왕조로 인하여 타 지역과 단절된 고대어를 쓰는 전통을 가지고 있었다고 한다. 오스만제국(1299~1922년)

이 성립되자 폰토스인은 폰토스 지방에서 쫓겨나 그루지아나 러시아로 이주했다. 그 이후에도 북쪽으로 지속적으로 이동하여 18세기 후반에서는 크리미아 반도와 아조프 해에 도달하였다(주 10 참조).

영국에서 자유무역 운동이 승리한 후인 1830년경부터 흑해무역 특히 곡물무역이 확대된다. 이 무역활동을 떠받치고 있었던 것은 폰토스의 그리스 상인과 시로스 섬을 중심으로 활동하던 그리스 선주들이었다. 독립전쟁(1821~29년)으로 다수의 선박을 상실한 그리스 해운의 재흥은 선주와 선장을 중심으로 지분 상호보유에 의한 자금조달이 이루어졌다. 이 시기는 범선시대였으며 예를 들면 시로스 섬의 조선업자, 선원, 선용품업자 등이 출자했다. 한편 흑해 이민 상인은 적하를 수배하고 금융을 제공했다. 이 경우, 지연(地緣)이 선주와 상인을 결부시켰다. 이 같은 패턴은 흑해 이민뿐만 아니라 콘스탄티노플, 스미르나, 알렉산드리아, 트리에스테, 런던의 이민에 있어서도 같은 양상이었다. 흑해와 같은 고대로부터의 이민에 지연이 유대감을 더했다.

범선에서 증기선으로 갈아타기 위해서는 자금 면에서 어려움이 따랐다. 여기에서도 흑해의 그리스 상인이 큰 역할을 했다. 그들은 런던에 대리점을 마련하고 그리스 선주에게 자금을 제공하면서 일정한 지분을 보유하였다. 또한 런던의 금융, 보험, 중개시장을 이용하였다.[9] 1890년에 한 번 제안된 적이 있지만 20년이 지난 1910년에 해사 모기지법이 의회에서 통과되었다. 그때까지 채권자는 채권에 맞는 소유권을 명시하지 않으면 안되었지만, 이런 필요성이 줄어들고 외국의 채권자로부터의 차입이 자유로워졌다. 이로써 선주도 런던 시장에서 자금조달이 가능해지고, 대선주는 런던에 대리점을 설치하게 되었다.

그리스 해운의 약점은 모국에서 증기선을 건조하지 못한다는 점에 있었다고 생각된다. 이 때문에 자금조달에 어려움을 받는 동시에 중고선의 구입과 매각을 반복하게 되었다.[10]

(2) 런던 그리크, 뉴욕 그리크

런던이나 뉴욕 등에서 거주하는(하고 있었던) 그리스계의 선주는 그리스 해운을 전체적으로 이해함에 있어 반드시 필요하다.[11] 예를 들면 니아르코스라든지 오나시스, 리바노스 등의 대선주가 배출된 배경은 무엇이었을까? 잘 알려져 있는 것처럼, 그리스 선주는 개인적(가족을 포함한)이면서도 1선박 1회사(single ship company) 제도를 기본으로 하고 있다. 그뿐만 아니라 森久保博에 의하면 오너(소유)와 오퍼레이터(운항)가 분리되고, 거대 선주 역시도 소유와 운항을 별도로 하여 회사를 운영하고 있었다(森久, 1987, 38쪽).

런던 그리크의 역사는 오래 되었는데, 1914년 런던에는 11개의 그리스 해운상회(Shipping firm/Shipping office)가 있었고, 그리스 선대의 28%, 23만 총톤을 취급했다(1938년: 17개 상회; 48%, 100만 총톤). 예를 들면, R&K(Rethymnis and Kulukundis)는 스스로의 선박을 보유하면서도 동향(섬)의 선주 선박도 취급했다. 그들을 위한 자금조달에는 이자를 붙였고 선박의 매매, 용선, 보험, 연료수배는 수수료를 받고 수행했다.

그리스에 거주하고 있으면 비즈니스의 기회가 줄어들기 때문에 런던 그리크의 R&K가 대리(representing)를 하고 있었다. 다만, 원거리 지역이었기에 신뢰의 끈은 '같은 섬 출신'이었고 경제적으로도 공유관계로 연결되어 있었다. 또한 영국에서의 과세를 회피하려, Lloyd's Register에 오너가 아닌 'London agencies'로 등재했다(Harlaftis, 1996, pp.194~195, p.274).

제2차대전 후에는 자금조달의 용이성(전술함), 화주(메이저급 회사들의 존재), 조선능력(북유럽의 조선소는 전쟁으로 능력 상실) 등 압도적인 존재감을 드러낸 뉴욕으로 대거 모여들었고(다음 <표 2-4> 참조), 뉴욕 그리크가 무대에 등장하게 된다. 전술하였듯이 그들은 같은 섬 출신의 선주와 두터운 신뢰를 바탕으로 경영상의 의사결정을 행하였다.[12)]

앞서 지적한 것처럼 런던의 지위가 상대적으로 높았던 것은 도시의 해사 클러스터의 존재 때문이었다. 당연히 런던에서도 매우 중요한 고객이었다. 발틱해운거래소에 1850년대 회원으로 가입하기 시작하여, 1993년 선사대표 263명이 회원이 되어, 거래소 회원의 18%를 차지할 정도였다. 런던 그리크의 활동은 금융기관의 이용은 물론, P&I 클럽이나 보험회사의 이용 등 다방면에 걸쳐져 있었다. 특히 보험에서는 1958년까지 로이드에 100% 부보하고 있었다.[13)]

그들이 런던과 뉴욕을 떠난 이유는 세금과 관련이 있다. 우선, 미국 정부는 케네디 쇼크의 하나로 유명한 금리평형세(1963년)의 일환으로 외국회사 이익에

〈표 2-4〉 그리스 해운의 국제 네트워크[1)]

	피레우스 (그리스)	런던	서유럽	남부 러시아	동지중해 /흑해	뉴욕	남북 아메리카 (뉴욕 제외)	그 외	소계 (그리스 제외)	합계
1914년	155	13	6	27	55[2)]				101	256
1938년	283	17	4		15		1		37	320
1958년	58	105	25		3	138	18[3)]	4	264	352
1975년	652	177	13		1	88	10	4[4)]	205	857
1990년	815	150	16		16	40	15	5[4)]	242	1,057

출처: Harlaftis, 1996, pp.270~271 참고 작성.
주 1) 각 도시에 있는 그리스 선주의 사무소/대리점
2) 이 중에 콘스탄티노플 : 47 사무소/대리점
3) 이 중 몬트리올 : 12 사무소/대리점
4) 도쿄에도 2개의 사무소/대리점

대해서도 국내회사와 동일하게 과세하기로 결정했다. 이런 조치가 전환점이 되어 유럽으로의 회귀가 진행되었지만, 이번에는 영국 재무성의 재정법안(UK Finance Bill 1974, 실시: 1976년)이 그들을 직격했다. 영국에 주재하는 그리스 선주의 관련 소득에 52%를 과세하는 법안이었다. 결과적으로 과세를 하면 그리스 선주가 'city'를 떠날지도 모른다는 이유로 철회되었지만, 미래의 과세위험에 대비하기 위해 피레우스로 거점을 옮기는 선주들이 현저히 늘어났다.[14)] <표 2-4>에서 이러한 추세를 명백하게 보여주고 있다. 그러나 이 절의 서두에서 지적한 것처럼 기능적으로 분할된 거버넌스가 실행되고 있었기 때문에 완전한 이전은 아니었다. 日本郵船(NYK)의 조사보고(1990, 25쪽 이하)에서는 ① 아테네나 피레우스에서 활동의 거점을 두고 런던이나 뉴욕의 별도법인과 일체적으로 해운활동을 하고 있는 경우, ② 런던에 본점를 두고 그리스나 뉴욕의 별도 법인과 함께 활동하는 경우, ③ 미국에 본점를 두고 그리스나 런던의 별도 법인과 같이 활동하는 경우로 나눠질 수 있다는 점을 감안하여 이해해야 한다. 또한, 그 수치도 <표 2-4>와 거의 동일하다.

이상에서 살펴본 것처럼 그리스 선주의 경영활동은 장기간 그리스 국외에서 이루어졌다. 다음에 살펴볼 송금 상황과 관련된 자본축적도 외국에서 이루어졌고, 유로달러를 활용한 점을 알 수 있다. 또한 예를 들자면 런던에서는 조계(租界)와 유사한 사회를 형성하고 있었던 점도 알 수 있다.

3. 그리스 정부의 본국복귀정책

1950년대 이후 그리스 정부의 해운정책은 성공 여부를 불문하고, 한마디로 말해서 '본국복귀정책(repatriation, *epanapatrismos*)'이었다(Harlaftis, 1993, p.129). 편의치적선을 그리스로 전적시키고 나아가 해외선주를 국내에 불러들이기 위한 정책이었다. 전술한 정부와 선주 간의 대립을 해소하고 신뢰관계를 쌓기 위한 정책이라고 말할 수 있는데, 다른 전통적 해운국이 차후에 자국선의 유출저지책을 채용한 것과는 대조적이다. 이 정책의 배경에는 무엇보다도 항상적이면서 해를 거듭하여 확대되는 무역적자가 있었다. 즉 적자금액이 1951년 3억 달러, 1960년 2억 달러, 1970년 11억 달러, 1980년 68억 달러, 1990년 123억 달러로 급증하였다. 그 2/3 정도를 이민자의 송금이나 해운과 관광 등 무역외수입으로 보충하고 있었다. 해운의 보충 비중은 30% 전후를 차지하였는데, 일본과 다른 점

〈표 2-5〉 그리스의 해운 관련 외자수입(1969년)

(단위: 백만 US$)

운임	20.5
선주 송금	143.4
선원 송금	52.4
선용품비, 수리비 등	9.8
보험	10.3
선박세[1)]	0.9
여객수입	10.3
합계	247.6

출처: 船主協會(1971), 43쪽.

주 1) 그리스 국적선에 대한 과세지만, US$로 납부가 의무임.

* Harlaftis, 1993, p.129에 해운, 관광이민송금의 데이터가 있으며, 이 표와 거의 일치함.

은 그 구성에 있다. <표 2-5>는 일례에 불과하지만, 해외에서의 자본축적을 반영하는 선주로부터의 송금이 압도적이다. 선원의 송금도 상당히 많지만, 운임수입의 적음에 놀라지 않을 수 없다.[15] 그러나 이 표는 그리스 해운구조를 여실히 보여주고 있고 본국복귀정책의 필연성을 잘 나타내고 있다(앞의 [그림 2-1] 참조).

본국복귀정책은 3개의 측면으로 구성되어 있다. 첫째는 경제적 인센티브이다. 조성정책을 실시할 여유가 없었기 때문에 감·면세정책이 채용되었다. 그렇지만 편의치적으로부터 전적 내지는 신조선의 등록이 있으면 약간이나마 세수가 증가할 가능성도 있었다. 둘째는 불개입정책이다. 이른 시기부터 외자도입정책이 채용되고 외국자본에 자유를 보증해 왔는데, 놀랍게도 그리스의 해외선주자본도 외국자본으로 간주하여 그들의 자유가 보증되었다는 점이다. 또한 1968년에 세제는 수입기준에서 톤수·선령 기준으로 변경되었는데 이 점도 선주의 자유로운 활동을 보증했다. 셋째는 그리스 경제에 대한 상당한 영향력이다. 이 점은 특정 정책의 직접적 효과라고는 볼 수 없지만, 해외 그리스 선주를 외자로 보는 정책의 효과라고 말할 수 있다. 그리스 선주는 해운활동에서 얻은 이익을 중화학공업이나 은행, 관광, 부동산 등에 투자하여 눈에 보이지 않는 정치적 영향력을 가지고 있었다.[16]

(1) 해운에 대한 감·면세정책

(a) 감·면세정책(1951~67년)

내전은 1949년에 마침내 종결된다. 1951년에 총선거가 이뤄지고 중도연합정권이 탄생하여 최초의 감세정책을 공포하였다(LD1880/51). 운임·용선료 수입에 대하여 과세하였지만 타 산업에 비해 낮은 세율이 설정되었다. 구체적으로는 정기선: 1.5%, 항해용선: 2.5%, 정기용선: 4%, 나용선: 6%였다. 마침내 친미 카라만리스 정권은 1960년에 편의치적선을 그리스 국적으로 이전할 경우, 선령 7년 미만까지 비과세, 그 이상은 50%의 감세정책을 도입하고 본국 복귀를 촉진하였다(LD4094/60). 1964년에는 면세조치가 10년까지로 확대되었다.[17]

(b) 톤수·선령 기준의 세제

1967년에 정권을 탈취한 군사독재정권은 본국복귀정책(*epanapatrismos*)이라고 못박은 해운정책을 펼쳤는데 그 목적으로 3가지를 들었다. ① 그리스 국적선의 증가, ② 광의의 그리스 선주 소유선의 그리스 경제로의 연계(선사의 그리스 복귀), ③ 해사센터의 설립이었다. 우선, 그리스 국적선을 매력 있는 선적으로 하기 위해서 세제를 편의치적선과 동등 내지는 그 이하로 개정했다. 전술한 것처럼 종래의 세제는 수입에 대한 과세였지만, 그것을 톤수와 선령으로 하는 '선박세(Taxitation of Ships, Law 465/68, LD509/70, RD800/70)'로 바꿨다. 예를 들어 3,000총톤 이상의 화물선은 선령이 10년까지는 비과세, 선령 10~20년은 순등록톤 당 연간 0.2US$, 선령 20~25년은 0.3US$, 선령 25년 이상은 0.4US$로 정했다.[18]

여기서 주목할 부분은 두 가지이다. 첫째, 법인세 등의 소득세법을 적용 외로 한 것이다.[19] 법인세의 적용제외는 단순히 법인세가 제로가 되는 것 외에도, 정부의 개입배제나 감가상각의 무의미화 등을 포함한다. 이것은 기업경영상 아주 중요한 의미를 가지는데, 이 점에 대해서는 제1장 1 (3) (b), 4 (b)에서 설명했다. 최근의 '톤수표준과세'는 법인세법상의 '이익'을 '가정 이익'으로 과세하는 제도이고, 똑같이 '톤수'를 이용한 세제라지만 완전히 다른 점에 주의할 필요가 있다.

둘째로 편의치적선보다 낮은 세제이다. 예를 들면 당시의 라이베리아나 파나마 선박의 세금(annual fee)은 0.1US$/순톤이었는데, 선령 10년까지의 면세는 이에 비해 낮았다. 당연하지만 그 후 20년까지 0.2US$ 다시 말해서 평균 0.1US$도 고려할 필요가 있다. Harlaftis에 의하면 1967년부터 1974년까지 조사한 선주의 수입의 11% 정도만 그리스 국내로 이입되었고, 세금은 선주 이익의 1% 정도에 불과했다고 한다. 그 때문에 Metaxas는 그리스 선적을 준편의치적선(*quasi*-FOC)이라고 할 정도였다.[20]

(2) 정부의 불개입정책과 외자 취급

그리스 정부는 1953년 외국자본을 도입하기 위해서 '외국자본의 투자와 보호에 관한 법률(LD2687/53)'을 제정했다. 이것은 신흥공업국(NICs) 등 보다도 상당히 빨랐다. 그만큼 진지하였고 정권교체로 위 법률이 개정되지 않도록 헌법상에 규정을 둘 정도였다. 외자도입의 인센티브는 10년간의 조세, 관세 그 외의 공적 부담에 대한 면제, 더하여 그 후 10년간 소득세 경감 등이었다.

이 법령은 그리스 해운의 기초를 마련하였다고 이해되는데(Harlaftis, 1993, p.74), 그것은 런던과 뉴욕 등 외국에 있는 그리스 선주의 자본을 '외국자본'으로 여겼기 때문이다. 외자 취급은 2가지 의미를 가졌다. 우선, 그리스 선주는 제2차, 제3차 산업에 지속적으로 투자했다는 점이다. 상세한 설명은 다음 페이지로 미룬다. 다른 하나는 그리스 국적선을 증가시켰다는 점이다. 1,500총톤 이상의 선박이 그리스에 등록할 경우, 외국자본에 의한 취득으로 간주하고, 앞서 말한 동일한 특권을 얻을 수 있었다(제13조). ① 매각·저당설정의 자유, ② 매각이나 보험으로 얻는 외자처분의 자유, ③ 해운수입의 제한 없는 관리, ④ 선원연금기준에 대한 부담금의 경감, ⑤ 징용에 대한 손실보상 등이 보증되었다.[21] 해운활동에 대한 정부의 불개입정책을 제도화한 점에도 유의할 필요가 있다.

앞에서 설명한 것처럼, 그리스는 어느 정도 경제성장을 달성하였지만, 정치는 불안정한 채로 군사독재정권 시대를 맞이하게 된다(1967년 4월~1974년 7월). 독재정권은 그리스 선주의 힘을 빌려 경제발전을 이루려고 하였기 때문에 두 그룹은 밀월시대를 맞이하게 되었다. 양자의 친밀한 관계는 그리스 선주협회(Greek Shipowners' Union, GSU)가 G. Papadopoulos 수상을 1972년 2월에 종신명예회장으로 선출한 것에서 잘 나타나있다(*Ibid.*, p.165). 독재정권은 연평균 7.5% 이상의 경제성장을 목표로 한 5개년계획을 실시하는데(船主協会, 1971, 39쪽) 그 달성을 이루기 위해 1967년에 '외국상사·공업회사의 그리스 국내법인의 설립에 관한 법률(Law 89/67)'을 제정했다. 이 정책은 단순한 외자도입정책이 아니고, 해당 기업의 비즈니스가 완전하게 그리스 국내에 있을 경우에 소득세 또는 그 외의 세금, 관세, 부과금을 면제하는 것으로 수출지향의 경제특구적 제도라고 말할 수 있다.[22]

하지만, 단순한 외자도입 정책이 아니었다. 앞에서 언급한 복귀정책의 두 번째 목적인 그리스 선대와 그리스 경제 간 연관성을 높이기 위해 국외선주를 국내(특히 피레우스)에 유치하려는 것이었다. 1968년의 법률(Law 387/68)에 뉴욕 그리크, 런던 그리크 등과 국내 선주에게도 Law 79/67과 동일한 특권을 규정하여 이것을 인정하였다. 그 결과, 1970년에는 300사, 1974년에는 500사 이상의 외국 선주가 거점(center of the operation)을 피레우스에 두었다고 한다(Harlaftis, 1993, p.147)(<표 2-4> 참조).

더욱 주목할 점은 피레우스 그리크다. 위의 법률과 피레우스 해사센터의 정비로 1980년대 후반에는 그들이 주역의 지위로 오르게 된다. 예를 들면, 1975년에서의 전통적 선주는 126사였지만, 반면에 신흥선주(비전통적 선주)는 639사에 다다랐다.[23] 이 중에서 활동의 본거지를 피레우스에 둔 선주는 전통적 선주 47사, 신흥선주 617사였다. 신흥진입 기업가들은, 선박직원과 선사의 종업원·대리점 출신이 각각 34사로 가장 많았고, 상인이 14사였다. 그리스 해운의 역동성을 충분히 나타내고 있다(*Ibid.*, pp.34~38). 눈여겨볼 다른 하나는 기업활동이 국외에서 이루어지고 있다는 이유로 국내 선주도 또한 '외자' 취급을 받았다는 사실이다. 더불어 Metaxas는 그리스계(Greek origin)의 편의치적선 소유기업(예: 재파나마)은 외국의 이익을 대표하고 있다고 하면서, 선박을 그리스로 전적, 등록한 경우에 외자 취급으로 여겼다고 한다(Metaxas, 1974, p.169). 해사센터로서의 피레우스의 육성에 관련되었다고 볼 수 있다.

(3) 그리스 경제에 대한 거액의 투자

그리스 선주는 해외에 거점을 둔 특이한 존재로서, 해운에 특화한 자본이라고 생각하기 쉽다. 하지만, Harlaftis와 Theotokas의 연구에 따르면, 그들은 리버티선 혹은 편의치적선으로 얻은 막대한 이익을 제2차산업이나 제3차산업에 투자함으로써 그리스 경제에 깊이 관여하고, 상당한 정치적 능력을 과시하고 있었다.

투자는 전술한 LD2687/53을 활용하여 이루어졌다. 특히 석유, 석탄공업, 금속공업, 화학, 전기와 수송기기 등 중공업에 대한 외국투자 중 36%가 그리스 선주의 자본이었다(1961~1975년). 또, 제2차산업의 고정자산의 19%는 선주가 소유하고 있었다.[24]

제3차산업에서도 주목할 가치가 있다. 그리스 선주는 은행, 보험, 건설, 부동산, 관광(호텔, 크루즈, 국내항공), 매스미디어 등에 투자하고, 호텔의 경우 1975년 고정자산의 20%를 보유하고 있었다(Theotokas & Harlaftis, 2009, p.95). 하지만 무엇보다도 은행업에 대한 투자를 주목해야 한다. 1974년의 국유화까지 그리스 선주는 국내 최대의 은행가였고, 국내의 투자나 자원배분에 영향력을 행사하여 관련되는 기업과 조직을 지배하고 있었다. 특히 안드레아디스는 1950년대에 아테네 은행, 이오니아 대중은행, 피레우스 은행을 지배하에 두고 그리스의 저축의 30~35%를 차지하는 등 '안드레아디스 제국'이라 불릴 정도였다(Harlaftis, 1993, p.94).

그리스 선주는 제2차대전 후 국내 최대의 자본가였고, 막대한 재산과 국제적인 인맥을 가지고 있었기 때문에 역대 정권은 예외 없이 그들을 국내투자로 유인하기 위해 좋은 관계를 구축하려고 했다(sought their collaboration). 반대로 그리스 선주는 이런 관계를 이용하여 자신들에게 유리한 해운정책을 수립하도록 하는 데 성공했다고 볼 수 있다.[25]

(4) 본국복귀정책의 평가

일반적으로 지금까지 설명한 해운에 대한 감·면세정책이 편의치적선의 본국 복귀를 촉진했다고 알려져 있지만, Harlaftis는 '그리스 선주와 그리스의 관계'를 총괄함에 있어서, 그것을 부정하고 있다(Harlaftis, 1993, pp.173~175). 분명히 앞 [그림 2-1]에서 보듯이 1951년과 1953년의 해운정책에도 불구하고 그리스 국적선의 증가는 나타나지 않는다. 본국선은 1958년부터 급증하는데, 그 원인으로 그는 다음의 논점을 지적한다(*Ibid.*, pp.134~142, 145~147); ① 1958년의 ITF의 보이콧(다음 제4장 5 참조), ② 공해조약을 둘러싼 유럽의 편의치적선에 대한 압력(제4장 3 참조), ③ 미국에 의한 편의치적선의 중국 기항 금지,[26] ④ 미국의 베트남, 쿠바와의 통상 금지, ⑤ 사회주의 여러 국가의 편의치적선 기피(편의치적선은 미국이 지원하고 있다고 봄), ⑥ 자국화 자국선주의의 대두와 확대.[27] 이들에 공통되는 사실은 편의치적선이 아닌 그리스 선적이라면 취항·입출항을 방해받지 않는다는 데 있다. 안전한 선적으로써 뉴욕 그리크 등이 그리스 선적을 선택했다고 해도 이상할 것이 없다.[28]

이에 반해서, 1968년의 세제는 본국선을 증가시키는 요인이었다고 말할 수 있을지 모른다. 다만, 해운투자 효과에서 보면 그리스 선적과 라이베리아 선적은 거의 비용이 같았으며, 그리스 선적(1973년)의 약 10%는 독일, 북유럽, 미국의 선주 소유였다는 사실에서 보면, 세금의 경감만이 그리스 선적을 증가시켰다고 보기는 어렵다고 한다. 역으로, 1975년에 대폭의 증세(Law 27/75)가 시행되었지만, 그리스 선적의 증가는 멈추지 않았다.[29)]

증세 이후 그리스 선적의 증가는 1970년대에 유럽에서 팽배했던 반 FOC(flags of convenience)의 흐름과 남북문제가 크게 영향을 미쳤다.

전자는 1976년 ILO 제147호 조약이나, 북부유럽 8개국에 의한 '헤이그 각서(1978년)', 남유럽도 참가한 1980년의 '파리 MOU'에 의해 편의치적선을 주된 타깃으로 한 PSC(입항국검사)가 행해지게 되었다. 상세한 설명은 제5장 1 (2)로 미룬다.

남북문제의 해결을 목표로 하는 UNCTAD(국제무역개발회의)에서 남측 국가들은 편의치적선이 남측의 발전을 방해하고 있다고 보고, 제5회 마닐라 총회에서 '편의치적선의 단계적 폐지'를 위한 '결의안'을 채택하였다(제5장 3 (6) 참조). 편의치적선에 대한 비판적인 기류는 세계적인 것이 되었고 그리스 선주는 안전한 선적을 선택하는 길을 찾았다고 생각된다. 그 후 선진국은 남측 국가들과 대립하게 되지만(1981년), 세계적 불황이 계속되면서 남측 국가들의 주장은 크게 후퇴하게 된다. 다시 말해서 편의치적선 보유의 리스크가 작아진 요인으로, ① 해운 대불황(1981~87년), ② 승조원의 아시아 시프트, ③ 그리스의 첫 사회주의 정권의 탄생(1981년) 등을 들 수 있다. 이에 따라 편의치적선으로의 흐름이 급격하게 확대되었다(앞 [그림 2-1] 참조).[30)]

이상에서 살펴본 바대로, 본국복귀정책은 성공했다고 잘라서 말할 수는 없을 것이다. 2000년대에 들어서도 자국선의 비율은 약 1/3에 머물러 있다.

4. 요 약

그리스 해운은 전통적인 해운국이나 개발도상국에서는 예를 볼 수 없는 특이한 해운이었다. 이 점은 지금까지 상당히 세세하게 설명하였지만 요약하고자 한다. 덧붙여, 1980년대에 들어서 그리스 선주를 둘러싼 환경은 좌파 정권의 탄생, EC 가맹, 승무원의 아시아 시프트 등으로 크게 변한다. 여기서는 주로 1970

년대까지를 중심으로 정리하고자 한다.

첫째, 그리스 해운은 자국 정부에 대해 세계에서 예를 찾기 어려운 정치적 파워를 발휘했다는 것이다. 그 점은 그리스 해운의 연구자로서 "보수정권이든 사회주의 정권이든, 혹은 독재정권이든, 20세기 후반의 50년간은 그리스 정부가 항상 선주의 입장에 서서, 그들의 지배선의 경쟁력을 높이는 노력을 하였다"라고 말하지 않을 수 없을 정도였다(Theotokas and Harlaftis, 2009, p.100). 하나의 예로, OEEC(유럽경제협력기구)에서의 상징적 사건을 들어보고자 한다. 동 기구의 해운위원회는 1957년에 '증가하는 FOC와 그 영향에 관한 연구'를 작성하는데, 내용은 FOC를 비판하고 자국선을 유지·증가시키려는 것이었다. 보고서가 이사회에 상정되었을 때(1957년 11월), 카라만리스 정권의 대표는 정부의 본국 복귀정책에도 불구하고, 보고서에 강력하게 반대했다(상세 설명은 제4장 1 (4) 참조). 정치적인 파워를 어떻게 손에 넣었는지 이미 상당히 자세히 설명하였는데, 이하에서 서술하는 논점은 이런 정치적인 파워를 활용한 성과라 할 수 있다.

둘째, 그리스의 해운자본은 그리스 경제의 내부보다는 외부에 오프쇼어 자본으로서 존재했다는 점이다. 특히 내전부터 1970년대까지 그런 특성을 잘 보여준다. 전술한 것처럼, 1940년 후반부터 50년대 전반에 걸쳐 그리스 정부와 관계 없이도 그리스 해운은 강한 자본축적을 계속하고 있었다. 냉전을 배경으로 미국 정부 및 금융기관의 자금 지원과 함께 제2차대전 직후의 해운 붐과 한국전쟁에 의한 호황 등이 자본의 배증을 가능하게 했다. 그리고 1950년대 초에는 미국을 넘어 편의치적선의 절반 이상을 실질적으로 소유하게 된다. 이렇게 획득한 압도적인 자본력(앞 <표 2-3> 참조)을 기반으로 1953년의 외자보호법에서 '외자로서의 그리스 해운'을 실현하는 데 성공한다. 1968년의 '외국회사 국내설립법'에서는 국내에 중심을 둔 해운회사(외항전업의 경우)도 역시 외자로서 취급받게 되었다.

셋째, 그리스 해운은 편의치적선 제도를 최대한으로 이용했다는 점이다. '창설'자인 미국을 제외하면 그리스만이 이용할 수 있었다고 생각된다. 1950년부터 1958년의 9년간의 지배 편의치적선의 연평균 성장률은 실로 19.7%(총톤 기준)이었다.

넷째, 브레튼우즈 체제에 제약받지 않고 자본이동의 자유를 향유했다는 점이다. 뉴욕 그리크는 미국의 금융시장에서 건조자금을 조달할 수 있었고, 달러 방위책 발동 이후에는 유로달러를 활용할 수 있었다. '그리스 자본'이면서도 '외자'로 여겨졌던 점은 법인세의 적용 제외와 더불어 중요한 의미를 가졌다. 그리스 정부는 외항해운에 대해 외환관리를 실질적으로 시행할 수 없었다. 선박에 대해서 보면, 앞 [그림 2-1]에서 보여주듯 편의선적과 그리스 선적이라는 두 가지 선적 간을 자유롭게 이동했다. 원래 편의선적으로의 전입과 그곳으로부터의 전출은 자유였는데, 전술한 바대로 그리스 해운의 기초를 마련했다고 할 수 있는 1953년 법에서 전적, 매각, (매각대금을 포함한) 송금이 보증되었다

다섯째, 그리스의 밖에 있었던 그리스 해운자본과는 반대로, 바다에 익숙한, 풍부한 자국 선원을 활용할 수 있었다는 점에 있다(앞 <표 2-2> 참조).[31]

여섯째, 그리스 선주에게 있어 그리스 선적은 안전한 은신처과 되었다는 점이다. 3국 간 시장을 주체로 하는 그리스 해운에 동유럽의 시장은 무시할 수 없다. 하지만 앞에 설명하였듯이 이 시장은 편의치적선으로 거래하기 어려웠고 그리스 국적선이 '필요'했다. 예를 들면, 1969년도 해운수입의 2,051만 달러(앞 <표 2-5> 참조) 중 동쪽에서 얻은 수입(단 11월 말까지)이 2/3를 차지했다. 그리스 선주는 편의치적선과 본국선을 교묘하게 나눠서 활용했다.[32]

마지막으로 '톤수·선령'세가 1968년에 정해져서, 그리스 해운은 경쟁우위를 크게 높일 수 있었다는 점이다. 이 법률의 최대 특징은 일본 등의 톤수표준과세와는 다르게 법인세를 해운에 적용하지 않는 데 있다.[33] 그뿐만 아니라 그리스 국적선에 적용하는 선박세를 편의치적선과 동등하게 내지는 그보다 낮게 책정했다.

주

1) 그리스의 1950년대의 인구는 겨우 800만명이었다. 면적은 일본의 약 1/3이고 일본과 비슷하게 3,000여개의 섬들을 가진 군도국가이다.
2) CSUK, 1957~1958, p.19. UNCTAD, 1977, p.33의 표 7에서 인용하고 있는 Sturmy의 추정에서는 1959년 43.2%이고, 제2위 미국은 41.9%였다. 전후를 살펴보면 너무 낮다고 생각된다. 필자의 추계에서는 1952년에 그리스가 미국을 앞지른다(후술).
3) Harlaftis, 1996, pp.27~229, p.236. 1950년도의 환율 1파운드: 1,008엔으로 환산하면 479억엔이 된다. 일본은 843만 총톤을 상실하였지만 상실자산의 74억엔은 이른바 전시보상 중단(1946년 8월)으로 제로로부터의 시작이었다(脇村/山懸 감수, 1991, 214쪽).
4) 이상 Harlaftis, 1996, pp.235~240; Lovett, 1996, pp.57~58; 森永, 1952, 33~36쪽 참조.
5) 이상 Harlaftis, 1996, pp.226~234; 1993, pp.129~131. 내전에 있어서는 Clogg, 2004, 134쪽; 佐原, 2005, 335쪽 이하. 1952년 11월 미국 대사관의 직접적 간섭으로 선거제도가 바뀌고 파파고스 정권이 발족되어 최후의 문제도 대부분 정리되었다고 한다(Harlaftis, 1993, p.131; 佐原, 2005, 344쪽).
6) Harlaftis, 1996, p.242. 그리스 법에 징용규정이 있고 더하여 정세불안이었기에 그리스 국적선은 융자를 받을 수 없었다고 하는 지적도 있다(海事産業研究所, 1972, 379쪽). 역으로, 징용규정은 모든 나라가 시행하고 있었기에 이유로 들 수 없다는 견해도 있다(森久保, 1978, 51쪽). 하지만 냉전을 배경으로 내전과 정세불안이었던 것에 비춰보면, 징용이 아닌 국유화의 위험이 문제였을 것이다. Harlaftis는 미국 은행의 리스크 관리가 아니고, 다음 장에 설명하는 미국의 전략을 강조한다.
7) SNF, 1993, p.24에서는 전후 미국 정부가 '미국의 통제가 작용하는' 대상 선대를 확보하기 위해서 미국 선주와 그리스 선주에게 편의치적선의 이용을 권유했다고 한다. 또, UNCTAD, 1977, p.37, par.102는 1950~60년대 미국 자본은 그리스 정부를 신용하지 않았지만 그리스 선주가 라이베리아 또는 파나마에 등록하면 융자를 받을 수 있도록 했다고 한다.
8) 전년 말의 금괴 유출이 있어서 케네디 대통령은 1968년 1월 1일에 달러 방위책을 발표한다. 여러 정책의 하나로 해외직접투자 규제가 법적으로 실시되어 주목을 받았는데, 그리스는 특별취급을 받았다. 상세하게는 宮崎, 1982, 226쪽 이하 참조.
9) 제1차대전 이후, 구입자금의 약 절반은 해외이주의 상인과 은행가가, 나머지 절반은 시로스 섬의 금융업자, 아테네은행, 패밀리가 부담하였다고 한다. SNF, 1993, p.3.
10) 관련하여 폴리스, 폰토스인에 대해서는 桜井, 2005, 51쪽 이하; 村田, 2012, 221쪽 이하 참조. 그 후에 대해서는 주로 SNF, 1993, pp.1~3 그리고 Harlaftis, 1996, p.40, pp.50~51, 140~141 참조. Harlaftis는 키오스 섬의 네트워크를 중시하고, 시로스 섬은 거기에 편입되어 있었다고 하지만, '20년 늦은' 상황은 시로스 섬 금융자본(상인/은행가)의 반대가 있었기 때문이지 않았을까라며, 그 세력을 인정하고 있다.
11) Harlaftis, 1996, p.279에서는, 그리스 해운 성공의 전략은 ① 세계의 주요한 해운시장으로의 진출, ② 벌크화물 특화, ③ 해운서비스의 직접 판매, ④ 특수한 선박의 매매(싸게 사고 비싸게 파는), ⑤ 그리스 선원의 높은 생산성(의 유지)을 지적한다.
12) Harlaftis, 1996, p.272에서는 의사결정에 주목하고, headquarters의 존재를 분석하고 있는데, 1958년에는 피레우스를 중심으로 한 그리스 18%, 런던 45%, 뉴욕 37%였다고 한다. 런던의 지위가 높다는 점을 알 수 있다(<표 2-4>와 비교). 1970년부터 피레우스의 대두가 현저해지는데, 1975년에서 각각 34%, 39%, 18%, 그 외 9%, 1990년에 66%, 22%, 7%, 5%로 그 변화를 잘 보여주고 있다.
13) 1958년 런던 보험자는 리버티 등의 전시건조선에 대해 높은 프리미엄을 매겼기 때문에 그

리스 선주는 영국 외로 분산하여 부보하게 된다. Harlaftis, 1996, p.280; 1993, pp.148~149. 1965년 영국 보험업계는 전시건조선에 할증보험료를 부과하기로 했다. 또한 그리스 선주는 1966년 전 세계의 리버티 722척 중 603척을 소유하고 있었기에 이에 대한 조처에 놀랐다. 더하여 대체선의 구입대금의 채무에 있어 재차 그리스 정부의 채무보증을 하도록 했다고 한다(그리스선에 한정된 것은 아님). 그리스 해운의 성격을 잘 설명하고 있다(SNF, 1993, p.6).

14) 당연하게도 그리스 선주에게 런던을 잃을 수 없었기에, 만일 의사결정을 한다고 해도, 철저하게 피레우스의 거점에서의 지령에 근거하는 형식을 채용했다. 이런 의미에서 피레우스는 런던 그리크에게 안전한 피난처(safe refuge)로서 매우 중요했다고 한다(Harlaftis, 1993, pp.148~150). 덧붙여, 1990년대 초반의 과세안에 대해서는 SNF, 1993, p.24 참조.

15) 이상 OECD 경제통계국 'OECD 통계 1960~1990'; 'UN세계통계연감'; Harlaftis, 1993, pp.76~78, p.193.

16) 그리스에서 최대의 산업은 해운이지만, 최근의 재정위기에 있어서도 해운이 주목받는 일은 거의 없다. 그리스 경제와의 관계가 간접적이며 복잡하기 때문인데, 이를 등한히 하기에는 매우 중요하다고 생각된다. 예를 들면, 桜井(2005)는 거의 손대지 않은 것이나 다름없고, Clogg(2004)는 "그리스 경제는 미국으로부터의 원조, 과거로부터의 수입원이었던 이민자 송금, 해운업에 크게 의존하고 있었다"(p.166)라고 하지만 구체적인 기술은 거의 없으며, 정치적인 영향력에 대해서도 언급하지 않는다. 런던 그리크나 뉴욕 그리크에 대해서도 같다. 최근 발간된 村田奈々子의 저작에서는 '국경 밖의 그리스인'으로 제6장에 설명하고 있지만 흑해 출신의 러시아 이민, 미국 이민, 키프로스 이민에 대해서 언급할 뿐이다. 해운왕 오나시스는 '칼라스의 애인', 재클린의 두 번째의 남편으로 소개되는 정도일 뿐이다(村田, 2012, 245쪽).

17) Harlaftis, 1993, p.130, p.140~141, p.172. 자세한 설명은 생략한다. 秋田, 1965, 59쪽 이하 참조. 하지만, 양자가 반드시 일치하지는 않는다. 게다가 카라만리스가 단속적으로 수상으로 일했던 1955년에서 1963년 사이에 국민소득은 배증했다.

18) Harlaftis, 1993, pp.142~144, p.176; Metaxas, 1974, p.169.

19) 船主協会, 1971, 51쪽. Theotokas & Harlaftis, 2009, p.99에서는 전후의 해운정책이 독재정권 시대에 만들어졌다라고 하더라도, 수입과세에서 톤수·선령 과세로의 전환은 세율이야 어떻든 계속 지속되고 있다고 한다.

20) 森久保, 1970上, 11쪽; 船主協会, 1971, 67쪽; Harlarftis, 1993, pp.63~64; Metaxas, 1974, p.168.

21) Harlaftis, 1993, pp.73~74 and n.32. 海事産業研究所, 1972, 379쪽에서는 징용규정을 삭제했다고 하는데, 1951년에 막 NATO에 가맹한 점에서 믿기 어렵다.

22) Harlaftis, 1993, pp.75~76. 이 법률은 별명 off-shore law로 불렸다(SNF, 1993, p.41). 또한 1953년 외자법으로 대체되지 않고 병존한다고 볼 수 있다. 예를 들면, "1961~1975년 간의 1953년법에 의한 외자도입은 선박을 제외한 산업에 대한 투자액의 14%를 차지했다"(Harlaftis, 1993, p.73)라고 기술되어 있다.

23) 그리스 해운계에서 자주 이용되는 용어인데, 전통적 선주(traditional shipowners)란 제2차 대전 후에 부친으로부터 그 지위를 승계한 2세대를 말한다. 신흥 선주(non-traditional shipowners)란 타 분야로부터 진입자로서 부친은 선주가 아니었던 자를 말한다. Harlaftis, 1993, p.10, Appendix I.

24) Harlaftis, 1993, p.73; Theotokas & Harlaftis, 2009, p.95.

25) Theotokas & Harlaftis, 2009, pp.92~95; Harlaftis, 1993, pp.61~78, p.183 and p.187.

26) 한국전쟁과 관련되어 1951년에 금지된다. EUSC Shipping 정책은 단순히 미국 선주 소유의 편의치적선뿐만 아니라 편의치적선 전반에 영향을 미쳤던 것이다. 이 점은 쿠바 위기에도 같았다(제3장 3 (4) (c) 참조). 당시의 중국 입장에서 보면 그리스선은 중요한 존재였던 사실이 쉽게 상상된다. 그리스와 중국의 관계는 양호하였고 약간 줄어들지만 1969년에는 400척 이상이 중국의 항구에 입항했다고 한다(Harlaftis, 1993, p.145; 1996, p.278, p.281).

27) 그리스 정부 자체가 2국간협정을 키프로스(1968년), 시리아(1969년), 뉴질랜드(1971년), 중국(1973년)과 체결하고 있다(Harlaftis, 1993, p.146).

28) 1955년의 국제연맹 조사에 따르면, 그리스 국적선의 해기사 전원, 승조원의 3/4이 그리스 국민이어야 했다(Degree of 14 Nov. 1836, Art.5). UN, 1955, p.69.

29) Harlaftis, 1993, pp.173~175. 세금수입 측면에서 보면 1974년 140만 미국달러에서 3,000만 달러 이상으로 증가하고 있다(*Ibid.*, p.176). 세율에 있어서는 船主協会, 1978, 71쪽 참조. 이 점에 관해서는 그리스 선주소유의 편의치적선에 대하여 선원연금기금(NAT) 때문에 특별부담금이 부과되었다(Law 29/75). 이 사실에도 주의할 필요가 있다. 세율은 위 대증세와 같았지만, Law 27/75에서는 그리스의 조선소에서 건조된 경우라면 6년간의 면세 등의 경감조치가 채용되고 있다. 다만, 대상 선박은 그렇게 많지 않다. 이 증세는 군사정권 붕괴와 함께 카라만리스 정권의 민주화, 오일쇼크 대책의 의미를 가진다.

30) 안드레아스·파판드레우가 이끄는 PASOK(전그리스 사회주의 운동)이 총선거에서 승리. Harlaftis는 이 정권에 대한 경계감이 전적을 촉진했다고 인정하는데, 국제환경 변화가 더 큰 요인이다고 말한다. Harlaftis, 1993. pp.186~187.

31) 1978년도 그리스 국적선 및 NAT 제휴 외국선의 67%는 그리스 선원이었다는 점은 잘 알려져 있다(Harlaftis, 1993, p.174). NAT(Seamen's Pension Fund) 제휴선이란 그리스 선원을 고용하고 선원연금기금과 계약을 한 그리스 선주 소유선을 말한다. 오일쇼크 직전에 일본 해운과 그리스 해운은 경쟁상태에 있었는데(<표 2-1> 참조), 일본 해운의 발전요인의 하나도 바다에 익숙한 일본 선원을 들 수 있다.

32) 船主協会, 1971, 43~44쪽; Harlaftis, 1993, p.150, p.155, p.181. 영국과 미국 세제의 관계에 대해서는 전술함.

33) 그 위력이 절대적이었다는 점은 제1장 1 (4) (b)에서 설명했다. 면세는 해운기업으로부터의 배당에도 해당되었다(船主協会, 1978, 73쪽; 森久保, 1978, 36쪽).

제 3 장

미국의 군사전략과 편의치적제도의 '형성'
- 'Effective U.S. Control' Shipping을 중심으로 -

1. 이 장의 과제

제1장에서 1920년대의 파나마 법에 있어서 편의선적제도의 초보적 형태를 확인했는데, 세계적 제도로 자리잡기 위해서는 파나마의 힘만으로 충분하지 않았고, 패권국인 미국의 힘이 필요했다는 점을 시사했다. 즉, 실질적으로 미국이 창조한 시스템이라 여겨지는데, 왜 미국은 이런 제도를 필요로 했을까? 이 장에서는 이 점을 상세히 검토하고자 한다. 그리고 이 장에서 살펴볼 편의치적제도는 미국이 당시 스스로 파나마, 라이베리아, 온두라스의 3국에 대한 지정으로 한정했기에 세계적으로 일반화된 제도로 볼 수는 없었다. 이 같은 의미에서 이 장의 주제를 '형성'이라 하였는데, 편의선적제도가 일반화되기 위해서는 유럽 국가들과의 대립을 극복하고, 국제법상의 '인지(認知)'(이렇게 설명하기에 상당히 까다로운 개념임)를 필요로 했다. 이 부분은 다음 장에서 다루고자 한다.

이 장의 첫 번째 과제는 전후에 상정되었던 세계전쟁의 형태와 그에 대응한 미국 해운의 당시 상황을 역사와 함께 명확히 이해하는 것이다. 결론을 먼저 이야기하면, 전쟁의 형태가 총력전이라면, 그것을 수행하기에 충분할 만큼 거대한 미국 상선대의 확보가 필요했다. 단, 널리 알려진 바와 같이 평시에, 즉 커머셜 베이스로 미국적선을 유지하는 것은 불가능하고, 그것을 대체할 선대가 있어야 했는데, 정책적으로는 Effective U.S. Control Shipping(이하, EUSC Shipping)으로 정의되었다. 약간 해설을 해두고자 한다. 첫째, Shipping은 東海林(1984, 73쪽)가 지적하듯이 '해운'이 아닌, 어떤 범위의 선박의 집합체, 즉 선대(fleet)를 가리키고 있다. 둘째, 미국 정부가 자국선을 통제하는 것은 당연하기 때문에 여기서는 외국적선을 지칭하는 점이다. 셋째, 통제를 가하려면 미국과의 유대가 필요해지는데, 그것은 미국인(법인을 포함, 이하 동일) 소유를 말한다. 넷째, 미국인 소유라 해도 외국적선이고, 상대국(기국정부)이 존재한다. 예를 들면, 영국적 '미국선'은 다수 있었지만 이 선박들을 유사시에 징용하기란 쉽지 않았다. 'effective'의 문제가 해결되어야만 한다. 파나마, 라이베리아, 온두라스의 3개국의 선박이 '유효한 통제'에 따를 것이라고 여겨졌던 것은 이 때문이다. 더하여 온두라스 선적은 다음의 <표 3-3>에서 보듯이 하나의 회사(United Fruit Co.)를 위한 선적이라고 할 정도로(Pedraja, 1994, p.210) 소수에 불과하기에, 다른 문헌과 동일하게 생략하고자 한다. 또한, 이 3개국을 묶어 'PanLibHon'이라고 표현하는 것이 일반적인데, 여기서도 같은 식으로 취급하고자 한다.

두 번째 과제는 EUSC Shipping은 어떻게 형성되었고, 언제 국방정책에 포함되었는가를 밝히는 것이다.

세 번째 과제는, effective, 즉 EUSC Shipping의 신뢰성을 명확히 하는 것에 있다. 경우에 따라서는 군사상 부분적으로 보이는 '환상'일지도 모르는 것이다. 이 점에서 PanLibHon과 미국의 관계가 문제시된다. 이 같은 신뢰성에 대해서는 비판적 견해가 다수이지만, 논의가 일치하지 않는 점도 지적할 수 있다. 또한 미사일 등 무기의 발달로 인한 '총력전'의 변용(닉슨 정권 이후의 EUSC Shipping도 크게 변화하였음), 라이베리아에서의 원주민 출신 S.K. Doe가 일으킨 쿠데타(1980년), 파나마 운하의 전면반환에 따른 '제3의 독립'(스페인, 콜롬비아로부터의 독립에 이어) 등은 당연하게도 EUSC Shipping의 필요성과 신뢰성을 크게 실추시킨 것이 확실하다.

다만, 이 장은 편의치적이라는 시스템의 최대 형성요인으로 EUSC Shipping에 주목한다. 따라서 시대는 제2차 세계대전 이후로부터 1960년 전후까지를 시야에 두고 있는 점에 주의하기 바란다.

덧붙여, 국방에 관한 논의의 출발 시점에서는 EUSC Shipping이라 칭했지만, 시간이 지남에 따라 The doctrine of EUSC Shipping, 'Effective Control' Program, 'Effective Control' Doctrine 등으로 불리는 경우도 많아졌다.

2. 미국 상선대의 군사적 필요성

(1) 제2차 세계대전과 쿠바 위기

(a) 제2차 세계대전과 상선

열강에 의한 세계분할의 종료는 프론티어의 상실을 의미했다. 열강이 세력을 확장하려고 하면 다른 열강의 세력권을 빼앗을 수밖에 없는 제로섬 게임의 세계가 19세기 말에 나타났다. 뿐만 아니라 무기의 현격한 발달로 전쟁은 국가가 인구, 자원과 생산력 등을 총동원하는 총력전 형태로 진화하였다.

제1차 세계대전은 그와 같은 전쟁으로 규정되었는데, 그 후 무기와 생산력의 발전은 총력전 체제를 현저하게 고도화시키는 한편, 그 희생도 눈뜨고 보기 어려울 정도가 되었다. 제2차 세계대전에서 3,500만명에서 6,000만명에 달하는 사람들이 죽었으며 직접적 전쟁비용만도 족히 1조 달러에 이르렀다(브리타니카 국제대백과사전 12권, 310쪽).

전장이 아니었던 미국도 비슷한 사정으로, P. Poast에 따르면 직접적 전비는 2,880억 달러로 전쟁기간 중 GDP의 31%에 달했다. 병력을 증가하여 엄청난 인력동원이 행해진 결과, 실업자 수는 1941년 5,500만명에서 670만명(1944년)으로 격감하였다(실업률 1.2%). "전쟁 개시 당시의 미국은 시장경제였다(하지만-필자). … 전쟁종료 시는 … 정부가 경제산출의 절반에 이르는 부분을 소비하는 중앙계획경제가 되어 있었다"(Poast, 2007, p.35, pp.68~69).

상선에 대해서 살펴보면, 1939~1945년에 약 5,800척, 4,000만 총톤이 건조되었고, 142억 달러가 지출되었다(Lane, 1951, p.64, p.822). 그 중 96%는 해사위원회 발주의 국유선(이른바 전시표준선)이었다. 1938년의 건조량은 24척, 18만 총톤에 불과했지만, 1943년에는 1,661척 1,249만 총톤이 완성되었다(U.S. DOC, 1975, p.752. 관련하여 일본의 정점은 1944년 762척, 173만 총톤에 불과했다). 이러한 동원력에 놀라지 않을 수 없다.

더불어, 독일의 U보트 작전 또한 총력전을 반영하고 있었다. 적국의 생산력을 감퇴시키기 위해서 원료·자원 등을 수송하는 상선을 저격하고 많은 수의 상선을 침몰시켰다(Levine & Platt, 1979, p.208).

(b) 쿠바 위기

坂本義和는 1954년 집필한 '20세기의 총력전'[政治學事典]에서 "군사적인 폭력수단의 이원적 집중화와 함께 (열강에 의한–필자) 세력균등정책은 평화보장의 기능을 현저히 감퇴시키고 있었고, 그 반면에 국지전쟁이 세계적 전면전쟁(global war)으로 전환될 가능성이 점차로 증대하고 있다"고 기술했다(坂本, 2004, 2쪽). 또한 쿠바 위기 등 "살얼음을 밟는 위험천만한 하루하루였기에 전면 핵전쟁을 하지 않고 인류가 살아 남았다는 사실이 나에게는 기적이라고 생각하지 않을 수 없다"(같은 책, vii쪽)고 제2차대전 후를 돌아보고 있다.

쿠바 위기가 얼마나 인류를 공포의 나락으로 내몰았는지를 다시 언급할 필요는 없겠지만, 누 가지를 지적하려고 한다. 첫째, 제3차 세계대전의 가능성이다. 세상 사람들의 상상 정도가 아니라, 미국과 소련 양국 국방담당자의 눈앞에 놓인 현실적 과제였다.

둘째, J. Gaddis가 지적하는 것처럼, 이 같은 위기는 'IRBM'(중거리 탄도 미사일)+쿠바=ICBM(대륙간 탄도 미사일)이었다는 사실이었다.[1] 당시 ICBM은 실험단계에 있었고 실전배치는 되지 않았다. 즉, 미·소 양국이 자국에서 상대국의 수도를 핵공격하는 수단을 가지고 있지는 않았지만, 쿠바에 IRBM이 배치되는 것으로 IBRM이 ICBM과 같은 정치적인 역할을 가졌다는 것을 의미했다.

이런 이유로 쿠바 위기 이전에는 모두가 제3차 세계대전의 전장은 유럽이 될 것이라 생각했다. 그리고 상정된 전쟁의 형태는 이른바 총력전이었다고 해도 과언이 아니었다. 공산권 문제 평론가로서 유명했던 Isaac Deutscher는 쿠바 위기가 한창일 때 '소련 군부 내에 전략논쟁'이라는 제목의 컬럼을 썼다(朝日新聞, 1962년 10월 14일). 내용은 '핵무기파와 재래무기파의 논쟁'이었다. 양자가 심하게 다투던 시대였던 것을 말해주고 있다.[2)]

(2) 1936년 미국 상선대의 산업정책적 측면과 군사적 측면

佐波宣平가 국민경제에서 해운의 역할을 3가지로 유형화한 사실은 유명하다. 제1유형은 연안항로를 주로 하고 내국무역 지원을 주요 기능으로 하는 것이다. 제2유형은 대외항로와 외국무역을, 제3유형은 3국 간 항로와 국제운임 취득을 주요 목적으로 하는 것이다. 제1유형의 대표적 국가로 미국을, 제2유형은 일본을, 제3유형에는 영국, 노르웨이, 그리스를 예로 들고 있다(佐波, 1949, 134쪽 이하).

제1유형에 미국을 둔 이유는 국내자원이 풍부하고 대외무역에 의존할 필요성이 낮으며 국내수송을 해운이 해줄 수 있다면 그것으로 충분히 국민경제의 요청에 대응할 수 있기 때문이다(<표 3-1> 참조).

이와 관련하여 일본의 경우, 국민총생산이 48억 달러(100엔당 28.57달러로 환산)였는데 무역액은 14억 달러로 무역의존도가 미국의 6.7%와 대조적으로 30%에 달했다. 또, 추정치에 불과하지만 1930년의 내항선은 140만 총톤 정도였음에 비해 외항선은 380만 총톤 정도였다(笹木他, 1984, 587쪽 등).

〈표 3-1〉 미국 해운의 특징(1935년)

국민총생산	722억 달러
무역액(재화)	49억 달러
외항선복량[1)]	375만 D/W[2)]
내항선복량	542만 D/W
외국무역 수송량[3)]	6,786만 달러
국내무역 수송량	19,918만 달러

출처: US DOC(1975), p.224, 758, 763, 864.
주 1) 선복량은 가동 중 선복, 2) 재화중량톤, 3) 오대호 등 내륙 제외

제1차 세계대전 이후에는, P. Zeis가 '신중상주의'라고 규정한 해운보호정책이 수립되었다. 그리고 1920년 상선법은 수출입의 과반(greater portion)을 수송하는 해운이 필요하다고 정책 선언을 하고 있었다. 하지만, 현실은 선언과는 거리가 멀었고 1928년 상선법에서 우편보조를 위한 대담한 투입이 시도되었는데, 선주들의 '먹잇감'이 되어 버렸다(Zeis, 1938, pp.115~124, pp.159~164). 이런 일은 해운업계의 기개의 부족함을 잘 나타내고 있었다. 2,000총톤 이상의 선박은 1933~1935년의 3년간에 단지 8척, 79,000총톤만이 건조되었다.[3] 자본의 단순논리에 따른다면, 높은 선박건조비용(건조대부기금이 있었지만)과 1915년 선원법 제정에 의한 노동비용의 상승 등으로 외국선과 경쟁할 수 있는 상황이 아니었던 것으로 보인다.[4]

나치 독일의 성립(1933년)으로 세계가 불안정화되는 시대에, 미국은 자국 해운의 상황을 심각하게 받아들이지 않을 수 없었다. 그 대응책이 1936년 상선법인데, '이상과 현실'의 두 가지 성격을 가지고 있었다. 이상적인 것은 민유민영(民有民營)에 의한 해운의 재구축이었다. 그것을 위해서는 외국선박과 경쟁 가능한 상선이 필요했으므로 내외비용의 차액을 보조하는 ① 건조차액 보조금(CDS: Construction Differential Subsidies, 조선소에 지급)과 ② 해운차액 보조금(ODS: Operating Differential Subsidies, 선사에 지급)을 중심으로 한 직접적 조성제도가 확립되었다.

CDS와 ODS는 미국의 해운정책의 중핵으로서 전쟁 후에도 장기간 존속하는데, 일반적 정책이론에서 보면 보조금이며, 경쟁과 시장을 왜곡시키는 것이어서 국제적으로 받아들여질 수 있는 것이 아니다.[5] 이 정책을 억지로 강행하는 것은 상당한 명분 없이는 어려웠고, 그래서 정책 실행의 명분으로 '국방을 위한 해운'을 내세웠다. 1920년법에도 동일한데, 이 법은 자국 상선을 보유하는 것은 '국방 및 외무·내무의 발전에 필요'(제101조, Declaration of policy)라고 명언하고 있다.[6] 구체적으로 ① 외국무역의 상당한 부분을 운송하는 것이 가능한 선복(greater에서 substantial로 수정. 후술), ② 유사시에 군사보조기관으로 보충될 수 있는 상선, ③ 가급적 미국 시민이 보유·운항하는 미국적선, ④ 미국에서 건조된 선박, ⑤ 미국 시민이 승조하는 상선이었다(Zeis, 1938, p.193). 여기에서 미국국적선이란 ① 미국인 소유, ② 미국에서의 건조, ③ 미국 선원이 아니면 안된다고 명시되었다(구체적으로는 다른 조항에 따른다).

한편, '이상과 현실'의 현실로, 미국 선주의 소극성을 예상하여 수립한 국가에 의한 건조규정을 들 수 있다. 민간에 의한 신조선 건설은 기대하기 어려운 시기에 해사위원회(U.S. Maritime Commission)가 스스로 건조계획을 세우고 최종적으로는 국유선으로 건조할 수 있도록 한 것이다.[7] 다른 한 가지의 현실은 다가오는 세계대전과 미국의 참전으로 결국 거의 대부분의 상선을 국가가 건조한 것이다(전술). 더욱이 국가에 대한 충성심을 강화하기 위해 선원의 내셔널리티 강화(302조), 징용규정(902조) 등 전시체제에 대응하는 것이 되었다.

(3) 1950년대 안전보장 측면에서 본 미국 상선대의 규모

(a) 제2차 세계대전의 경험

유사시에 필요한 상선대를 양적으로 어떻게 규정할 것인가는 전쟁의 규모, 전장이 될 지역, 사용될 무기 등에 따라 달라진다. 다만 이 장에서는 편의치적제도가 형성된 1940~1950년대를 중심으로 고찰하고 있기 때문에 제2차 세계대전 당시의 상선대 규모와 통제 등이 참고가 된다.

제2차대전 중에 미국에서 건조된 상선은 약 5,800척, 5,600만 D/W였다는 점은 이미 언급하였는데, 1946년 9월 말의 전체 선박은 5,000만 D/W였다(가동중인 선박은 2,900만 D/W., U.S.DOC, 1975, p.758). 즉, 총력전이 되면 방대한 선복이 필요하게 된다는 점을 알 수 있다.

전쟁 당시에 해운통제는 대통령 직속의 WSA(전시해운관리국, War Shipping Administration, 1942~1946)에서 일원적으로 수행되었다. 선박의 조달(조선에 대해서는 해사위원회에 남겨 두었음), 용선, 운항, 보험, 수리, 유지보수 등 거의 모든 것을 관리했다.[8]

미국 상선대는 전쟁 중에 2.7억 롱톤(long ton)의 화물을 수송하였는데, 75%는 WSA의 군사물자였다. 병력수송은 700만명에 달했다. 노르망디 상륙작전에서 로지스틱스는 1년 전부터 계획되었고 1,400만톤의 물자와 100만명의 병사를 수송했다. 또, 병사 1인당 필요 선복량은 제1차 세계대전에서는 2톤(D/W)이면 충분했는데, 제2차 세계대전에서는 유럽의 전장에서 7~8톤이, 태평양 전장에서는 15톤의 상선이 필요했다는 흥미로운 지적도 있다(Levine & Platt, 1979, pp.203~206).

(b) 필요 선복량의 계산

1945~1954년의 10년 동안에 국방상 필요한 상선을 어느 정도로 추계하고 있었을까? <표 3-2>에 따르면 추정의 폭은 상당히 크지만 그래도 일정한 기준을 얻을 수 있다. 1958년에 가동선박(active ship)이 1,200만 D/W였던 사실에서 보면 필요 선복량은 충분했던 것으로 짐작된다. 하지만, ① 537만 D/W의 내항선을 포함하고 있는 점, ② 전시표준선이 중심으로 대체건조가 지체되고 고령선이 많았던 점, ③ 병력수송에 적합한 객선과 그 외 선종 간의 밸런스가 충분하지 않았던 점 등이 지적되고 있다.[9)]

따라서 부족한 선복이 어느 정도였는지 파악하는 것이 중요하다. MARAD (Maritime Administration, 미국 해사청)와 해군의 통합계획 그룹은 1952년 말에 1만 톤급의 화물선(dry-cargo freighter) 261척, 탱커 26척, 객선 3만톤급 8척, 총 330만 D/W가 부족하다고 했다. 그리고 이 부족분은 EUSC Shipping으로 메우지 않으면 안된다고 하고 있다(Gorter, 1956, pp.87~88).

〈표 3-2〉 국방에 필요한 가동선박의 추계

(단위: 만 D/W)

추정주체	추정연도	최소	최대
하버드대학	1945	890	1,334
해사위원회	1947	1,114	–
해군부	1947	1,140	–
상무부	1952	1,723	–
국방총성	1953	2,118	–

출처: Gorter, 1956, p.86.

3. Effective U.S. Control Shipping의 형성

외국적선에 대한 통제정책의 실제는 앞의 절에서 언급한 기국(旗國)과 국제법이 존재하기 때문에 정책의 유효성 내지는 신뢰성과 표리일체의 관계에 있다. 이 부분은 다음 절에서 검토하기로 하고, 이 절에서는 EUSC Shipping의 형성과정을 소묘하기로 한다.

(1) 중립법 시대의 외국적선 이용

EUSC Shipping 정책이 제2차대전 중의 중립법에서 유래한다는 사실은 대다수의 논자가 인정하고 있다(예를 들면 東海林, 1984, 74쪽; Kilgour, 1979, p.339). 미국은 진주만 공격을 당하기 전까지 표면적으로는 중립을 유지하고 있었다. 물론 중립이라고 하더라도 나름의 대책은 가지고 있었다. 예를 들면, 1937년 5월에는 중립법을 개정하여 현금자국선수송(cash-and-carry) 방식에 의해 영국 등을 원조하고 있었다. 그리고 제2차대전이 시작된 후에는 무기수출도 해금했다. 그래도 자국선의 교전지역 항해 금지와 무장 금지 등은 견지하고 있었다(秋元·菅, 2003, 107쪽 이하 참조).

이처럼 융통성이 없는 자국적선 운용을 보완하기 위해서 취해진 조치가 외국으로의 이적이었다. 1939년 9월부터 41년 7월까지 전적된 미국선은 267척, 144만 G/T였는데, 그 절반 정도가 영국으로 이적했다. 이런 방식으로 '미국인 소유선'을 통해 영국 원조가 실현되었다. 이것과 달리 파나마 상황은 약간 복잡하다. 63척 36만톤이 미국으로부터 이적하여 연합국(the allied)측의 수송을 도왔는데, 독일로부터의 이적도 있었다. 앞서 언급한 바와 같이 이미 다국적기업이었던 ESSO는 단치히 선적의 독일 탱커 25척을 파나마에 이적하기도 했다(Boczek, 1962, p.10). 물론, 독일은 이 같은 이적은 속임수라고 반대했다. 그리고 1941년 8월부터 1개월 동안에 5척의 파나마 선박을 U보트가 격침시켰다. 한편, 온두라스로의 이적은 7척, 2만 G/T에 불과했다(Carlisle, 1981, pp.83~85, p.94).

(2) 참전 이후 외국적선 통제

진주만 피격을 계기로 미국이 참전하게 된다. 참전한 이상 중립법 시대의 여러 가지의 수단이나 배려는 불필요해졌는데, 이적한 선박을 다시 미국적으로 되돌려 직접 통제하는 조치를 취하지는 않았고, 중립법 시대의 수단을 계승했다.[10] 당연히 이 선박들도 전술한 WSA의 통제 하에 들어갔다. 통제방법으로는 선주와 WSA 또는 미 해사위원회와의 정기용선계약에 의한 것과, 정부와 협정(General Agency Agreement)에 기초한 것이 있었다. 후자는 정부가 징용한 선박이나 대량의 전시표준선에 대해, 민간선사가 정부의 이름으로 배승과 운항을 수행했다. 승조원은 정부(Civil Service Commission)의 피고용자로 되어 있었다(Lawrence, 1966, p.155).

EUSC Shipping에서 빠뜨릴 수 없는 것이 전쟁보험이었는데 1936년 상선법의 개정(1942년 3월)으로 처리되었다. 개정법은 적용대상을 '미국인 소유선'으로 애매하게 규정하여 중남미 선적까지 범위를 확대했다. 파나마, 온두라스, 니카라과, 코스타리카, 과테말라의 5개국이 대상이 되었다(Carlisle, 1981, p.99, n.2; Kilgour, 1977, p.340).

이상에서 살펴본 바와 같이, EUSC Shipping의 출발점은 중립법 시대부터로 인식되어 왔지만, 통제 그 자체는 미국의 참전 이후 WSA 시대에 들어가서 시작된 것이었다.

(3) EUSC Shipping의 탄생

제2차 세계대전 중의 해운통제는 WSA가 실시했다. 단, 여기에서는 'Under U.S. Control' vessels이란 용어가 사용되었고, 자국적선·외국적선은 구별하지 않고 등록되었다. 1945년 1월의 등록 리스트에는 미국 상선이 약 3,800척 이상, 외국적선이 315척(파나마 121척, 노르웨이 73척 등)이 게재되어 있다. 물론 내·외국적선에 대한 동일한 취급은 작전상의 편의성(tactical convenience) 때문에 생겨났는데, 전술한 것처럼 에이전시 협정과 정기용선을 통하여 이루어졌다.[11]

전후, 통합참모본부(JCS: Joint Chiefs of Staff)의 관할 하에 통합군사수송위원회(JMTC: Joint Military Transportation Committee)가 설립되었는데, 동 위원회는

1945년 '향후의 상선에 관한 니즈(계획)'를 JCS에 제출한다(JCS 1454/I). 여기에서 처음으로 EUSC의 용어가 사용되었는데, 그 후의 EUSC와 다르고 정부가 이용할 수 있는 미국선을 포함한 모든 예비선대(total reserve fleet)를 의미하고 있다. 'Under'라는 단어가 'Effective'로 바뀐 것 외에는 없다.

여기서 상선매각법(Merchant Ship Sales ACT of 1946)에 대해 약간 언급하고자 한다. 제1차대전 후 미국은 전시표준선의 불하를 1920년 상선법에 기반하여 계획하는데, 전쟁 후의 불황, 선박의 성능과 비용 등의 이유로 불하를 받으려는 자가 없었다(戸田, 1943, 246쪽 이하). 이런 곤란했던 경험을 바탕으로, 제2차대전 후에는 곧바로 외국에 매각을 개시하도록 상선매각법을 제정했는데, 이번에는 앞서 검토한 바와 같이 유사시에 필요한 선박의 대규모 감소가 문제시되었다(제4장 2 (1) 참조).

자국적선의 감소를 지켜보면서 JCS는 외국적선을 포함하는 EUSC의 재정의를 서두르게 된다. 우선, JCS는 "2국간협정(agreement) 이외에, 미국인 소유의 외국적선을 통제하는 법적 수단은 없다"라는 인식을 기초로 "외교적 혹은 그 외 다른 조치(arrangement)를 한다면 '몇 개의 국가'는 미국선의 전입을 수용하면서도 미국이 미국인 소유의 당해 선박에 대한 지배를 유지하도록(to retain control of the vessels) 허용해 줄 것이다. 경험에 비추어 볼 때, 참전 전의 파나마 선적의 사례는 EUSC의 범주에 들어가 있는 것이다"는 결론에 도달했다. 그리고 상술한 문서는 1947년 10월 JCS 1454/II로 개정되었다. 여기서 EUSC 독트린이 성립된다(Carlisle, 1981, p.199).

그리고 '몇 개의 국가'에 대해서, 다음과 같은 가이드라인이 작성되었다. ① 미국선을 받아들인 과거의 실적, ② 미국과의 외교관계, ③ 동측의 국가들(미국의 시스템, 외교정책에 반대하는 국가들)과의 관계, ④ 미국과의 근접성과 정치적 안정성 등이 그것이다.[12)]

이를 근거로 최초로 파나마, 온두라스가 지정되었다. 1948년 9월에는 라이베리아가 추가되었다(그 배경은 복잡하여 후술함). 베네수엘라와 코스타리카는 일시적으로 리스트에 들었는데 그 후에 삭제되었다. 필리핀은 한때 검토되었지만 지정되지는 않았다. 흥미로운 것은 그리스다. 앞 장에서 기술한 바와 같이, 그리스 정부의 희망도 있었고 1954년에는 리스트에 올라갈 뻔 했는데, NATO의 통제권을 침해하는 것으로 보고 제외되었다(*Ibid.*, p.203).

4. EUSC Shipping에 대한 신뢰성 — EUSC Doctrine의 리얼리티 —

EUSC Shipping와 관련하여 징용이라는 강권적 조치가 채택된 적은 없다(Jantsher, 1975, p.131; Kilgour, 1977, p.347). 그것은 EUSC가 유효하게 기능했기 때문인지 그렇지 않으면 환상을 계속 안고 있었기 때문인지(군사전략의 결함이 드러나는 것을 꺼려했다)는 분명하지 않다. 그러나 시간이 지남에 따라 회의적이고 비판적인 견해가 많았다(東海林, 1984 참조).

다수의 논자들이 지적하는 것처럼, 국방 문제에는 매우 많은 요소가 고려되어야 하기에, 일정한 결론을 계량적·객관적으로 끌어 내기는 어렵다. 그렇지만 검토해야 할 논점이 몇 가지 있다. 첫째, 국제법상 EUSC Shipping은 어떻게 다루어지고 있었는가이다. 둘째, 선주와 승조원의 생각이나 행동이 독트린을 좌우할 정도의 힘을 가지고 있었는가 판단할 필요가 있다. 셋째, 편의선적을 제공하던 국가들의 정치적·경제적 동향과의 관계에도 주목할 필요가 있다.

(1) 국제법상 선박의 국적과 국가

(a) '바다의 자유'와 선박의 국적

橫田喜三朗에 따르면, 해양은 원래 어느 '국가'에 영유되어야 하는 것으로 여겨져 왔다고 한다(영유의 주장과 타국의 '승인'). 다만, 해양이 좁아지고 국가 사이의 대립이 빈발해지면 자연히 문제가 발생하게 된다. 스페인과 네덜란드의 대립을 배경으로 그로티우스(네덜란드)가 [자유해양론]을 저작한 것은 1609년이었다. 당시 반대론도 많았지만, 18세기에 들어서는 해양의 자유가 거의 확립되었다(영해, 내수는 별도. 橫田, 1959, 259~261쪽).

'바다는 자유이며 각국은 영유할 수 없다(권력의 부재)'고 한다면 해양의 질서를 어떤 방법으로 유지해야 하는지, 또 선내의 질서는 누가 맡아야 하는지가 문제시 된다. 이들은 표리의 관계에 있기 때문에 동시에 해결되는 것으로 생각되지만, 국가가 승인하는 사략선(privateer)이나 해적(pirate)의 역사에서 보듯이

시간을 필요로 했다.[13)]

사람들의 선내 생활을 포함하여 해양의 질서를 유지하기 위해서는, 결국 모든 선박에 국적을 부여한 다음, 부여한 국가(선미에 국기를 거는 관습에서 기국(旗國)이라 한다, 이하 동일)가 책임을 질 수밖에 없다. 하지만 어떤 A국이 게양권을 준 선박에 대하여 다른 B국이 A국의 선박이라고 승인할지 안할지는 또 다른 이야기이다. 역사적 계기는 중상주의의 하나인 '항해조례'의 만연에서 찾을 수 있다. 식민지 무역은 별도로, 자국선을 활용하지 아니한 구매(수입)를 인정하지 않으면, 왕항(往航)은 늘 공선(空船)이라는 '편도항해'가 된다. 이 점은 매우 불합리했다. 그래서 교역하는 양국은 통상항해조약을 맺고 선적의 상호 승인을 체결하게 된다. 나폴레옹 전쟁의 종언(1815년)은 시대를 크게 변화시켰는데, 불평등조약의 존재가 일상적이었다. 강국은 약국의 선적을 제한하는 사례도 많았다.

어떤 국가가 인정한 국적증서를 그대로 타국이 승인하게 된 시기는, Boczek에 따르면 1830년이다.[14)] 그리고 약탈행위를 중죄로 삼도록 한 것도 이 시기이며, 1856년의 '함선의 해상포획에 관한 파리 선언'이 뒤이어 힘을 실었다(篠原, 1983, 89쪽).

이상과 같이 공해의 자유, 선박 국적 부여의 자유, 공해상에서 기국의 배타적 관할권은 삼위일체가 되어 기능하게 된다. 상설 국제사법재판소는 유명한 로체스호 사건 판결(1927)에서 이것을 선언했다(水上, 1994, 26쪽). 그리고 1958년에는 공해조약으로 성문화되었다.

(b) EUSC 선박의 징용

앞서 살펴본 바와 같이 배타적 관할권을 가지는 것은 기국이기 때문에 미국인이 소유하고 있다는 이유로 PanLibHon 선박을 미국이 징용하는 것은 국제법상 명확히 위법이다.[15)] 단, 국제법은 기국의 배타적 관할권을 정했을 뿐, 타국에 의한 징용을 절대적으로 금지하고 있는 것은 아니다. 징용하는 국가와 피징용국이 합의하면 가능할 것이다. 라이베리아는 후술하겠지만(주 33) 참조), 타국에 자국선의 사용을 허가하는 규정을 만들어 두었다. 그리고 후년 NATO와 관련해서 라이베리아 총영사는 허가할 수 있다고 명언하고, 그것은 20년 전부터 그랬다고 말했다(주 33) 참조). Hope는 영국이 바하마, 라이베리아, 바누아투 정부와 이러한 합의에 도달했다고 한다(Hope, 1990, p.472).

(c) 이중국적의 부여

사람에 대해서는 사실상 이중국적이 인정되고 있다. 만일 선박에서도 이중국적이 인정된다면, 미국 정부는 PanLibHon의 미국인 소유 선박에 이중으로 선적을 부여하고, 징용 등 미국 선적과 동일한 취급이 가능하다. 그러면 EUSC 독트린의 신뢰성은 완전한 것이 된다. 하지만 水上千之는 국가가 선박의 국적 부여에 관한 자유를 갖고 있지만, 유일한 예외가 이중국적이라 한다. 이중국적 부여 금지의 원칙은 합리성을 갖추고 있으며, 전통적으로 승인되어 온 것이다.[16)]

(d) 미국으로의 이적(전적)

미국은 필요한 경우, PanLibHon으로부터 선박을 자국으로 이적시키는 것도 생각할 수 있다. 만일 이적이 가능하다면 이들 선박을 미국적선으로 미국이 이용할 수 있다. 선적을 A국에서 B국으로 옮기는 것은 편의선적국 간의 등록세·연세 수입을 둘러싼 경쟁도 있어서 빈번히 행해지고 있다(자본이동의 자유). 일반적으로 제약 자체가 편의선적 제공국에게 손해가 되므로 제약이 존재할 수 없다. 다만 이것은 평시의 이야기고, 유사시에는 다를 수 있다. 이중국적 금지의 이면으로, 이적에는 기국정부에 의한 등록의 말소가 필요한데, 말소의 여부는 원래 기국의 주권에 속한 사항이다. 따라서 실제로 전적할 수 있는지 여부는 기국과의 관계에 좌우될 것이다.

이상에서 보았듯이 국제법상 EUSC Shipping의 신뢰성은 그다지 높지 않다. 어쩌면 신뢰가 거의 없다고 해도 과언이 아닐 것이다.

(2) 미국 선주, 승조원과 PanLibHon 선박

(a) 미국 선주의 컨트롤

1936년 상선법(Merchant Marine Act) 제정 당시의 징용규정은 미국적선이 대상이었는데(sec.902(a)), 1954년에 '미국인 소유선'으로 확장하고 EUSC Shipping을 그 대상에 넣었다.[17)]

그런데, EUSC가 현실적으로 기능하기 위해서는 선주나 선원의 협력이 필요했다. 특히 선박 소유자는 재산권의 보유자여서 가장 중요한 존재라고 볼 수 있다. 단, 선주는 선박을 자본으로써 소유하고 있는 것이므로, 자본으로써 선박이 보전되는 한 그 물적 형태에 그다지 구애받지는 않을 것이다.

전시에 선주가 우려하는 일은, 자사선이 침몰 등의 손해를 입을지도 모르기에 보험료가 폭등하여 통상의 운임률로는 그것을 커버하지 못하는 것이었다(지불하지 못함). 따라서 만일 전쟁보험(war risk insurance)을 정부가 대신 들어준다면 자본은 보전되기에 미국 정부에 협력하는 일도 쉬워진다. 이런 이유로 Kilgour는 EUSC에 있어 전쟁보험은 가장 중요한 요인(centerpiece)이라고 지적한다(Kilgour, 1975, p.340). 덧붙여 1954년의 전쟁보험 승인액은 43.4억 달러(1.5조 엔)에 달했다.[18]

그러면, 미국 선주의 동향은 어떠했을까? ACFN(American Committee for Flags of Necessity)의 명칭 변경은 매우 흥미로운 사실을 가리키고 있다. 동 위원회는 미국 편의치적선 선주의 모임(초대 위원장: Erling Naess)이고, 오로지 노동조합 대책에 힘을 기울여 왔는데(Naess, 1972, p.51), 1974년에 로비활동의 슬로

〈표 3-3〉 EUSC Shipping의 추이(각 연도 말)

	1959년		1963년		1968년	
	척수	천 D/W	척수	천 D/W	척수	천 D/W
총계	504	10,831	442	12,186	400	15,405
라이베리아	337	7,951	316	9,514	273	11,625
파나마	150	2,796	114	2,616	118	3,742
온두라스	17	84	12	56	9	38
선종별						
화물선	216	3,046	93	874	45	395
벌크&광석선	–	–	80	2,383	87	3,164
탱커	288	7,785	269	8,929	268	11,846

출처: U.S. DOC and Maritime Administration(1970), Table 3.
주) 화물선에는 화객선(1957년 7척, 30천 D/W, 1963년 6척, 27천 D/W, 1968년 8척, 65천 D/W)을 포함.

건이었던 'Effective Control'을 위원회의 명칭에 반영시키기 위해 Federation of American-Controlled Shipping(FACS)으로 개정했다. 회원으로는 오일메이저, 철강, 화학 등의 산업운송인(Industrial Carrier)들의 이름이 줄지어 있었다.[19] 이상에서 살펴 보았듯이 미국 선주들은 EUSC에 협조적이었다고 볼 수 있다(앞 <표 3-3> 참조). 징용에 대해서는 뒤에 검토하겠지만 계약·협정 수준에서 보면, 실효성은 충분했다고 할 수 있다.

(b) 승조원의 기피와 EUSC Shipping

이하의 사실은 별로 알려져 있지 않은데, 일본에서 제2차 세계대전의 최대 피해자는 상선 선원이었다. 사망자는 6만명이었고 손모율(loss rate)은 실제로 43%(육군 20%, 해군 16%)에 달했다(일본순직선원현창회). 미국도 상황은 비슷했는데, 해군은 1/114, 즉 114명에 1명의 사망자가 발생하였고 육군은 1/48, 해병대는 1/34였고, 이에 비해서 상선에서는 1/26의 비율로 사망자가 발생했다고 한다(http://www.usmm.org/).

그 이유는 간단한데, 상선의 큰 선체(선장 150m, 선고 20m의 표적)와 느린 속도(시속 20km 정도)에 있었다. 잠수함, 구축함, 전투기에 있어 좋은 사냥감이 눈앞에 있는 것이나 다름없었다.

따라서 스스로의 생명을 유지하기 위해서 승조원이 승선을 거부하는 것은 당연했고 EUSC 정책의 기능 부전도 충분히 예상된다. EUSC 독트린에 대한 의문은 초기부터 이 같은 승조원 문제에 있었다. 사실 베트남 전쟁시에는 베트남으로 향하는 군사물자가 외국인 승조원에게 거부되어 그 목적을 달성하지 못했던 경우가 있었다.[20]

미국적선은 요건으로 ① 미국인 소유, ② 미국인 선원, ③ 미국 건조가 1936년 상선법으로 규정되었던 사실은 앞서 언급하였는데, 세계적으로 매우 드문 일이었을 뿐더러, 당시 '국가에 대한 충성심'을 중시하던 증거이기도 했다. Whitehurst는 소련과 전쟁을 했더라면 잠수함의 공격으로 상선은 한줌도 남아나지 않았을 것이고, 승조원을 신뢰할 수 있을지 없을지도 도박에 가까울 것이라고 했다.[21]

분명히 승조원의 충성심·희생적 정신을 기대하기는 어렵다. 그러나 비극적인 역사의 현실에 비추어 보면, 용병과 외국인 부대, 혹은 최근의 이라크 전쟁에서의 '전쟁의 민영화' 등, 상기의 결함을 보완하는 제도 비즈니스는 다수 존재한다(Singer, 2004 등 참조). 돌이켜 보면 EUSC Shipping 정책 그 자체가 가장 세련된 '전쟁의 민영화'라고 말할 수도 있을 것이다.

(3) 파나마의 반미 내셔널리즘과 EUSC Shipping

(a) 파나마의 정치동향

앞서 검토하였듯이, 국제법상 미국은 편의치적선에 대해서 법적 권한을 거의 가지고 있지 않았다. 따라서 파나마와 라이베리아의 정치적 동향은 EUSC 독트린에 결정적으로 중요한 사항이었다. 그렇다고 하더라도 잘 알려져 있듯이 파나마와 라이베리아의 통화는 실질적으로 미국 달러였다.[22] 경제주권이라고 말할 수 있는 금융·외환 관리권을 포기하고 있었던 점에서 친미 모델 국가로서 어떤 문제도 없는 것처럼 보였다. 그러나 노리에가 장군이 등장하기 전에도 파나마의 역사는 '반미 내셔널리즘'의 역사라고 할 수 있다. EUSC Program은 상당히 불안정한 기반 위에 구축되었다고 봐야 한다.

파나마가 콜롬비아로부터 독립할 당시에 미국으로부터 받은 원조의 대가는 지나친 것이었다. 독립을 원조할 때 미국은 너무나 손쉽게 파나마 운하지대(운하 중심으로부터 양안 16km)의 '주권'을 손에 넣었다(1903년 조약으로 영구화). 이런 일을 가능케 했던 파나마 국내정치는 올리가키(oligarchy)라 불리는 명문가의 과두정치였다(国本他, 2004, 98쪽 이하). 하지만 파나마 운하 조약의 내용·성격으로부터 반미감정이 고조될 수밖에 없었고 마침내 '1931년 혁명'으로 치달았다. 지도자는 아르모디오 아리아스(나중에 대통령이 됨)였다. 가문에 의한 정치의 독점은 이것으로 끝이 난다.

파나마에서 반세기 이상 카리스마적 인기를 누렸던 사람은 아르모디오의 동생인 아르눌포 아리아스(이하, 간단히 아리아스)였다. 3번이나 대통령에 선출되었는데, 3번 모두 쿠데타로 무너지는 비운을 겪었다.[23] 단, 정치 스타일은 포퓰리즘으로 순혈주의에 가까워서, 북아메리카인은 물론 서인도제도인, 중국인, 힌두교도, 유대인 등도 배격했다. 대통령으로 처음 선출된 때는 1940년이었는데,

미국의 군사기지 요구와 파나마선의 무장 요구(후술)를 거절했다. 그 때문에 나치와 파시스트의 영향을 의심받기도 했다(Meditz & Henaratty, 1989, p.32). 또한 정보가 가득한 운하를 둘러싸고 스파이 전쟁이 연출되었다.

(b) 파나마선의 무장과 쿠데타

1941년에 되어 파나마선은 U보트 등에 차례차례 침몰되었다. 그래서 미국은 파나마적 선박의 무장을 요구했다. 그런데 외무장관이, 독일은 미국 해군을 두려워하여 무장한 미국의 상선을 공격하는 일은 없겠지만, 파나마에는 해군이 없어서 오히려 위험에 노출된다고 거절했다. 그리고 아리아스는 만일 상선이 무장하게 되면 선적을 박탈한다고 10월 6일에 성명을 발표했다. 이렇게 긴장은 갑자기 높아졌는데, 다음날 아리아스 부부는 휴가차 쿠바로 가버렸다. 이것을 기회로 삼아 법무장관을 중심으로 하는 쿠데타가 결행되었다. 의회의 승인 없이 직무를 방치했다고 하여 10월 9일에 해임되었다.[24]

신정권은 곧바로 선적을 박탈한다는 대통령령을 철회하고 파나마선은 무장되었다. 또한, 미국이 요구하던 다수의 군사기지도 대여하기로 결정했다. 그리고 12월 8일, 미국과 동시에 일본에 대해, 같은 달 12일에는 독일과 이탈리아에 대해 선전포고를 했다.[25]

이 쿠데타는 시사적이다. 첫째, 1936년의 헐-알파로(Hull-Alfaro) 조약에서 파나마 혹은 운하의 안전, 중립이 위협받을 때, 미국은 일방적으로 군사행동을 취할 수 있었던 것이다. 아리아스 정권이 취할 수 있는 수단은 제한적이었다.

둘째, 쿠데타에 대한 미국의 관여였다. Hull 국무장관은 물론 관여를 부정했지만, Carlisle은 쿠데타 주도자의 행동이나 경과에 비춰 회의적으로 본다. 그 후 2번의 쿠데타를 생각하면, 미국의 의도를 느끼지 않을 수가 없다.[26]

이상에서 설명하였듯이 파나마의 반미 내셔널리즘을 기반으로 관찰하면, 파나마선에 대한 통제는 제도로서 매우 취약한 것이라고 할 수 있다. 파나마에서 EUSC 정책의 신뢰성은 파나마 운하 조약과 미군의 군사력에 의존하여 담보된 것이라 할 수 있을 것이다. 파나마 정부가 진심으로 EUSC 정책을 거부하는 경우(당연히 양국을 둘러싼 군사적 긴장은 높아진다)에는 주둔한 미군이 행동을 개시하게 되었을 거라고 생각된다.

시간이 흘러, 라이베리아에서는 도(S.K. Doe)에 의한 군사 쿠데타가 1980년에 발생하고 정치가 불안정해진다. 또, 파나마 운하 반환조약이 1977년에 체결되어 미국 주둔군 철수가 확정되었다(반환은 1999년 12월 31일 정오). 게다가 1983년부터 실권을 쥔 노리에가 장군의 위험성이 서서히 드러나고 있었다. 이러한 배경 하에 위기감을 느낀 FACS(미국통제선주연맹)는 컨트리 리스크를 낮추기 위한 선적추가운동을 전개하고 있었는데, MARAD(Maritime Administration, 미국 해사청)는 1987년에 제4의 전쟁보험 대상국으로 바하마를 승인했다.[27] 이것도 동일한 문맥으로 읽을 수 있을 것이다.

(4) 라이베리아 해사법의 형성 요인

라이베리아에 관해서는, EUSC Shipping으로서의 승인이 늦어진 점이나 자료의 부족 등으로 해사법이 어떻게 형성되었는지 미국에도 거의 알려지지 않았다. Carlisle의 연구에 의해서 마침내 세부적으로 밝혀지게 되었는데, 그 소개를 겸해서 이 기회에 다소 상세하게 검토하고자 한다.

(a) 라이베리아의 역사와 미국의 관심

'해방노예의 나라 라이베리아(free land)'라고 말하면 이상향처럼 여겨질 수 있겠지만, 해방된 노예 스스로가 식민지를 건설하는 복잡한 구조 속에 있었다. 1821년 미국식민협회(ACS: American Society for Colonizing the free People of Color in the United States)의 힘으로 현지의 족장들과 토지 교환협정을 체결한 것이 건국의 시작이었다. 범선으로 수십명부터 식민지로 이주시켰기에 시간이 걸렸고 공화국으로서의 독립은 1847년(그때까지 총독이 파견되어 있었다. 미국 승인은 늦어져 1862년)이었다. 독립 후에도 순조롭게 발전하지 못했고 영국으로부터의 막대한 부채로 고통을 받았다. 또한 동쪽으로 프랑스령 코트디부아르, 서쪽으로 영국령 시에라리온 사이의 분쟁도 끊이지 않았다.

제1차 세계대전의 종전으로 어려움이 가중되는 상황에서 영국과 네덜란드에 의한 고무산업 독점을 타개하기 위해서 Firestone Tire and Rubber Company가 들어섰다. 100만 에이커의 토지에 대한 99년간의 '조차(租借)'(6센트/에이커/1년)와 수입의 1% 세금 지불에 관한 협정이 1926년 체결되었다. 또한 라이베리아 정부의 재정파탄을 막기 위해서 500만 달러(연리 7%)를 대부하였다. 이렇게 파이어스톤은 라이베리아에 있어서 구세주적, 맹주적인 존재가 되었는데, 해사법 형성과 직접적 관련은 없다.

미국이 라이베리아에 관심을 가지게 된 것은, 제2차 세계대전에서 시작된다. 지정학적으로(브라질·서아프리카 사이는 1,500마일 정도) 볼 때, 추축국은 독일의 영향력이 강한 브라질을 통하여 서아프리카를 침략하는 거점으로 삼지 않을까 하는 염려에서, 미국은 무기대여법과 그 외의 방법으로 라이베리아의 군사거점화 등을 서두르게 된다. 주요 사항은 살펴보면 ① 공항, ② 독일 잠수함 감시용 수상정 기지, ③ 몬로비아 항, ④ 도로 등의 건설과, 스리랑카를 제외하고 연합국이 상실한 고무농장의 확보(개발) 등이었다. 1942년에는 방어(지)협정(Defense Areas Agreement)이 체결되어 병력 등 5,000명이 주둔했고, 1943년 1월에는 루즈벨트 대통령도 방문했다.[28] 이런 연장선에서 라이베리아 해사법이 제정되지 않았을까 했지만 예상은 빗나가고 말았다.

(b) 스테티니어스와 해사법

스테티니어스(E. Stettinius)는 헐(C. Hull) 국무장관의 후임(1943년 10월~1945년 4월)이었는데, 얄타회담에서 귀국하는 도중에 몬로비아 항의 개항식에 초대되었다. 그곳에서 그가 목격한 것은 빈곤과 풍부한 자원이었다. 특히 전쟁 중에 비행기의 컴퍼스가 작동하지 않아서 발견된 철광산에 매력을 느꼈다.[29]

루즈벨트 대통령의 서거로 국무장관직을 사임한 스테티니어스는 라이베리아 개발에 착수한다. 그 계획은 장대하였고 이른바 '민간판 아프리카 개발'이라고 불릴 정도였다. 철광산 개발을 중심으로 인프라 정비(전기, 상하수도 포함)와 수출을 통해 빈곤 탈출도 가능하다고 보았고, 성공한다면 에티오피아, 모로코 등에서도 적용할 수 있으리라 생각했다.

이 계획을 실현하기 위해서 스스로 20만 달러를 거출하여 자본금 100만 달러의 Stettinius Associates of New York-Liberia Co.를 1947년에 설립했다. 다행스럽게도 1944년에 라이베리아 대통령으로 취임한 터브먼(W. Tubman)은 외자도입(open door policy)에 적극적이었다.[30] 출자자는 국무장관 재직 당시의 동료가 대다수였다. 이익배분은 라이베리아사 65%, 라이베리아 정부 25%, 라이베리아

재단 10%로 정하고 있었다. 라이베리아 재단은 교육, 건강 등의 복지활동에 전념하는 것이 목적이었다(Carlisle, 1981, p.118).

Carlisle은 라이베리아 해사법이 미국의 강한 결의와 라이베리아 정부의 (외자수입에 대한) 열망(eagerness)에 의해 만들어진 것으로 이해할 필요가 있다고 한다(*Ibid.*, p.119). 하지만 스테티니어스 자신의 전체 계획 속에서는 부차적인 것으로 여기고 있었던 것 같다(*Ibid.*, p.122). 일의 발단은 스테티니어스가 AOTC (American Overseas Tanker Corporation, 파나마)의 출자자였다는 점, 1947년 말에 어떤 선주로부터 라이베리아 해사법에 대하여 질문을 받았던 점에 있었던 것으로 보인다(*Ibid.*, p.120).

스테티니어스는 라이베리아사의 계획에 대한 미국 내의 지원을 끌어 내기 위해 1948년 3월 워싱턴에서 정부 내의 이름 있는 인물을 모아서 마치 국무회의와 같은 회합(sub cabinet)을 개최했다. 참가자는 육군장관, 공군장관, 해군부장관, 국무차관, CIA 부장관 등이었다. 그 자리에서 그는 라이베리아사의 계획이 미국의 외교전략에 도움이 된다는 점, CIA에 정보를 제공할 수 있다는 점 등을 역설했지만 결과는 그다지 좋지 않았다.

이런 일이 있었기 때문인지, 그는 라이베리아 국내에서 법률 작성을 선행하게 된다. 태평양전쟁 개전 당시의 주일대사였던 J. Grew를 중심으로 먼저 회사법안이 작성되었고, 다음으로 해사법안이 1948년 7월에 완성되었다. 이 동안 터브먼으로부터 법령을 약속한 대로 빠르게 작성하고 외자수입을 올리게 해 달라고 재촉받고 있었다.

법안이 완성되었어도 라이베리아 정부에는 먼저 알리지 않았다. 그 이유는 석유 메이저에 대한 설명과 양해가 필요했기 때문이었다(*Ibid.*, p.123). 이렇게 11월에 의회를 통과하고 1948년 12월 16일에 터브먼이 서명하여 라이베리아 해사법은 일단 완성되었다.[31)]

국무성으로의 보고는 1948년 9월 말이었다. 한편으로 국무성은 Hull의 시대부터 파나마 방식에 회의적이었던 점도 있어, 1949년 1월까지 법안을 보류하고 있다가 3월에 스스로 작성한 보고서를 제출했다(*Ibid.*, p.125). 그리고 보고서에서 지적된 여러 안건은 1949년 12월 라이베리아 의회에서 수정되어 '정식'으로 법률화되었다(*Ibid.*, p.128).

이렇게 기술하니, 약간의 충돌은 있었지만, 순조롭게 형성된 것처럼 생각되는데, 국무성은, 후술하는 것과 같이, 라이베리아 의회를 통과할 필요가 없는 '규칙'의 형식으로 중요한 결정을 내렸고, 이에 더하여 승인시킨 것이다. 당시 라이베리아사의 자회사인 라이베리아 국제신탁회사(ITC: International Trust Company of Liberia)는 라이베리아 정부의 단순한 하청기관(agent)으로 취급되고 있었다. 그런데, 국무성은 이에 반하여 이 회사를 라이베리아에서 유일한 해사행정기관으로 삼고, 모든 라이베리아적 선박을 취급하도록 요구했다. 이것을 법률이 아닌 해사규칙(Liberian Maritime Regulation)으로 정하고, ITC는 커미셔너 대리로서 동 규칙에 명기되었다(*Ibid.*, pp.127~129).[32)]

ITC의 대리수수료는 등록료(당시 1.20달러/톤)의 27%에 해당했다. Carlisle은 파나마 영사의 사증료와 수속 방침에 미국이 골치를 앓았던 점으로부터 ITC의 설치가 라이베리아 선적의 큰 특징이라고 보았다. 또한 해사법은 미국의 니즈에 합치하도록 신중하게 작성되었고, 게다가 라이베리아 의회를 통과하였기에 국제법상의 문제도 없다고 보았다. 국무성은 승객에 대한 책임 강화를 요청했지만, 라이베리아 정부가 (비용이 증가하기 때문인지) 거절했다는 편의선적제도다운 사실도 기술하고 있다(*Ibid.*, p.128).

(c) 라이베리아 해사법과 EUSC 독트린

유효한 통제의 관점에서 주목할 점을 살펴보고자 한다. 첫째, 해사법령 작성의 노하우까지 포함하여 라이베리아 정부는 스테티니어스에게 전면적으로 의존했다는 점이다. 라이베리아에 있어 해사법의 매력은 등록료와 세금, 즉 외화수입이었고, 자국선의 통제가 아니었다. 외화수입이 국가세입의 10% 전후를 차지하고 있었다는 사실은 전술하였다(제1장 2 (2) 참조).

둘째, 국무성은 라이베리아의 입법과정에 개입하는 것이 당연하다고 생각하고 있었던 점이다. 파나마와는 다른 압도적인 영향력을 라이베리아에 대해 가지고 있었다.

셋째, 원주민 출신인 도(S.K. Doe)가 1980년에 반란을 일으키기까지 라이베리아는 아메리코 라이베리안이 지배하고 있었던 점이다. 당시 EUSC의 관점에서 보면 걱정스러운 정치상황이 아니었다.

넷째, 전술하였지만, 1948년 9월에 라이베리아는 EUSC Shipping 해당국으로서 통합참모본부(JCS)에 승인되었다. 전술한 sub cabinet이 있었던 뒤, 1948년 7월에 AOTC의 탱커 5척을 파나마에서 라이베리아로 이적할 수 있을지를 스테티니어스 측이 해군 작전부장(CNO)에게 질의하는 과정에서 JMTC(Joint Military Transportation Committee)를 경유하여, JCS로부터 승인받았다. 해사법안을 국무성에 보고하기 이전 단계에서의 승인이었으므로, 국무성과 다른 통로가 존재한 점을 알 수 있다.

다섯째, 해사규칙을 미국이 결정한 사실에 대해서 상술하였는데, 이 규칙에 따라 모든 안건을 미국 측에서 처리하는 것이 가능했다는 점이다. 우선, 앞의 각주에서 언급하였듯이 라이베리아 해사장관(Commissioner of Maritime Affairs)의 역할을 뉴욕에서 부장관이 대리하기로 하고, 규칙의 개폐와 부장관의 지명 이외의 모든 법률행위를 집행할 수 있도록 정했다. 이 권한은 쿠바 위기시에 작동한다. 위기의 한 가운데인 1962년 10월 17일, 라이베리아 해사위원회 부장관인 국제신탁회사는 "뉴욕에서 라이베리아가 동국의 국기를 게양한 선박이 화물을 싣고 쿠바에 출입하는 것을 금지하도록 명령했다"(朝日新聞, 1962년 10월 19일 석간, NY발 로이터, 법령상의 근거 불명)고 발표하고 있다.

여섯째, 타국에 의한 징용(requisitioned by another country)은 위법이지만, 특별허가를 받으면 가능하다고 하고 있다(해사규칙 제41조).[33] 그 허가행위는 상기의 국제신탁회사가 수행하기 때문에 특별할 것도 없다.

일곱째, 국무성의 의향을 반영한 규정도 존재했다는 사실이다. 해사규칙 제1장 제40조는 '라이베리아공화국의 국익을 위해서', 허가 없이 라이베리아 선적을 소련, 중국을 비롯한 동측 국가 총 15개국에 대해서 매각, 용선, 대여하는 것을 금지한다고 정하고, 위반했을 경우에는 선적등록을 말소하고 벌금을 부과하도록 했다.

당연하게 라이베리아 정부가 항상 미국 일변도였다고 할 수는 없다. 1973년의 제4차 중동전쟁에서 팔레스티나를 지원해 온 톨버트(W. Tolbert) 대통령은 대통령령(Exec. Ord. Nl. IV)으로 라이베리아선이 이스라엘에 무기수송을 하는 것을 금지했다. 이런 일로 '유효한 통제'에 황신호가 켜졌던 일도 많았는데, 미국의 통제에 반기를 들었다고 평가할 수 있을지는 의문스럽다.[34]

(5) 그 외의 논점

EUSC Shipping에 관해 남은 논점에 대해서 몇 가지를 지적해 두고 싶다.

첫째, PanLibHon의 해군력이다. 이들 3국은 모두 다 해군을 가지고 있지 않다. 따라서 유사시에 이들 국가가 미국과 대립한다고 치면, 미국인 선주가 미국 정부의 의향에 따르는 한, 미국은 그들의 선박을 '유효한 통제' 하에 둘 수 있을 것이다. PanLibHon 정부는 그것을 저지할 수 없다.[35] 물론 PanLibHon은 선박등록을 말소하고 당해 선박을 무국적화하려고 하겠지만, 제2차 세계대전의 경험에서 알 수 있듯이, 미국이 힘으로 밀어붙이면 무국적인 상태로도 운항하는 것이 가능할 것이다. 파나마 선박 등을 미국적으로 하기 위해서 시간적으로 법률적으로도 제약이 있었다는 점은 앞에서 언급했다.

둘째, 선종의 적합성이다. 편의치적선은 탱커나 광석선 등 전용선이 많고, 군사수송에는 부적합하다는 비판이 종종 있었다. 확실히 그러하지만, 총력전으로 진행되면 이른바 경제안보의 중요성이 커진다. 이들 선종은 미국 경제를 지원하기 위해서 미국 정부의 통제하에 편입될 필요가 있었다(Lovett, 1996, p.120).

셋째, 주목받는 일은 거의 없지만, 동원체제에 대해 주목하지 않으면 안된다. 총력전으로 발전하지 않는 경우에도, 이라크 전쟁에서 보았듯이 대대적인 캠페인이 전개되는 것이 일반적이다. 成田龍一·倉沢愛子의 [일상 생활 중의 총력전](岩波, 2006)에서 지직하듯이 동원은 곳곳에서 이뤄진다. 이런 상황 하에서 미국인 선주는 외국적선의 선주라는 이유로 정부의 의향에 반하는 것은 어려울 것이다. 생명을 위험에 노출시키는 선원조차도, 육상에 있는 선원조합(본부)이 정부정책을 수용하면, 생존을 위한 이탈을 주장하는 것은 통상 곤란해진다. 이것이 역사가 가르치는 것이다.

마지막으로 EUSC Shipping 독트린의 신뢰성에 대한 비판적 견해를 3가지 소개하고자 한다. 하나는 Gorter로 대표되는 것으로, 미국 정부가 통제 가능한 것은 미국적선뿐이라는 전제에서, EUSC에 대해서는 일체 언급하지 않는 무언의 비판이 있다.[36] 타당한 견해라고 말할 수 있고, Gorter의 주장과 같이 상황이 진행되었다면, 편의선적제도는 형성되지도 않았을 것이다. 이러한 관점은 매우 중요하지만, 미국인 선원을 외국인 선원으로 대체하거나 국내 조선소를 무시하고 선박을 수입하거나 하는 일은 국내 정치가 허용하기 어려운 것이기도 하다. 이처럼 생각하면 EUSC 독트린은 미국의 비군사적인 국내문제였다고 볼 수도 있다.

두 번째 비판은 EUSC Shipping의 한계와 불확실성을 지적하는 것인데, 쇠퇴 경향에 있던 미국선을 중심으로 한 미국 해운의 재건을 기대하는 내용이다. Whitehurst로 대표되는 것인데, 東海林滋는 제2차 세계대전 당시의 선원(의 희생)을 칭찬하는 신애국주의(new patriotism)의 냄새가 난다고 배척한다(東海林, 1985, 139쪽). 경제적으로도 불가능했다.

세 번째 비판은 주권의 다양성으로부터 신뢰성에 의문을 가지는 견해이다. 편의선적 제공국은 국기, 즉 주권을 장사 도구로 삼고 있지만, 주권에는 다양한 측면이 있기에, 이른바 국가의 혼(魂)조차도 팔아버리는 짓은 할 수 없다는 주장이다. 분명히 어떤 법률이 제정된다고 하더라도 정치적인 반역은 있을 수 있다. Carlisle의 견해의 진의는 이 점에 있는 것으로 보인다.[37] 이미 검토한 파나마와 라이베리아의 사례 및 바하마 추가인정의 사례로 보자면, 피해서 갈 수 없는 과제일 것이다. 단, 이 장이 주요한 대상으로 한 시기에 있어서는 안전보장 정책상의 미국의 하드파워과 소프트파워는 충분했다고 생각된다.[38]

주

1) Gaddis, 2004, p.434. 단, Gaddis가 만든 말이 아니다. 타임지는 1959년 IRBM + NATO = ICBM이라고 비유하고 있다. 소련의 쿠바 배치도, 동년 초에 터키에 배치된 쥬피터에 대한 반격이었다는 점이 알려져 있다. *Ibid.*, p.427, pp.435~441 참조.
2) 小林英夫는 냉전을 포함하여 20세기 전체를 총력전의 시대라고 총괄한다. 확실히 소련은 국가의 총력을 건 전쟁으로 파탄이 난 느낌이 강하다. 小林, 2004, 1쪽.
3) U.S. DOC, 1975, p.752. 그리고 Lane, 1951, p.7을 참조할 것.
4) 1915년 선원법에 대해서는 山本, 1960, 143쪽 이하가 자세하다.
5) 보조금은 적지 않다. 1957년 정기선의 운항비용의 35%는 적은 편이고, 여객선은 50% 이상이었다고 전한다. Ferguson 외, 1969, p.50. 国領, 1995, 17쪽에 따르면 1956~1965년의 10년간에 CDS, ODS는 약 23억 달러(8,200억엔)에 해당된다.
6) 미국 해운의 존립기반이 국방에 있다는 사실은 널리 인정되고 있다. Gorter, 1956, p.56; Reynolds, 1979, p.244; 佐波, 1943, 43쪽; 山本, 1989, 24쪽; 東海林, 1986, 304쪽 등. 이에 대해서 Zeis는 과거 70년의 역사에서 보조금은 언제나 선주의 사적인 것이었고, 국방이라든지 무역촉진은 자기정당화를 위한 방편에 지나지 않았다. 1936년법에도 같은 전철을 밟는다고 딱 잘라 말하지만, 전후의 미국 해운의 쇠퇴를 객관적으로 보면, Zeis의 지적도 의외로 틀렸다고 보이지 않는다(Zeis, 1938, p.227).
7) 제201, 701, 702조 참조. 佐波, 1943, 32쪽; 戸田, 1943, 302쪽 이하 참조.
8) Lawrence, 1966, p.372; Pederaja, 1994, pp.647~650. 후자에 의하면 WSA는 전시수송이 순조롭게 수행되지 않는 것은 항만작업 때문이라고 하였고, 컨테이너 수송으로 대체하려 했지만, 전통적인 해운업계의 저항과 함께 실시에 이르기 전에 종전된 점으로 결실을 보지 못했던 것 같다.
9) *MARAD*, 1958, pp.44~45. 山本, 1965, 49쪽 참조.
10) 계속된 이유의 첫째는 이적선박은 순수한 미국선이 아니었다는 점이다. 둘째는 1915년 선원법에 있다. 이 법에 규정하는 안전·이주기준에 많은 선박이 합치하지 않았고, 전적하면 도크에 들어가 개조해야 했다. 셋째로 미국적선보다 임금 등 노동비용이 저렴했다(Carlisle, 1981, p.105).
11) 1944년 5월의 리스트에는 파나마적선에 대해서, 에이전시 협정에 기초한 66척(미군 징발과 망명적인 징용)과 미국인 소유선의 정기용선에 의한 61척이 게재되어 있다.
12) Carlisle, 1981, p.200; Jantscher, 1975, p.130.
13) 사략선, 해적 등에 대해서는 篠原, 1983, 72~89쪽이 흥미롭다.
14) Boczek, 1962, p.96. 항해조례 등에 대해서 武城, 1992b, 55쪽 이하 참조.
15) 법학자인 Boczek은 편의치적선에 대한 징용권을 부정하는데, 사실의 문제로서 편의치적선이 기국에 입항하지 않고, 공해에서도 기국이 지배력을 자국선에 미칠 수 없다면(예를 들면 군함 미보유 등) 징용이 가능해진다고 본다(Boczek, 1962, pp.207~208; 東海林, 1984, 80~81쪽).
16) 水上, 1994, 60~64쪽. 그리고 1958년의 공해조약 제5조는, 선박과 기국의 사이에 '진정한 관계'(genuine link)가 있어야 한다고 쓰여 있다. 이 사실은 매우 큰 문제인데, 여기서는 다루기 어렵다. 榎本, 1988, 121쪽 이하; 逸見, 2006, 89쪽 이하 참조. 또한 1986년 UN 선박등록요건조약은 나용선계약에 관련하여 이중국적과 '유사한' 제도를 만들었는데, 이것도 지적만 해둔다.
17) "vessel documented under the laws of United States"(http://www.usmm.net/mmact1936.html)부터 "vessel owned by citizens of United States"까지. U.S Government Printing office,

1966, pp.89~90. 당연한 것이지만 충분한 보상규정도 정하고 있었다.

18) *MARAD*, 1954, p.25. 1958년은 62억 달러였다(*MARAD*, 1958, p.23). 두 해 모두 거의 대부분(97~98%)이 외국선, 즉 EUSC Shipping이었다. 또한 전쟁보험에는 선체뿐만 아니라 선주의 다양한 책임을 보상하는 이른바 P&I(Protection and Indemnity)를 포함하고 있었기에 선주에게는 풀커버리지에 가까웠다.

19) 슬로건은, 수입석유의 30%는 미국 선박으로 행한다는 오일쇼크 시의 석유수송법안을 깨뜨리려는 것이었다. 법안은 의회를 통과하였지만 포드 대통령이 1975년에 거부권을 행사했다(Pedraja, 1994, p.210; Kilgour, 1977, p.343). 그리고 1962년 ACFN은 산하의 85%의 선박이 EUSC 정책의 대상이 될 수 있다고 추정하고 있다(Lawrence, 1966, p.189).

20) Kilgour, 1977, p.342; Frankel, 1982, p.42. 여기서는 승조원의 거부를 소개하고 그것이 1970년 상선법을 성립시키는 발단이 되었다(alarm)고 한다(東海林, 1984, 82쪽 이하).

21) Whitehurst, 1983, pp.227~228; Reed, 1996, p.271. 그들은 미국인 선원의 육성을 중시하라고 말한다.

22) 독립 직후인 1904년 통화협정에서 balboa화는 미국 달러와 등가라고 정했다. 동전은 있지만 지폐는 없다. 독자의 지폐 발행에 아리아스가 도전하지만 실패했다. 후술. 라이베리아도 1943년 이후 법정화폐는 미국 달러였다(현재는 다르다).

23) 1940~1941년, 1949~1951년, 1968년(1988년 서거). 파나마 운하 반환시의 대통령은 아리아스의 부인인 미레야 모스코소였다.

24) Carlisle, 1981, pp.93~97; 小林, 2000, 52~62쪽. 선적의 말소는 선박의 무국적화를 의미하기에 일반적으로는 외국에 입항하는 것이 불가능해진다. 말소를 계기로 삼아 미국적화할 수도 있겠지만, 미국인 선원 등 전술한 여러 가지 요건과 시간의 장해가 있었다. 또한, 중앙은행의 설립, 발보아 지폐의 발행도 이 시기에 이루어졌다. 쿠데타 이후의 아리아스는 아르헨티나로 망명함.

25) 브리타니카 국제대백과사전 제16권, 324쪽. 小林, 2000, 52쪽에서는 1941년 6월 일본에 대한 선전포고를 했다고 한다. 또, 国本 외, 2004, 153쪽에서는 진주만 공격의 반년 전에 독일과 이탈리아에 대해 선전포고했다고 하는데, 아리아스 정권 때여서 의문시된다.

26) 小林, 2000, 62쪽에서는 관여를 긍정했다. 아리아스는 기지 대여를 거부했다고 적고 있는데, Nelson, 1989, pp.32~33에 의하면 기지 예정지를 미군이 점령할 것이라는 위협을 받고 1개(one site)는 인정했다고 한다.

27) Pedraja, 1994, p.210; 海事産業研究所, [외국 해사정보] 제740호(88/4/5). 영연방의 일원이고 흥미롭지만, 여기서는 생략한다. 단, 전술한 선택기준으로 말하면 '근접성'(마이애미–낫소 간은 300km 정도)이 될 것이다.

28) Nelson, 1984, pp.9~14, pp.41~43, pp.46~47, pp.184~185; Carlisle, 1981, p.116; 國際協力推進協會, 1983, 2~4쪽. 브리타니카 국제백과사전 제20권 "라이베리아" 참조. 통화의 달러화에 대해서는 주 22)를 참조.

29) Stettinius, Edward R. Jr. 1900년 출생. GM에서 선전·노무담당 부사장을 역임한 후, 1934년에 US스틸로 이적, 후에 회장이 된다. 버지니아대학 총장 재임 중인 1949년 10월 사망. 유능하고 온후한 사람으로 평가되고 있다.

30) William Vacanarat Shadrach Tubman. 'Uncle Shad'로 불리며 사랑받았고, 라이베리아 근대화의 아버지로 여겨지고 있다. 1971년까지 6선을 했다. Nelson, 1985, pp.51~58.

31) Carlisle은 저서에서 이 항목의 표제를 'Writing the Law'라고 하였다(Carlisle, 1981, p.119).

32) Authority of the Liberian Government, 1964에 따르면, 다음과 같은 놀라운 내용이었다. "The Commissioner of Maritime Affairs shall be represented in New York City by one or

more duly appointed Deputy Commissioners of Maritime Affairs"(sec.1.12). "These Regulations shall be administered by and shall be subject to the direction and control of The International Trust Company of Liberia". "All documents referred to in the Liberian Maritime Law or in these Regulations shall be submitted to the said Trust Company for examination and approval"(sec.1.13).

33) 1960년 개정규칙. 규정상은 현지의 선박소유 자회사가 신청한다(Boczek, 1962, p.200). 상당히 시간이 지나지만, 1986년에 국가가 아닌 NATO도 징용할 수 있는지 문제가 되었을 때, 노르웨이의 라이베리아 총영사는 전시에 징용할 수 있다고 회답했다(*LL*, Nov. 28, 1986). 다음 해 영국은 국방계획에서 편의치적선의 징용에 대해 언급했다(*LL*, May 7, 1987).

34) Kilgour, 1977, p.344; Reynolds, 1979, pp.244~245; Carlisle, 1981, p.212.

35) 이 논점에 대해서는 다수의 논자가 지적한다. Boczek, 1962, p.202, p.208; Wilson, 1963, p.74; Whitehurst, 1983, p.226; 東海林, 1984, 80쪽 등. 자세한 내용을 언급하면 대부분의 편의치적선은 PanLibHon에 입항하는 일은 없다는 전제가 필요하다. 더하여 파나마 운하는 미국의 '주권' 하에 있었던 사실에 대해서는 앞에서 다뤘다.

36) Gorter는 어떤 측면에서는 철저했다. 외국선에 관할권이 미치지 않으므로, 게다가 국방이 최우선이기 때문에, 미국적선만이 대상이 된다. 하지만, 'All America'(선주, 선원, 건조지의 3요소)로는 경쟁력을 가질 수 없었기에 국제화로 그것을 보완해야 한다고 말한다('internationalized' U.S. fleet). 국제화란 '선원'과 '건조지'의 국제화이다(Gotter, 1956, p.72, p.77, p.195).

37) 책 제목인 Sovereignty for sale에 대해서는 설명이 없어서 이해하기 어렵지만, 대담하게 추정하고자 한다(Carlisle, 1981, pp.215~216; 東海林, 1986, 35~36쪽 참조).

38) 東海林, 1985, 140쪽; 1986, 302쪽 이하에서는 하천에 계류된 종래의 예비선대(reserve fleet)가 아니고 급속 전개가 가능한 RRF(Ready Reserve Fleet) 등으로, 1970년대 중반부터 시작되는 상선의 지위 변화를 가리키며(즉, 가동(active) 상선에 대한 의존 저하) '商·軍 분리화'라고 보는 흥미로운 고찰을 하고 있어 여기에 소개해 둔다.

제 4 장

편의치적제도의 '형성'과 제1차 UN해양법회의

- 1950년대 유럽과 미국의 대립을 중심으로 -

1. 이 장의 과제

1920년대 파나마에서 이른바 편의선적법이 만들어졌는데, 이것은 유럽 중심의 국제해운질서에 정면으로 대립하는 것이었고, 1930년대 초에는 ILO에서 문제시되었다. 다시 말해서 파나마적 선박이 틈새시장적 존재인 동안은 모르겠지만, 세계시장에서 점유율이 증대하면 소국인 파나마 국력으로는 지탱하기 어렵게 된다. 제2차대전 후 미국은 냉전 돌입과 함께 Effective U.S. Shipping 전략을 채용하는데, 그 이유는 상정되는 제3차 세계대전에서 필요한 상선대를 미국적 선박만으로 감당하는 것은 불가능했기 때문이다. 거기서 미국의 통제가 가능한 외국적선을 징용을 포함하여 이용할 수 있도록 했는데, 그 함의는 미국이 편의선적제도를 '창설'했다는 것에 있다. 사실상 라이베리아 선적법(1949년)은 문자 그대로 미국제였다.

이에 대해서는 제3장에서 상세히 기술했는데, 실은 EUSC 독트린 만으로는 충분하지 않았다. 파나마법을 포함해서, 그것이 국제법상 허용되는 제도인지 아닌지, 충분한 테스트를 받지 않았기 때문이다. 이 장의 최대 과제는 이런 '합법성 심사'의 경위와 합법성의 내용을 명확히 밝히는 것에 있다. '심사'는 제1차 UN해양법회의에서 1949년부터 58년까지 약 10년 동안 긴 시간에 걸쳐 이루어졌다. 구체적으로는 무엇을 선박의 국적 부여 요건으로 할지를 둘러싸고 전개되었는데, 그 실체는 M. Sorensen이 언급하는 바와 같이 해양법상의 문제라기보다 국제해운산업의 '경쟁규칙'을 둘러싼 문제였다는 것이다. 유럽은 하나가 되어 국적요건을 엄격하게 하고, 편의선적국이 국적을 부여할 수 없도록 하려했다. 그리고 최종단계에서는 '진정한 관계(genuine link)'가 기국과 선박 간에 존재하지 않는 경우, 타국(예를 들면 유럽 각국)은 국적을 승인하지 않는 것도 가능하게 하는 '불승인조항'의 논의에까지 이르렀다(제2위원회 채택). 국적을 부정하면 무국적선이 되기에 출항을 금지하거나 침몰시켜도 기국은 외교적 보호권을 행사할 수 없다. 선주에게는 소유권이 부정당하는 것과 같은 사태를 맞이하기에 치열한 투쟁이 전개되었다.

하지만, 결말은 '대역전'으로 끝났다. 미국은 힘을 최대로 사용하여 '불승인조항'을 본회의에서 부결시켰다. 만약 불승인조항이 본회의에서 채택되었다면 전술한 군사전략(EUSC 독트린)을 완전하게는 행사할 수 없게 되기에 미국도 필사적이었다. 결국, 편의선적제도는 미국이 패권국가로서의 전략성에 기반하여 '창설'했다는 것과 다름없음을 의미한다.

이 장에서는 이상과 같은 상황으로부터, 첫째, 유럽 해운은 편의치적선에 의해 어떤 불이익 또는 경쟁력 저하를 강요당하는지, 또 유럽과 미국 간의 대립은 어떤 것이었는지를 분석해 보고자 한다.

둘째, UN해양법회의를 다룬다. 다수의 문헌은, 그것이 법학에 관한 경우, 결론으로 이르는 경위와 그 후의 해석론에 대해서는 상세하게 전개하지만, 대역전 그 자체의 정치경제학적인 함의에 대해서는 거의 다루지 않고 있다. 그리고 문헌이 경제학에 관련된 경우, UN해양법회의의 논의는 법의(法衣)를 입고 진행되었기 때문에 법의 이면에 감춰진 편의치적제도를 둘러싼 유럽세와 미국세의 경제적 투쟁에 대해서 충분히 이해하지 못하는 측면이 있다. 난기류 속에 있던 유럽·미국 간의 대립과 대역전의 정치적, 경제적 의미를 풀어서 설명하고자 한다.

셋째, 관련된 국제기구나 국제노동운동에서 편의치적선을 둘러싼 대립과 투쟁은 어떤 것이었는지를 밝히는 것이다. 우선 ILO(국제노동기구)에서는 1946년부터 파나마선이 도마 위에 올려졌고, 조사단이 파견되기도 했다. 그리고 1958년에는 2개의 권고안이 작성되었다.

다음은 국제운동이다. 미국 선원에게 미국 상선의 매각이나 준(準)미국선의 증대는 직장 상실을 의미하였기에, 그들은 ITF(국제운수노련)과 연계하여 투쟁을 전개하게 된다. 1958년 12월에는 4일간의 대규모 보이콧이 세계적으로 전개되었고, 200척 정도의 선박이 정선(停船)을 강요당했다. 그 후에도 미국 내에서 대규모 파업이 진행되고, 대통령령이 발동되었다. 노동위원회의 관할권을 둘러싸고는 연방 최고재판소에까지 다툼이 계속되었다(1963년 판결). 이러한 투쟁은 큰 영향력을 발휘하여 편의치적선이 수년간 감소했다.

마지막으로 IMCO(Inter-governmental Maritime Consultative Organization, 정부간 해사협의기구)이다. 유럽 각국은 1958년에 패배를 맛본 뒤에도, IMCO에서 라이베리아와 파나마를 이사국 등에서 제외시키고, 엄격한 안전기준을 확보하려 했다. 또한 국제사법재판소의 권고적 의견(배제는 부적법, 1960년)이 나온 후에도, 이번에는 규칙을 개정하는 등 끈질기게 계속되었다. 유럽은 매우 거친 '외교'를 전개했다고 볼 수 있다. ILO, ITF, IMCO에 대해서는 많은 여백을 할애하지는 못하는데, 편의치적선을 둘러싼 유럽과 미국 간 대립의 시점에서 언급하고자 한다.

2. 편의치적선의 급증으로 발생한 유럽과 미국의 알력

지금부터의 논의를 위해서 제2차 세계대전부터 1960년대까지의 편의치적선과 주요국의 선박 추이를 <표 4-1>로 정리해 둔다. 편의치적선은 1950년 737척, 413총톤에서 1959년에는 각각 2.6배, 4.1배로 늘어난 1,893척과 1,700총톤으로 급속히 증가했다. 유럽의 전통적 해운국은 '의심스럽지만 그렇기에 경쟁력이 있는 선박'이라며 적대시하게 된다. 더욱이, 1950년에 100만 총톤 이상의 선복을 가진 국가는 14개국이었는데, 그 중 미국, 캐나다, 일본, 파나마, 소련의 5개국을 제외한 9개국은 모두 유럽의 국가들이었다.

〈표 4-1〉 편의치적선과 주요국 선복의 추이

(단위: 1,000톤)

연도	파나마		라이베리아		온두라스		코스타리카		소계	
	척수	총톤	척수	총톤	척수	총톤	척수	총톤	척수	총톤
1939	159	717							159	717
…										
1948	515	2,716	2	1					517	2,717
1949	535	3,016	5	47	123	409			663	3,472
1950	573	3,361	22	245	142	522			737	4,128
1951	607	3,609	69	595	152	508			828	4,712
1952	606	3,740	105	897	145	468			856	5,105
1953	593	3,906	158	1,434	146	470	50	146	947	5,956
1954	595	4,091	245	2,381	130	438	70	200	1,040	7,110
1955	555	3,922	436	3,996	117	431	114	340	1,222	8,689
1956	556	3,925	582	5,584	106	385	152	507	1,396	10,401
1957	580	4,129	743	7,466	94	367	152	519	1,569	12,481
1958	602	4,357	975	10,078	89	338	144	510	1,810	15,283
1959	639	4,582	1,085	11,936	78	201	91	287	1,893	17,006
1960	607	4,235	977	11,282	59	153	44	91	1,687	15,761
1965	692	4,465	1,287	17,539	47	81	–	–	2,026	22,085
1970	886	5,645	1,869	33,296	52	60	236	332	3,043	39,333

	미국		영국		그리스		일본		세계 전체	
	척수	총톤	척수	총톤	척수	총톤	척수	총톤	척수	총톤
1939	2,733	9,336	7,009	17,984	607	1,780	2,337	5,629	31,186	69,439
…										
1948	4,800	26,900	6,025	18,024	355	1,286	1,204	1,023	29,340	80,291
1949	4,606	25,558	6,077	18,093	377	1,329	1,121	1,563	30,248	82,570
1950	4,522	25,223	6,060	18,219	386	1,348	1,499	1,871	30,852	84,583
1951	4,479	25,035	5,983	18,550	373	1,277	1,529	2,182	31,226	87,245

1952	4,440	24,873	5,912	18,623	372	1,274	1,587	2,787	31,461	90,180
1953	4,362	24,817	5,784	18,583	361	1,222	1,669	3,250	31,797	93,351
1954	4,323	24,880	5,740	19,014	351	1,176	1,727	3,577	32,358	97,421
1955	4,102	23,927	5,632	19,356	350	1,245	1,770	3,735	32,492	100,568
1956	3,989	23,643	5,508	19,545	347	1,307	1,891	4,075	33,052	105,200
1957	3,936	23,428	5,427	19,857	370	1,471	2,032	4,415	33,804	110,246
1958	3,861	23,084	5,417	20,285	397	1,611	2,413	5,465	35,202	118,033
1959	3,765	22,763	5,395	20,756	489	2,150	2,775	6,276	36,221	124,935
1960	3,638	22,341	5,246	21,130	747	4,529	3,124	6,931	36,311	129,769
1965	3,111	19,514	4,437	21,530	1,377	7,137	5,836	11,971	41,865	160,391
1970	2,983	18,463	3,822	25,824	1,850	10,951	8,402	27,003	52,444	227,489

출처: Lloyd's Resister of Shipping Statistical Tables(1948~1960, 1965, 1970).
주) 선복은 증대하지만 가동 중인 외항선에 한정하면 1952년 991척(777만), 1957년 740척(613만), 1960년 571척(491만)에 불과함. MARAD, 각 연도.

(1) 편의치적선의 급증

(a) 미국의 상선매각법(1946년)과 파나마선의 급증

미국은 전술한 바대로 제1차 세계대전 후의 어려웠던 경험을 거울삼아 제2차대전 직후 전시표준선(정부 소유)의 매각에 착수했다. 이를 실행하기 위한 상선매각법(Ship Sales Acts)은 1946년 3월에 발효되었다. 당초에는 다음 해 말까지로 되어 있었지만, 외국으로의 매각은 1948년 2월 말까지 2개월간 연장되었다. 자국민 대상으로는 1951년 1월 15일까지 연장되었다.

1950년 3월까지 매각된 정부소유선박은 <표 4-2>와 같다(매각권한 행사와 실행 사이에는 시간격차가 있다). 총계 1,113척, 792만 총톤이었는데, 그 외에도 같은 기간에 민간소유선 287척, 147만 총톤이 외국에 매각되었다.[1] 더욱 복잡해지는 것은 해외매각이라 해도 실질적으로는 미국 선주가 보유한 편의치적선 등도 많았기 때문이다.

마셜 플랜과의 관계에서 유럽으로의 매각이 많았는데, 파나마에는 전시표준선 125만 총톤, 민간소유선 225만 총톤이 매각되어, 1950년의 파나마의 보유선

〈표 4-2〉 전시건조선과 민간소유선의 매각처(국가)와 그 선복량

(단위: 1,000톤)

국명	정부소유 전시건조선		민간소유선	
	척수	총톤	척수	총톤
영국	218	1,562	8	26
파나마	152	1,254	271	2,251
이탈리아	123	903	28	144
그리스	107	785	3	16
프랑스	98	748	18	44
노르웨이	102	691	5	23
네덜란드	84	564	4	14
온두라스	23	191	53	218
라이베리아	–	–	142	1,233
코스타리카	–	–	2	8
그 외	206	1,225	206	772
계	1,113	7,923	740	4,749

출처: NYK, "미국전시건조선의 대외매각상황", 世界海運, 제6호(1951년 1월), 32쪽; Foreign Transfer Branch of ship Operation(included in ILO, 1956, pp.105~106).

주) 정부소유선의 매각기간은 1946년 3월~1950년 3월(인가 기준), 민간소유선은 1945년 7월~1955년 6월의 10년간임.

복은 336만 총톤에 달했다. 편의치적선은 1950년 이미 세계 선복의 약 5.0%를 점하게 되었는데, 이것이 유럽을 자극하여, ILO를 통해 문제가 제기된다(다음 제4절 참조).

(b) 라이베리아 선적을 육성한 그리스 선주

앞 장에서 서술한 바와 같이, 라이베리아의 해사법을 창설한 것은 미국 국무장관 출신인 E. Stettinius(넓은 틀에서는 미국)라고 해도 과언이 아니다(제3장 4 (4)). 그런데, Harlaftis의 연구에 의거하면 라이베리아 선적을 육성한 것은 그리스 선주라고 볼 수 있다. <표 4-3>은 그리스 선주가 지배하는 라이베리아선과 파나마선이 두 선적에서 차지하는 비율을 보여주고 있는데, 라이베리아선에 대해 1949~1959년 동안을 단순평균하면, 그리스 선주가 79%를 소유했다는 것이 된다. 더욱이, 1949년에 등장한 라이베리아적 선박(그리스 지배선에 한정되지

〈표 4-3〉 그리스 선주가 실질소유한 라이베리아와 파나마 국적선과 그 비율 추이

(단위: 1,000톤)

연도	라이베리아		파나마		소계		그리스 국적선
	총톤	%	총톤	%	총톤	%	총톤
1949	50	100	1,025	34	1,075	35	1,301
1950	136	57	1,148	34	1,284	36	1,264
1951	396	67	1,668	46	2,064	49	1,238
1952	696	77	1,770	47	2,466	53	1,175
1953	1,310	92	1,848	47	3,158	59	1,139
1954	2,378	100	1,756	43	4,134	64	1,242
1955	3,236	81	1,726	44	4,962	63	1,270
1956	4,687	84	1,722	44	6,409	67	1,444
1957	6,415	86	1,903	46	8,318	72	1,575
1958	7,225	72	1,805	42	9,030	63	2,274
1959	6,366	53	1,692	37	8,058	49	3,892

출처: Harlaftis, 1996, pp.241~243.
주 1) 라이베리아선, 파나마선의 척수에 대해서는 앞 <표 4-1> 참조.
2) 비율(%)은 예를 들어 총 라이베리아 선적에서 그리스 선주 지배선의 비율.

않음)은 매년 배증에 가까운 성장을 반복해, 1955년에는 파나마 선적을 능가하여 편의치적선의 선두로 올라서게 된다(앞 <표 4-1> 참조).

이처럼 라이베리아 선적에서 그리스 해운의 역할은 매우 컸는데, 그 배경에 대해서는 냉전과 미국의 지원, 자국 선원을 대량으로 공급받은 점, 정부의 개입을 거부하고 외국에서 자본축적을 계속할 수 있었다는 점 등을 '그리스 해운의 특이성'으로 제2장에서 자세히 검토하였기에 다음 문제로 넘어가기로 한다.

(c) 현재와는 다른 경쟁 환경

편의치적선의 특징으로 세금이 거의 없고, 저렴한 선원 비용, 낮은 안전성과 철저하지 못한 안전규제 등을 우선 생각하는데, 당시 상황은 그것과 달랐다. 우선, 선원에 대해 살펴보면, 현재와 같은 필리핀 선원을 중심으로 한 아시아 선원은 존재하지 않았다. 물론, 인도 선원과 같이 식민지 선원은 존재했다. 영국

을 필두로 유럽 해운은 과거부터 이런 선원을 고용하고 있었기에, 이후에 서술하듯이 PanLibHonCo(대표적 4개의 편의치적국, Co는 코스타리카) 선박의 증대로 인하여 경쟁상의 변화가 생겼다고 볼 수는 없다. 영국에서는 1951년 152,707명의 선원이 있었는데, 그 가운데 '인도 및 기타 영국령' 출신의 선원은 41,957명(27.5%), 그 외 외국인 5,670명이었다.[2)]

ILO가 1955년에 수행한 각국 정부에 대한 설문조사에 따르면, PanLibHonCo 선적의 선박에 승선하고 있는 전통적 해운국 등의 선원은 <표 4-4>에서 보듯이 '불명'이라는 회답이 많았음에도 22,642명에 이른다. 너무 그 수가 많아 보이지만 이해할 수 있다. PanLibHonCo 각국은 선원을 양성하지 않았기에 편의치적선주는 전통적 해운국의 선원을 빼내어 승선시키는 방법에 의존할 수밖에 없었기 때문이다.

〈표 4-4〉 PanLibHonCo선에 승무한 자국 선원 수[1)]

국명	승조원수	국명	승조원수
호주	10~20	일본[3)]	151
벨기에	15	네덜란드	no inf.
캐나다	no inf.	노르웨이	상당수
쿠바[4)]	–	파키스탄	39
덴마크	no inf.	폴란드	no inf.
핀란드	27	포르투갈	267
서독	2,073	스웨덴	no
그리스	12,000	터키	no inf.
인도	3,060	영국	no
아일랜드	no inf.	미국	no
이탈리아[4)]	5,000	계	22,652

출처: ILO, 1956, pp.42~45.
주 1) 회답기간은 동일하지 않지만 대략 1955년 말(12월 5일 발송).
2) no inf.: no information available, no: not possible to indicate.
3) 일본은 1956년 2월 29일. 파나마선: 3명, 라이베리아선: 148명.
4) 쿠바는 국내선의 10배가 외국선으로, 이탈리아는 4개국에 한정되지 않음.

〈표 4-5〉 그리스와 영국 선원의 표준임금 비교(AB 선원)

(단위: 파운드/월)

연도	그리스	영국
1933	4.00	8.10
1947	28.00	20.00
1951	30.00	22.00
1952	–	24.00
1954	–	25.50
1955	32.00	27.50
1956	32.00	29.50
1957	35.00	31.50
1958	35.00	33.25
1960	35.00	35.75
1965	40.00	40.68

출처: Harlaftis, 1966, p.233.
주) 수당까지 고려하면 실제로는 영국 선원이 좀 더 높을 수 있음.

다음은 임금이다. 당시 그리스 선주가 편의치적선의 과반을 소유하고 있었던 것은 언급하였는데, 놀랍게도 그리스의 AB선원(Able-Bodied seamen, 숙련선원)의 임금은 영국 선원의 임금을 상회하였다는 사실이다(<표 4-5> 참조).

그리스 선원의 임금이 높았다는 것에서, 1950년대의 편의치적선의 선원비용은 전통적 해운국의 그것보다 높았다고 추정할 수 있다. 편의치적선의 옹호자인 E. Naess가 이것을 강조하는 것은 당연하지만, ITF(국제운수노련)도 단기적, 표면적으로는 편의치적선 쪽이 선원에게 매력적이었다고 인정하고 있다.[3)]

다음으로 안전에 대해서 살펴보면, 1949년 ILO 조사(후술)에서는 파나마 국적선은 노후선이 많았을 뿐만 아니라 국제조약(기준)을 비준하지 않아 안전성이 낮다고 판정했다. 그런데 1950년대에 들어서 신조(新造)의 편의치적선이 증가하여 전통적 해운국은 선령 면에서 낮은 안전성을 비난하는 것이 어렵게 되었다. 당연히 1950년대 후반에는 '슈퍼 탱커' 등이 등장하여 해난사고에 의한 해양오염 등의 염려가 커졌는데, 당시는 아직 척수도 적었고 세계를 놀라게 한 *Torry*

*Canyon*호(라이베리아 선적) 사건[4]이 일어나기까지는 아직 다소 시간이 있었다.

지금까지 설명한 바에 의하면 편의치적선 문제의 초점이 당시에 어디에 있었는지가 보인다. 미국은 별도로 하더라도 선원비용에 큰 차이는 없었고, 안전면에서도 결정적인 문제는 없었다. 세금과 세제만이 편의치적선 문제였다고 볼 수 있다(후술 참조).

(2) OEEC의 편의치적선 대책

(a) OEEC의 연혁과 성격

마셜플랜은 1947년 6월에 발표되었는데, 그 특징의 하나는 유럽 스스로에 의한 부흥이었다. 자금 원조 등의 배분은 유럽에 맡겨졌고 OEEC(유럽경제협력기구)가 그 역할을 담당했다. OEEC는 1948년 4월에 발족하는데 다음의 3가지 목적을 가지고 있었다(村田, 2000, 6쪽).

첫째, 미국이 제공한 원조의 배분이다. 배분을 효율적으로 또한 공평하게 실시하기 위해서 각종 위원회가 설립되었다. 둘째, 무역의 자유화이다. 수량제한의 단계적 폐지를 규정한 무역자유화 코드(The Code of Liberalization)를 1950년에 채택했다. 다음해 무역 외의 자유화(Liberalization of Invisible Transaction)가 추가되었다. 이것과 별도로 OEEC 해운위원회는 1950년 국기 차별을 폐지하는 해운자유의 원칙(The Principle of Shipping Freedom)에 합의했다. 셋째, 다각적 결제기구인 유럽결제동맹(EPU)의 설립, 운영과 통화의 교환성 회복이었다.

요약하면, OEEC는 유럽을 '통합'하고(大蔵省 関税局, 1961, 9쪽), 그 활동은 유럽을 대표하고 있다고 평가할 수 있을 것이다.[5] 또한 미국과 캐나다는 1950년 6월에 준가맹국이 되었다.

(b) 해운위원회의 활동

OEEC는 무역과 수송이 세계의 부(富)를 재분배하는 데 차의 양륜을 형성한다고 하며, 1954년부터 연보 *Maritime Transport*의 간행을 개시했다. 첫 번째 연보에서는, 2가지 요인으로 (해운을 둘러싼) 상황은 악화되었다고 했다. 국기 차별에 의한 '해운자유의 원칙'의 침해와, 경쟁에 관련된 편의치적선의 증대가 그것이었다(*MT*, 1954, p.54). 전자는 최대의 적(worst enemy)이라고 지적하며 첫 번째 연보에서 특집으로 다뤘다. 두 번째 연보에서는 편의치적선이 특집(제4장)으로 다뤄졌고, 그 결론 부분에서 각국의 높은 관심 때문에 권고안을 만들기 위한 노력을 거듭하겠다고 기술했다(*MT*, 1955, p.65; 1956, p.58).

또, 네 번째 연보에서는 '국제해운에 있어서 가장 심각한 문제'로 지적하고 정부간의 수준에서 권장할 수 있는 시정정책의 연구를 지속하고 있다고 기술했다(*MT*, 1957, p.61). 단, 이 연보의 발행은 1958년 4월이었고, 다음에 기술하는 [연구]가 간행된 뒤였다.

(c) OEEC 해운위원회의 연구보고

명칭은 [증대하는 편의치적선과 그 영향에 관한 연구, *Study on the Expansion of the Flags of Convenience Fleets and on Various Aspects Thereof*]였다(이하, [연구]로 함).[6] 전술한 것처럼, 이 연구는 1954년에 착수된 것으로 보이는데, 해운위원회가 OEEC 이사회에 상정한 것은 1957년 11월 29일이었다. 긴 시간이 필요했던 이유는 최대의 편의치적선 이용국이면서 OEEC 회원국이기도 한 그리스와의 조정이 필요했다고 추정된다. 그리스는 이사회에 보낸 초안에서 ① 이 [연구]에 강력하게 반대하는 점, ② [연구]는 회원국에 대한 주의 환기에 그쳐야 한다(간행하지 않음)는 점을 특기했다. 하지만 이사회는 1958년 1월 24일, 일부를 제외하고(주 17 참조) 초안을 그대로 승인했다.

내용은 ① 편의치적선의 성장, ② 편의치적 선주의 이익, ③ 편의치적 선주의 불이익, ④ 편의선적국의 등록법, ⑤ 해운국의 등록법, ⑥ 편의치적선대 출현의 영향, ⑦ 선박과 기국의 법적 관계, ⑧ 결론, ⑨ 참고 노트로 구성되었다.

먼저, '서론'에서 편의치적선이란 외국선주에게 국기게양을 용이하게 허락하는 법률을 가진 파나마, 라이베리아, 온두라스, 코스타리카와 같은 나라의 선박(flags)이라고 정의하고 있다.

① 편의치적선의 성장에 있어서는, 데이터를 제시하면서 80%를 넘는 부분이 그리스와 미국 선주에 속한다고 추정하였다(OEEC, 1958, p.4). 그리고 1957년 후반에 건조 중인 선박 가운데, 편의치적선은 18%, 특히 탱커에 한정해 보면 25%에 달한다고 경계감을 보이고 있다(*Ibid.*, p.2).

② 선주의 편의치적 요인에 대해서는 실질적 무세(無稅) 및 미국 선주 입장

에서의 낮은 선원비용을 지적했다. 또한 오일 메이저의 아웃소싱이 편의치적선화를 촉진하고 있다고 지적한다(*Ibid.*, p.50).

③~⑤의 내용은 생략한다.

⑥ 편의치적선의 영향에 대해서는 다음의 3가지를 지적했다.

첫 번째는 경제적 측면이다. 편의치적선은 실질적 무세 때문에 호황기에 추가적인 자본축적을 통해 우위에 설 수 있다. 이것에 비해 전통적 해운국은 이익만큼 세금을 지불해야 하고, 감가상각도 자유롭지 않아서 선대의 교체도 쉽지 않다고 했다(*Ibid.*, p.8). 또, 그것만이 아니다. 불황기에 선주는 안전코스트와 맨닝코스트를 절감하려는 유혹에 시달리지만, 전통적 해운국에서는 노동협약, 국내법, 국제조약의 제약을 받는다는 실무적인 어려움도 지적한다(*Ibid.*, p.9). 흥미로운 점은 임금 측면 등은 전통적 해운국과 차이가 없다는 기술이다. 전술한 분석이 확인된다.

두 번째는 사회적 측면에 관한 것인데, 먼저 ILO가 '권고'를 준비하고 있기 때문에 거기에 양보한다며(부록에 첨부. 후술 참조), ILO와의 협력을 시사하면서도 3가지 사실을 지적한다. 첫째, 해운국은 국가예산에서 거액의 세출을 통해 선원을 육성하고 있는데 편의치적선은 그것을 낚아채가고 있다. 그 결과 해운국에서는 선원 부족 현상이 발생하게 되었다. 둘째, 고용기간에 대해 해운국은 자격증명서에서 확인할 수 있는데, 편의치적국에서는 그런 시스템을 가지고 있지 않고 고용기간을 증명하는 행정기관도 없다고 지적한다. 셋째, 사회적 세출, 선원교육, 해사행정, 해상안전 등에 관한 부담은 해운국 선주에게 매우 무겁다(반면에 편의치적 선주에게는 그런 부담이 없다)고 하였다(*Ibid.*, pp.9~10).

세 번째는 군사전략 측면에 관한 것이다. 전시에 대량의 편의치적선이 존재하는 것은 중대한 문제인데, 해운위원회의 권한 외의 사항이라서 관여하지 않는다고 했다(*Ibid.*, p.10).

⑦ 기국과 선박의 관계에 대해서는 먼저, 해운국은 각종의 조약을 대부분 비준하고 유효하게 규제하고 있지만, 편의선적국은 해상인명안전조약 등 최소한의 비준에 그치고 있다. 뿐만 아니라 그것들을 실효적으로 집행하는 것으로 보이지도 않는다. 또한 해운국은 민사, 형사 관련 해사법을 마련하고 재판소도 경험이 풍부하지만 편의선적국은 그렇지 않다. 이것을 이어받아 UN 국제해양

법회의에 관련된 '진정한 관계(genuine link)' 문제에 많은 지면을 할애하는데, 이것은 다음 절에서 다루기로 한다.

⑧ 결론에서는 현재 시점에서 국제 수준의 행동을 제창할 수 있는 단계는 아니지만 주의 깊게 관찰하고, 그 가능성을 찾고자 했다. 한편으로 각국에 자국 적선을 유지, 증대시키는 조치를 기대한다고 서술했다.

⑨ 참고자료에서는 '편의치적선 선대 증가에 수반하는 문제에 관한 제안에 대한 알림'을 통하여 2가지를 지적하고 있다. 하나는 해양법회의의 상황을 소개하고 있다. 다른 하나는 ILO의 권고(준비총회)와 ITF의 제안을 게재하고 있다. OEEC가 다른 기관과도 협력하면서 편의치적선의 증대에 대처하려 했던 것을 확인할 수 있다.

이 점에 대해서는 이하에서도 알 수 있다. 1959년 3월에 발행된 *MT*(1958)에서는, [연구] 발행 이후 다음과 같은 진전이 있었다고 했다; ① 해양법회의의 '진정한 관계', ② ILO의 권고안 채택, ③ ITF에 의한 4일간의 보이콧, ④ 코스타리카의 편의치적제도 폐지.[7)]

[연구]는 국제적인 행동을 권고하지는 않는다고 했는데, 그 이면에는 그리스에서의 일련의 본국복귀정책이 좋은 영향을 주었기 때문이 아닐까 생각된다(제2장 3 참조).

(3) 절정에 이른 유럽과 미국 간의 비공식 협정(1959년 6월)

(a) 유럽 국가들과 미국의 비공식 협정

ITF의 보이콧, ILO의 편의치적선에 관한 권고, UN 해양법회의에서 공해(公海)조약의 채택, 이 모두가 1958년에 일어났다(1959년 1월에는 정부간 해사협의기구 IMCO에서 해상안전위원회의 구성원 중 라이베리아와 파나마를 제외하는 일도 발생했다).

이런 배경 하에서 1958년 11월부터 12월에 걸쳐 유럽 4개국(영국, 노르웨이, 덴마크, 네덜란드)은 미국 정부에 해운에 관한 비공식 협의를 신청했다. 의제는 국기 차별 금지, 해운보조, 그리고 편의치적선 문제였다. 회의는 당초 1959년 2월 예정이었지만 실제로는 6월 8일~11일, 워싱턴에서 개최되었다. 유럽의 참가국은 5개국(프랑스, 이탈리아, 서독, 벨기에, 스웨덴)이 추가되어 9개국이었다.

매우 어려운 교섭이었다. ① 정기선 유지를 위한 건조·운항차액 보조금, ② 고액의 운임 지불을 가능케 하는 자국선 우선 정책, ③ 준 미국선으로서의 편의치적선 등은 미국 해운정책의 3대 기조였고, 어떤 하나도 빠뜨릴 수 없었다. 타협의 여지가 없는 것이 문제였다. 유럽을 대표하여 발언하던 영국의 교통·항공장관 H. Watkinson은 미국은 너무도 고집스럽다고 비난하고 "자리를 뜨겠다"고 발언할 정도였다. 한편 미국은 신문기자가 해운정책에 "자물쇠를 걸었다"고 표현할 정도였다. 회의 3일째에 Watkinson은 상설 연락위원회의 설치를 제안했지만 미국측의 반대가 심했다.

미국 국무장관(당시 C. Herter)은 "가령, 이 일로 NATO 파트너의 경제가 일정 부분 손상되는 일이 있더라도, 방위상의 요청 등으로 인해 정책 변경은 용납될 수 없다"고 발언할 정도여서, 회의는 결렬상태에 들어가 예정보다 하루 일찍 종료되었다.[8)]

이와 같이 정부간 협의가 실패함으로써 유럽과 미국 간의 편의치적선 문제는 암초에 걸린 채로, 유착상태의 60년대로 이행하게 된다.

(b) 영국 해운의 대응과 버뮤다

1960년 12월, 영국해운총평의회(General Council of British Shipping)는 [영국해운의 조사와 정책제언](GCBS, 1960)을 발행했다. 해운에 대한 포괄적인 조사와 제언이었는데, 본고와의 관련으로는 ① 영국적선에 대한 세제경감조치,[9)] ② 영연방 내 저율 과세지역의 이용 자유화가 초점이었다(*Ibid.*, p.45). 후자는 버뮤다와 관련되어 있었다. 단, 후년의 버뮤다 선적과는 다른 것으로, 이 단계에서의 버뮤다는 외자도입을 위한 조세도피처로 보는 것이 타당하다. 물론, 영국 특유의 선적제도와 결부되어 있다. 영연방은 1931년의 해운협정으로 선적제도의 통일을 시도했다. 1894년의 영국 상선법을 기초로 하여 연방 내 어떤 나라에서 소유한 선박도 영국 선박으로 간주되었고(국기게양권), 이와 함께 선적항은 연방 내의 어떤 항구라도 괜찮은 것으로 여겨졌다(UN, 1955, pp.181~186; *MT*, 1971, p.87).

미국 선주 소유의 영국선은 이 시기에 100만톤을 훌쩍 넘기고 있었다(<표 4-6> 참조). 택스 해븐인 영국령 버뮤다에 자회사를 만들고, 런던항으로 선적을 등록하면 미국 선주에게는 훌륭한 '편의치적선'이 되기 때문이었다.

〈표 4-6〉 미국 선주 소유의 외국선(1960년)

국가	척수	천 총톤
파나마	116	1,465
라이베리아	126	2,564
영국	100	1,239
네덜란드	15	218
베네수엘라	19	168
온두라스	17	75
그 외	61	761
계	454	6,490

출처: 船協月報, 3권 6호(1962년 6월), 45쪽.
주) 원전은 Maritime Administration, Office of Ship Statistics, Ship Data Division

이러한 일을 영국 선사는 하기 어려웠다. 소득세법상 버뮤다에 자회사를 설치하는 것은 사업양도로 간주되어 실질적으로 금지되었기 때문이다. 그럼에도 여객선을 주로 하는 P&O가 탱커 선사를 자회사로 설치하는 것은 신규사업으로 허용되었다. 그리고 외국선사든 영국 선사든 선적항은 대부분이 런던이었다고 한다(Sturmy, 1965, p.285 이하). 로이즈 레지스터에 버뮤다 선적이 나타난 것은 1964년이다.[10)]

한편, 이야기를 되돌려 영국해운총평의회의 제언(상기 ①)은 영국선의 경쟁력을 세제면에서 편의치적선에 근접하도록 하는 것이었다고 할 수 있겠다. 그 논거로서 평의회는 OEEC의 [연구]로부터 "국제적 행동은 현재로는 불가능하지만 각국에서는 할 수 있는 것들이 있다"고 인용하고, 그리스의 감·면세정책의 예를 들고 있다(GCBS, 1960, p.41). 더욱이 Hope는 1957년에 140%의 감가상각(investment allowance)이 인정되었고, 영국 선주에게 버뮤다 치적의 메리트는 거의 없어졌다고 했다(Hope, 1990, p.410).

3. UN해양법회의를 무대로 한 장기간의 공방

(1) 공해제도 '법전(法典)화'의 개시

제2차대전 후 편의치적선의 운명을 법제면에서 틀어쥔 것은 UN의 제1차 해양법회의(총회는 1958년)였다고 해도 과언이 아니다. 그것은 전술한 바대로 편의치적선의 존립 기반을 제공하는 것이 되었기 때문이다. 경제학에서는 자칫 법을 등한시하는 경향이 있는데, 해양법회의의 향방 여하에 따라 편의치적 시스템의 존속은 불가능했다. 해양법회의는 4개의 조약(영해, 공해, 대륙붕, 생물자원)을 성립시키는데 여기에서, '공해에 관한 조약(Convention on the High Seas)' 특히 '선박의 국적'을 둘러싼 논쟁의 경위와 그 의의를 논하고자 한다.

UN헌장 제13조는 '국제법의 점진적 발달 및 법전화'를 위한 국제협력의 촉진을 규정하고 있다.[11] 이에 따라 1947년의 총회에서 'UN국제법위원회(ILC: UN International Law Commission)'가 창설되었다. 위원은 총회의 지명에 의한 15명(1957년 21명)으로 국가를 대표하는 것은 아니었다.[12] 국제법위원회는 1949년에 활동을 개시하는데 공해제도는 제2위원회에 부의되었고 프랑수아(Francois, J.P.A., 네덜란드) 교수가 특별보고자(제안자)로 임명되었다. 그는 1930년 헤이그 국제법전 편찬회의에서 영해에 관한 보고자(이번에도 같음)이기도 했다.

1950년에 있었던 Francois의 제1회 보고는 선박 국적의 법진화에 매우 소극적이었다. 하지만 위원회에서는 노력하라는 격려를 받았다(ILC, 1950, vol. I, p.191, par.39).

(2) 선장(자국민) 조항에 의한 공세

1951년 4월에 제출된 제2회 보고는 크게 바뀌어 매우 도전적인 것으로 변해 있었다. ILO의 파나마에 관한 조사보고서(후술)나, 파나마와 온두라스, 코스타리카에 더하여 미국 스스로가 라이베리아에 편의치적선의 거점을 창설한 것이 영향을 끼쳤을 것이다.

보고서에서는 선박의 국적요건으로 ① 소유권과 ② 선장의 자국민성을 거론했다. 전자에 대해서는 선박(지분)의 50% 이상을 '국민·내국법인'이 소유해야 한다고 명시했다. 세부적으로는 개인 또는 합자·합명회사의 인적책임사원에 대해서는 국민 또는 거주권자가, 주식회사에 대해서는 본점을 기국에 두는 내국법인이, 이상의 어떠한 구성으로도 지분의 1/2 이상을 소유할 것을 명시했다(ILC, 1951, vol. II, pp.75~77). 이 제안은 1896년의 해양법학회(베니스) 초안과 각국의 허가요건 현황을 배경으로 하고 있었다.[13)]

그런데, Francois가 "선장은 기국의 국적을 가져야 한다"라고 제안한 것은 나중의 논의에서 상당히 명확해지는데, 소유권 조항만으로는 편의치적선을 저지할 수 없기 때문이었다. 물론 '법의(法衣)'를 입은 논의였기에 직설적이지는 않았다. 예를 들면, 제121회 위원회에서 Francois는 선장조항의 삭제 제안에 대하여 다음과 같이 반론했다. 공해에서 기국의 법률을 선박에 적용해야 하는데 기국법에 능통한 선장이지 않으면 시행이 곤란하다. 외국인 선장에게 그것을 기대할 수는 없다. 또, 다음과 같이 지적했다. "어떤 특별한 이유로 어떤 나라의 상선은 크게 성공하고 있는데, 그 나라를 돕기 위해서 (본래의) 길을 걷지 않는 이유를 찾아내야 하는가"(ILC, 1951, vol. I, p.334, pars.125~127). 여기서 어떤 나라란 편의치적국을 가리키는 것이 틀림없다.

이 같은 선장조항이 얼마나 극적인 효과를 가져왔는지는 ILO의 조사에서 확실해졌다. 파나마 선적에 파나마인 선장은 1명도 없었고, 라이베리아인 선장은 더욱 기대하기 어려웠다. 선장조항이 실현되면 편의치적선은 국적요건을 충족할 수 없어 괴멸적인 타격을 입을 것이 분명했다. 뿐만 아니라, 수많은 선장(및 후계자)을 보유한 유럽 각국의 해운은 매우 유리한 입장에 서게 될 수 있었다.

하지만 제안에는 다소 무리가 있었다. 역사적으로 외국인 선장이 각국에 다수 존재했었고, 선장을 충분히 보유하지 못한 신흥 해운국으로서는 외국인 선장이 불가결했기 때문이다. 결국, 선장조항은 위원회에서 3명의 찬성만을 얻어(반대 8명) 삭제되었다.

(3) 라이베리아선의 급증과 선장조항의 부활 제안

1952년부터 라이베리아선은 급증하기 시작하여 1955년에는 세계 제4위(400만 총톤)까지 성장했다. 탱커 중심의 신조선이 특징이었다(앞 <표 4-1> 참조).

이것이 국제법위원회의 논의를 미묘하게 변화시켰다.

당시 논의된 선박의 국적부여요건에 관해서는 앞서 소개했는데, 주식회사가 소유하는 경우, 현지법인과 본점 소재지의 제약을 피하면 외국선주는 자유롭게 선박을 보유할 수 있었다. 이것을 비평하며 Sandström(스웨덴)은 개인이나 합명·합자회사에 대해서는 엄격하지만, 주식회사가 모든 제약을 무용지물로 만들었다고 했다("quite easy to evade all restrictions", ILC, 1955, vol. I, p.16, par.18).

Scelle(프랑스)는 허구의 국기(fictitious flags)를 막기 위해서는 선장조항의 부활밖에 없다며, 다시 제안을 시도했다. 반대하는 위원은 줄었지만 유능한 선박 직원을 충분히 보유하지 못한 국가들(편의치적국이 아닌－필자)에 대해서 공정성의 결여라는 항의를 넘을 수가 없었다. 투표 결과 찬성 4, 반대 4, 기권 4로 무승부가 되어 인정받지 못했다(*Ibid.*, par.25).

(4) '진정한 관계' + 불승인조항 공세

(a) Nottebohm 판결(1955년 4월 6일, 국제사법재판소)

Nottebohm은 1881년에 태어난 독일인이었는데, 과테말라에서 경제활동을 해오고 있었다. 그리고 제2차 세계대전 발발 직후에 영세중립을 선언한 리히텐슈타인으로 귀화했다. Nottebohm은 1943년 10월 연합국 측으로 참전한 과테말라 정부에 체포되어 미국으로 이송되었고 전후에 재산도 몰수되었다. 리히텐슈타인 정부는 그의 손해회복 청구에 응하여 1951년 국제사법재판소(ICJ: International Court of Justice)에 과테말라 정부를 제소했다.

결과는 패소였는데, 그 내용을 요약하면 다음과 같다. ① 누구에게 국적을 부여하는가(누구를 자국민으로 하는가)는 주권에 기초한 국내법의 문제이다(국내관할사항). ② 하지만, 자국민을 타국으로부터 보호하는 권리가 있는지 여부는 국제법의 문제이다. ③ 여러나라의 관행, 중재, 사법재판, 학자의 의견에 따르면 국적이란, 상호의 권리·의무의 존재와 함께 결속이라는 사회적 사실, 다시 말해 생존, 이해관계 및 감정의 진정한 연관(genuine connection)을 그 기반으로 하는 법적인 유대이다. ④ 즉, 국적 부여가 타국으로부터 승인되기 위해서는 '진정한 연관'이 없으면 안된다고 했다.[14]

(b) 유럽 측의 새로운 도전—'진정한 관계'

국제법위원회의 회의는 먼저, Francois(특별보고자)가 제출한 보고와 제안에 해설을 달아 각국에 송부하고 그것에 대한 각국의 의견 등을 모아서 개최하는 방법이 취해졌다. Francois의 일곱 번째 보고는 1956년 1월에 있었는데, 그것에 대하여 네덜란드 정부는 1930년의 법전편찬회의 결과 및 Nottebohm 판결을 거론하며 다음과 같이 제안했다. "각국은 영역 내 선박의 등록 및 자국 국기를 게양하는 권리에 대해서 그 요건을 정하기로 한다. 단, 그 선박의 국가적 성격(national character)이 타국으로부터 인정받기 위해서는 당해 국가와 선박 사이에 진정한 연관(genuine connection)이 있어야만 한다." 그 이유는 주권의 난용(亂用)에 대비한 예방 수단(safeguard against the possible abuse of the right of a sovereign State)을 설치하기 위한 것이라고 했다(ILC, 1956, vol. II, pp.63~64). 난용이 무엇을 의미하는지는 명확했다. 영국 정부의 제안도 이것과 가까운 것이었다.[15]

(c) 불승인조항의 변질

불승인조항 그 자체는 1951년에 Hudson(미국)이 제안했던 이래 문제시되는 일은 없었다(ILC, 1951, vol. I, p.330, par.59). 그 점은 전술한 바대로 조약안이 정한 요건(소유권조항)은 실질상 매우 느슨했고 영국 정부가 언급한 것처럼 편의치적까지도 허용하는 것이었기 때문이다. 하지만, 불승인조항과 '진정한 관계'가 결부되면서 그 내용은 완전히 바뀌게 되었다. 혹독하게 비판받는 바와 같이, '진정한 관계'는 그 내용이 명확하지 않아, 광의로도 협의로도 해석할 수 있기 때문만이 아니었다. 제1차적인 판정권자가 기국이 아닌 타국, 구체적으로 입항국(入港國)에 있다는 것이 결정적으로 중요했다. 제안자의 의도가 그 점에 있었듯이, 편의치적선에는 국가와 선박 간에 진정한 관계가 없다고 판단될 가능성이 충분했다.

이런 중대한 전환이 있었음에도 불구하고, 국제법위원회는 전술한 네덜란드 제안과 거의 동일한 제안을 찬성 위원 9, 반대 위원 3, 기권 위원 3으로 압도적 다수로 승인했다(1956년 5월. ILC, 1956, vol. I, p.72, par.33). 그리고 UN 총회에 송부했다. 전술한 위원 구성으로부터 분석하면, 찬성은 유럽 위원들만 한 것이 아니다. 법적으로 편의치적선은 정의롭지 못한 존재라고 강하게 인식되었기 때문일 것이다. 한편, 'genuine connection'은 'genuine link'로 변경되었다.

(5) UN 총회에서의 대역전

(a) 본회의 제2회원회에서의 의결

회의는 1958년 2월 4일부터 4월 27일까지, 제네바의 UN 유럽본부에서 개최되었다. UN 총회에 제출된 방대한 '해양법에 관한 조항안'은 곧바로 채결되지 않고, 본회의에서 창설한 제2위원회에서 심의되었다. 위원회에서는 <표 4-7>과 같은 안이 4월 8일에 표결에 부쳐졌다.

〈표 4-7〉 해양법회의 제2위원회가 채택한 '선박의 국적'에 관한 제29조[1)]

제1항: 각국은 선박에 대한 국적의 부여, 자국의 영역 내에 있어서 선박의 등록 및 자국의 깃발을 게양하는 권리에 관한 조건을 정하는 것으로 한다. 선박은 그 깃발을 게양하는 권리를 보유하는 나라의 국적을 가진다. 단, 그 선박의 국가적 성격이 타 국가에 의해 인정받기 위해서는 그 국가와 당해 선박 사이에는 진정한 관계가 있어야만 되고, 특히 그 국가는 자국의 깃발을 게양하는 선박에 대해 행정상, 기술상 및 사회상의 사항에 관해 유효하게 관할권을 행사하고, 또한 유효하게 규제를 시행하지 않으면 안된다.
제2항: 각국은 자국의 깃발을 게양하는 권리를 부여한 선박에 대해 그 취지의 문서를 발급히는 것으로 힌다.

출처: UNCLS(1958), vol. IV, p.151, Doc. A/CONF. 13/L., 17/Add. 1.
주 1) 공해에 관한 조약에서는 제5조가 되었다.
2) 2중하선 부분은 본회의에 삭제되었다.
3) 음영 부분은 이탈리아와 프랑스의 수정안으로, 승인된 내용.

물론 미국, 파나마, 라이베리아는 진정한 관계나 불승인조항에 강하게 반대했다. 하지만, 대세는 변하지 않았다. 그래서 라이베리아는 <표 4-7>의 이중하선 부분에 대해서 "찬반을 묻자"고 분리 투표를 요구했다. 결과는 <표 4-8>(위원회)에서 보듯이 원안과 같이 찬성 2/3로 나타났다. 여기서 몇 가지를 지적하고자 한다.

첫째, 편의치적선에 대한 세계의 시선은 매우 엄격했다. 위원 3/4에 의한 국제법위원회 안의 승인은 유럽 측에도 의외였을지 모른다.

〈표 4-8〉 UN해양법회의에서 불승인조항의 표결 결과

표결 회의	찬성	반대	기권	합계
위원회(4월 8일)	39	13	6	58
본회의(4월 23일)[1)]	15	30	17	62

출처: UNCLS(1958), vol. II, p.20; vol. IV, p.75.
주 1) 본회의에서 표결안건은 '삭제' 제안이었지만 대비하기 위해 승인제안과 동일하게 기술.

둘째, 법전화가 아닌 규제의 창설(입법조치)이었음에도 불구하고 대다수의 국가들이 찬성한 점이다. UN에 대한 기대를 말해주고 있다고 본다.

셋째, 이해할 수 없는 것은 미국의 행동이었다. 이미 지적한 바대로 미국에 있어 편의치적선은 미국 해운자본의 대외진출 내지는 다국적기업화의 도구였던 것이 아니다. 격화하는 냉전이 열전으로 진전될 경우에 필요한 방대한 상선을 확보하기 위해서였다. 미국의 세계적인 군사전략의 핵심 중 하나였고, 포기하는 것은 용인되지 않았다. 하지만, <표 4-8>의 위원회에서의 채결을 보는 한, 미국이 편의선적제도 존속을 위해 활동한 모습은 보이지 않는다.[16)]

(b) 본회의에서의 대역전

선박의 국적조항에 최종적인 결정을 내린 본회의는 4월 23일에 열렸다. 이 사이는 겨우 15일간이었다. 강력한 로비활동(extensive lobbying)이 전개되었고,[17)] 대역전극이 연출되었다.

<표 4-8>에서 보듯이 표결결과는 큰 차이가 있었고, 절차 규칙상 2/3가 요구되었는데(水上, 2004, 88쪽), 실제로는 아슬아슬한 득표였다. 문제는 표차보다도 '전향국'에 있다. <표 4-8>에서 24개국의 '전향'이 있었다고 보인다. 14~17개국은 찬성에서 반대로, 7~11개국은 찬성에서 기권으로 전향했다(추가 4개국과의 관계에서)고 여겨진다.

이 정도의 전향을 유도할 수 있는 나라는 미국뿐이다. 하지만 Boczek은 다음과 같은 사실이 로비의 실상이라 말한다. 상기 기간 중에 런던에서 국제해운회의소(ICS)의 연차총회가 열리고 있었는데, 거기에서 문제가 된 조항의 표현(wording of the clause)에 대한 염려가 표출되었다. 그 결과 많은 선주가 자국 대

표에게 압력을 넣어 대역전에 성공하게 되었다고 했다. 하지만, 거기서 인용된 타임즈와 뉴욕타임즈의 기사를 검토해 보면 의문이 남는다. Boczek의 논거는 뉴욕타임즈의 기사였다. 한편 타임즈에는 ICS 회장 Anderson의 염려가 표명되었지만, 유럽과 미국 사이에 의견이 나뉘어져 새로운 제안은 불가능했다. 편의치적선에 대해 무슨 수라도 써야 한다고 공감하고 있었지만, 대안을 찾아 내지는 못했다. 이대로는 앞으로 큰일이라고(desperate situation) 기술하고 있다. ICS의 역사와 회원(해운국 선주)을 고려하면, 대역전의 원천이 될 수 있었을까 하는 점도 의문이다.[18)]

이렇게 불승인조항은 삭제되었다. 공해조약 제5조는 기국과 선박 간에 진정한 관계가 반드시 있어야 한다고 정하고 있지만, 이 의무를 이행하지 않는 경우의 제재(sanction)에 대해서는 실마리를 잃어버리게 되었다. 그 결과, 공해조약의 실천이 보여주듯이 국가는 선박에 자유롭게 국적을 부여하는 것이 가능하게 되었다. UN헌장 제13조에 따르면 점진적인 발전은커녕, 일종의 관행으로 존재하고 있던 소유권조항의 법전화에도 실패하고 말았다.

R. Cooper(2008, p.48 이하)는 근대를 3개의 시기로 분류한다. 첫째는 '전(pre)근대'이고, 둘째는 '근대'이다. 근대는 국민국가·주권국가를 제1로 여기고 외부로부터 간섭을 국가 주권에 대한 도전으로 여기는 세계이다. 셋째, 포스트 근대는 "국가 주권이나, 내정과 외교의 구별을 강조하는 것도 없이 … 상호간에 간섭하는 것을 인정하는 고도로 발전된 시스템이다"고 한다. 선박의 국적을 둘러싼 공방을 국제법의 수준에서 보면, 포스트 근대를 추구하면서 '근대'로 회귀했다고 볼 수도 있다.

하지만, 이것으로 국제해양질서 유지가 가능했던 것도 아니다. 매우 국제적인 해운시장에서는 '일개국의 주권 행사'는 타국 혹은 공해에 큰 영향을 미친다. 1981년부터 개시하지 않을 수 없었던 PSC(Port State Control, 입국항에 의한 감독)는 입항국이 기국의 위 주권을 제한할 수 있다는 것을 강렬하게 어필하고 있다.

4. ILO(국제노동기구)와 편의치적선

(1) ILO에서 특별히 취급한 해사관계

일본 운수성(運輸省)에는 오랫동안 선원국이 있었다. 여기에서 선원의 노동문제를 다루고 노동성(労働省)은 '육상'의 문제를 취급하는 것으로 되어 있었다. 노동위원회와 직업안정소도 별도로 운영되었다. 그렇게 된 사유는 ILO에 있었다. ILO는 1920년대부터 특별해사총회(Special Maritime Conference)를 개최해왔다. 의제의 조정 등은 노사 양자로 구성된 합동해사위원회(Joint Maritime Commision, 이하 JMC라 함)에서 사전에 수행하는 것으로 1921년 제3회 총회에서 결의되었다. 2회 토론제가 도입된 후, 3부로 구성된 예비기술해사회의(Preparatory Technical Maritime Conference, 현재는 '준비총회'라 함)에 맡겨졌다.

JMC가 핵심적 위치에 있지만, 대개 노동자측 위원은 ITF(국제운수노련)가, 선주측 위원은 ISF(International Shipping Federation, 국제해운연맹)가 위원을 뽑고, 그것을 총회에서 지명하는 절차를 거쳤다. 즉, JMC는 세계적인 규모의 노사교섭기관적 성격을 가지고 있다는 것을 알 수 있다. 그 역사로부터도 추정할 수 있지만, 유럽 출신의 위원이 압도적 다수를 점하고 있다.[19)]

(2) ILO의 파나마 선적에 대한 조사

ILO에서 파나마 선적 등이 최초로 다루어진 것은 1933년 제10회 JMC에서였다. 단, 어정쩡하게 끝난 점과 제2차대전 전의 일이라 여기서는 다루지 않기로 한다(상세히는 ILO, 1956, pp.3~4, Historical Review 참조).

한편, 전술한 바와 같이 제2차대전 후 파나마선 등은 미국 상선매각법 등에 따라 급증한다(앞 <표 4-1>, <표 4-2> 참조). 그것에 대응하기 위해 ITF는 편의치적선에 대해서 JMC에서 심의하도록 ILO 이사회에 요청했다. 1947년 12월에 개최된 JMC에서 ITF는 ① 노동조건을 저하시키려는 이전이 행해지고 있다. ② 전통적 해운국에서 조약을 비준하지 않은 국가로의 이전은 ILO 스탠다드에 타격을 준다. ③ 파나마에는 노동협약을 체결하는 시스템이 없다고 주장했다. 이에 대해서 선주측은 ① 노동기준 회피를 위한 이전은 생각하기 어렵다.

② 오히려 낮은 세금을 추구하는 이전이지 않은가? ③ ①이 있다면 지지하지 않지만, 사실이 명확하지 않다고 반론했다.

JMC는 다음과 같이 결의했다. ① 선박 안전과 고용조건의 저하가 이전의 목적인 경우, 명확한 태도를 취하도록 각국 정부, 선주, 선원단체에 요망한다. ② 해상인명안전조약을 개정하고, 실효성이 있는 내용을 넣어야 한다. ③ ILO의 사무국은 ①의 사실에 대해 조사, 보고해야 한다. 이 결의는 1948년 3월 ILO 이사회에서 승인되었다(ILO, 1956, pp.4~6).

ITF는 JMC의 결의로 충분하지 않다고 여겨, 1948년 7월 세계대회에서 파나마와 온두라스적 선박의 보이콧을 결정했다. 기일은 1949년 5월 1일로 정했다(ITF, 1996, p.137). 이에 충격을 받은 파나마 정부는 ILO 이사회에 실태조사를 요청했다. 이사회는 이를 받아들이고 3명의 조사위원을 임명하였다(1949년 3월). 조사위원인 Herman Vos(정부측 지명, 벨기에), A. Dalgleish(선원측 지명, 영국), A.G. Fennema(선주측 지명, 네덜란드)는 모두 유럽 출신이었다(ILO, 1950, p.1).

조사단은 5월에 조사를 개시하고, 30척의 선박을 방문조사하는 등의 활동을 통해, 11월에 권고를 포함한 보고서를 정리했다. 그리고 1950년 1월 이사회에서 그것을 승인했다(*Ibid.*, p.2, p.26). 주목할 점을 몇 가지 지적하고자 한다. ① 파나마의 선원법제는 제대로 갖춰져 있지 않다. ② 미지불 임금의 청구 등 구제책이 없다. ③ 노동조합이 존재하지 않아 고충처리 시스템이 없다. ④ 선원을 위한 설비는 전체적으로 빈약하다. ⑤ 사회보험은 외국인에게 적용되지 않는다. ⑥ 파나마 영사관은 행정능력과 경험이 모두 부족하다. ⑦ 선주·선장 모두 파나마 법을 알지 못하는 자가 많다 등을 지적했다. 게다가 ITF가 비판해 온 ① 노령선, ② 안전기준의 회피, ③ 사회 및 노동기준의 회피에 대해서는 전반적으로 수긍할 수 있다고 했다(*Ibid.*, pp.8~36).

조사위원회의 권고는 입법조치와 실시방책으로 나눠졌다. 입법권고에는 ① ILO 조약에 준거한 입법, ② 선원을 대상으로 한 단일법의 확립과 스페인어, 프랑스어, 영어로 출판, ③ 해상인명안전조약, 만재흘수선조약이 효력을 발휘하도록 하기 위한 규칙의 채택, ④ 중앙정부의 단일하고 선원문제 전체를 대상으로 하는 선원행정조직의 확립 등이었다.

실시권고에서는 ① 상기 법제를 선주·선장에 배포하고 선내에 비치할 것,

② 영사관 서비스의 강화(a. 집행관의 훈련, b. 자국선이 빈번하게 기항하는 항구에 경험과 훈련이 충분한 관원을 배치할 것, c. 영사관에 의한 감독 등), ③ 선급협회를 포함한 선박검사 제도화, ④ 선박검사의 강화와 국적말소를 포함한 제재수단의 도입, ⑤ 노사분쟁 처리수단의 채용, ⑥ 해기면장의 발행과 갱신시 엄격한 능력 확인 방법의 도입,[20] ⑦ ITF와 선주 간 협의가 완료된 표준노동협약 적용의 추진 등이 제시되었다(ILO, 1950, pp.41~42).

이상으로부터 몇 가지 중요한 포인트를 확인할 수 있다. 첫째, 파나마 선원 관계의 법률 및 집행체제가 상당히 빈약했다는 점, 둘째, 영사관의 역할이 중요하지만, 비용부담을 포함하여 문제가 있었다는 점, 셋째, ITF와의 표준협약이 좋은 사례로, 유럽의 기준을 파나마선에도 파급시키려 했던 점 등이다.

(3) ILO 제107호, 제108호 권고(1958년)

(a) 선원고용(외국선박) 권고(제107호)

정식명칭은 '외국에 등록된 선박에 근무하는 선원의 고용에 관한 권고'이다. 이미 1920년 직업소개소조약(제9호)이 체결되었는데, 편의치적선의 증대로 공설 직업소개소를 통하지 않는 경우가 증가했고, 이른바 불법 브로커의 횡행도 걱정거리였다. 1952년 JMC에서 문제가 제기되었고, 1958년의 총회에서 권고안으로 승인되었다.[21]

당초, 가맹국은 공인 소개소를 통하여 외국선에 승선시켜야 했는데, 각국의 이해가 충돌하여 구체성이 결여된 권고가 되었다. 결국 가맹국은 고용조건이 해운국의 노동협약 등과 동등하지 않은 경우, 자국의 영역 내에서 외국선에 승선하는 것을 저지하기 위해서 권한 내의 모든 조치를 취해야 한다고 규정했다. 알맹이가 없는 것이었지만, 선원을 열악한 조건으로 편의치적선에 공급하는 것을 저지하는 것이 목적이라는 점에는 주목해야 한다.

(b) 선박등록에 관련된 선원의 사회적 조건 및 안전에 관한 권고(제108호)

ITF는 1954년 세계대회(런던)에서 편의치적국으로의 이적에 대해 ILO에 문제 제기할 것을 결의했다. 그 때 L. White의 보고안이 사용되었는데, ITF의 요청을 받아들인 JMC도 그것을 검토자료로 활용했다.[22] 1955년 10월에 열린 제18회

JMC는 ① ITF의 제안을 예비기술해사회의 및 해사총회의 의제로 할 것, ② 예비회의 전에 각국에 질문서를 송부하고 각국의 의견을 정리해 둘 것, ③ ILO 총회를 1957년 중에 개최할 것 등을 결정했다.

1956년 9월에 열린 예비회의의 의제명은 '선적이전—사회적 조건 및 안전에 관하여(Flag Transfer, in Relation to Social Condition and Safety)'였다. 통상적으로 각국의 회답을 기초로 사무국안이 준비되어야 했지만 이번에는 백지상태였다. 선적이전을 선원문제에 한정하는 것이 어려웠기 때문이었을 것이다. 회의에서도 선주측은 그리스 선주를 배려하여 '토의를 회피했기'(陰山·西巻, 1956, 52쪽) 때문에, 선원측이 10개 항목을 제안하고, 그것에 기초하여 정부위원이 결의안을 작성했다. 약간의 수정을 거친 뒤 전원 일치로 그 결의안을 총회에 송부했다(ILO, 1957, pp.5~9).

결의안은 서두에 "지금까지 전통적으로 해운국이라고 여겨지지 않았던 국가에 대량의 톤수가 등록된 사실로부터 이 문제가 특별하게 주목받게 된 점을 고려하여"라며, 등록국은 특히 다음 사항에 관하여 의무를 다하고, 유효하게 관할해야 한다고 기술했다. ① 국제적인 안전기준의 법제 정비, ② 선박검사의 실시, ③ 전통적 해운국 수준의 노동조건, ④ 고용과 해고를 감독하는 정부기관의 설치, ⑤ 단결의 자유, ⑥ 송환규정의 확보, ⑦ 적절하고 충분한 해기시험제도의 수립과 해기면장의 발급 등이다.

선원측이 제출한 10개 항목의 중에는 앞 장에서 다룬 소유권 '조항'이나 25%를 하회하지 않는 자국선원 승조의 의무 등이 있었는데, 영국과 미국의 정부대표는 국제법위원회나 IMCO 등 다른 기관이 취급하도록 맡겨야 한다고 비판했다. 더욱이 미국 정부위원은, 선박 이적에 대해서 여러 조건을 붙이거나 특정국(그룹)에 포괄적인 금지조치를 부과한다면, 실행이 매우 어려워진다고 주장하며, 악폐를 억제하는 국제적 감독활동은 ITF에 맡기는 것이 최선이라고 했다(ILO, 1957, p.4). 예비회의가 열리고 있던 이 시기는 국제법위원회에서 진정한 관계와 불승인조항이 가결된 뒤여서, 미국은 한 발도 물러서지 않을 각오를 보였을 것이다. 또한, ITF에 높은 평가를 내린 이유는 알 수 없으나, 1955년의 JMC에서 선주측이 ITF의 "장기간에 걸친 노력에 사의"를 표한다는 증언도 있다(石井, 1971, 249쪽).

한편, ILO 해사총회는 해양법회의에서 공해조약이 채택된 1958년 4월 29일부터 열렸다. 앞 장에서 상술한 '대역전'의 영향은 지대했고, '선적이전' 문제는 '선박의 등록에 관한 선원의 사회적 조건 및 안전에 관한 권고'라는 추상적인 문구로 바뀌었다. 이 점에 대해서 山下文利(당시 船員局 勞政課)는, 본건은 "총회의 가장 중요한 안건 중 하나"였는데, "유력국가의 반대에 밀려 결국 흐지부지하게 끝났다"라고 보고하고 있다.[23] 또한, 결의안은 권고로 격하되었다.

5. ITF(국제운수노련)과 FOC 캠페인

(1) ITF의 활동과 성격

ITF(International Transport Workers' Federation)은 1896년에 '선박·항만·하천 노동자 국제연맹'으로 설립되었는데, 2년 후에 육상교통 노동자도 포함한 조직으로 변경되었고 현재의 명칭이 되었다(ITF, 1996, p.162). 설립에서 알 수 있듯이 선원과 항만노동자를 중심으로 했다. 또한 반세기 이상에 걸쳐 FOC 캠페인의 주역이었던 점도 잘 알려져 있다. 그 목적을 山本(1999, 5쪽)는 첫째, 편의치적선의 배제와 자국으로 '복귀'이고, 둘째는 노동협약 체결에 의한 편의치적선 승조원의 보호와 조직화에 있었다.

ITF는 거액의 자금(복리기금, 후술)을 배경으로 FOC 캠페인을 세계적으로 전개해 왔는데 전체적으로 유럽 중심의 조직이라 할 수 있다. 한때를 제외하고 본부는 런던에 있었고, 역대 위원장, 서기장 모두가 유럽 출신자였다(캐나다인 위원장 1인은 예외). 대략 2년에 한 번 세계대회가 열렸는데 1998년 뉴델리 대회 전까지(마이애미를 제외) 모든 대회가 유럽에서 개최되었다.

상징적인 것은 '편의선원(crew of convenience)' 문제일 것이다. 선진국 선박에 승선하는 아시아 선원의 증가는 유럽 선원의 이익을 침해하고 있었다. 그들은 '편의선원'이라고도 할 수 있기에, 협약관할권을 (선진국인) 선적국 조합 아래에 두고, 승선 중에는 동 조합 가입을 강제해야 한다고 주장했다.[24] 또, 이 문제로 '아시아 선원위원회'를 1960년에 설립하는데, 위원 7명 중 인도를 제외한 6명은 유럽 각국의 대표였다(木畑, 1982, 3쪽).

(2) ITF의 보이콧 전술과 그 변용

1958년 12월에 있었던 보이콧은 세계적으로 큰 반향을 불러왔다. OECD 해운위원회가, 제2차대전 후에 있었던 유일하게 의미 있는(significant) 단체행동이라고 평가할 정도였다(*MT*, 1971, p.106). 단, 거기에 이르는 과정과 그 후의 일은 국제노동운동이 직면하는 어려움을 여실히 보여주고 있다.

구체적으로 기술하기에 앞서, '보이콧'의 실상을 기술해 두고자 한다. 간단히 말해서 왜 스트라이크(Strike)가 아니고 보이콧(boycott)인가이다. 선박을 건조하려면 거액의 자금이 필요하다. 1척 100억엔의 선박도 드물지 않다. 또 거액이므로 차입금으로 건조하는 경우가 많고, 금리부담도 크다. 그런 선박이 1일 정선(停船)하면 감가상각비와 이자만으로 600만엔의 손실이 발생한 사례도 있다. 따라서 선주는 선박이 멈추는 상황을 어떻게라도 피해야 한다. 그런데 ITF에도 약점이 있었다. 캠페인 대상 선박은 조직화되지 않은 선박이었기 때문에 파업을 통해 정선시킬 수가 없었다. 항만노동조합의 협력에 의한 보이콧에 의지할 수밖에 없었던 것이다.

한편, ITF가 보이콧 실시를 결정한 것은 앞서 언급한 바대로 1948년 7월, 오슬로 대회였다. 다음해 2월에 선원과 항만, 양쪽 대표 8명이 보이콧 위원회를 만들었다. 단, 파나마 정부의 대응도 있어서 보이콧은 연기되었다. 또한 1950년 6월 ILO 이사회는 조사단의 보고서를 공표하면서 파나마 정부에 단체협약 체결 촉진을 위한 지원 등을 요망하는 성명을 발표했다. 이런 일련의 움직임을 보고 ITF는 다음 달 슈투트가르트 대회에서 새로운 방침을 결정한다. ① 편의치적선 선주와 노동협약 체결에 노력한다. ② 보이콧은 교섭 결렬 시에 실행한다. ③ 편의치적선 그룹이 ITF 가맹조합의 조합원이 아닌 경우에는 ITF 하에 조직한다.[25] 그 후에 협약 체결의 증거로 청색증서(B/C: Blue Certificate)를 ITF가 선장에게 교부하게 했다.[26] 문제는 협약의 '최저' 기준이었는데, 영국해사협회의 협약을 적용시키기로 했다.[27] 이에 따라 보이콧의 걱정이 없어진 미국 선주 등이 편의치적선으로의 이적을 증가시킨 것으로 보인다. 또한 실업 선원에게 이 기준은 인기가 있었다고 한다(西巻, 1967, 10쪽).

1952년 스톡홀름 대회에서 ITF는 보이콧 위원회를 '국제공정관행 촉진위원회'로 개조함과 동시에, 협약 체결 등을 관리하는 '특별선원부'를 설치하고, 전통적 해운국의 사회보장 부담금에 해당하는 '국제복리기금을 위한 거출(징수)'을 결정했다. 이 복리기금은 그 후 오랫동안 FOC 캠페인을 지원하는 주요 재원이 되었다.[28)]

실제로 보이콧이 얼마나 실행되었는지 살펴보자. 네스는 1953년 6월부터 57년 12월까지 21회 있었다며, 선명과 항만명을 모두 기록하고 있다(Naess, 1972, pp.13~14). 1956년 ITF 세계대회에서의 보고에 의하면 특별선원부 직할 사례만으로도 12회 실행되었고, 32개사가 협약을 체결했다고 한다(西巻, 1967, 10쪽). 존슨은 1952년 말 협약체결선이 50척이라 한다(Johnson, 1996, p.32). 이러한 상황으로부터, ITF의 FOC 캠페인이 이 시기에 활발했는지, 또 성공적이었는지 의심스럽기도 하지만, 영국을 중심으로 한 유럽의 질서를 편의치적선에 침투시키려고 했고, 적어도 선원 측면에서는 그것이 받아들여졌다고 볼 수 있다.

(3) 미국을 중심으로 한 세계적인 보이콧(1958년 12월)

편의치적선의 노동조건이 그렇게 나쁘지 않았던 것은 상술한 영국 수준, 영국과 차이가 없는 그리스 선원 임금, 한정된 수의 아시아 선원 등으로부터 틀림없다고 생각된다. 다만, 미국 선원 입장에서 보면 다른 이야기다. 승선 중인 외항·내항 선원은 한국전쟁 당시 7만명이 넘었지만, 1958년 중반에는 5.2만명으로 감소했다(U.S.DOC, 1975, p.748). Fotsyth는 9.3만명에서 4.7만명(1959년)으로 반감했다고 지적한다(Fotsyth, 1990, p.251). 한편, 선원 임금은 C-2형 선박을 기준으로 월 5,000달러(1937년)에서 2만 4,000달러(1952년)로 약 5배가 뛰었다(Gorter, 1956, p.102).

이처럼 편의치적선의 위협은 미국 선원에 집중하고 있었다는 사실을 알 수 있다. 미국 선원조합은 편의치적선의 탈환을 사명으로 받아들였다. 견원지간이라 불리는 NMU(전미선원조합)과 SIU(국제선원조합)은 손을 맞잡았고, 공정관행위원으로 선출됨과 동시에, 국제적인 보이콧의 실시를 1958년 7월 ITF 세계대회에서 결정시키는 데 성공했다(Northrup & Rowan, 1983, p.49). 그뿐만 아니라 "편의치적선의 소유자가 미국 선주인 경우 ITF가 받아들일 수 있는 노동협약이란

NMU 또는 SIU와의 협정을 의미한다"는 중대한 결정을 별도로 추가시켰다(후술 참조).[29]

이렇게 1958년 12월 1일부터 4일까지 세계적인 보이콧이 감행되었다. 보이콧된 선박 수는 미국에서 120~130척, 세계에서 200척 정도였다.[30] 당시의 편의치적선은 1,800척 정도였다. 항해 등의 이유로 4일간 대상 항만에 입항할 수 있는 선박은 한정되는 점, 그리고 보이콧 이후 편의치적선이 상당히 감소했던 점(앞 <표 4-1> 참조) 등을 고려해 보면, OECD가 1959년 '유일하게 의미 있는 단체행동'이라고 평가한 것은 타당하다고 생각된다.

전술한 내용과 관련하여 보이콧이 행해진 다음 달(1959년 1월), 선원·항만 양쪽 부회는 모임을 가지고 편의치적선의 관할권은 편의치적선을 실질적으로 관리하는(actual control) 선주국의 가맹조합에 있다(단, 문제가 있으면 공정관행위원회를 통해 특별선원부가 다룬다)고 결정하고, 4월에 공정관행위원회도 이것을 승인했다(山本, 1984, 149쪽). 바꿔 말하면, 편의치적선의 40%에 이르는 선박의 협약체결권이 유럽에서 미국으로 넘어간 것을 의미하며, 이것은 편의치적선을 둘러싼 유럽과 미국 간 대립의 일면을 드러낸 것이다. 실제 그 이후 미국과 영국 조합 간의 대립이 심해졌고, 미국 국제선원조합(SIU)은 권리 정지에까지 내몰리게 된다.[31]

그 배경의 하나는, 미국 선주의 영국 선적 이용에 있다. 앞의 <표 4-6>에 의하면 1960년 당시 미국 선주는 영국적으로 100척, 124만 총톤을 보유하고 있었다. PanLibHon 또는 미국에서 영국으로 자사 보유선을 이적하면, FOC 캠페인 대상에서 제외되지만, 미국의 선원조합 입장에서는 편의치적선화와 다름이 없다. 편의치적선을 둘러싼 국가간 대립과는 별도의 현상이지만, 국제노동운동에도 매우 중대한 과제를 안겨 주었다.

(4) 그 후의 미국의 움직임

승부의 갈림길은 1961년에 왔다. 발단은 NLRB(National Labor Relation Board, 전국노동관련위원회)였다. 동 위원회는 이른바 접촉이론(Contact hypothesis)을 인용하며, 미국 선주 소유의 편의치적선 분쟁에 관해서 NLRB에 관할권이 있다고 결정했다(1961년 2월). 이 결정을 배경으로 2대 조합을 중심으로 5개 조합이 연계하여 편의치적선 탈환을 위한 파업에 돌입했다. 파업은 6월 15일에 시작되었는데, 이 파업으로 정선된 미국 상선은 250척에 달했고, 항만은 마비상태였다. 7월 3일에 케네디 대통령은 태프트 하틀리(Taft-Hatley)법을 발동하고, 80일간의 파업 중지를 명령했다. 이 기간 동안, 미국 선주와 편의치적선에 관련된 조직협정이 다수 체결되었다.

그런데, 1963년 2월에 NLRB의 관할권을 부정하는 판결이 연방최고재판소에서 내려졌다. 이 판결은 미국에 기항하는 선박에 주권이 당연히 미치지만, 노사분쟁 등은 선내 질서에 관한 사항이고, 국제법상의 관행에 따라서 선적국의 법률로 처리해야 한다는 것이었다. 또한, 미국 특유의 역외적용에 대해서도 노동법에 명기되어 있지 않기에 상기한 내용을 넘어서 해석되지 않는다고 했다. 이 판결이 결정적이었다. 미국의 선원조합은 그 후로 오랫동안 FOC 캠페인을 그만두어야만 했다.[32)]

6. IMCO에서의 유럽의 끈질긴 대응

1958년 UN해양법조약에서의 대패 및 1959년 유럽과 미국 정부 간 비공식 협의의 결렬에도 불구하고, 유럽 해운국들은 그 후에도 편의치적선을 기본적으로 받아들이려 하지 않았다. 특히 IMCO(Inter-Govermental Maritime Consultative Organization, 정부간 해사협의기구)에서는 라이베리아와 파나마를 계속 배제하고 있었다.

IMCO(본부: 런던)의 설립조약은 1948년 UN 해사회의에서 채택되었고 1958년 3월에 효력이 발생했다. 제1회 총회는 1959년 1월에 소집되었다. IMCO에서 압도적으로 중요한 지위를 점한 해사안전위원회(Maritime Safety Committee)의 위원 선출을 둘러싸고, 이 장 3.에서 다룬 UN 총회의 연장전이 연출되었다.

IMCO 조약 제28조(a)는 ① 해상의 안전에 중대한 이해관계를 가진 가맹국 14개국을 총회가 선출한다. ② 그 중 8개국 이상은 최대 선주국이어야 한다(of which not less than eight shall be the largest shipowners nations) 등으로 규정하고 있었다.[33)] 상식적으로 최대 선주국은 등록 톤수로 결정되는데(당시 라이베리아

3위, 파나마 8위), 선거에서는 반대 다수로 두 나라 모두 낙선했다. 그 대신에 9위, 10위의 프랑스와 서독이 당선되었다. 전통적 해운국들이 편의선적국 배제에 성공한 것처럼 보였지만, 곧바로 국제사법재판소에 제소되었다. 재판소는 1960년 6월에 찬성 9, 반대 5로, 라이베리아와 파나마를 선출하지 않은 것이 IMCO 조약에 준거하지 않는다는 권고적 의견을 표명했다. 주된 이유로 IMCO 조약의 다른 조항에서는 등록 톤수로 처리되고 있는 점, 개개의 편의치적선에 대해서 수익선주국을 특정하여 선출하는 것은 실무상 곤란하다는 점 등을 들었다. 이에 대해서 주된 반대의견은 "총회가 선출한다(elected by the Assembly)"라는 점을 중시했다. 게다가 상위 8개국으로 한다는 확정적 규정이 있다면, '선출'할 필요성이 없다는 등을 지적했다.[34)]

IMCO를 무대로 한 공방은 이것으로 종식된 것은 아니었다. 1961년 IMCO 총회는 '권고적 의견'에 따른 선출을 행하였지만(파나마는 11위로 제외되었다), 1964년 총회에서는 전술한 제28조의 해당 부분을 '최대 선박보유 10개국에서 8개국 선출'로 개정해 버렸다. 이 2개국 차이는 라이베리아와 파나마를 상정하고 있는것이 분명했다. 효력 발생 후의 선거(1969년)부터 양국은 해사안전위원회의 구성원에서 제외되었다.

이사회에 있어서도 똑같은 저항이 시도되었다. 앞서 기술한 권고적 의견에 따라 라이베리아가 되돌아온 1961년 총회에서, 라이베리아와 파나마는 이사국 선거에서 낙선하게 된다. 더욱이 그 상태는 오랫동안 지속되었다.

IMCO는 1982년 5월에 명칭을 IMO(International Maritime Organization, 국제해사기구)로 변경하는데, 그것을 결정한 1974년, 1975년 총회에서 조약의 전면적 개정이 이루어졌다. 해사안전위원회는 모든 가맹국으로 구성한다는 점, 이사국 중에 'C' 이사국(해운서비스 제공에 실질적인 이해관계를 가진 국가)을 6개국에서 12개국(총 24개국)으로 확대하는 것으로 개정했다. 이런 방식으로 문제에 종지부를 찍게 되었다(1978년 발효).[35)]

주

1) Pedraja(1994), p.569; Lovett(1996), p.57; 日本郵船(1951), 30쪽 이하; 山本(1965), 45쪽; 森永(1952), 25쪽 이하 참조. <표 4-2>의 오른쪽은 민간으로부터의 외국매각으로 전시표준선에 한정되지 않는다. 단, 1948년 3월 이후 미국민이 위장구입하여 대외매각한 경우도 눈에 띈다. 정부의 불하가격은 리버티선 기준으로 1/3 정도였다(Lovett). 또, 이 법은 미국 해운력을 삭감했다고도 지적된다(Pedraja).
2) Hope(1990), p.392. *MT*(1958), p.25는 모두 4.8만명이다.
3) Naess(1972), p.66; ILO(1956), p.3.
4) 1967년 영국 남서부 Landsend곶 앞바다의 암초에 12만톤 정도의 원유를 만재한 채 *Torrey Canyon*호가 좌초했다. 6만톤 이상의 원유가 관광지 Cornwall 해안을 오염시키고, 그 확대를 막기 위해 최후에는 영국군이 이 배를 폭파시켰다. 해상유류오염 규제를 국제적으로 개시하는 계기가 되었다.
5) 村田(2000), 31쪽 이하는 동유럽 3개국과 한국의 가맹 문제에 대한 대응의 차이에서 OECD는 '유럽 중심'이라는 점을 느끼게 했다고 한다.
6) OECD 도쿄센터의 특별한 조치로, 파리 본부로부터 초안도 포함하여 배송되었다. 단, 등사판이기에 일부 불분명한 점도 있다.
7) *MT*(1958), pp.63~64. 코스타리카에 대해서 좀 더 언급하고자 한다. 군대를 가지지 않은 비무장국가로 유명한데, 편의선적제도는 1941년부터 실시하고 있다. 그런데, 제2차대전 후 선주의 등록세 체납과 밀수 등 말썽이 있어 1956년 의회에 특별위원회를 설치하고(신규등록 중단), ILO에 국제기준 도입을 위한 원조를 요청하는 등, 1958년 12월 말에 편의선적제도를 폐지했다. <표 4-1>에 그 변화를 볼 수 있다. ILO(1957), p.6; Boczek(1962), pp.45~48.
8) *New York Times*, June 9, 1959, p.74; June 10, p.74; June 11, p.66; June 12, p.54; June 14, p.88. Naess(1972), pp.129~135; Boczek(1962), pp.89~90. 미국 해사당국의 연보는 정부간 협의 사실을 전달할 뿐이었다(*MARAD*, 1959, p.35). 하지만, OEEC 측은 회의는 유의미했다고 전하고, 본문에서 설명한 연락회에 희망을 걸고 싶다고 했다(*MT*, 1959, p.36).
9) Hope(1990), p.408 이하에 따르면 영국선의 해외이적은 1939년부터 금지되어 있었기 때문에 영국 선주에게는 전술한 당시 환경에서 세금이 최대 문제였다. 편의치적선화의 붐이 오지 않았던 것은 세금문제의 '해결'이 하나의 원인이다(후술). 또, 해외이적 규제는 1950년대에 들어 완화되었고 1959년에 완전히 자유화되었다고 지적한다.
10) Hope는 미국 메이저의 '영국 탱커'가 편의치적선의 역할을 하고 있었다고 볼 수 있다고 지적한다. Hope(1990), p.406, p.433, p.461. 네스는 약간 오해를 하면서 버뮤다가 편의치적이지 않느냐고 반복해서 비판하고 있다. 시대에 따라 다를 수 있다.
11) 법전화(codification)란 국제관습법, 그 외에 이미 실천되고 있는 국제규범을 조문화하는 것이고, 점진적 발달이란 입법적인 규범의 정립을 말한다.
12) 小川(1966), 143쪽, 157쪽 참조. 참고로 위원의 지역별 수를 알려 두고자 한다. 유럽 5명(소련과 체코를 포함하면 7명), 북미 1명, 중남미 4명, 아시아 3명(중국, 인도, 시리아)이었다(ILC, 1950, vol. II, p.364). 국가를 대표하고 있는 것은 아니지만 논의에는 반영되었다. 위원의 교대에 대해서는 Boczek(1962), p.240n을 참조할 것.
13) 각국의 상황은 榎本(1988), 78쪽 이하에 소개하고 있다. 일본의 선박법(제1조)도 같음.
14) ICJ(1955), pp.21~23. 水上(1994), 199쪽 이하 참조.
15) 영국의 제안은 '진정한 연관'이라는 용어를 쓰지 않고, 국적요건을 규정한 국내법과 실효적인 관할권의 행사를 요구하여, 그것에 결함이 있는 경우 타 국가는 그 국적을 승인할

필요가 없다고 하고 있다. 그 후의 진정한 관계를 둘러싼 혼란을 생각하면, 영국 안을 기초로 하는 편이 좋았을지도 모른다. ILC(1956), vol. II, pp.80~81; 榎本(1988), 111쪽 이하 참조.

16) OEEC(1958)는 '진정한 관계'의 개념은 실용성이 부족하고, 그보다도 선주의 실제 소재지를 지표로 하는 편이 간편하다고 의문을 제기하고 있다. 단, 초안 단계에는 "그것(ILC 제안－필자)은 공감을 가지고 받아들일 수 있고 전면적으로 지원할 가치가 있기에 해양법회의의 기회를 놓칠 수 없다"(pp.12~13, par.35) 등으로 기재하고 있다. 하지만, 이사회는 이 단락을 삭제했다. 대역전의 조짐으로 읽어야 할까?

17) Sorensen(1958), p.205. Sorensen은 덴마크의 수석대표로 Aarhus 대학의 교수였다. 현장을 보고 들은 사람의 말로서 귀중하다. 단, 그 이상의 언급은 없다.

18) Boczek(1962), p.282. *The Times*, April 17, 1958, p.8; *The New York Times*, April 19, 1958, p.37. 미국 선주는 18일 단계에서 18개국의 반대표를 만들었다고 전한다.

19) 1946~1958년 사이의 위원 수는 정위원 12명과 부위원 5명. 거기에 ILO 이사회로부터 노사대표명 각 1명이 참가하여 의장이 되었다. 정·부위원 17명 중, 노사 양측의 10명은 유럽위원이었다. 상세히는 飼手·戸田(1960), 275쪽 이하; 石井(1971), 28쪽 이하; 武城(1985), 163쪽 이하; [海上勞動], 제4권8호, 4쪽 이하 참조.

20) ILO(1950), p.15에 의하면, 법률상은 파나마 면장을 가져야 한다고 되어 있었지만, 해기시험제도는 없다. 선박직원의 대부분이 외국인이기에 승선 중인 해기사로부터 본국 등에서 취득한 면장의 제시를 받아 영사관원이 '증서'를 발행했다. 단, 그것은 기록을 위해서지 검정에 통과했다는 것을 증명하는 것은 아니라고 보고하고 있다.

21) 예전에 선원 알선 사업자가 숙박과 식사를 제공하고(고리의 채무가 발생), 선장과도 결탁하여(선장은 급료로부터 공제하여 원금과 이자를 지불) 폭리를 취했다. 1920년의 조약은 선주·선원의 협동조직을 우선시하고 있는데 생략한다. 전술한 ILO(1950, p.30)의 조사에서 30척 중 4척만 공설소개소를 경유했다. 소개소 이용은 외국선의 선장에게도 열려 있었다(제8조). 하지만, 실제로는 이용하기 어려웠던 것으로 보인다.

22) ILO(1956), p.12. 더욱이 White의 보고는 같은 책(*Ibid*., pp.81~98)에 수록되어 있다. 이대로는, 전통적 해운은 편의치적선에 패하고, 스스로 편의치적선주가 되는 것 외에는 방법이 없어질 것이라고 지적한다. 반세기 이상 앞선 예측과 같이 진행되고 있다.

23) [海上勞動], 제11권4호(1958. 6), p.8. 단, 예비회의 결의안의 내용은 거의 그대로 승인되었다. ④ 감독기관에 대해서는 국내뿐만 아니라 해외에도 설치해야 한다고 추가했다.

24) 당연하게 종래부터 있었던 영국과 인도 항로 등에 대해서는 별개로 했다. 상세히는 木畑(1982), 3쪽 이하 참조. 또, 편의선원에 대해서는 노동력 이동의 관점에서 전전으로 거슬러가 분석하기 위해서 '외국선 취로선원'을 의미하는 篠原(1980)의 날카로운 분석이 있는데 용어를 포함하여 문제를 남기고 있다.

25) ILO(1950), p.2, pp.86~87; Johnson(1996), pp.29~30; 佐藤(1990), 10쪽.

26) 파란색 용지를 사용하였기에 그렇게 불렸는데, 도입 결정은 1958년 세계대회에서였다. ITF(1996), p.137.

27) Northrup & Rowan(1983), p.43. 당연하게 승조원이 거의 단일 국적으로 그 나라의 수준이 영국보다 높으면, 그것이 최저기준이 되었다고 한다. 山本(1984), 147쪽은 영국 기준이 '원칙'이었다고 하고, Johnson(1996), p.30은 무엇이 최저인지 분명하지 않고 ITF의 약점이었다고 지적한다.

28) Northrup & Rowan은 기금 거출은 꼭 그 목적대로만 사용되지는 않았고 ITF를 '부자'라고 하면서 비판적이었다. Northrup & Rowan(1983), pp.135~151.

29) Naess(1972), pp.48~51. 네스는 이 영향으로 이탈리아 선원조합과 합의한 노동협약에 대해서 B/C가 발급되지 않을까봐 걱정하였다고 한다. 또, ITF의 움직임에 대해 11월 7일에 미국의 편의치적선주는 American Committee for Flags of Necessity(뒤에 FACS)를 결성했다.

30) ITF의 당초 발표에서는 미국 143척, 세계 192척(Northrup & Rowan, 1983, pp.47~48), Naess(1972), p.62에서는 미국 125척, 캐나다 8척, 세계 183척이었다. ITF(1996), p.139는 미국 160척, 세계 200~300척이라 한다. 西巻(1967), 12쪽에는 223척이다.

31) 세인트로렌스 운하 개통(1960년) 이후, 영국 선원의 wildcat strike를 SIU가 지원했다고 보는 시각도 있다. Naess(1972), pp.86~88.

32) 개괄적으로 다음의 문헌을 지적해 둔다. Naess(1972), pp.81~83, pp.108~112; Boczek(1962), pp.80~81; Northrup & Rowan(1983), pp.50~51. 또한, 선내 사항에 관한 관습에 대해서는 山本章二(1985), 307쪽 이하 참조.

33) 왜 8대국에 한정했는지 그 자체로 문제였는데, 조약 초안은 1946년 10월에 작성되었고, 편의치적선 문제가 현재화하지 않았던 점이 큰 원인이었으리라 생각된다. 또한 파나마는 1958년 12월 31일, 라이베리아는 1959년 1월 6일에 아슬아슬하게 가맹했다.

34) ICJ(1960), pp.150~172. 국제사법재판소는 전년에 채택된 공해조약 제5조의 '진정한 관계'에 대해서는 검토하지 않고도 결론에 도달할 수 있다며 돌려보냈다(*Ibid.*, p.171). 逸見(2006), 166쪽은 공해조약의 발효는 1962년인데, 당시 이미 발효하였으면 달라졌을 가능성도 있었다고 지적한다.

35) 嘉納(1981), 15~155쪽의 상세내용은 매우 가치 있는 연구결과이다. 嘉納은 연구를 총괄하고 '해사안전위원회 및 이사회 구성'의 우여곡절은 국제사법재판소가 배후에 있는 편의치적선 문제, 법적으로는 '진정한 관계' 문제를 회피하였기에 발생한 것이었다고 지적한다(149~150쪽).

제 5 장

남북문제로 전이된 편의선적제도와 그 혼란

1. 이 장의 개요

편의선적제도를 둘러싼 움직임은 1958년 '공해에 관한 조약'에서 "기국과 선박의 관계는 사실상 희박해도 좋다"고 결정된 것과, 이듬해인 59년의 유럽-미국 정부 간 협의 결렬 등을 거쳐 1960년대에는 사실상 교착상태에 빠지게 되었다. 1970년대에 들어 다시 움직이기 시작했는데, 배경에는 유로달러의 증대, 닉슨 쇼크와 오일 쇼크에 의한 시장의 침체가 있었다. 경쟁력 있는 편의치적선은 급속히 선진국선의 점유율을 빼앗아 갔다(<표 5-1> 참조). 여기에 남북문제가 더해져 편의선적제도는 다시 동요기를 맞게 된다. 이 장에서는 주로 1970년대와 80년대 초반을 다루기로 한다.

제1절에서는 OECD를 중심으로 어떤 움직임이 있었는지를 살펴본다. 먼저, OECD가 1970년대에 실시한 조사·연구를 다룬다. 그것에 따르면, 1950년대의 제로에 가까운 세금과 그것을 이용한 자본의 축적으로부터, 안전·유지관리 및 맨닝(저임금보다 자격·능력·정원)으로 초점이 변화되었다. 이러한 관점에서 OECD는 IMCO와 ILO에 적극적으로 문제를 제기하여 각종 조약의 성립에 성공하게

〈표 5-1〉 그룹별로 본 세계 선복량 추이

(단위: 100만 중량톤, %)

그룹	1965년	1970년	1975년	1980년	1985년
선진국	–	211.9	318.2	350.1	282.9
(%)	(69.7)	(65.0)	(58.2)	(51.3)	(42.5)
편의치적국	–	70.3	161.9	212.6	203.4
(%)	(15.1)	(21.9)	(29.6)	(31.1)	(30.6)
사회주의국	–	21.7	33.1	48.7	58.5
(%)	(7.4)	(6.6)	(6.1)	(7.1)	(8.8)
개발도상국	–	20.5	30.9	68.4	113.4
(%)	(7.3)	(6.3)	(5.6)	(10.0)	(17.1)
기타	–	1.7	2.2	3.0	6.7
(%)	(0.5)	(0.5)	(0.4)	(0.5)	(1.0)
세계 합계	–	326.1	546.3	682.8	664.8
(%)	(100)	(100)	(100)	(100)	(100)

출처: *RMT* : 1968, 1970, 1975, 1980, 1985.
주) 1965년의 비율은 총톤수에 의함.

된다.

이것과 표리관계에 있지만, 선박의 국적요건을 실마리로 편의치적선을 규제하려던 1950년대의 좌절을 반성하여, OECD는 국제법상 각국 고유의 권한으로 인정받는 영역주권을 활용하는 방향으로 전환한다. 우선 국제기준(조약)을 만들어 이를 통해 입항한 편의치적선을 검사하고, 결함이 발견되면 출항정지를 포함한 '처분'을 함으로써 편의치적선을 압박하려 했다(Port State Control).

제2절에서는 남북문제로 대두된 편의선적제도에 관해서 마닐라 총회(1979년)까지를 다룬다. 우선, UNCTAD의 해운문제 취급과 그 경위를 정리한다. 다음으로, 오늘날 해운계의 '상식'으로는 생각하기 어렵지만, UNCTAD에서 편의치적선의 문제를 최초로 제기한 것은 선진국 그룹이었음을 언급해 둔다. 그 후, UNCTAD 사무국의 적극적인 연구·조사에 의해 남북문제(개발도상국 해운의 발

전을 방해하는 편의선적제도)로 전환되는 과정을 살펴본다.

이러한 경위로부터 실은 남북 간에 "편의치적선은 선적국을 제외한 모든 국가의 해운에 유해하다"라는 공통의 인식이 형성되어 해결은 시간문제라고 생각되었다. 그런데 G77의 아루샤 선언(Arusha Declaration, 1979년)이라는 태풍이 불어닥친다. 마닐라 총회에서 개발도상국들은 이미 성립된 정기선동맹의 트레이드 쉐어(의 권리)에 더해 부정기선(벌크운송)의 트레이드 쉐어를 요구하며 체결을 강행하려 하였다. 이는 전통 해운국들이 국제해운시장의 기본질서로 삼아온 해운자유의 원칙에 배치되는 정책으로 긴장은 급속히 고조되었다. 여기서 다소 상세히 검토해 보도록 한다.

제3절에서는 편의치적선에 승선하는 선원의 아시아 시프트에 대해 기술한다. 편의치적선의 실질선주(beneficial ownership)는 과거 미국과 그리스가 대부분을 차지했지만 1970년대에 지각변동이 일어난다.

일본과 아시아 NICS가 상당수의 편의치적선을 보유하게 되면서 아시아인들이 선원으로 승선하게 되었기 때문이다. 이에 주목하는 것은 OECD가 UNCTAD에서 의견을 번복한 것과 깊이 관련되어 있다고 생각하기 때문이다. 물론 이 아시아 선원에 일본 선원은 포함되지 않는다. 오히려 일본 선원을 대체하는 형태의 승조였다. 아시아 중에서도 월등히 그 수가 많았던 대만, 필리핀, 한국 선원들에 주목해 역사적 배경, 해외고용정책, 비용경쟁력 등을 분석한다. 필리핀은 현재 세계 제일의 선원공급국이 되었기에, 1970년대에 시작된 선원인력(man power) 수출정책에 주목한다.

제4절에서는 마닐라 총회 종료 후부터 선박등록요건조약의 성립까지를 다룬다. 벌크운송 점유율에 대한 개발도상국의 요구로 난항이 예상된 사실은 앞서 언급했지만 예상과 달리 선진국의 견고한 수비에 압도된 개발도상국은 총회가 끝난 뒤 곧 공세를 거두게 된다. 그리고 UNCTAD 해운위원회의 논의는 편의치적선 문제로 옮겨간다. 다만 선진국들은 "해롭지만 많은 문제가 남아 있다"는 애매한 태도를 지속했다. 안달이 난 개발도상국은 해운특별위원회(1981년)에서 여러 채널을 통해 편의치적선을 단계적으로 배제하는 결의를 제출한다. 태도 결정을 강요받은 B(선진국) 그룹은 여기서 편의치적선 옹호로 돌아서게 된다. 그렇다면 선진국들은 왜 1970년대의 자세를 돌연 바꿔, 옹호 쪽으로 돌아선 것

일까? 큰 수수께끼지만, 그 원인 중 하나는 유럽 내부에, 다른 하나는 아시아에 있다는 것이 본고의 결론이다.

다음으로 편의치적선 논란에 영향을 미쳤다고 생각되는 3개의 문헌을 다룬다. 바로 Metaxas, [자유등록해운](EIU), Sturmey다.

편의치적선의 단계적 배제방법으로 개발도상국은 경제적 3요소(자국민 소유, 자국선원, 선사의 기국내 소재)를 요건(economic genuine link)으로 하는 조약을 작성하려고 했다. UN이라 해도 UNCTAD에서는 강대국의 거부권이 없고 개발도상국의 수적 우위는 압도적이었다. 그럼에도 불구하고, 5년이나 허비한 조약교섭의 결과는 개발도상국 측에 참담한 결과를 안겨 주었다. 조약은 성립되었지만, 철저하게 핵심이 배제되었고, 편의치적선을 약화시킬 만한 수단이 조약에는 남지 않았다. 이것도 상당한 의문점인데, 조약의 발효 요건이 열쇠를 쥐고 있었다는 것이 본 고찰의 결론이다. 해사조약의 발효에는 보통 비준국의 선복이 세계 선복의 일정 비율 이상이 되어야 하지만, 편의선적국을 제외한 개발도상국은 이 점에서 열세에 있었다(1980년 점유율 10%). 발효될 수 없는 조약을 작성해도 의미가 없으므로 양보에 양보를 거듭한 것으로 보인다. 아이러니컬하게도 선진국의 '수적(數的) 우위'에 패한 셈이다.

2. 편의치적선 규제에 나선 OECD

먼저, OECD와 유럽 각국 정부의 관계에 대해 언급하고자 한다. OECD에는 비유럽 국가도 있지만, 미국은 해양 관련 정책의 기본이 유럽과 일치하지 않아 OECD에 관심을 보이지 않았다. 캐나다, 호주, 뉴질랜드는 외항해운에 적극적이지 않았다. 일본은 해운대국이었지만 '말하지 않는 나라'로 OECD를 이끌어 가지 못했다. 이런 점에서 OECD의 해운위원회와 유럽 국가들은 상당 부분 일체적 관계였다고 해도 과언이 아니다. OECD의 활동은 선진국의 몫으로 평가되어 왔으므로, 전통적 해운국의 모습을 살피기에 가장 적합한 존재라고 해도 과언이 아니다. 더욱이 소론의 과제인 남북문제와 관련해서 보면 OECD 해운위원회는 선진국 그룹의 사무국적 존재였다.

(1) OECD 해운위원회의 활동

편의치적선이 세계 선복의 20%를 넘었다는 사실(앞 <표 5-1> 참조)에 충격을 받은 OECD는 [편의치적선]이라는 제목의 보고서를 1972년 중반 연보 제5장으로 공표한다.[1)] 주요 내용은 ① 편의치적선의 성장, ② 편의선적 제도의 특징, ③ 선적국에 대한 기여, ④ 편의치적 선주의 우위성과 불이익, ⑤ 편의치적 대선대가 세계 해운에 미치는 영향(consequences), ⑥ 편의선적 제도에 대항하기 위한 국제적 조치, ⑦ 전통적 해운국의 대항 조치, ⑧ 결론이다.

우선 ⑤ 세계 해운에의 영향에 대해서는 "국민경제적 시각에서 보면 편의치적선은 생산요소, 고용, 소득과 세수를 감소시킨다. (자국 선박이 아닌 편의치적선의 이용은) 운임과 용선료의 외화 지불을 필요로 하므로 국제수지에 영향을 준다. 아울러 각국 선주들을 불공정한 비용 경쟁으로 끌어들이고(lead to unfairly low cost competition), 그들의 생산능력을 제한하게 된다"라고 밝혔다. 더욱이 선적국은 안전과 사회적 규제에 대해 집행기관을 두지 않고 그럴 의사도 없다. 라이베리아 정부는 선원 자격에 대한 상세한 규정을 갖고 있으나 스스로 감독하지 않고 실제로는 직원(해기사) 면허장의 절반가량이 무자격 또는 위조면허장을 토대로 발급되고 있었다고 한다.[2)]

⑦항의 대항조치에 대해서 대부분의 국가는 편의치적국으로의 이적이나 편의치직선의 운항을 규제하고 있지만, 중간법인(intermediaries)을 개입시켜 현지법인에 편의치적선을 소유하게 하는 형태(시쿠미선(仕組船)도 그 한 형태)를 취하는 경우가 많아, 그것을 저지하는 것은 어렵다고 했다(*MT*, 1971, p.108).

1971년 9월 30일, 보고안을 검토한 OECD의 해운위원회는 ILO와 IMCO에 이 보고서를 송부(문제 제기)해야 한다고 권고했다. 더욱이 논의를 통해 편의치적선의 중요한 두 가지 문제를 밝히고 있다. 첫째는 편의치적선의 특별한 경제적 우위가 초래하는 불공정경쟁의 위험성이고, 둘째는 부적절한 안전기준과 효과적이지 못한 집행이 초래하는 해사사회(maritime community)에 대한 위협이다. 이상이 ⑧ 결론으로 처리되었다(*Ibid.*, pp.108~109). 기타 이 책 제6장에서 다루는 UNCTAD 사무국의 보고에 가까운 인식이 곳곳에 제시되어 있지만, 여기서는 생략한다.

그 후 1972년 6월 편의치적선 특별부회(*ad hoc* group)를 발족시켰다. 특별부회의 성과 중 하나는 해난조사였다(*MT*, 1974, pp.88~105). 1964~1973년 10년간 전손(total losses)으로 로이즈 선급협회가 인정한 1,237척, 751만 총톤을 분석한 결과 편의치적선은 461척, 290만 총톤으로 OECD선에 비해 4배, 세계 평균으로 보면 2배로 비정상적으로 높은 해난율을 보였다. 고선령선의 해난이 많았고, 그 종류로는 난파, 침수가 두드러졌다. 따라서 원인은 선박 및 승무원의 준비부족과 부적절성에 밀접하게 연관되어 있다고 결론지었다.

1975년 9월 이 조사와 가맹국 협력 성과를 포함한 [편의치적선에 관한 해운위원회 보고](OECD, 1975)가 OECD 이사회에서 승인되었다.[3] 이상에 관해서 보고서는 편의치적 선주에게 귀속되는 불합리한 이익(disproportionate economic advantages)은 전통적 해운국의 엄격한 선원 및 선박관리 규칙 및 효과적인 시행의 회피로 인해 발생하는 것이라 결론지었다.

이에 따라 해운위원회는 IMCO에 대해서는 각종 조약의 실시상황을 감시하도록 하고, ILO에 대해서는 진행 중이던 기준이하선(substandard vessels)에 관한 작업을 활발히 수행하도록 적극적으로 권유(encourage)할 것을 가맹국가에 권고하였다(*Ibid.*, p.1, par.2).

사실, 상술한 보고서를 채택한 해운위원회(6월 3, 4일)에서는 편의치적선의 본격적인 규제를 개시해야 한다는 프랑스, 스웨덴과 이에 반대하는 그리스 간에 격렬한 논쟁이 있었다. 결론은 보류되었지만, 영국은 찬반 양론을 종합한 '기준 이하 선박' 개념을 통해 타협을 중재하고 규제를 개시하려고 했다(海事新聞, 1975년 6월 11일). 그 제안은 대부분의 찬동을 얻었고, 후술하는 ILO 제147호 조약(1976년) 등으로 결실을 맺게 된다.

1977년 OECD 이사회는 OECD 조약 제5조(b)항에 의거해 '기준 이하(sub-standard) 선박에 관한 권고'를 실시했다. "국제기준에 미달하는 선박으로 인해 해상안전과 해양오염 위험이 증대되고 있다는 우려가 높아지고 있음에 주목"함과 동시에 ILO 제147호 조약이나 IMCO 기준 이하 선박에 대한 가이드라인(후술)을 기초로 하여 회원국들은 자국의 관할권 범위 내에서 필요한 모든 조치에 착수해야 한다고 명시하였다(*MT*, 1977, p.83, p.96). 다음 해인 1978년 3월, 북유럽 8개국은 입항국에 의한 감독(PSC) 협정에 조인했다(자세한 것은 후술). 이에 따라 OECD는 편의치적선의 증가세가 1960년 이후 최저치를 기록했으며, 회원국 수출입에서 차지하는 편의치적선의 이용비율이 감소했다는 등의 성과를 자랑했다(*MT*, 1973, pp.84~85).

(2) 편의치적선에 대한 국제적 규제의 개시

전술한 IMCO, ILO에 대한 적극적인 문제 제기의 성과라고 생각되는 몇 가지를 소개해 둔다.

(a) 상선의 최저기준에 관한 조약(ILO 제147호, 1976년)

이 조약은 엄브렐라 조약 혹은 슈퍼 조약으로 불리기도 한다. 이미 발효된 ILO 조약 중 필요 최소한의 '11조약'에 대하여,[4] 그와 동등 이상의 국내법을 정하는 의무를 체약국에 부과하는 조약이기 때문이다.

핵심은 Port State Control(입항국에 의한 감독, 이하 간단히 PSC로 한다)에 있었다. 조약 제4조는 다음과 같이 정한다. 당사국들은 기항한 외국 선박으로부터 클레임이 접수되었을 때, 혹은 증거를 얻었을 때 그것이 안전이나 건강에 분명히 위험한 경우 구류(detention)를 포함한 필요한 조치를 취할 수 있다(take measures necessary to rectify any condition on board). '클레임'은 선원뿐만 아니라 노조와 각종 협회 등 선원 안전과 건강에 관련된 사람이 제기할 수 있다. 이것의 핵심사항은 최저 이하의 편의치적선을 입항국이 규제할 수 있게 되었다는 것이다.

본 조약이 성립된 경위는 다음과 같다. 1958년의 ILO 제107호, 제108호 권고 이후 관계자의 편의치적선에 대한 관심은 낮았으나, 1970년의 ILO 해사총회에서 위 두 가지 권고의 실시상황을 조사하여, 필요하면 다음 제21회 JMC(Joint Maritime Committee, 노·사 협의기관)의 의제로 한다는 결의가 채택되었다.[5] 1972년에 개최된 JMC의 제4의제는 FOC로 결정되었다. 이 회의에서 ILO 사무국의 조사에 대한 편의선적국의 반응이 좋지 않았던 것으로 보고되고, 동시에 OECD의 1971년 보고서가 토의자료로 첨부되었다.[6] 토론에서 선주측은 편의치적선은 경제적인 필요성으로 인해 발생하였으며, 사회적으로도 공헌했다. 편의치적선이냐 아니냐로 나누는 것은 국기 차별 행위나 마찬가지라고 주장했다. 또한 제기된 문제의 핵심은 편의치적선을 포함한 '기준 이하 선박' 문제라고 강변했다.

타협의 산물로서 '기준 이하의 선박, 특히 편의선적국으로 등록된 선박에 관한 결의(Substandard Vessels, Particularly Those Registered Under Flags of Convenience)'가 채택되었고, 국제문서 작성을 차기 총회의 과제로 하였다(ILO, 1975, p.58).

ILO 해사준비총회는 미국의 분담금 지불 정지 조치에 따른 재원 부족으로 1년 늦게 1975년에 개최되었으나 초점인 국제문서 형식은 협약인지 권고인지, PSC 범위 여부 등 이슈는 총회로 미뤄졌다. 총회에서는 사무국 제안대로 문서형식은 조약으로 하고, 명칭은 '상선의 최저기준에 관한 조약(Convention Concerning Minimum Standards in Merchant Ships(No. 147))'으로 채택되었다.[7] PSC에 대해서는 프랑스 정부 대표의 제안으로, 클레임을 토대로 하여 조약의 기준에 합치하지 않는 모든 선박을 대상으로 하게 되었다. 이에 대해 소련과 기타 동구권 국가들은, 냉전의 와중에 표적이 될 것을 우려해 체약국 선박으로 한정할 것을 주장하였으나 기각되었다. 또 개발도상국들은 조약의 기준을 충족하는 것이 불가능하며 불공정한 취급이라고 주장했지만, 네덜란드 정부 대표는 '안전과 건강'에 한정되며 열악한 선주에 대한 조치일 뿐이라고 하며 이를 무마시켰다.[8]

여기서 몇 가지 지적하고자 한다. 첫째, 다국간 조약적 요소가 포함되므로, ILO 조약으로서는 드물게 '총톤수로 세계의 25%를 차지하는, 적어도 10개국'의 비준이라는 발효요건이 정해졌다. 1981년 11월에 일찍이 발효되었지만, 일본의 비준은 1983년 5월에 이뤄졌다. 둘째, 앞 절에서 기술한 바와 같이 OECD 회원국 정부의 적극적인 압력이 있었기 때문에 그것이 주효했다는 점이다. 셋째, OECD 회원국 정부와 선주 사이에는 상당한 의견 차이가 있었다. OECD는 용어를 편의치적선으로 할 수 있다고 했으나, 선주는 JMC에서 드러난 것처럼 편의치적선도 용인될 수 있는 '기준 이하 선박'을 주장했다. 용어의 문제라고는 하지만 이후 전개상황을 암시하고 있다.

(b) STCW 협약(선원 훈련, 자격증명 및 당직 유지 기준에 관한 국제협약)

Kasoulides에 따르면 이 협약(STCW: International Convention on Standards of Training, Certfication and Watchkeeping for Seafarers)은 IMCO와 ILO의 밀접한 협력에 의해 성립된 것이다(Kasoulides, 1988). 1967년 *Torrey Canyon*호 좌초 사고 이후 편의치적선의 해난사고가 계속되었으나, 그 원인 중 하나로 승무원의 능

력, 경험 부족이 지적되었다(앞서 서술한 OECD 조사 참조). 이를 위해 1970년 선원 훈련에 관한 ILO·IMCO 합동위원회는 '선원 직업훈련 요강'을 작성했다.

1971년 9월에는 IMCO 해상안전위원회에 STCW 소위원회가 설치되었다. 1976년 12월 미국 북동해안에서 발생한 *ARGO Merchant*호 좌초사고로 인한 중유 2만 8천톤 유출 및 오염사고는 연일 언론에 보도되었다. 미국은 사고의 심각함으로 인해 국내는 물론 IMCO에 대해서도 규제 강화에 나섰다(Carlisle, 1981, pp.181~183; 木畑, 1973, 32쪽). 그리고 1978년 3월의 *AMOCO Cadiz*호 원유 유출 사고가 쐐기를 박는 계기가 되어, 1978년 7월 STCW 협약이 체결되었다(1984년 발효).

협약의 내용은 약칭과 같이 훈련(Training), 자격(Certificate)과 당직유지(Watchkeeping)에 대해 최저기준을 정하는 것이다. 당시 일본 수준으로 보면 상당히 낮았지만, 글로벌 스탠더드가 형성된 것은 획기적이었다. 다만 개발도상국 입장에서는 부담이 무거워 여러 가지를 반대하고 수정을 요구하였다. 木畑公一는 회의 전체의 특징을 남북문제로 규정한다(1978, 39쪽 이하).

이 협약의 다른 주목점은 PSC를 도입한 것과 비체약국 선박도 대상으로 삼아 '누락'을 방지하는 '유리한 취급 비적용 조항(no more favorable treatment formula)'이 삽입되었다는 것이다.

(c) PSC(Port State Control)

'기항국 관할권', '입항국에 의한 감독' 등으로 번역되지만 일반적으로 PSC로 사용된다. 로치데일 보고서가 지적하는 것처럼, 편의선적국이 자국선을 효과적으로 관할할 능력도 의지도 없다면, OECD는 그 대체수단을 찾아야 했는데, 그것이 PSC였다고 할 수 있을 것이다. 선원 관리와 안전 등에 관한 국제기준을 조약으로 작성해 입항국의 해사행정기관이 이를 충족하는지 여부를 점검한다. 구류(detention)를 포함한 감독권을 행사하면 편의치적국의 관할 부족을 보완할 수 있다.[9)]

다만 비체약국 선박에도 적용할 경우 국제법상 조약의 '합의는 구속한다'는 측면(비준하지 않으면 구속되지 않는다)과 입항국의 영역주권(여기서는 내수면에 있는 선박에 대한 주권 행사) 간에 매우 곤란한 문제에 봉착하게 된다.[10)]

OECD 국가들은 체약국 이외의 선박에도 PSC를 실시해 실천에 앞장섰는데

이는 매우 큰 의미를 갖고 있었다. 1950년대 OECD는 기국과 선박 사이에 소유와 승조원 등에 대한 '진정한 관계'(후술 참조)가 존재하지 않을 경우 그 선박의 국적을 승인하지 않아도 된다는 논리로 편의치적선에 대처하려다 실패한 쓰라린 경험을 갖고 있다(제4장 3 (4) 참조). 이에 대해 PSC는 국제조약을 바탕으로 자국에 고유한 영역주권을 행사하여 대응하려는 것이다.

한편, 앞서 언급한 OECD의 1975년 '보고서'는 같은 해 6월에 해운위원회를 통과했고, 이어 11월에 열린 IMCO 총회에서 전에 언급한 '선박규제 절차'가 결의된다(A.321(Ⅸ)).[11] 이것은 OECD 해운위원회의 권고에 따른 것이라고 할 수 있다. 1977년 7월 OECD 이사회는 ILO와 IMCO의 움직임에 따라 그것들을 전면적으로 실행에 옮길 것을 각국에 권고하였다.[12]

그런데, 상술한 실천은 매우 교묘하게 이루어졌다. ILO 제147호 조약이 체결됨에 따라 유럽 8개국(벨기에, 덴마크, 프랑스, 서독, 네덜란드, 노르웨이, 스웨덴, 영국)은 헤이그 각서를 작성해 북유럽에서 기준 이하 선박을 쫓아내기로 했다.[13] 한 나라만의 규제라면 해당 국가로의 상업항해를 회피하면 그만이다. 그러나 북유럽의 모든 항구가 규제대상이 되면, 그 해역의 상권을 잃는 것과 마찬가지로 그 효과는 지극히 커진다. 해사당국은 블랙리스트 작성이나 추적조사도 가능하기 때문이다.[14]

헤이그 각서는 1978년 3월 2일 서명됐지만 2주일 뒤인 3월 16일 앞서 언급한 *AMOCO Cadiz*호의 기름 유출 해난이 발생했다. 사상 최악인 22만톤의 유출유는 프랑스 서안을 오염시켜 유럽에 충격을 주었다. 이때 PSC 확대가 요청되어 1980년 12월에 13개국의 각료, EC, IMO 및 ILO의 대표가 파리에서 만나 '파리 MOU'에 합의했다(서명은 19821월, 발효는 7월). 새롭게 그리스, 이탈리아, 스페인, 포르투갈, 아일랜드와 핀란드가 참가하여 지중해를 포함한 유럽 전역이 기준 이하 선박 배제의 대상이 되었다(Özçayir, 2004, pp.121~123).

IMCO는 차례로 신조약과 개정의정서를 만들어 갔지만, 잊지 말아야 할 것은 1960년대 전반에 라이베리아와 파나마를 해상안전위원회 및 이사회로부터 퇴출시킨 사실이다. 이것은 공해조약의 '진정한 관계'로 인한 '불승인조항' 삭제와 관련되는데, 두 나라의 부재는 IMCO의 활동에 큰 영향을 미쳤을 것이다(제4장 2, 6 참조).

3. 남북문제로서의 편의치적선의 부상

(1) 남북문제와 UNCTAD(무역개발위원회)

남북문제(North-South Problem)라는 용어는 1959년 Oliver Franks(Lloyds 은행 회장)가 강연에서 말한 것에서 유래했다(室井, 1997, 4쪽). 그는 “예전에는 동·서 간 긴장 문제가 지배적이었다. 현재 우리는 똑같이 중요한 ‘남북문제’에 직면하고 있다”고 지적하고, 개발도상국의 자본 부족은 그들의 저축만으로는 불충분하기 때문에 ‘자유사회(방점은 필자)로 발전할 기회를 얻기 위해’ 서방의 원조와 이것을 위한 회의기구의 설치를 강조했다(中村, 1960, 85쪽 이하). 배경은 복잡하지만 AA회의(Asian-African Conference, Bandung, 1955년), 수에즈 운하 국유화(1956년), 쿠바 혁명(1959년), OPEC 결성(1960년), 아프리카의 해(1960년) 등의 큰 파도가 지구를 휩쓸고 지나갔다. Franks의 발언 이후에도 쿠바 위기(1962년)에서 보듯이 냉전은 계속되었고, 동·서 양 진영은 원조를 지렛대로 제3세계 끌어안기에 열을 올렸다. 이것도 남북문제가 국제적인 정치문제로 대두된 요인 중 하나가 되었다.

한편, 제3세계는 식민지로부터의 독립이 곧 자립을 의미하지 않는다는 것을 알게 된다. 모노컬처(monoculture) 경제구조가 경제적 자립을 방해하고 있었지만, 그것은 식민지 체제의 유산이었다. 비동맹 국가들은 1962년 카이로 선언에서 남북문제에 관한 UN 주최 국제회의를 요구했다. 모노컬처 경제와 ‘비교우위 원리’에 입각한 무역이론은 서로 불가분한 관계를 갖는다. 그래서 1964년 개최된 UNCTAD에서 남측은 GATT와 기타 기구들을 통합하는 국제무역기구 설립을 요구했다. 그러나 IMF/GATT 체제의 두꺼운 벽에 막혀 이 회의를 UN 총회의 남북문제를 다루는 직속기구로 만들어 4년마다 열리는 총회, 이사회(Trade and Development Board)와 상설사무국을 두고, 독립적인 예산을 갖기로 타협이 이루어졌다.

이사회 멤버는 회의 성격상 경제적인 지역 할당으로 선출되었는데, A그룹(아시아·아프리카), B그룹(선진국), C그룹(라틴아메리카), D그룹(소련·동유럽)으로 구분된다(나중에 가입한 중국은 독립그룹). 위원회나 총회에서 교섭이나 논의는, 각 그룹마다 별도로 행해졌다(실태는 海事新聞, 1981년 10월 10일, 2면이 상세). 개발도상국은 A그룹과 C그룹이 일체가 되어 77개국으로서 행동 통일을 취하게 된다(이하 G77이라 약칭한다). 그 후 개발도상국은 100개국이 넘는 큰 기구가 되지만 그대로 G77로 불렸다. 이사회의 보조기구로 당초 1차산품위원회, 제품위원회, 무역외거래융자위원회 등 3위원회가 설치되었다. 예를 들어 총회 전에 회의를 갖고 의견 통일을 도모하여 알제리 헌장 등으로써 세계에 자신들의 정보를 발신하게 되었다.

(2) 해운위원회의 창설과 초기 활동

해운 문제는 상기 제3위원회에서 다루기로 되어 있었는데, 첫 번째 총회에서 문제가 되어 전문위원회의 창설이 권고되었다. 1965년 이사회는 '무역에서 해운의 중요성 및 개발도상국의 국제수지에 유의하여' 해운위원회(약칭: C.4)를 설립하기로 결정하였다(海事産業研究所, 1973, 120쪽). B그룹은 이 위원회에 대응하기 위해 OECD의 해운위원회와 CSG(Consultative Shipping Group, 선진국 해운담당관회의, 일본과 유럽 13개국)를 통해 준비했다(같은 책, 86쪽).

이와 같이 해운위원회 설립은 늦어졌지만 제1회 총회에 출석한 山縣勝見에 의하면 "항상 그 기조를 이룬 것은, … 상선대의 창설과 국기 차별의 문제였다"(1965, 13쪽). 개발도상국은 자국 해운은 유치산업이며 화물유보 등의 보호는 국기 차별에 해당하지 않는다고 주장했다.

제2회 총회를 앞둔 1967년 10월 G77은 '알제리 헌장(Charter of Algiers)'을 선언하고, "개발도상국은 수출입화물의 공정한 점유율을 유보할 권리가 있다"는 점을 모든 국가가 인식해야 한다고 촉구하였다(UNCTAD, 1967, p.19). 그러나 총회에서는 다른 안건도 있어서 이 제안에 "해운위원회가 주의할 것을 권고한다"(寺島, 1968, 18쪽)에 그쳐 보류되었다.[15)]

알제리 헌장에서, 해운동맹을 향해 '선진국 선주와 대등(equal footing)하게 참가할 권리'(*Ibid.*, p.18)도 강조되었지만, 이것도 총회에서는 각국 정부가 자국이 관련된 해운동맹에 그 취지를 권고하는 데 그쳤다. 다만 이 정기선동맹 문제는 이후 급전개를 거듭해 제3회 산티아고 총회에서는 코드 조약을 작성하는 것이 강행 처리되었다. 그리고 1974년 UN 총회에서 '정기선동맹행동헌장조약(Convention on a Code of Conduct for Liner Conferences)'으로 채택되었는데, 국제항공의 버뮤다 협정을 강하게 의식한 것이었다. 주요 내용은 ① 실효지배하에 있는 국적선사, ② 배분비율(share rule)은 50:50(제3국 선사가 있는 경우 40:40:20), ③ 점유율은 한 나라에 두 선사가 있어도 1개국 단위로 인정 등이었다. 결론적으로 이것은 UNCTAD 역사에서 개발도상국들이 이뤄낸 가장 큰 성과였다(자세한 내용은 武城, 2002, 31쪽 이하 참조).

(3) 편의치적선의 규제에 단서를 제공한 B(선진국) 그룹

UNCTAD의 제6차 해운위원회(1974년)가 가장 먼저 편의치적선 문제를 거론하였다. 같은 해 4월 UN 특별총회에서 NIEO(신국제경제질서)와 정기선코드협약이 채택되어 UNCTAD는 새로운 단계로 진입하고 있었다. 이것에 대비하기 위해 사무국은 전년 10월 본위원회 전용의 보고서 [해운에서의 경제협력]을 작성했다(UNCTAD, 1973). 보고서는 국제협력이 가능한 분야로 6개 항목을 제안했다. 그 중 하나가 '국제해운 관계의 공·사법적 측면'이다. 과거 국제조약 등의 개정과 새로운 분야의 검토를 열거하고 있었는데, 후자는 '진정한 관계'가 예시되어 있다.

제6회 해운위원회는 6개 항목 제안의 우선순위를 정하였는데, G77은 선박 융자와 기술·재정 원조 문제를 우선 항목으로 하였다(UNCTAD, 1974, p.9). 선진국은 좀처럼 합의를 보지 못했지만 결국 외국선박의 입항(access)과 입항 중 취급 문제, 기술·재정 원조, 진정한 관계의 순으로 정했다(船協연보, 1974, 43쪽). 최종 결정은 컨택트 그룹에 맡겨진 결과 (a) 입항 중인 외국선 취급, (b) 해운과 항만에 대한 기술 및 경제지원, 제2순위로 해운정책을 조화시킨다는 관점에서 '진정한 관계의 존재 여부가 국제해운에 미치는 경제적 영향',[16] 제3순위로 '해운의 진흥(Promotion of shipping)'을 검토과제로 삼는 것이 이의 없이 결의되었다.[17]

논의가 조금 앞서 나가지만, 강행 체결된 1981년의 해운위원회 제3국 특별회의에서, G77의 대표는 편의치적선 문제는 일반적으로 G77과 UNCTAD 사무국이 제기한 것처럼 받아들여지고 있지만, 사실은 B그룹의 제안이라고 지적했다(UNCTAD, 1981b, p.3). 이미 상술한 선진국의 제안이라는 지적은 놀랍기는 하지만, 앞 장에서 기술한 바와 같이 OECD의 활동, 특히 각 방면의 활동을 생각

하면 당연한 추세라고 할 수 있다.[18]

(4) 편의치적선에 관한 사무국의 포괄적 보고

상술한 과정을 거쳐 제8회 해운위원회(1977년 3월)에 제출된 [진정한 관계 존재 여부의 경제적 영향]이라는 보고서(UNCTAD, 1977)는 편의치적선에 관해 포괄적이고 기술한 역사적인 문서이므로, 그 내용을 살펴보면 다음과 같다. 제1장: 배경, 제2장: 진정한 관계의 법적 측면, 제3장: 편의치적선의 발전(통계분석), 제4장: 경제적 고찰,[19] 제5장: 진정한 관계 존재 여부가 국제해운에 미치는 영향, 제6장: 결론과 권고 등으로 구성되어 있다.

여기서는 제5장에 한정해 주목점을 짚어 본다. 첫째, 편의치적선은 선적국(host country)의 국민경제 범위 밖에 있으며, 선적국의 경제발전에 기여하지 않는다. 제1장에서 언급한 것처럼 등록료, 연세(annual fee) 등의 수입은 편의선적국의 국가세입으로 되지만, 거액의 운임수입이나 편의치적선에 대한 외국자본의 투자는 국제수지에 계상되지 않는다(*Ibid.*, pars.207~211, 196, 223).[20] 편의선적국은 개발도상국인데, 편의치적선이 그 발전에 직접 기여하지 못한다는 사실을 거듭 상기해야 한다. 다국적기업의 관점에서 보면 편의선적국에 있는 선박소유 법인은 현지에서 아무런 경제활동을 하고 있지 않기 때문이다. 보고서도 이 점을 약간 지적하고 있다(Ibid., par.95).

둘째, 진정한 관계가 존재하는 국가와 달리 편의선적국은 자국 국적 선원의 교육·훈련을 실시하지 않는다. 사회보장에 대해서도 마찬가지로 이에 관한 비용은 결국 진정한 관계가 존재하는 국가와 국민에게 부담이 된다(*Ibid.*, pars.213~214).

셋째, 개발도상국 해운의 개발을 저해하고 있다. 선진국의 선원비용이 상승하면 저비용 선원을 제공할 수 있는 개발도상국 해운에 비교우위가 있기 때문에 발전가능성이 높았다. 그러나 편의치적선이 낮은 노동비용에다 낮은 자본비용, 비과세 등으로 경쟁력을 높이는 바람에 개발도상국 해운 발전은 지체되었다. 편의선적국 이외의 개발도상국 선대의 점유율은 7%인데, 편의선적국이 31%인 점이 이것을 잘 보여준다(*Ibid.*, pars.201, 205, 229).

넷째, 편의선적제도는 선진국의 개발도상국 해운투자를 제한한다. 개발도상국에 해운투자를 하는 것보다 편의치적선에 투자하는 것이 유리하기 때문에 개발도상국과 합작기업이 육성되지 않는다(*Ibid.*, par.203).

다섯째, 편의치적선이 증가했다고는 하지만 일본을 제외한 전통적 해운국의 무역은 여전히 자국 국적선이 지배적인 역할을 수행하고 있다(*Ibid.*, pars.153, 159~166, 180, 202).

여섯째, 각종 세제가 편의치적선의 확대를 촉진한다. 예를 들어 편의치적선에서 발생한 이익이 본국 송금 시에만 과세되는 경우나 조세도피처 대책 세제가 있어도 해운에 다시 투자하면 과세대상이 되지 않는 경우(1976년 미국) 등이 이것에 해당한다. 편의치적선에 신조선이 많은 이유 중 하나라고 할 수 있다(*Ibid.*, pars.172, 181, 188~194).

일곱째, 전통적 해운국은 각종 편의치적선 대응책(자국 선박에 대한 우대책과 유출 규제)을 채택해 왔지만, 그것도 재정상 혹은 다른 산업과의 관계에서 한계를 맞이하고 있었다. 일부 국가는 자본유출, 조세수입 상실에 시달리고, 북유럽 국가, 일본과 프랑스 선주들은 규제 완화를 요구하고 있다(*Ibid.*, pars.181~185, 230).

여덟째, 공해조약이 밝히지 않은 '진정한 관계'에 대해 '유효한 관할권 행사와 규제의 전제(pre-requirement)'로서 5가지 요소를 제시한다(*Ibid.*, par.218).

① 선박 또는 소유 회사의 상당 부분은 자국민 혹은 국가 자신에 의해 소유되어야 한다(다국적기업은 별도로 고려).

② 수익선주의 영업과 관리의 주된 장소(principal place)는 국내에 한정되어야 한다.

③ 수익선주의 주요 임원은 기국의 국민이어야 한다.

④ 수익선주의 재무상 감독(financial control)과 이익에 대한 과세는 기국정부가 담당해야 한다.

⑤ 기국(정부)은 승조원 자격과 고용조건뿐만 아니라 선박에 관한 기준(standards)도 전면 수용해 시행해야 한다.

이것들은 다음 해 '경제적 진정한 관계(economic genuine link)'로서 논의되는데, 그 베이스가 되었다.

마지막으로 편의치적선은 (편의선적국 이외의) 개발도상국뿐만 아니라 상당한(certain) 선진국에게 유해한(harmful) 영향을 미친 것으로 결론짓는다(*Ibid.*, pars.229~230).

이상 자세하게 검토했지만, 이 보고서가 가지는 의의는 학문적으로도 크다고 할 수 있다. 예를 들어 종종 인용되는 로치데일 기준(features common to flags of convenience)보다 훨씬 포괄적이기 때문이다. 최대의 공헌은 남북문제에 걸맞게 개발도상국의 국민경제와 편의치적선의 관계를 분석한 것이다. 진정한 관계의 존부가 어떻게 해운이 국민경제와 연계(economic ties)되어 있는지를 잘 보여주고 있다(*Ibid.*, par.223).

(5) 하나의 정점으로서 정부간 특별작업부회

진정한 관계에 관한 사무국의 보고서는 제8회 해운위원회(1977년 4월)에 제출되었으나 11일간의 회기 중 둘째 주에 제출되었기 때문에 (또 차기 총회도 임박해) 시간이 부족하여 다시 정부간 특별작업부회(*Ad hoc* Intergovernmental Working Group)를 만들어 거기에서 토의하게 되었다(船協月報, 1977년 6월호, 8쪽 이하). 사전에 수집한 각 그룹과 각국의 회답을 기초하여, 정부간 실무그룹은 1978년 2월 개최되었다. 주목받는 것은 OECD의 보고서이다. 이것은 이 장 2.에서 진술한 경위를 밝힌 후 편의치적선에 대해 ① 불공정 경쟁의 위험성, ② 부적절한 안전기준 및 실효성이 결여된 집행에 따른 해사(海事) 사회에 대한 위협을 다시 지적했다.[21)]

회의는 순조롭게 5일만에 종료되었고 만장일치(Unanimously)로 다음과 같은 결의를 채택했다(UNCTAD, 1978b, Annex).

(a) 편의치적선의 확대는 개발도상국뿐만 아니라 편의치적국을 제외한 모든 국가(which do not open-registry facilities) 상선대의 개발과 경쟁력에 유해한 것이다(has adversely affected).

(b) 진정한 관계의 존재를 입증하려고 하는 경우, 다음 요소들이 통상적으로 밀접한 관계(normally relevant)가 있다.

① 상선대가 자국 국민경제에 기여하고 있을 것

② 선박매매는 물론 해운수지도 국제수지계정으로 처리되고 있을 것

③ 자국적선에 자국민이 고용되어 있을 것

④ 선박의 수익권이 선적국에 귀속될 것 등이다.

이 결의에서 볼 수 있듯이 개발도상국과 선진국은 편의치적선에 대해 거의 공통된 인식을 갖게 되었다. 훗날 발생하게 되는 대립으로부터는 생각하기 어려운 인식이었다.

(6) 아루샤 선언(Arusha Declaration)과 마닐라 제5회 총회

'제2차 UN Development Decades'의 계획에서는 70년대 말에 개발도상국의 상선대 비율을 세계의 10%로 설정했지만, 앞 <표 5-1>에서 보듯이 1970년대에 들어서 오히려 감소 추세로 나타났다. 그래서 제8회 해운위원회는, 액체 벌크 부문에서 개발도상국 선대 경쟁력을 증대시키기 위한 지침을 작성하도록 사무국에 요청했다. 제18회 UNCTAD 이사회(1978년 9월)는 이것을 제5차 마닐라 총회의 가의제로 정하고 사무총장에게 총회용 보고서를 송부해 줄 것을 요청했다. 이렇게 하여 작성된 것이 12월 18일자 [상선대 개발, *Merchant Fleet Development*]이다(UNCTAD, 1978c).

이것은 아루샤 선언과 직결되어 있으므로 다소 상세하게 언급하기로 한다. 보고서는 개발도상국 상선대를 확충하기 위해 크게 두 가지 측면에서 논하고 있다. 첫째, 벌크 수송의 3분의 1 이상, 석유의 경우 90%가 개발도상국에서 수출되는데, 개발도상국의 수송선대의 쉐어는 6%에 지나지 않는다며 다음과 기술하고 있다(*Ibid.*, pars.1, 47~62, 이하 *Ibid.* 생략). 1974년에 채택된 NIEO(신국제경제질서)에 따르면 이것들은 '자원'으로 간주되므로 개발도상국은 보다 많은 참여를 요구할 수 있는 정당한 근거(valid grounds)를 가지고 있다(par.6). 또한, 상기 수송의 상당수는 자원 보유국과 특정 수입국을 왕복하는 규칙적 수송이며(pars.39, 63~65의), 정기선과 같이 방대한 집하활동이나 전문적 지식도 크게 필요로 하지 않으므로, 개발도상국에도 운항능력이 충분하다(pars.35, 42).

둘째, 전통적 해운국의 해운보다 개발도상국 해운이 더 경제적으로 운항할 수 있다(par.6). 전통적 해운국들은 대부분, 안전과 방위 및 선상 커뮤니티 유지를 위해 자국 선박에 외국인 선원의 승조를 제한하거나 금지하고 있다(par.17). 이 때문에 선진국 해운은 선원비 상승에 시달려, 편의치적선에서 활로를 찾을 수밖에 없게 되었다(pars.4, 15~16). 만약 편의치적선이 없었다면, 개발도상국 해운의 참가는 더 많을 것이고, 선진국 해운자본은 많은 합작 선사를 개발도상국에 설립했을 것이다(pars.18~20, 42~44).

"해운 분야에서 개발도상국의 형평성 있는 참가(increasing and equitable participation)를 촉진하기 위해 모든 노력이 필요하다"고 언급한 신국제경제질서 수립에 관한 행동계획을 실시하기 위해 보고서는 다음과 같은 '정책제언'을 표명한다(par.76).

① 자국발 벌크화물의 수송에 개발도상국이 공평하게 참가할 권리를 승인할 것.
② 진정한 관계의 경제적 요소(the economic element of the genuine link)에 관한 원칙에 관해서 합의할 것.
③ 새로운 편의선적국 발생을 막는 동시에 편의치적선의 운항을 단계적으로 폐지하는 조치를 취할 것. 이하 생략.

UNCTAD 사무국은 개발도상국을 위한 사무국이라는 야유도 받았지만, G77은 이 보고서를 총회용 아루샤 선언(1979년 2월)에 포함시켰다.[22] 벌크화물 수송의 형평적 점유율(equitable share)은 더욱 구체화되고, 벌크화물 항상적 수송(regular bulk cargo movement)은 관계 양국 간의 국적선사에 의한 것으로 하며, 양자협정 혹은 상무협정을 통해 실시하기로 했다. 편의치적선에 대해서는 단계적으로 폐지해야 할 국가가 많아, 개발도상국 경제 및 세계 해운에 미치는 영향, 단계적 폐지와 개발도상국 해운의 동시적 발전 방안, 이를 위한 현실적인 법적 메커니즘 등의 조사·연구를 사무국에 요청했다(par.5).

한편 UNCTAD 제5차 총회는 1979년 5~6월에 마닐라에서 열렸다. 해운분야는 제5협의 그룹에서 다루어졌다. 의장은 D. Popov(불가리아), G77의 코디네이터는 나중에 주목받게 되는 L. Fadika(코트디부아르)였다. 의제는 '정기선코드 조약 비준 촉진'과 '개발도상국의 세계 해운 참여와 상선대 개발' 두 가지였다. 초점은 후자에 있었는데 ① 벌크운송의 트레이드 쉐어, ② 편의치적선, ③ 원조·기술협력의 3가지로 나누어 토의하였다.

벌크운송을 둘러싼 트레이드 쉐어가 가장 큰 문제로 격렬한 논의가 남북 간에 전개되었다. 후에 상술하듯이, 전통적 해운국을 중심으로 하는 선진국 그룹에서 간단히 양보할 수 있는 문제가 아니었다. 한편 개발도상국은 앞서 서술한 바와 같이, 형평성 있는 점유율은 NIEO를 실천하기 위한 당연한 권리로 인식하고 있었다. 결국 개발도상국들은 수적 우위를 믿고 강행처리했다. 그 결과 찬성 81(G77과 중국), 반대 23, 기권 9(D그룹)로써 결의 120(V)는 성립되었다. 결의는 상기 ①과 ②가 일원화되었기 때문에 선진국은 반대로 돌아섰지만, 편의치적선에 대해서는 일정한 동의를 얻고 있었다.

FOC에 관한 결의의 요점은 다음과 같다. UNCTAD 사무국은 다른 관계기관과 협의하여 ① 편의치적선의 운항을 배제한 경우 개발도상국 경제, 세계 해운에 대한 영향 및 개발도상국의 상선대 정비에 대한 유효성, ② 단계적 배제(phase out)를 위한 법적 메커니즘의 가능성을 조사한다(그 결과를 기다려 정부간 회의 개최). 이와 같은 흐름으로 보면 '폐지결의'나 다름없으나, 엄밀하게는 '조사'여서 1981년 해운특별위원회까지 논의가 연기되었다.[23] 다른 결의는 아루샤 선언과 거의 동일하므로 생략한다.

결국 정기선의 트레이드 쉐어 다음은 벌크 수송의 쉐어가 되었다. 전통적 해운국이 양보할 수 없다고 생각해 온 선을 넘어서는 것으로, 전략적으로 보아 최선의 선택이었는지는 의문이 남는 부분이다. 어쨌든 국제해운은 격변의 시대에 돌입하게 된다.

4. 편의치적선 승조 선원의 아시아 시프트

(1) 압도적인 대만, 필리핀, 한국 선원

예를 들어, 일본 선박에 어느 국가의 선원이 승선하고 있는지는 행정 당국의 고용과 고용 중지에 관한 공인을 통해 알 수 있다. 반대로, 일본인이 어느 국가의 선박에 승선하고 있는지를 조사하는 것은 특수한 경우를 제외하고는 불가능하다. UNCTAD도 한 보고에서 이상한 현상이라고 말했는데, 이것이 현실이었다. 이러한 상황에서 <표 5-2>는 매우 귀중한 자료라고 할 수 있다.[24]

이 표는 라이베리아선의 승무원을 국가별로 살펴본 것이다. 라이베리아는 1978년 2,523척, 8,000만 총톤을 보유, 세계 시장 점유율 약 20%로 세계 1위였지만, 이미 이 시점에서 아시아 선원이 56%를 차지하고 있었다는 것은 놀라운 사실이 아닐 수 없다.

〈표 5-2〉 라이베리아선에 탑승한 선원의 국적과 인원수

국가·지역	1978년				1984년	
	직원	부원	계	%	직/부원계	%
아시아(일본 제외)						
대만	6,698	14,911	21,606	25.6%	17,000	17.8%
필리핀	2,280	8,256	10,536	12.5%	17,160	17.9%
한국	1,932	4,841	6,773	8.0%	14,557	15.2%
인도	675	3,197	3,872	4.6%	5,843	6.1%
인도네시아	189	1,494	1,683	2.0%	1,112	1.2%
파키스탄	200	650	850	1.0%	593	0.6%
버마(현: 미얀마)	98	477	575	0.7%	795	0.8%
기타	395	1,823	2,218	2.6%	1,942	2.0%
소계	12,464	35,649	48,113	57.0%	59,002	61.7%
유럽·캐나다·일본						
그리스	3,380	5,472	8,852	10.5%	3,423	3.6%
이탈리아	2,217	5,316	7,533	8.9%	7,536	7.9%
스페인	1,400	4,325	5,725	6.8%	3,638	3.8%
영국	1,485	1,968	3,453	4.1%	3,385	3.5%
일본	669	1,242	1,911	2.3%	7,159	7.5%
포르투갈	9	1,058	1,067	1.3%	1,280	1.3%
노르웨이	708	332	1,040	1.2%	1,457	1.5%
서독	576	315	891	1.1%	1,287	1.3%
네덜란드	374	281	655	0.8%	1,519	1.6%
덴마크	248	197	445	0.5%	560	0.6%
스웨덴	132	27	159	0.2%	439	0.5%
기타	186	392	578	0.7%	919	1.0%
소계	11,384	20,925	32,309	38.3%	32,602	34.1%
중남미	154	1,875	2,029	2.4%	1,539	1.6%
아프리카	21	432	453	0.5%	352	0.4%
동유럽	705	827	1,532	1.8%	1,726	1.8%
기타[1)]	232	1,068	1,300	1.5%	397	0.4%
합계	24,960	59,708	84,436	100.0%	95,618	100.0%

출처: EIU, 1979, pp.22~23; Tolofari, 1989, p.40.
주 1) EIU의 표에는 없지만, 본문과 대조해서 도출했다.

〈표 5-3〉 편의치적선의 수익선주국과 상선대(1980년)

(단위: 100만 D/W)

국가·지역	편의치적선			자국적선[1)]	상선대	
	척	(D/W)	%	(D/W)	(D/W)	%[2)]
미국[3)]	888	64.5	29.7	22.2	86.7	74.4
홍콩	999	42.9	19.7	2.7	45.6	94.1
그리스	851	28.6	13.1	67.0	95.6	29.9
일본	925	23.3	10.7	67.3	90.6	25.7
서독	423	7.2	3.3	13.3	20.5	35.1
노르웨이	172	6.2	2.9	38.9	45.1	13.7
대만[4)]	287	5.2	2.4	3.3	8.5	61.2
싱가포르	409	4.0	1.9	12.5	16.5	24.2
스위스	115	3.8	1.8	0.5	4.3	88.4
영국	138	3.5	1.6	43.8	47.3	7.4
네덜란드	131	2.8	1.3	9.0	11.8	23.7
이탈리아	109	2.6	1.2	18.0	20.6	12.6
캐나다	68	2.6	1.2	1.0	3.6	72.2
이스라엘	53	2.5	1.1	0.6	3.1	80.6
중국	101	1.6	0.8	10.2	11.8	13.6
모나코	38	1.6	0.7	0.05	16.5	97.0
프랑스	48	1.4	0.7	20.9	22.3	6.3
인도네시아	75	1.2	0.5	1.9	3.1	38.7
0.5% 이하	903	10.3	4.7			
불명	258	1.5	0.7			
계	6,991	217.5	100.0			

출처: *RMT*, 1980, p.10.

주 1) 100총톤 이상의 강선으로 내항선, 어선, 여객선 등을 포함하므로 주의할 필요가 있다.

2) 자국 상선대에서 차지하는 편의치적선의 비율.

3) 예비선대, 5대호 선박은 포함하지 않음.

4) Unspecified로 처리되어 있지만 대만을 가리킨다(*MT*, 1978, p.85).

1950년대에는 편의치적선 선원의 대부분은 그리스, 이탈리아를 중심으로 한 유럽 선원이었으며(제4장 2 (1) 참조), 20년이 지나는 동안 선원의 아시아 시프트가 현저해졌다고 할 수 있다. 그 중에서도 대만, 필리핀, 한국은 월등한 수치를 보이고 있으며, 이 3개국만으로 무려 46.1%를 차지한다. 더욱이 대만은 라이베리아선 승조원의 4분의 1을 차지해 최대 선원공급국이 되었다.

다만 아시아 선원들이 유럽 선원들의 일자리를 차례로 빼앗았다고 하기는 이르다(그것은 1980년대 중반부터라고 생각된다). 아시아 선원의 증가세가 분명하지만, <표 5−3>에서 보듯이, 일본을 비롯한 아시아의 수익선주가 증가한 데에 있다고 보아야 할 것이다. 물론 유럽의 전통적 해운국들에게 위협에 되었다는 것은 사실이다. 덧붙여 데이터 상의 문제에 대해서는 추후 검토한다.

직원·부원별로 보면, 여전히 선진국의 상대적 우위가 무너지지 않았음을 알 수 있다. EIU(Economist Intelligence Unit Ltd.)는 편의치적선의 선원은 저개발국 출신자에 국한되지 않으며 선주가 저비용 선원을 원하는 것은 아니라고 지적한다(EIU, 1979, p.22). 하지만 역사적으로 보면 저비용 선원 고용으로의 흐름은 뚜렷하다고 할 수 있다. 6년 후에는 필리핀 선원이 1위를 차지하면서 선진국 선원 비율은 38%에서 34%로 낮아진다. 저비용 선원으로 중남미 선원의 수가 극히 적다는 점이 눈에 띈다.[25)]

<표 5−4>는 10년 후인 1987년경의 임금 데이터이지만, 참고로 제공해 둔다. 필리핀 선원들의 높은 비용 경쟁력이 돋보인다.

〈표 5−4〉 건화물선으로 보는 각국 선원의 월 임금 총액(1987년 3월)

(단위: US달러)

	필리핀	대만	한국	홍콩	중국	인도
임금 총액	14,895	19,624	19,075	19,930	17,226	22,617
선원수	25명	23명	22명	25명	24명	25명

출처: 海運振興會, 1987, 7쪽.

주 1) 선원수가 상대적으로 적은 건화물선에 1개국 선원이 전원 배승한 경우.

2) 여러 가지 수당은 나라에 따라서 다르지만 "상호 비교의 데이터로서 충분히 사용할 수 있는 것이다"고 하고 있다.

(2) 선원공급국으로서의 필리핀

BIMCO/ISF가 의뢰한 영국 워릭대학의 조사에 따르면 1990년 필리핀인 선원은 19만명으로 국내 수요가 많은 제2위 중국 10.6만명을 크게 앞지르고 있었다(BIMCO/ISF, 1990, p.18). 그 후 압도적인 존재가 되지만, 그렇게 오랜 역사를 필리핀 선원이 가지고 있던 것은 아니다. 마르코스 정권 때 만들어진 맨파워 수출정책의 영향이 크다고 할 수 있다.

미국이 언제부터 필리핀을 식민지로 삼았는지에 대해서는 필리핀-미국전쟁도 있어 간단하지 않지만, 미국-스페인전쟁이 종결된 1898년으로 보도록 하겠다. 일본군의 점령기간을 고려하더라도 1946년 독립까지 약 반세기 동안 필리핀은 미국의 지배 아래에 있었다. 스페인은 가톨릭을, 미국은 학교제도와 영어교육을 남겼다는 말이 있지만 이는 해외고용과도 큰 관련이 있다.

전후 필리핀은 미국의 원조나 일본의 배상 등으로 공업화를 추진하여 연 5% 이상의 성장을 유지하고 있었다. 그래서 동남아의 선두주자로 불리기도 했다. 그러나 그 성과가 국민 개개인에게까지 돌아간 것은 아니었다. 인구 증가 압력이 엄청나(1950년: 2,000만명, 1970년 3,700만명), 1인당 GDP로는 2% 정도 성장에 그쳤다.

1965년에 마르코스가 집권하게 되었지만, 수입대체 공업화에서 수출지향 공업화로의 전환은 성공과 거리가 멀었고, 실업자를 충분히 흡수하지 못했다. 누적 채무와 인플레이션에 시달리는 가운데, 외화 획득에 큰 목적을 둔 노동력 수출 정책으로 전환하게 된다(계엄령: 1972년).[26]

1974년 마르코스는 대통령령 제442호(Labor Code)를 발하여 해외고용개발위원회(OEDB), 고용서비스국(BES, 민간업체 감독), NSB(국립선원고용국, National Seamen Board)라는 3개 기관을 설립하고 본격적으로 해외 고용에 나섰다.[27] 당초 민간업체를 점차 배제하고 정부 스스로 알선 업무를 실시할 예정이었으나, 기한이었던 1978년에는 반대로 민간업체를 육성하는 방향으로 전환하게 된다.[28] 그 후 위 3개 기관은 1982년에 설립된 POEA(필리핀 해외고용청, Philippine Overseas Employment Administration)로 통합되었다.

한편, 외국선 승조원 수의 추이는 <표 5-5>와 같다. 국민경제의 정체에 따른 달러 기준의 싼 임금, 영어 회화 능력, 기독교(비이슬람교)와 국민성은 국제 선원 시장에서 크게 인정받아 5년만에 그 수가 배로 늘어날 정도였다.[29] 이 표의 선적국별 선원수(1982년)를 보면, 파나마: 21,901명(34%), 라이베리아: 11,018명(17%), 싱가포르: 5,018명(8%), 그리스: 4,075명(6%), 사우디아라비아: 3,491명(5%), 필리핀: 2,162명(3%), 일본: 1,925명(3%), 키프로스: 1,617명(3%), 기타: 12,962명(20%), 합계 64,169명이었다(Mier, 1939, p.195). 자국선(필리핀)도 계상되어 있는데, 이는 외항선이 규제대상이 되기 때문이다. 따라서 본서의 입장에서는 그 수치를 고려해야 하지만, 언급하지 않기로 한다. 다른 통계에 대해서도 마찬가지다.

선원수를 적게 계산할 필요성은 승선기간과 관련이 있다. 일본 해운진흥회의 1985년 조사에 의하면 승선기간은 12개월이 원칙이었지만(1987, 4쪽), 1992년쯤 되면 부원(하급선원)은 10~12개월, 선박 직원은 3~6개월간으로 상당히 단축되었다고 POEA 마케팅과 직원이 보고하고 있다(Sienes & Banawis, 1993, p.99). 승선기간이 짧으면 연 2회 정도 계약하기 때문에, 수치상 일정 시점에서의 선원수는 상당히 감소될 수밖에 없다.

〈표 5-5〉 필리핀의 해외노동 계약자 수 추이

	선원	육상 노동자	계
1975	23,534	12,501	36,035
76	28,614	19,221	47,835
77	33,699	36,676	70,375
78	37,280	50,961	88,241
79	44,818	92,519	137,337
1980	57,196	157,394	214,590
81	55,307	210,936	266,243
82	64,169	250,115	314,284
83	53,944	380,263	434,207
84	54,016	371,065	425,081
1985	51,446	337,754	389,200

출처: *Philippine Statistical Yearbook 1988.*

맨파워 수출은 외화 획득과 직결된다. 그 때문에 해외 노동자는 본국으로의 송금이 법률로 강제되어 있었다. 직종에 따라 다르지만 선원은 기본급의 70%를 송금해야 했다.[30] 1983년의 해외 고용자 전체로부터의 송금액은 9.4억 달러로, 전자부품 외의 10.5억 달러에 이어 두 번째였다(寺田, 1991, 87쪽). 위 송금액 중 선원 송금분은 2.8억 달러(30%)를 차지했다(海運振興會, 1987, 38쪽). 이상은 이른바 정규 송금액이며, 실제로는 그 2~3배에 해당하는 외화 유입이 있었다고 한다.

(3) 대만과 한국의 외국선 승조 선원

(a) 대만 선원

대만 선주가 실질적으로 소유한 편의치적선은 <표 5-6>과 같다. 앞의 <표 5-3>에 따르면 아시아에서는 홍콩과 일본 다음으로 많다. 그 배경에는 대만의 정치경제 상황이 있지만 UN에서 추방된 것이 큰 요인이 되었다. 대만에서도 계획조선이 시행되었는데, 특이한 점은 자국 조선산업의 육성이 생각대로 진전되지 않아, 일본에서 건조되었다는 점이다. 일본으로의 선박 발주는 일본 수출입은행의 연불 융자를 받기 위한 것이었는데, UN 추방으로 대상국에서 제외되어 버렸다. 더욱이 외성인(外省人), 본성인(本省人) 간의 자금조달 방법, 기타 '차별' 문제 등이 있어 편의치적선으로 향하는 선주가 출현하게 된다. 그 대표가 에버그린(Evergreen)사다. 덧붙여 1982년을 피크로 하여 편의치적선이 감소추세로 전환되는 것은, 대만 선적으로 이전을 촉진하는 전적정책에 의한 것이다.[31]

대만의 선원 양성은 오래 전부터 이루어져 왔다. 이는 곧 노동력 수출 정책으로 전환되지만 선원 감독과 보호는 외용회(外傭會, 맨닝업계 등을 포함한 해운업계, 선장공회, 선원총공회의 공동 조직)를 통해 이루어졌다. 외국선 승조원수는 <표 5-6>과 같다. 일본 해운진흥회의 조사에 따르면 외국 선박은 주로 편의치적선으로 파나마선이 40~50%, 라이베리아선이 35~40%를 차지하였다. 가령 두 선적에 80%라고 하면 1980년 1.5만명이 승선한 셈이다.[32]

〈표 5-6〉 대만의 편의치적선과 외국선 승무원수의 추이

연도	편의치적선		외국선	외국선 승무원수			자국선
	척	천 D/W	배승척수	직원	부원	계	승무원수
1975			594	6,890	11,226	18,116	5,151
78	203	3,330					
1980	287	5,239	841	6,932	11,837	18,769	5,270
81	283	5,927	819	7,035	10,931	17,966	4,842
82	284	6,486	819	6,723	10,346	17,069	5,070
83	267	6,652	773	6,139	8,550	14,689	4,468
84	233	5,675	642	5,250	6,946	12,196	4,711
1985			427	4,227	5,385	9,612	
1987	133	2,503					
1990	162	3,800					

출처: UNCTAD 자료, 海運振興會, 1987, 45쪽(원 자료는 대만 交通部, 外傭會).
주) 1985년과 1986년은 본문에서 서술한 남북대립으로 인해 데이터가 결여되어 있다.

대만 선원의 특징은 필리핀 선원에 비해 선박 직원의 비율이 높다는 점과 1980년대 들어 감소세로 돌아선다는 점이다. 한국, 필리핀 선원의 부상과 대만 경제의 발전이 달러 기준의 임금을 대폭 상승시켜 경쟁력을 잃어가고 있음을 알 수 있다. 기술에 의존하는 선박 직원은 그래도 비교적 오래 승선할 수 있었다.

이제 다시 라이베리아선(앞 <표 5-2>)에 관해 살펴본다. 이상의 고찰에서 볼 때 라이베리아선에 2만명의 대만 선원이 승선하고 있었다는 것은 설명이 되지 않는다. 아니면, 선원이 어떤 해에 1월부터 12월까지 계속 승선하지 않는 한, 1명이 2~3명으로 환산되었을 것이다.[33)]

(b) 한국 선원

한국 해운의 발전은 선원들에게 힘입은 바가 크다. 일본 식민지시대의 선박직원과 일본 선박에서 승조경험을 쌓은 베테랑 선원을 보유하고 있었고, 독립 직후부터 선박직원을 양성하기 시작했다. 그리고 일본과 달리 그들이 선사를 설립하기 시작했다.[34)] 또한, 한국 특유의 선박 조달 방법인 BBC/PO[35)]와 웨이버제도(자국화 자국선주의)를 이용하여, 1980년에는 530척, 500만 총톤을 보유

〈표 5-7〉 한국의 해외취업선원수와 송금액의 추이

(단위: 백만 달러)

연도	선원수	송금액
1970	3437	7
1975	10,128	48
1980	20,885	167
81	24,850	255
82	30,416	298
83	31,194	338
84	34,417	373
1985	37,196	406
1990	33,230	535
1995	11,776	399
1997	7,322	354

출처: KMI, 1989, 1998 자료로 작성.
주) 정점은 1987년에 42,671명, 469백만 달러였다.

할 정도로 성장했다. 한편 재벌계 선사의 참가는 중화학공업화 선언(1973년) 이후부터이다.

한국은 다수의 선원을 양성했지만, 1960년대 중반까지 취업이 어려운 상태였다. BBC/PO가 이를 해소하며, 외국선 취업은 매력적인 것이 되었다(<표 5-7> 참조). 단, 외국선이라고 해도 일본 선사가 지배하는 일본선(마루쉽)과 편의치적선이 대부분이었다고 해도 과언은 아니다.[36] 즉, 편의치적선 승무원의 아시아 시프트라고 해도 대만과 마찬가지로 구미 선주의 선박에 승선한 선원의 수는 한정되어 있었다고 할 수 있을 것이다.

마지막으로 홍콩에 대해 알아보자. 로이즈 통계나 UNCTAD(*RMT*, 1980, pp.9~10)에 따르면 1980년 홍콩 선적선 187척, 수익 편의치적선 999척, 관리 편의치적선 1,215척이었다. 홍콩 선원들에 대한 높은 수요치는 쉽게 예상할 수 있지만 실제로는 18,167명이 승선하고 있었을 뿐이다. 전술한 바와 같은 통계적

요인도 고려한다면 홍콩 선적선, 관리 편의치적선의 승무원의 반수에도 못 미치는 선원이 승선하고 있었던 것에 불과하다고 생각된다. 또한 NICS의 일원으로서 성장함에 따라 1970년대 중반 이후 매년 1,000명 전후가 외국인 선원으로 대체되어 갔다는 점을 지적하고자 한다.[37)]

이상을 요약하면, 첫째, 1970년대에 편의치적선 승무원의 아시아 시프트가 발생했다는 점, 둘째 유럽 선원에서 아시아 선원으로의 단순한 시프트가 아니라 일본이나 아시아 NICS에 의한 편의치적선화가 배경에 있음을 지적할 수 있을 것이다.

5. 선박등록요건조약(1986)과 G77의 좌절

(1) 벌크운송의 트레이드 쉐어를 둘러싼 대립

이미 언급한 바와 같이 개발도상국발 운송, 특히 벌크운송에 대한 형평성 있는 참가를 각국에 요청하는 마닐라 총회 결의는 선진국 입장에서 받아들이기 어려운 것이었다.[38)] 무역 당사국 간에 그 운송시장을 나누어 갖는 것은 기본적으로 자국선 우선, 화물 유보, 국기 차별이나 다름없다. OECD는 OEEC 시절부터 '해운자유의 원칙'을 해운정책의 근간으로 삼아 왔는데, 이와 충돌하게 된다. OEEC는 1957년 해운자유의 원칙을 무역 외 경상거래의 자유화 코드(Code of Liberalization of Current invisible operation)에 명문화하고, 이는 OECD에 인계되었다.[39)] OECD가 이 원칙을 소중하게 지키려는 것은 물론 해운시장을 가능한 한 광범위하게 만드는 동시에 거기서 지배적 지위를 확보하려는 것이다. 개발도상국들의 요구는 시장세분화였고 선진국 해운은 거기서 밀려날 수도 있었다.

그런데 제1차 석유위기로 미국 주도 경제체제가 흔들리자 이것에 대처하기 위해 선진국들은 1975년에 정상회의를 만들어 OPEC와 첨예하게 대립하기 시작했으며, 동일하게 B그룹은 트레이드 쉐어 문제를 양보할 수 없는 보루로 보고 대처하려 했다. 개발도상국 그룹은 호랑이의 꼬리를 밟아 버렸는지도 모른다.

마닐라 총회 결의는 이듬해 9월 제9차 해운위원회에서 다루어졌다. 논의의 흐름에서 약간 벗어나지만, 개발도상국들은 "당사국에 50%의 점유율이 부여돼야 한다"는 결의안을 냈는데, 취하할 수밖에 없었다. 동 위원회의 결론은 진입장벽의 유무를 중심으로 이 문제를 전문가회의에 맡긴다는 것이었다. 그 의의는 UNCTAD 사무국을 배제하는 데 있었지만, 정보의 비대칭성 등에서 결론은 처음부터 명확했다.[40)]

전문가회의에서의 제10차 해운위원회(1982년)에 대한 권고는 표면적인 문구는 고사하고 만장일치로 진입장벽은 없다고 밝혔다. 건화물(dry bulk) 다음으로 액체화물(wet bulk, 석유) 운송에 대해 전문가회의가 열렸다.[41)] G77이 비교적 순순히 물러난 이유 중 하나로 정기선처럼 조약화하지 않더라도 필요한 경우 1국 단위의 자국선 우선정책 혹은 양자협정을 체결하여 일정한 목적을 달성할 수 있게 되었다는 점을 지적할 수 있다. 이는 실제로 빈번하게 진행되었으며 OECD는 이를 거듭 비난했다.[42)]

부언하자면, 우선 논의방식으로 진입장벽의 존폐 여부를 결정하는 것은 의문이 남는다. 예를 들어, 1979년 일본 선사가 소유하거나 운항하는 선박에 의한 벌크를 중심으로 하는 수입화물의 적취비율은 73%였다(運輸省 海運局, 1980, 13쪽). 이것은, 일본 관계 항로에 타국이 자유롭게 진입하는 것은 사실상 어렵다는 것을 보여주고 있다.[43)] 그러나 이 수치를 가지고 진입장벽이 있다고 단정하기는 어렵다. UNCTAD는 결과와 실태를 중시한다. 예를 들어 UN개발 10년계획 등이 제시한 1970년대 말 10%, 1980년대 말 20%(세계 선복에서 차지하는 개발도상국 선대의 비율)의 목표 설정도 이에 대한 반영이다. 다른 지표를 설정했더라면 논의는 달라졌을 것이다.

(2) B(선진국) 그룹의 편의치적선 옹호로의 전환

약간 순서가 뒤섞이지만, 마닐라 총회의 결의를 토대로, 제2회 정부간 작업부회가 1980년 1월에 열렸다. B그룹은 벌크 수송의 점유율(sharing) 문제에 강경한 태도를 취했지만, 계속적으로 논의에 참가했다. 회의는 사무국 제안[44)]을 참고로 법제도의 창설을 결정해야 한다는 G77과, 아직 검토해야 할 사항이 남았다고 주장하는 B그룹과의 대립을 해결하지 못하고, 양론이 병기된 결의안을 다음 해운위원회에 제출하게 되었다.[45)] 이런 애매한 결론은 B그룹 내의 의견 불일치로부터 초래되었다. 荒井(1980, 23쪽)는 "B그룹 내 논의에서 밝혀진 것은, 편의치적선 배제 반대에 대해 강한 입장을 취하는 나라는 일본 외에 미국, 영국, 그리스 등 매우 소수였다는 점이다"라고 지적했다(船協月報, 1981년 7월호, 33쪽 참조).

두 가지 안을 제출받은 제9회 해운위원회(1980년 9월)는 벌크 수송의 점유율 문제에 많은 시간을 할애했기 때문에, 재차 본 문제로 논점을 좁힌 특별회의가 열리게 되었다. 이 회의는 제3회 해운특별위원회로 1981년 5월에 개최되었다. 반복해서 언급했듯이, 본 문제에 관한 토의는 1978년 이래 몇 번이나 거듭되어 왔으며, '특별회의'이기에 어떠한 결론이라도 내지 않을 수는 없었다. B그룹도 종전과 같이 "유해하지만 규명해야 할 문제가 남아 있다"는 식의 애매한 태도를 계속 유지할 수는 없었다. 그래서 B그룹도 결의안을 제출했는데, G77과 D그룹의 결의안이 먼저 표결(roll-call)에 부쳐졌다. 찬성 49, 반대 18(선진국과 라이베리아), 기권 3(프랑스, 벨기에, 터키)로 채택되었다.[46]

결의의 주된 내용은 다음과 같다; ① 등록요건을 강화하고, 점차적으로 편의치적선을 통상 선적으로 전환한다, ② 1982년 전반에 정부간 준비회의를 갖고, 그 후에 국제 결정을 위한 전권회의를 소집한다, ③ 준비회의에서는 다음의 기본적 원칙을 검토한다. 그것은 선원의 배승, 선사 및 선박의 관리에 관한 기국의 책임, 형평적인 자본참여, 오너-오퍼레이터의 식별(identification) 및 설명책임이었다(UNCTAD, 1981b, p.19).

이리하여 UNCTAD는 한 가지 결정을 내렸다. 다만 이것은 B그룹을 편의치적선의 '배제 반대'로 단결하게 하는 중대한 효과를 불러왔다. 이 표결은 B그룹으로 하여금 '편의치적선 중 기준이하선부터 규제 개시를'이라는 스탠스에서 "편의치적선이 아니라, 기준이하선이 문제다"로 180도 전환하게 만들었다.

배제 반대의 표면적인 이유는 PSC가 효과적이라는 것 외에, 제3차 해양법조약의 비공식 초안(1980년 8월)이 1958년 공해조약과 거의 동일하며 '진정한 관계'의 구체적인 내용에 대해서는 규정하지 않고 경제적 진정 관계를 언급하지 않았기 때문이라는 것이었다.[47]

그러나 선진국의 이 방침 전환에 대해서는 의문점이 많다. 첫째, 제3차 해양법회의는 1973년에 시작되었는데, 선박의 국적에 대해서는 공해조약을 계승하여 비공식 초안에 새로운 점이 없기 때문이다. 둘째, 전통적 해운국들의 과거

태도와 모순된다는 점이다. 이미 자세히 검토한 바와 같이(제4장 3 참조), 유럽 해운 각국은 제1차 UN해양법조약 회의에서, 편의치적선에 반대하는 입장에서 '진정한 관계'가 결여된 경우에는 그 국적을 승인하지 않을 수 있다고 했다. 이 기본적 태도를 유럽 해운국들은 완전히 바꾼 셈이다. 셋째, UNCTAD가 해양법조약에서 정하는 진정한 관계의 내용을 명확히 하는 것은 문제가 없었다는 점이다. 사실 우여곡절을 거쳐 성립된 선박등록요건조약은 진정한 관계에 대해 상세히 규정하고 있다.

마지막으로 B그룹이 편의치적선 옹호로 돌아선 실질적인 요인에 대해 검토해 보겠다. 하나는 유럽 내부에, 다른 하나는 아시아에 있었다고 생각된다. 1970년의 편의치적선은 4,111만 총톤이었는데, OECD에 의하면 유럽 선주는 이탈리아가 198만 총톤(4.8%)을 소유하고 있었지만, 그 외에는 덴마크 10척, 10만 중량톤, 스위스 9척, 20만 중량톤이 눈에 띄는 정도였다(*MT*, 1971, pp.88~93). 그러나 1980년에는 앞 <표 5-3>에서 보듯이 유럽 선주는 그리스와 홍콩을 제외하고도 2,910만 중량톤(13.4%)을 보유해 배제하기에는 너무 규모가 컸다(해운자본을 달래기 어려워졌다).

다른 하나는 아시아이다. 유럽 각국 정부 입장에서 볼 때 아시아의 대두가 더 위협적이었을 것이다. 아시아의 수익선주는 홍콩, 이스라엘만 하더라도 3,530만 중량톤(16.2%)으로 유럽을 능가하는 선복을 갖고 있었다. 특히 10년 전에 "기록은 없지만 많지 않다"(*Ibid.*, p.93)고 했던 일본은 2,330만톤을 보유할 정도였다. 유럽 해운 입장에서 보면 이대로는 국제해운에서 지배적 지위를 유지하기 어렵다. 결단의 시기가 왔다고 생각했다 하더라도 이상할 게 없다.

일본에 대해서 보충하면, 일본 선원들은 고도성장의 과실을 누리고 있다고 하기 어려웠고, 그 불만이 3개월에 걸친 파업(1972년)으로 폭발했다. 그 결과 근로조건은 향상되었지만, 선원비용은 상승했다. 또한 변동환율제 이행으로 수반된 엔고현상이 영향을 미쳤다. 거기에 오일쇼크에 따른 해운불황이 이어졌다. 일본 선주협회 회장(菊地庄次郎)은 이른바 '시쿠미센(仕組船) 인지론'을 1975년 6월에 발표하고 편의치적선 도입을 요청했다. 1개월 후에 간행된 해운백서, [일본 해운의 현황]은 정책 주체인 정부도 이것을 인지하게 되었다는 것을 대내외에 밝혔다(자세한 것은 武城, 1987, 80쪽 이하 참조).

(3) 주목받은 3개의 문헌

(a) Doganis & Metaxas, [편의치적선의 임팩트]

Doganis와 Metaxas는 편의치적선 제도는 면책체제(formation of a 'regime of immunity')를 유도할 뿐만 아니라, 긴 안목으로 보면 세계적으로 자원활용상의 비용이 높아진다는 가설을 세우고 그것을 검증하려고 했다. 그런데 아이러니컬하게도 또 다른 목적인 편의치적선의 운항비용에 관한 실증적 연구가 더 영향력이 컸다. 편의치적선의 운항비용은 선형이 커짐에 따라 차이는 줄어들지만 63척의 검증 결과, 통상의 선박보다 14~27% 낮다는 결과가 도출되었다(Doganis & Metaxas, 1976, p.50, pp.57~69, p.136). 냉정하게 결과를 받아들일 수 있는 OECD 각국 정부와는 달리, 선진국의 각 선주 입장에서는 이러한 연구가 거의 없었던 만큼, 확실히 충격적이었다고 생각된다.

본래의 가설 검증에 대해서는 다음과 같이 기술하고 있다. 편의치적선에 의한 신조선 투자의 증가(메커니즘에 대해서는 이전에 언급)나 운항비용의 저하로 인해 운임은 낮아지지만, 전손과 분손, 안전기준이나 경제적 규제의 완화에 따른 자원비용의 증가, 높은 해난율에 의한 승무원 사상자와 해양오염 비용의 증대, 노사 분쟁이나 안전 부족에 의한 출항 지연 등 부정적인 요인들이 광범위하게 존재한다고 주장한다.[48]

그런데 'FOC 편의치적선'이라고 할 때 포괄적인 하나의 제도를 의식하는 경우가 많은데 그들은 "the institution of the flags of convenience"(*Ibid.*, p.105)로서 그것을 강조한다.

(b) EIU, [자유등록 해운], 1979년

EIU(Economist Intelligence Unit Ltd., 영국 이코노미스트의 비즈니스 정보 부문)의 *Open Regisry Shipping*은 OECD 등에 큰 영향을 미쳤다.[49] 본서는 마닐라 총회 후인 9월에 UNCTAD에서 나온 '편의치적선 단계적 폐지의 영향'(UNCTAD, 1979a)에 대한 반론이라고도 해야 할 것이다. 결론은 편의치적선이 선적국에서 서서히 배제된다고 해도 그것이 개발도상국으로 이동하는 것은 거의 생각할 수 없다는 것이었다.

우선 편의치적선을 다음과 같이 옹호한다. 첫째, 편의치적선은 유연하며 저비용인 서비스를 제공하여 관련된 모든 국가의 경제에 이익을 가져다 주고 있다(EIU, 1979, p.37). 둘째, 편의치적선이 폐지되면 운임이 상승하게 되지만 운임부담력이 작은 벌크카고를 수출입하고 있는 개발도상국에 불리하다(*Ibid.*, p.61). 셋째, 자국 해운보다 타국 해운을 이용하는 편이 낫다는 자원국 캐나다의 해운정책은 참고가 된다(*Ibid.*, p.56, p.62). 개발도상국인 소국의 우선 과제는 원료 수출, 고부가가치화 수출, 수입 대체 공업화로부터 얼마나 큰 이익을 얻을 것인가로, 해운 진흥이 최우선이라고는 할 수 없다(*Ibid.*, p.41, p.62).

단계적 폐지에 의해서도 편의치적선이 개발도상국으로 향하지 않는다는 근거로서 다음의 요인을 든다. ① 편의치적선을 구입할 만한 자금이 있는가. ② 자금이 있다고 해도 선원을 조달할 수 있는가. 육성에는 시간이 걸린다(*Ibid.*, p.40, p.42, p.46, p.53). ③ 노하우도 포함하여 운항 관리할 수 있는 매니저를 획득할 수 있는가(*Ibid.*, p.44). ④ 합작기업 설립에는 컨트리 리스크가 장벽이다(*Ibid.*, p.61). 외자를 도입하더라도 해사 관련 산업이 충분히 존재하지 않으면 외화 순수입은 한정적이다(*Ibid.*, p.62).

그 다음으로 개발도상국을 1인당 GDP 등으로 편의선적국, 선원공급국, 해운개발국(희망국), 화주국(해운서비스를 이용하고 있는 국가)으로 계층구분하여 각종 문제나 경제적 요구를 분석하고 대응책을 검토하고 있다(*Ibid.*, pp.47~60). 그 결과, 대부분의 편의치적선은 OECD 국가 중 비용이 저렴한 준(*quasi*) 편의선적국, 예를 들어 영국, 그리스, 장래에는 스페인으로 이적되고 극히 적은 수의 선박만이 각종 요건(투자의 안전성 등)을 만족하는 OPEC, ASEAN, 인도, 브라질, 아르헨티나로 향하게 될 것이다(*Ibid.*, p.61).

EIU의 연구는 다면적이고 흥미롭지만, 시대적 제약 때문에 두 가지 포인트를 간과한 듯하다. 하나는 합작기업, 즉 외자 도입에 대한 평가이다. 예를 들어 이전부터 대만에서는 투자조례에 의해 외자 도입을 꾀하고 있었고, 중국 경제특구의 전신은 1979년에 설치된다. EIU는 합작에 회의적이었지만, 편의치적선이 단계적으로 배제되었다면 선진국 해운자본이 개발도상국 진출을 도모하지 않았을까?

다른 하나는 승조원의 아시아 시프트다. EIU는 선원 특히 선박직원(해기사) 부족을 거론하며, 용병인 외국선원의 문제를 지적하는데, 일본 메이지(明治)기가 그러했듯이 어느 나라도 피해갈 수 없는 과제이다. 직원은 그렇다 하더라도, 부원(하급선원)은 자국인을 고용할 수 있으며, 배제가 단계적이라면(UNCTAD의 예측은 연간 세계 선복의 3.3% 정도) 원활하게 이행해 갔을 것이다. 1980년대 후반 유럽 국가들은 제2선적제도를 도입할 수밖에 없게 되지만, 승조원의 아시아 시프트에 따른 하나의 결말일 뿐이다.

마지막으로 EIU의 기본적인 관점(fundamental point)에 대해 언급하고자 한다. 편의치적선은 개발도상국에 위치하고('located') 있지만, 그것이 제3세계 경제의 일부를 이루고 있는 것은 아니며, 모국경제(metropolitan economies)의 연장으로 해석해야 한다고 보고 있다. 모국은 합법적으로 경제적 이익을 추구하려는 것이지 개발도상국 경제를 해치거나 약화시키려는 것이 아니다(*Ibid.*, p.36, p.55). 개발도상국에 속해 있으면서도 국민경제와 연관성이 거의 없는 것은 편의선적제도의 문제이자 식민지주의와 일맥상통하는 것이라고 할 수 있겠다.

(c) Sturmey, [자유등록선적 논쟁과 개발 문제]

Sturmey는 전술한 바와 같이, UNCTAD 사무국에서 해운부장과 같은 요직을 역임했다. 정기선 코드조약 성립 후 1975년에 그곳을 떠나는데, 그 후 코트디부아르에서 UN 프로젝트인 해사대학 설립의 기술자문위원장(chief of technical adviser)로서 근무하는 한편, 해운장관 Fadika의 고문도 맡았다(東海林, 1981, 40쪽). 이처럼 Sturmey는 남북문제에 깊이 관련해 왔지만 편의치적선에 대한 사고방식은 UNCTAD 사무국이나 G77과 대립되는 것이다. 대략적으로 요약하면 다음과 같다.

한때 다음과 같은 주장을 전개했다. 편리성(convenience)은 완전히 상대적이고 다양하며 선진국의 세금 감면, 특별상각 등도 그 일부에 해당한다. 따라서 편의치적선이라는 선적은 전혀 문제가 되지 않는다(Sturmey, 1962, p.232). 이와 같이 편의치적선을 질이 아닌 양의 문제로 보는 것은 [자유등록선적 논쟁과 개발 문제]에서도 일관되고 있다(Sturmey, 1983, pp.6~11). 세금뿐만 아니라 외자의 도입, 외국인 선원의 고용 및 기타 사항에까지 미친다.

편의치적선이 증가한 것은 선주(자본)가 이익을 추구한 결과로 자연스러운 것이며, 수송비용도 저하시켰다(*Ibid.*, p.18, p.58). 편의치적선을 배제한다고 해서 그 이익이 개발도상국으로 이전된다고 할 수 없다(*Ibid.*, pp.40~42). 오히려 개발도상국 선원의 실업을 낳는다(*Ibid.*, p.55). 국제기준을 만들고 기국이 비준한다고 해도 실행할 의사가 없다면 그만이다. 현재는 불이행에 대한 제재도 없다(*Ibid.*, p.59). 세상에는 좋은 선주도 있고 나쁜 선주도 있기 마련이므로 어떻게든 해야겠는데, 위반행위의 저지와 처벌을 나누어서 생각한다면, PSC가 효과적일 것이다(*Ibid.*, p.18, p.60). 안전이나 노동 등 분야별로 국제조약을 만들어 기국의 조약 준수 여부를 입항국이 체크하면 된다. 제3세계로서는 과도한 부담이 되겠지만, OECD 각국이 공동으로 PSC를 실시한다면 그 비용도 낮아진다(*Ibid.*, pp.60~61).

몇 가지 지적해 두자. 첫째, 국가가 선박의 등록요건을 자유롭게 정할 수 있다고 하면서, 기국의 관할의무를 분리하는(PSC에 의존하는) 것이 국제법상 허용되는지는 의문이다. 둘째, 편의치적선제도의 근원을 이루고 있는 오프쇼어성, 즉 국민경제 내부에서 활동하지 않는 것에 관한 문제점에 대해서는 언급이 없다. 셋째, 승무원, 특히 선박직원의 육성비를 어떻게 부담해야 하는지에 대해서 해결을 보지 못하고 있다(*Ibid.*, pp.37~38).

(4) 선박등록요건조약의 채택(1986년 2월)

한편, 전술한 정부간 준비회의는 1982년 4월에 개최되있지만, 의견 일치에 근접하지 못했고, 동년 11월에 제2회 회의가 다시 열렸다. G77과 B그룹의 대립은 해소되지 않았지만 각 그룹이 주장하는 안을 담은 2차 합성 텍스트가 작성되었다. <표 5-8>에 개발도상국 안을 제시하였는데 ① 자국민의 자본참여, ② 자국민의 승선, ③ 선사의 기국 내 설립 등 이른바 경제 3요소가 주장되었다.

전권회의는 1983년에 개최하기로 예정되어 있었으나 1982년 말 UN 총회에서 전권회의 1년 연기와 준비회의 추가가 방글라데시의 발의로 결정되었는데(船主協會, 1983, 65쪽), G77그룹의 초조함을 엿볼 수 있다.

제3차 정부간 준비회의는 1983년 11월에 열려 합성 텍스트를 수정했지만 양 그룹의 평행상태는 계속되었다. 이번 회의에는 2차 회의를 보이콧한 미국, 라이베리아, 파나마도 참가했다.

〈표 5-8〉 합성 텍스트(1982년 11월)로 보는 개발도상국의 주장과 성립된 조약

합 성텍스트에서 보는 개발도상국(G77)안	선박등록요건에 관한 UN 조약(1986년 2월)
보통주주권에 의한 자본참여(equity participation in capital) ① 선박소유회사의 기국내 설립 ② 자국민의 주주로서의 충분한 참여 확보	**선박 소유(제8조)(배승요건과의 선택적 적용)** ① 기국은 자국민(국가)의 소유와 그 비율에 대해 정해야 한다. ② 그것은 기국 관할권 및 감독권 행사에 충분한 것이어야 한다.
경영(management of ship-owning companies and Vessels) ① 경영 사무소의 기국내 설치. ② 소유회사의 이사 또는 진정한 경영자는 자국민이며 거주 중인 상태. ③ 경영자·운항자의 금전적 대응 의무. ④ 운항자가 기국 외에 있는 경우 해당국 정부의 보증도 가능.	**소유 회사 및 선박의 관리(제10조)** ① 소유 회사, 자회사, 주요 영업소의 기국내 설치 의무. ② 기국 내에 없는 경우에는 기국민(또는 거주권자)·법인을 대리인·관리담당자로 확보. ③ 금전적 책임 대응 능력의 확보.
선박 승조원(manning vessels) 주요 직원 및 부원의 상당 비율(significant percentage)은 자국민이 아니면 안 된다.	**선원 배승(제9조)(선박 소유와의 선택적 적용)** ① 기국은 '승조원 중 만족할 부분이 자국민, 자국 거주자, 거주권자로 구성되어야 한다는 원칙'을 존중해야 한다. ② (만족할 부분의 목표 추구에 있어서) 유자격자의 조달 가능성, 여러 타국과의 협정, 선박의 경제적 운항 가능성을 고려. ③ 선원의 능력기준, 고용조건은 국제적 기준에 부합해야 한다. ④ 노사간 민사적 분쟁의 법적 절차의 존재. ⑤ 법적 절차상 내국인·외국인 선원의 평등한 접근권.
합작 사업(joint ventures) ① 자국민의 자본참가의 한 수단으로서의 기업 합작 추진. ② 국제기관에 의한 합작 설립 지원.	**합작 사업(제13조)** ① 합작사업 촉진, 이를 위한 합작사업자 보호를 위해 (타국과의) 약정. ② 국제적 기관에 의한 합작사업 지원.
해사행정조직(maritime administration) 기국은 선박등록, 선박소유자·운항자의 동일성 확보와 설명책임에 관한 원칙 준수를 확보할 능력이 있는 동시에 충분한 해사행정조직을 보유한다.	**해사행정조직(제5조)** 기국은 그 관할권 및 감독권을 행사하기 위한 능력이 있고, 또한 충분한 해사행정기관을 보유하여야 한다.

출처: UNCTAD[1983], Annex Ⅱ; UNCTAD[1986].

합의를 볼 전망이 없는 상태에서 UN 전권회의를 맞이했다. 전권회의는 난항을 거듭하며 다음과 같이 4차례나 개최되었다. 회의 날짜는 제1회: 1984년 7월, 제2회: 1985년 1월, 제3회: 동년 7월, 제4회: 1986년 1월 20일~2월 7일(조약 채택)이다.

전권회의는 4차례나 개최되었지만, 1차 회의 후 흐름은 크게 변화했다. 동 회의는 파디카(Fadika) 의장이 각국을 방문해 정부단체와 협의를 거듭해 그 결과를 보고하고, 그것을 토론의 기초로 하도록 권고했다. 그는 예상과 달리 많은 나라를 방문하지는 않았으며, 방문국은 멕시코, 미국, 서독, 영국, 프랑스, 일본, 중국, 소련 정도였다. 榎本喜三郎는 파리 ICC(국제상업회의소) 방문 당시(1984년 10월) 파디카 의장이 다음과 같은 발언을 했다고 한다. ① 국제문서 작성의 목적은 편의치적선의 단계적 폐지에 있다고 보지 않는다. ② 기국의 국민자본 참여는 거부할 수 있다. ③ 관리(management)에 대한 요구는 B그룹 제안에 가까운 것이어야 한다. ④ 선원은 선장, 기관장, 통신사가 기국의 국민이거나 그와 동등한(equivalent) 자로 한다.[50)]

파디카(Fiadika) 의장의 발언은 개발도상국의 기존 주장을 정면 부정하는 것이나 다름없다. 왜 G77이 이러한 열세에 몰리게 되었는지에 대한 검토에 들어가기 전에 포기나 다름없는 양보를 강요당한 결말을 확인해 두자(<표 5-8> 참조).[51)] 채택된 조약을 보면, 우선 ① 자본 참가에 대해서는 자국민 소유 비율을 정한다고 할 뿐, 하한에 대한 구속력은 없다(should). 나아가 선원배승조항과의 선택적 적용이다. ② 선사의 기국내 존재에 대해서는 기국민인 대리인 또는 관리담당자로 충족하게 되어 기국의 관할능력이 현저하게 저하되었다. ③ 승무원에 관해서는 '만족할 수 있는 비율'을 자국민으로 하는 원칙을 존중해야 한다(shall observe the principle)라고 하면서 '그 목표(goal) 추구에 있어서 …'(제2항)로 예외규정을 두고 있어 자국민주의를 포기한 것이나 다름없다. G77그룹은 말 그대로 명목만 유지했을 뿐, 실제로는 B그룹이 원하던 '편의선적제도를 규제하지 않는' 조약이 되었다. 제3차 특별해운위원회(1981년 5월)의 단계적 폐지 결의는 비슷하면서도 차이가 있다. 이 때문에 UNCTAD가 편의선적제도를 '인정'했다는 평가까지도 나왔다.

물론 본 조약이 무의미했던 것은 아니다.[52)] 다만 조약 채택 후 4반세기가 경과하는데도 14개국(라이베리아를 포함한다)이 비준한 것에 불과한 현실이 본 조약의 의의를 대변하고 있다고 볼 수 있다.[53)]

다음으로 개발도상국이 좌절하게 된 원인을 검토해 본다. 간단히 말하면, 파디카(Fiadika) 의장은, 왜, G77그룹의 오랜 주장을 번복하는 행동을 했는지이다.[54)] 이 점에 주목하는 문헌은 거의 없지만, 몇 가지를 지적해 두고 싶다. 하나는 개발도상국을 둘러싼 상황의 변화이다. 주지하다시피 제2차 오일쇼크를 계기로 세계는 동시불황을 겪지만 선진국에서는 대처리즘과 레이거노믹스로 상징되는 신자유주의가 대두되었다. 신자유주의 시각에서 보면 식민지주의는 옛날 이야기일 뿐이며, 남북격차는 어찌 보면 당연하고 해소해야 할 문제로는 보이지 않는다. 글로벌 금융위기는 1차산품의 가격하락을 수반해 개발도상국은 누적채무 문제에 시달리게 된다(82년 8월 멕시코 대외채무위기). 따라서 당연히 선진국에 대한 발언권은 낮아졌다. 또한 NIES와 OPEC 등 '중진국'과 여타 개발도상국의 격차가 컸기 때문에(앞 <표 5-3> 참조) 해운문제로 한 그룹이 될 수 있는 상황도 아니었다.

하지만 개발도상국의 수적 우위는 압도적이어서 정기선코드조약처럼 강행처리(1972년 산티아고 총회)를 통해 남쪽의 주장을 관철시킬 수 있었다고도 생각된다. 그러나 다음 사항을 고려하면, 선진국의 주장을 받아들인 개발도상국의 움직임을 이해하지 못할 바는 아니다. 그것은 발효요건이다. 해사관계조약의 대부분은 실효성을 확보하기 위해 일정한 발효요건이 체결국 수와 선복으로 정해져 있다. 예를 들어, 정기선코드조약은 24개국 이상, 총 톤수로 25% 이상의 선복이었다. 본 조약은 40개국 이상, 전 세계 총톤수의 25% 이상이다. 개발도상국이 그 뜻에 따른 조약을 강행·체결하였다고 하더라도 체결국 수는 몰라도 선복요건을 G77그룹과 D그룹이 충족하는 것은 매우 어려웠다.[55)] 이미 개발도상국은 이 발효요건의 충족에 대한 어려움(환언하면 선진국의 무언의 저항)을 정기선코드조약에서도 충분히 경험할 수 있었다. 이 조약은 1974년 UN 총회에서 채택되었으나 비준이 이뤄지지 않아 마닐라 총회에서 조약의 조기 발효(developments pertaining to the Convention)를 첫 번째 의제로 삼아야 했다(1983년 발효).

앞서 언급한 바와 같이 1970년대와 1980년대는 남북의 관계와 경제적 환경이 완전히 변화되었다. 수의 힘으로 강행체결하더라도 발효되지 않으면 그림의

떡에 지나지 않는다. 역사에 '만약'이라는 단어는 허용이 되지 않지만, 이 장 3 (6) 등에서 언급한 것처럼 벌크운송의 점유율 문제를 총회에 제기하지 않고 편의선적제도로 한정했다면 그 결과는 달라졌을 것이다. 적어도 G77의 전략상의 실패라는 점은 지적할 수 있겠다.

주

1) *MT*, 1971, Chap 5 'Flags of convenience', pp.85~109. 제1차 해양법회의에서 편의치적선 문제가 한창이던 1958년의 보고에 이은 것이다. 제4장 2 (4) 참조.
2) *MT*, 1971, pp.103~105; ILO, 1975, p.13에 따르면 1971년 9월부터 1년간 라이베리아 정부가 부여한 면허장 14,999명분 중 정부가 스스로 시험을 실시해 부여한 면허장은 단 207명(1.4%)에 불과했다. 시험관 및 기타 행정비용 절약에도 크게 기여하고 있었던 셈이다.
3) 대형 해난사고가 다발했던 적도 있어 편의치적선의 사회적 비용의 산출에 네덜란드가 도전했지만, 결론은 얻지 못했다고 기술하고 있다(OECD, 1975, p.7).
4) 11조약이란 ① 최저연령 관련 조약(7호, 58호, 138호), ② 부상질병조약(55호, 56호, 130호), ③ 건강검사조약(73호), ④ 재해방지조약(134호), ⑤ 선원설비조약(92호), ⑥ 식량조리조약(68호), ⑦ 해기면장조약(53호), ⑧ 고용계약조약(22호), ⑨ 송환조약(23호), ⑩ 결사의 자유 및 단결권 조약(87호), ⑪ 단체교섭권 조약(98호)으로 후년에 다른 조약이 추가되었다.
5) JMC, 1972, pp.1~6. 또한 2가지 권고에 대해서는 제4장 4 (3) 참조.
6) ILO, 1975, p.9; JMC, 1972, Annex.
7) 총회에서도 조약 명칭에 '편의치적선'을 남기라는 주장은 계속되었으나 결국 sub-standard vessels도 사라지고 최저기준이라는 추상적인 것이 되었다. 편의치적선을 사용하는 것은 그 정의 하나를 보더라도 곤란한 경우가 많다. 국제문서로서는 어쩔 수 없는 부분이기도 하다.
8) ILO, 1976b, pp.47~55; 運輸省 외, 1977, 139쪽 이하 참조.
9) 다음 조약에 PSC가 규정되어 있다. 국제만재흘수선 조약(1966년, 제12조), 해상인명안전 조약(1974년, 제19규칙), 상선최저기준 조약(1976년, 제4조), STCW 조약(1978년, 제10조), 해양오염 조약 1978년 의정서(제5조). 비체약국 선박으로의 확대가 명시되지 않은 조약도 있다.
10) 국제해사법의 역사에 있어서는 그 필요성이 낮기도 해서 영역주권은 지극히 억제적으로 취급되어 왔다(Ozcaylr, 2004, p.74; 逸見, 2009, 131쪽 이하 참조).
11) 결의는 "Procedures for Control of Ships"이지만 다음 문서가 첨부되어 있다. "Substand Ships: Guidelines on Control Procedures"(*MT*, 1979, p.1996). 그 후 몇 번인가 개정되었다.
12) "서브 스탠다드선에 관한 이사회 권고"(*MT*, 1977, p.83, p.96).
13) Kasoulides, 1993, pp.142~149; 木畑, 1979, 60쪽 이하; 海事新聞, 1978년 4월 27일 참조.
14) 1973년 이후 라이베리아 정부도 법을 개정하여 규제를 강화하지만 1975년에는 일본 해사검정협회에 적법성 점검을 위탁한다(海事新聞, 1975년 3월 25일). 또 이 협회는 1977년 파나마 정부로부터도 수탁한다(海事新聞, 1977년 3월 27일). IMCO 특별위원회는 1978년 ① 편의선적국의 법 정비, ② 편의치적선의 입항규제에 대하여 검토하게 되었다(海事新聞, 1978년 10월 30일).
15) 총회에 앞서 1967년 11월 사무국은 개발도상국 상선대의 창설과 그 확대를 보고한 바 있다. 그곳에서는 알제리 헌장과 달리 자국 해운에 대한 국가 원조는 화물 유보보다는 재정적 지원조치가 더 바람직하다고 보았다(UNCTAD, 1968, p.52, par.261). 東海林, 1981, 40쪽에 따르면 Sturmey는 1967년에 Chief, Shipping Branch for Invisible에 취임하고 있었는데, 이 보고와 관련되어 있을 것이다. 사실, 보고는 Sturmey, 1962, p.198을 인용하고 있다(후술 참조).
16) 그 후 반복 기술되는 장황한 타이틀은 'the economic consequences for international shipping of the existence or lack of a genuine link between vessel and flag of registry'이

다. 이하 '진정 관계 존부의 경제적 영향'이라고 생략하기도 한다.

17) UNCTAD, 1974, p.12. 선진국측은, 정기선의 다음에는 부정기선의 카고 쉐어가 요구되지 않을까 염려하고 있었으므로, 이 결과에 안도하고 있었다. 회기 중 B그룹에서는 개발도상국 선대의 비율이 낮아지고 있는 것은 편의치적선이 한 요인이라거나 편의치적선은 선진국에 있어서는 이익이라고 할 수 없는 개개의 선주를 이용하고 있을 뿐이라고 견해를 제시하기도 했다(*Ibid.*, pars.26~27). 그리고 적어도 2개국으로부터 '진정한 관계'를 제3의제로 삼아야 한다는 제안을 받았다(*Ibid.*, pars.75~76). 개발도상국측은 이 문제에 대해 찬반양론이 있어서 관심이 그리 높지 않았음을 알 수 있다(*Ibid.*, pars.66, 68).

18) 榎本喜三郎는 선진국의 제안에 의문을 표한다(1993, 205쪽). 그 이유는 G77 대표가 참조하라는 제7차 해운위원회 보고서에 선진국 제안을 밝히는 문구가 없다는 데 있다. 분명히 문구는 없는데, 위에서 서술한 우선순위 결정은 제6회 위원회여서, 없어도 이상하지 않다. 오히려 선진국들은 전후 단락에서 사무국이 정해진 순위와 달리 '진정한 관계'보다 '해운의 진흥'을 우선시한 데 항의했다. 의장은 그 항의를 받아들여 제8차 해운위원회에서 결정한 대로 진행한다고 해명하고 있다(UNCTAD, 1975, pars.111~114, 119).

19) 이 장에서는 주로 전통적 해운과 편의치적선의 경제적 특징에 대하여 건조비용, 운항비용, 재무 측면(조성, 융자 등), 국가규제, 외환과 송금, 금융의 흐름 등을 다루고 있다.

20) 라이베리아 정부에 들어가는 편의치적선 관련 수입은 1,900만 달러인 데 반해 라이베리아선의 운임 수입은 88억 달러로 추정하고 있다(1975년). 노르웨이 해운은 1971년 순익 11.7억 달러의 외화를 벌어들여 이 나라 경제에 크게 기여했다고 지적한다. 선박의 수출입액에 관한 상충에 대해서는 제1장 1 (4) (b) 참조.

21) UNCTAD, 1978a, p.7. 다만 몇 가지 유보는 했다. ① 세금은 그다지 큰 문제가 아니다(par. 20), ② 편의치적선이 존속하지 않게 된(ceased to exist) 경우, 개발도상국으로 시프트한다고는 할 수 없다. 오히려 수익국으로 회귀할 것이다(par.30), ③ 진정한 관계를 논의하는 자리는 UNCTAD가 적절한가(par.39) 등이다. 프랑스는 OECD의 보고에 찬성하지 않고 독자적인 회답을 보냈다(TD/B/C. 4/AC. 1/2/Add. 2). 더욱이 실무회의에서 사무국을 전적으로 지지하여 이 자리에서 결론을 내리고 제5차 총회에 송부해야 한다고 주장하였다(UNCTAD, 1978b, pars.26~28).

22) 아루샤 선언(Arusha Programme)은 UNCTAD, 1981c, pp.161~163에 수록되어 있다.

23) 경위나 결의에 대해서는 UNCTAD, 1981c, pp.24~28, pp.78~81, 船協月報, 1979년 7월호, 19쪽 이하; 海運, 1979년 7월호, 27쪽 이하 참조. 海事新聞(1979년 6월 12일)에 따르면 실제로는 긴박하고 완전한 폐지 결의가 제안됐지만 파디카(Fadika) 의장(후술)의 중재로 폐지 검토가 이루어졌다.

24) 1978년의 데이터는 IMA(International Maritime Associates Inc.)가 마닐라 총회에 대비하여 라이베리아 해사국을 위해 작성한 보고에 포함된 것이다(EIU, 1979, p.3). 따라서 데이터 원은 당국이라고 생각된다. 또한 1990년부터 BIMCO/ISF(1990)에 의한 세계적인 선원 수급조사가 5년마다 이루어지기 시작했지만 이 또한 정확성과는 거리가 멀다.

25) 1984년의 데이터도 라이베리아 해사국의 것으로 보이지만 선원수는 부자연스럽다. 이 해의 라이베리아 선박은 1,934척이며, 평균 선원수는 49.2명에 달하기 때문이다. 1978년 33.5명이었지만 당시로는 높은 수치이다. 후술 참조

26) Alegado, 1992, pp.308~310; 森澤, 1993, 13쪽; 菊池, 1992, 178쪽 이하 참조. Alegado는 빈곤, 실업, 과잉인구는 대규모 해외 고용의 전제조건이지만 충분조건은 아니라며 마르코스 정권의 정책과 맨닝업계(private recruiting agencies)의 중요성을 지적한다.

27) Brooks는 1974년 해운을 육성하기 위한 해사산업청(MARINA: Maritime Industry Authority)

이 설치되기 전까지 필리핀 정부는 해운에 거의 관심이 없었다고 한다(Brooks, 1985, p. 17). 이처럼 1974년은 이중적인 의미에서 획기적이었다. 관심이 없었다고 해도 중국산품을 아메리카 대륙으로 실어 나른 갈레온 무역은 유명하고, 최초의 해사교육기관(Escuela Nautica de Manila)은 스페인에 의해 1820년에 설립되었다. Mier, 1989, p.183.

28) 山形, 1991, 146쪽 이하 참조. 정실자본주의의 일단을 엿볼 수 있게 한다.

29) 1966년 그리스 선박이 마닐라에서 도크에 들어갔을 때, 선용품업체인 El Greco Shipping Enterprises는 의뢰를 받고 교체요원을 알선했다. 이리하여 필리핀 선원이 처음으로 그리스 선박에 탑승하게 되었다. 평가가 높았으며 "유능하다"는 소문은 속히 그리스 선주가 거주하는 피레우스, 런던, 뉴욕 및 기타 지역에 퍼졌다고 한다. 덧붙여 이 회사의 경영자는 전 그리스 영사 출신으로 필리핀 여성과 결혼했다(Alegado, 1989, p.76). 필리핀 선원의 특성에 대해서는 大野(2000, 2002)가 상세하다.

30) 1984년부터 80%로 인상되었다. Brooks, 1985, p.24.

31) 대만 해운·조선업의 근대화 및 그에 관련된 정치경제에 대해서는 武域, 2002, 77쪽 이하 참조. 전적 정책은 홍콩 반환으로 발생할 화교 자본의 도입 방안과 맞물려 시행되었다.

32) 海運振興會, 1987, 44쪽 이하 참조. 실질 선주는 화교, 일본, 홍콩이라고 한다. 승선기간은 12개월이 원칙이었다고 한다(동 49쪽). 또한, 일본선(마루쉽, 후술) 승선도 무시할 수 없다. 몇 년인지는 알 수 없으나 외국선 승선 선원 중 약 3분의 1이 승선하고 있었다고 한다(동 45쪽).

33) <표 5-6>에는 배승척수가 나타나 있다. 또, 원표에는 예비원수도 표시되어 있는 점, 평균 승무원수로 보아 어느 시점의 승무원수로 볼 수 있다. 반대로, 라이베리아선의 경우는 1년간의 계약수로 볼 수 있을 것이다.

34) T. Lee는 창업해 나간 그들이야말로 한국 해운의 에토스를 대표한다고 말한다. Lee, 1996, pp.89~92.

35) 국적취득조건부 나용선(Bare Boat Chartered with Purchase Option). 주로 일본 선사의 중고 일본선을 구입하는 방법이며 파나마 등에 편의치적선화하여 나용선을 재용선한다. 게다가 구입 대금을 위해서 대출을 받는 등의 복잡한 시스템 위에 성립되고 있다. 자세한 내용은 武城, 2002, 171쪽 이하 참조.

36) 종래, 일본선 명칭에는 '○○丸(마루)'가 붙어 있고 일본인이 승선하고 있었는데, 외국인 선원이 승선하고 있는 일본선이 나타나게 되었기 때문에 '마루쉽'이라고 불리게 되었다. 편의치적선은 두 부류로 나뉜다. 하나는 BBC/PO, 다른 하나는 일본 선사의 통상적인 편의치적선이다(<표 5-3>). UNCTAD의 조사에 따르면 1979년 수익선주는 아니지만 true managers 국가로 한국(130만 D/W톤)을 지목했다. BBC/PO는 이에 해당된다. 또한 이 항에 관한 자세한 사정은 武城, 2002, 161쪽 이하, 특히 180쪽 이하 참조.

37) 海運振興會, 1987, 89쪽 이하 참조. 직원, 부원별 승무원 수 등을 알 수 있다

38) 마닐라 총회에서 B그룹은 쉐어 룰이 도입되면 수송비용이 상승하여 모든 나라의 무역에 중대한 영향을 미친다고 주장하는 한편, 이 분야에 진입장벽이 있다면 협의할 용의가 있다고 하였다(UNCTAD, 198lc, p.80, par.201).

39) 자세한 내용은 武城, 1992; OECD, 1990, p.32 참조. 당초 이 원칙의 장애는 자국국적 우선 정책을 채택하는 미국에 있었지만, 1960년대에 들어와 개발도상국의 국기 차별이 문제가 되었다. 선진국은 입항 금지를 포함한 대항 입법을 갖추고, 일본도 1977년에 갖추게 된다(運輸省 海運局, 1977, 15쪽 이하).

40) UNCTAD, 1980b, p.44; 船協月報, 1980년 9월호, 57쪽 이하, 같은 11월호 15쪽 이하.

41) 宇多, 1982, 10쪽 이하, 드라이벌크 전문가 회의에 대해서는 田中, 1982, 28쪽 이하, 액체벌

크에 대해서는 高橋, 1984, 15쪽 이하 참조. 高橋는 대불황이 장기화되어 개발도상국에 진출할 의욕이 없고, 카고 쉐어링 주장은 전혀 나오지 않았다고는 하지만 놀라운 사실이라고 할 수 있다.

42) 정기선동맹에 관한 조약이 성립한 것은 후술하는 바와 같은 이유도 있지만, 해운동맹이 폐쇄형, 즉 신규 참가를 인정하지 않는 독점적 형태였던 탓이 크다. 이 점에 대해 武城, 2002, 12쪽 이하 참조.

43) 사실 동 위원회의 준비회의 등에서 노르웨이, 그리스 선주 등으로부터 일본은 장벽을 쌓고 있는 것이 아닌가라고 의심받았다고 한다. 船協月報, 1980년 11월호, 17~18쪽.

44) 사무국은 전년 '단계적 배제의 영향(repercussion)'(UNCTAD, I979a)과 '단계적 배제기간 중의 편의치적선의 운항에 관한 법제'(UNCTAD, I979b)를 부회에 제출했다. 전술한 문서(UNCTAD, I978b)에서 4가지 요소(① 국민경제내 존재, ② 국제수지계정에의 편입, ③ 기국민 소유, ④ 기국민 승선)의 전부 또는 일부가 '진정한 관계'에 필요로 해 왔는데, 전자(I979a)에서는 ③과 ④가 충족되면 ①과 ②는 자연적으로 충족된다고 해서 ③, ④에 주목한다(p.4). 다만 이처럼 다른 요소를 무시해도 좋을지는 의문이다. 후자(1979b)에서는 등록요건의 세부에 걸친 통일이 필요한 조약보다는 UNCTAD에서 정한 기준을 각국(선적국, 수익국, 노동공급국, 기타)이 국내법화하는 방법(embodying undertakings)이 바람직하다고 보았다(p.9). 榎本, 1993, 53쪽 참조.

45) UNCTAD, 1980a, Annex I. B그룹은 편의치적선의 확대는 편의치적선을 제공하지 않는 국가(개발도상국을 포함한다) 상선대의 경쟁력과 발전에 나쁜 영향을 주고 있다고 하여 제1회 정부간 작업부회의 기본적 자세를 유지하고 있었다. *Ibid.*, Annex III, p.1; 榎本, 1993, 161쪽은 잘못 읽은 부분이 있다.

46) UNCTAD, 198lb, p.13. B그룹의 결의안은 추가적인 검토와 PSC에 의한 기준 이하 선박의 배제였다(*Ibid.*, p.20).

47) *Ibid.*, pars. 22, 74. *MT*, 1979, p.77에 약간 신경이 쓰이는 기술이 있다. 그것은 나중에 다룰 EIU의 연구를 인용하면서 편의치적선의 배제는 대부분의 개발도상국에 불리(detriment)하게 작용한다고 하고 있는 것이다. 편의치적선은 남북문제에 무관하다는 의도인가, 아니면 면죄부를 받으려는 것인가.

48) *Ibid.*, p.2, pp.105~121, p.133. 제1장 2 (8) 참조. 덧붙여 Metaxas(1974)로부터 보면 이 책의 대부분은 Metaxas에 의한 것이라고 생각된다.

49) EIU, 1979는 ICC 미국평의회(United States Council of the International Chamber of Commerce)의 요청에 따른 연구로 1979년 후반에 간행된 것이다. 이 문제에 화주가 조력한 사실이 흥미롭다. 海事新聞, 1980년 1월 31일 참조. OECD에 영향을 미쳤다는 사실은 앞에서도 언급했지만 Sturmy(1983)의 논지 중 일부도 이 책에 가깝다.

50) 榎本, 1988, 406~407쪽. 원자료는 바누아투 해사 부판무관을 경유한 라이베리아 선주단체(LSC)로부터 나왔다. 방일은 1984년 11월이었는데, 회담한 塩田澄夫 국제운수·관광국 차장은 ① 의장은 선진국 그룹의 주장을 잘 이해해 주고 있다. ② 또한 의장은 국제합의가 선진국의 상선대 정비에 이바지하는 것이어야 함을 강조했다고 말하고 있다(海事新聞, 1984년 11월 22일).

51) 채택에 이르는 경위는 생략한다. UNCTAD, 1984a; UNCTAD, 1984b; 榎本, 1988, 361쪽 이하; 南部(1985, 1986); 船協月報, 1986년 3월호, 18쪽 이하, 같은 4월호 13쪽 이하 참조. 선박등록요건조약(Convention on Conditions for Registration of Ships)은 1986년 2월 7일 제네바에서 채택되었다.

52) 落合, 1987, 37쪽; 逸見, 2006, 197쪽 이하 참조. 확실히 개념적으로는 진정한 관계에 경제

3요소가 포함되는 것이 밝혀졌지만, 정도 문제가 되면 제로나 다름없고, 정말로 기묘한 감각에 사로잡히게 된다.

53) 2011년 7월 현재 본 조약의 비준국과 총톤수(천톤)는 알바니아: 57, 불가리아: 422, 코트디부아르: 8, 이집트: 1,114, 조지아: 711, 가나: 107, 아이티: 1, 헝가리: 0, 이라크: 19, 라이베리아: 106,708, 리비아: 865, 멕시코: 1,459, 오만: 29, 시리아: 178. 총 14개국 111,678천 총톤(세계 대비 11.6%). *RMT*, 2011, p.134, pp.189~193.

54) 로이즈 리스트는 제2차 전권회의가 시작되기 3주 전 파디카(Fadika) 의장의 변신상을 전하며 G77의 분노를 살 것이라고 보도한 바 있다. LL, Jan. 10, 1985, p.1.

55) 수적 우위로 말하면, 발효요건을 낮게 설정해 강행 채결에 들어갈 수도 있다. 개발도상국의 대부분은 해운에 관심이 높은 것도 아니고, 중진국도 많아졌기 때문에 40개국, 25%도 역학관계의 반영이라고 할 수 있을 것이다.

제 6 장

제2선적, 톤수세제와 국제해운의 구조 변화

- 유럽 해운을 중심으로 -

1. 이 장의 개요

제2차 석유위기의 영향으로 1980년대에 들어서면 국제해운은 '해운 대불황' 또는 '해운위기'로 일컬어지는 사태를 겪는다. 때마침 1970년대부터 UNCTAD에서 계속되어 온 편의치적선에 대한 남·북의 논의는 막바지로 치달았고 남측은 편의치적선의 단계적 폐지를 사실상 포기할 지경에 이르렀다. 이 두 가지 요인이 맞물려 유럽의 전통적인 해운산업은 ① 편의치적선화, ② 계선과 스크랩, ③ 단순 매선, ④ 해운업 철수라는 큰 파도를 맞게 된다. 반대로 편의치적선은 세계 해운시장에서 점유율을 급속히 확대했다(<표 6-1> 참조).

이 장에서는 국제해운을 항상 주도하고 지배적 지위를 유지해 온 유럽 해운이 해운위기에 어떻게 대응했는지, 또한 이에 따라 편의치적선을 포함한 세계 해운의 구조는 어떻게 변화했는지를 밝히고자 한다.

〈표 6-1〉 경제지역별 화물선의 선복량 추이

(단위: 100만 총톤, 세계 대비 %)

년	세계 합계 총톤	OECD		EEC[2)]		편의치적선[3)]		코메콘		기타			
												NICs[4)]	
		총톤	%	총톤	%	총톤	%	총톤	%	총톤	%	총톤	%
1970	211.9	141.4	66.7	68.5	32.3	40.2	19.0	13.0	6.1	17.3	8.2		
75	325.6	193.8	59.5	100.4	30.8	84.2	25.9	17.7	5.5	29.9	9.2	7.0	2.1
1980	398.8	210.5	52.8	117.2	29.4	108.0	27.1	23.2	5.8	57.1	14.3	15.2	3.8
81	399.7	209.4	52.4	116.1	29.0	104.8	26.2	25.5	6.4	60.0	15.0	15.9	4.0
82	403.0	205.3	50.9	110.6	27.4	106.3	26.4	23.9	5.9	67.5	16.7	17.8	4.4
83	400.0	193.0	48.3	101.4	25.4	108.1	27.0	24.7	6.2	74.2	18.6	20.0	5.0
84	396.0	180.4	45.6	92.7	23.4	111.3	28.1	24.9	6.3	79.4	20.0	22.3	5.6
1985	392.9	169.5	43.1	84.5	21.5	114.2	29.1	25.4	6.5	83.8	21.3	24.1	6.1
86	381.4	150.5	39.5	74.0	19.4	116.5	30.5	25.8	6.7	88.6	23.2	25.1	6.6
87	379.6	133.7	35.2	63.2	16.6	126.9	33.4	26.2	6.9	92.8	24.5	26.1	6.9
1988	378.9	128.1	33.8	58.5	15.4	132.5	35.0	26.3	6.9	92.0	24.3	25.8	6.8

출처: CEC, 1989a, Annex 6, Table 1.

주 1) 대상 선박은 상선 중 화물선으로 어선, 예인선, 보급선 등은 제외.
2) 1988년 당시 12개국을 기준으로, 미가맹 시기에도 소급 적용했다.
3) 편의치적선은 안티구아, 바하마, 버뮤다, 케이만, 키프로스, 지브롤터, 레바논, 라이베리아, 몰타, 파나마, 세인트빈센트, 바누아투 등 12개국·지역.
4) NICs는 대만, 홍콩, 싱가포르, 한국.

제2절부터 제7절까지를 개관해 보면 다음과 같다.

제2절은 '해운 대불황과 고뇌하는 영국 해운'이다. 20세기 초 전 세계 약 절반의 선박을 보유하고 있었던 영국 해운의 쇠락에 초점을 맞춘다. 일반적으로 이해되는 것과는 달리 영국 해운에는 외국자본(예: 그리스)이 상당히 포함되어 있었지만, 북해 유전으로 의한 파운드 상승과 대불황으로 이탈하게 된다. 이어 영국 선주의 해운산업 이탈과 영국 선적 이탈(flag-out)이 계속되면서 정점이었던 3,300만 총톤(1975년)은 1985년 1,400만 총톤으로 급감했다. 바로 조락이었다. 그 타개책으로서 마련된 정책은 대처류의 '저렴한' 해운 지원책이었다. 규제를 완

화하여 외국인 선원 도입을 가능하게 했다.

제3절은, 유럽을 석권한 '제2선적제도'를 다룬다. 이 제도는 외국인 선원, 특히 아시아 선원을 고용할 수 있도록 국적요건이 엄격한 종래의 (제1)선적제도에 덧붙여 창설된 것이다(맨섬(Isle of Man)과 같이 해외 영토의 활용도 포함한다). 이 제도를 개관하고, 세계 해운에 준 영향에 대해 분석한다. ① 제도는 유사 편의선적이라는 점, ② 각국이 차례로 도입해 국가간 경쟁의 양상을 보인 점, ③ 선박관리업자(ship management firm)가 입지를 굳혀 새로운 분업형태가 출현한 점, ④ 선원노동력시장은 해운용역시장처럼 세계 단일시장이 되었다는 점 등이 결론이다.

제4절은 EC의 제1차·제2차 공통해운정책에 대해 언급한다. 1985년과 1989년에 제안되었으나 주제와의 관련성을 따지면 성공적이었다고 할 수 없다. EC위원회는 'EUROS'라는 EC 깃발을 내건 EC 선적의 창설을 목표로 했으나 배승요건이 너무 까다로워 받아들여지지 않았다. EC위원회는 경쟁정책의 관점에서 가맹 각국의 조성(state aid)을 심사할 권한을 가지는데, 1989년 그에 관한 가이드라인(형식은 내부문서)을 발표한다. 각국의 제2선적선에 보다 많은 EC 선원이 고용될 수 있도록, 지침은 사회보장비나 선원소득세의 대폭적인 감면 및 기타 조성을 허용했다. EUROS든, 해운조성이든 유럽공동체의 영향력이 커졌다는 사실을 대변하고 있다.

제5절은, 1980년대에 세계시장 점유율을 반감시킨 유럽 해운의 반전 공세에 대해 자세히 기술한다. 제2선적제도에 의해 확실히 비용삭감에는 성공했지만, 해상안전의 확보와 최소한의 EC 선원의 배승이 요건으로 되어 편의치적선과 대등하게 경쟁하는 것은 더욱 어려웠다. 그러나 더 이상 EC선을 감소시키는 것은 무리였다. 선원의 기술과 스킬은 온쇼어(on shore)의 여러 산업에 있어서 불가결했으며, 해사 클러스터를 유지하기 위해서는 새로운 대책이 필요하게 되었다. 네덜란드는 유럽 대륙의 관문으로서의 지위를 지키기 위해, 1995년 통합해운정책을 수립하면서 법인세를 대폭 인하하는 과감한 해운 지원책을 내놓았다. 유럽위원회는 그것을 '신해운 전략'이라는 명칭 하에 EU 전체의 전략으로 추진했다.

제6절은 유럽위원회의 '해운조성에 관한 1997년의 가이드라인'과 그 개정

판인 2004년의 가이드라인에 대해 분석한다. 실제 이익이 아니라 톤수를 기준으로 추정이익에 과세하는 톤수세(tonnage tax)라는 경감세제가 채택되었다. 이 세제는 순식간에 유럽 전역으로 확산되었다. 당시 OECD에서는 유해한 세금경쟁이 논의되고 있을 때여서 놀라운 사실이 아닐 수 없다. 마지막으로 제2장과 관련해 영국의 톤수세제와 그 이후 영국 해운에 관해 다룬다.

제7절은 결론으로, 제2선적제도와 EU의 신해운 전략이 세계 해운의 구조를 어떻게 변화시켰는지를 정리한다. 국제해운을 주도하면서 지배적인 지위를 유지하려는 유럽 해운의 전통과 집념을 엿볼 수 있다.

2. 해운 대불황과 고뇌하는 영국 해운

(1) 1980년대의 해운 대불황

이른바 "3개 부문 동반 불황"[1]이라 불리던 해운 불황은 전통적 해운뿐 아니라 편의치적선에도 심각한 영향을 미쳤다. 본고와 많은 부분에서 관계되므로 다소 자세하게 언급해 두고 싶다. 이란 혁명으로 촉발된 제2차 석유위기는 우선 1978년 12월 이란 원유의 전면 수출 중단으로 석유무역의 14%가 이듬해 3월까지 시장에서 사라지면서 수급관계를 핍박했다. 이에 따라 OPEC은 잇달아 가격을 인상해 배럴당 14달러였던 원유는 18달러(1979년 6월), 32달러(80년 6월)로 두 배 이상 올랐다. 전 세계가 인플레이션 상태에 빠져 금융 긴축정책이 실시되었고, 세계경제는 불황에 빠져들었다. 유가 급등은 소비를 위축시켰고, 이후 가격은 하락세로 돌아서지만 일단 얼어붙은 수요는 1차산품 전체로 파급되었다. 무역량이 감소하며 가격은 하락했다. 개발도상국들은 채무위기에 휩싸였다.

해상무역량(톤·마일)은 무역·해운 특유의 시차를 두고 1980년부터 마이너스로 돌아섰고, 유조선 운임(WS: World Scale Rate)은 3~6만 중량톤형에서, 200으로부터 80 정도로 떨어져 그 후 보합상태가 되었다. 화물선(부정기선)의 정기용선료 지수(1971년 100)는 1980년 중반 420에서 170(1982년)까지 떨어져 장기침체 상태로 접어들었다. 그 원인의 하나가 선박의 매매 특성에 있다. 육상 공장과 달리 선사가 도산해도 생산수단인 선박은 저가에 되팔려 시장에 계속 공급

된다. 물론 대규모 계선이나 감속 항해도 실시되었지만 이들 선박은 시황이 좀 나아지면 시장에 다시 나와 불황을 장기화시키는 특징을 지니고 있다. 1983년에는 유조선 7,500만 중량톤(5월), 건화물선 2,700만 중량톤(2월)이 계선되고 3,200만 중량톤이 감속 항해를 실시하였는데, *LSE(Lloyd's Shipping Economist)*지의 추측에 의하면 당시 선복 과잉이 34%에 달했다고 한다(BMCF, 1986, p.48). 세계 상선 중 화물선의 선복량은 건조기간이라는 또 다른 시차를 통해 1982년 4.03억 총톤으로 정점에 달했으나 이후 1988년까지 계속 축소되었다(3.79억 총톤)(앞 <표 6-1> 참조). Sletmo는 1981~1986년 사이에 세계 해운은 격변을 맞이하여, 제4의 물결이 출현했다고 한다.[2]

해운 대불황의 영향을 좀 더 자세히 살펴보자. 1980년과 1987년을 비교했을 때, 앞의 <표 6-1>에 의하면 OECD 각국의 선복량은 약 7,700만 총톤(36.5%)이나 감소하였다. EEC(유럽 경제공동체)의 선대 축소는 한층 더 극심해, 5,400만 총톤(46.1%)이 감소했다. 이에 반해 편의치적선은 약 1,900만 총톤(17.5%) 증가했다. 아시아 NICs의 증대는 양적으로는 약 1,100만 총톤이지만, 증가율은 실로 71.7%였다. 이에 따라 해운시황 호전은 1987년을 기다려야 했다. 당시 세계 해상수송량의 4분의 1 이상을 차지했던 일본의 경기회복(버블경기 진입) 영향이 크다.

이러한 구조 변화의 배경으로서 3가지를 지적해 두고 싶다. 첫째, 운항비용면에서 유럽 해운과 편의치적선의 차이는 현저했다는 점이다. 유럽위원회의 조사에 따르면 컨테이너선의 경우 서독선과 키프로스선의 차이는 22%(최저 포르투갈에서 3.5%), 벌크선의 경우 이탈리아선과 키프로스선의 차이는 44%(포르투갈선은 15%)였다.

둘째는 승무원의 아시아 시프트가 진행되고 있었다는 점이다. 이것은 라이베리아 선박의 경우인데, 1978년 이미 선원의 57.0%를 아시아 선원이 차지했다(1984년: 61.7%, 제5장 <표 5-2> 참조). 이에 따라 유럽선과 편의치적선의 비용 차이는 계속 벌어졌다.

셋째, EEC선의 감소와 편의치적선의 증가는 병행되지 않다는 점이다. 전자는 5,400만 총톤 감소에 반해, 후자는 1,900만 총톤 증가에 지나지 않는다. 영국의 경우처럼 해운업으로부터의 철수도 상당히 진전되었음을 알 수 있다.

(2) 영국 해운의 조락(凋落)과 그 원인

이미 언급한 것처럼 영국 선박의 피크는 1975년의 3,320만 총톤이었다. 약 10년 후에는 3분의 1인 1,160만 총톤으로 격감했다. 특히 1982년부터 4년간 반감했다. Hope의 연구에서 원인은 두 가지로 나뉘는 것으로 밝혀졌다.

(a) 외국선주 소유선박의 급증

[그림 6-1]을 보면 제2차대전 후 영국 해운의 두꺼운 화장발을 잘 알아볼 수 있다. 외국 선주 소유선이 증가한 원인은 선적 등록 요건과 해운조성 정책 및

(단위: 백만 총톤)

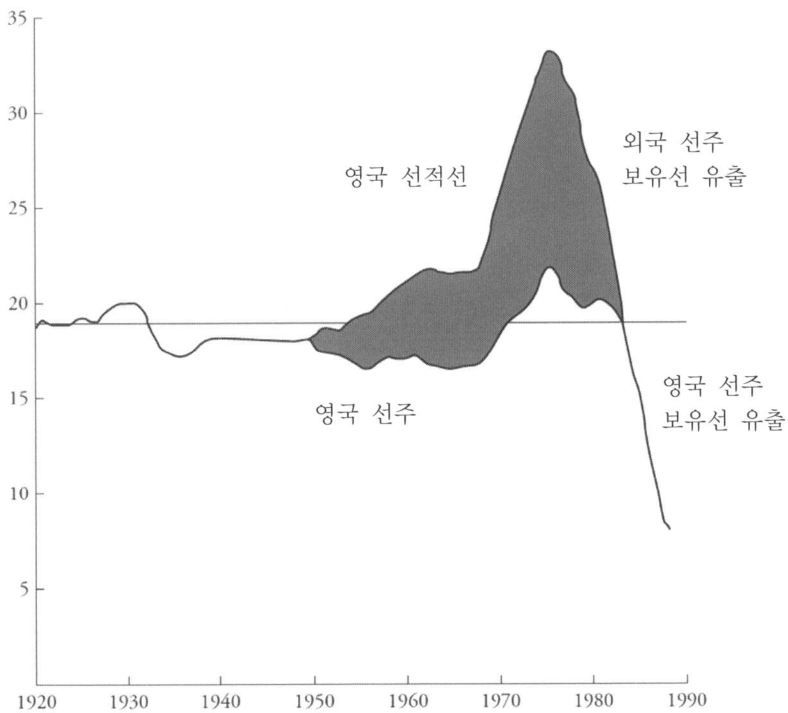

[그림 6-1] 영국 해운의 선복 추이(1920~1988)

출처: Hope, 1990, p.454.

주) 가로선은 1,900만 총톤. 1920~1984년까지의 영국 선주가 보유한 평균 톤수를 나타낸다.

파운드화 약세에 있다. 영국의 선적법(1894년 상선법)은 영국에 현지법인을 설립하고 주요 영업소를 영국 내에 설치하면 외국자본(선주)도 소유선을 영국선으로 등록할 수 있도록 했다.

해운조성책은 원래 국내 선주용이었지만 외국 선주들도 이용할 수 있었다. 1954년에 시작된 투자공제제도(Investment Allowance)가 큰 역할을 했다. 120%(1957년부터 140%)의 초과상각이 허용되어 인플레이션 상황에서도 거의 세금을 내지 않고 재투자할 수 있게 되었다. 1964년에는 자유상각제도가 도입되는 동시에 1966년에는 투자공제제도의 폐지 대신에 신조선가의 20%분의 현금 지급에 의한 투자보조금제도(Investment Grant)가 개시되었다. 그 결과 편의치적선의 우위성은 거의 사라진 상태였다.[4)]

외국 선주에게는 영국병을 배경으로 한 파운드화 약세도 큰 요인이었다. 환율은 1972년 1달러 0.400파운드였지만 그 후에도 계속 떨어져 1977년에는 0.573파운드로 43.3%나 떨어졌다(그 후 반전). 영국적 선박의 피크가 1975년인 것도 납득할 수 있다.

(b) 영국적 선박의 급감

1970년에 집권한 보수당은 투자조성제도를 폐지한다. 단지, 계약 당시가 기준이기 때문에 1973년까지 지원은 계속되었다. 자유상각제도는 해운업에는 특별히 남겨졌지만 보조금 폐지는 선주에게 큰 타격을 주었다. 무엇보다 투자조성을 받으면 5년간은 전적할 수 없었다.

한편, 북해 유전이 예상 외의 형태로 해운업에 영향을 주게 된다. 북해 유전이 1975년부터 생산을 개시하자 영국은 석유 수입국에서 수출국으로 돌아서게 되어 파운드화는 1978년부터 상승하기 시작했다. 그것은 당연히 영국 선박의 경쟁력을 떨어뜨리게 되었다. 이 두 원인이 겹쳐 외국 선주의 선박이 급격히 유출되게 된다(BMCF, 1986, p.4).

영국 선주가 소유한 영국 선박의 유출이 극심해진 것은 1983년부터인데 하나는 포클랜드 분쟁이 영향을 미쳤다. 상선 54척이 징용되었는데, 그동안 전쟁=시황 급등(전시 호황)이라는 통념과는 달리, 파도는 잔잔했다. 또한 '해군'을 위한 것이라고도 하며 해운 진흥을 표방하는 British Maritime League가 설립되었으나 결실을 거두지는 못했다(Hope, 1990, p.462).

다른 하나는 대처리즘이다. 小川晃一에 따르면 대처주의의 핵심은 '자기규율의 중시'이며, 경제 측면에서 보면 '시장중시', '자유·선택·경쟁'이라 할 수 있다(小川, 2005, 12~13쪽). 1983년 총선에서 압승한 대처는 계속해서 자신의 신념에 따른 정책을 실시하게 된다. 해운산업도 예외는 아니었으며, 1984년에는 1978년부터 도입된 선원 소득세 면제를 폐지하고 자유상각제도 법인세 감면(52%→35%)과 맞바뀌지며 폐지되었다(1986년). 그 때문에 신조선의 발주는 거의 사라졌다고 한다.[5)]

이상, 영국의 국내 사정을 살펴보았지만, 이것과 표리일체를 이루는 국외 요인으로서의 편의치적선을 무시할 수는 없다. 영국 해사자선재단의 조사에 따르면 1982년 소형 벌크선(handy bulker)의 연간 비용은 미국 1,744만 달러, 일본 916만 달러, 서독 792만 달러였다. 반면 영국은 744만 달러로 선진국에서는 우위에 있었으나 편의치적선은 더 낮은 704만 달러였기에 이에 대항하기는 어려웠다(BMCF, 1986, pp.75~80). 전술한 장기 불황 속에서 가장 비용이 낮은 편의치적선만이 저운임을 견디며 연명할 수 있었다. 이를 말해주듯 불황이 끝나는 시점에는 세계 시장의 35%를 차지할 정도까지 편의치적선은 성장하고 있었다(앞 <표 6-1> 참조).

그런데 영국 선박은 1975년부터 10년간 약 1,300척, 2,000만 총톤 정도가 유출되었다. 엄밀하게는 신조선을 추가하고 해체 선복은 제외해야 하지만, 과연 이 선박들은 어느 나라로 전적된 것인가? 우선 편의치적선화를 생각할 수 있다. UNCTAD에 의하면, 영국을 수익선주로 한 편의치적선이 증가하고는 있으나 1984년에 221척, 556만 중량톤만 확인되었다(TD/B/C.4/290 (23 May 1985), p.3). Hope에 따르면 해운업에서의 철수(단순 해외 매선)도 무시할 수 없으나, 주로 홍콩과 그리스로 선적이 이전되었다고 한다(Hope, 1990, p.457). 그리스 선박은 그 기간 동안에 급증하여 런던 그리크에 의한 전적으로 이해할 수 있다. 반면 홍콩 선박의 증가는 500만 총톤이 조금 넘는 수준이어서 화교의 소유분을 고려한다면 명확치는 않다. 이에 비해 홍콩을 수익선주로 하는 편의치적선은 3,700만 중량톤에 달한다는 점과 Hope의 본문을 참조하면, 영국 선주는 홍콩 자회사를 우회하여 편의치적선화한 것으로 생각된다.

(3) 맨섬(Isle of Man) 선적제도의 '창설'

대처 정부는 자국 선박 유출을 방임하는 정책을 채택했지만 유출 규모가 너무 커졌다. 1983년 중반에서 1985년 중반까지 2년간 영국 선박은 478만 총톤(30.1%), 808만 중량톤(27.1%)이나 감소했다. 2년만에 3분의 1에 가까운 선박을 잃은 셈이어서 방임정책을 계속하기는 어려웠다. 단지, 대응책은 정권의 이름에 걸맞게 '저렴함'이었다.

맨섬 선적의 실질적인 '창설'이 이루어졌다. 맨섬은 영국 본토와 아일랜드의 거의 중앙에 있는 영국령으로 오토바이 TT 레이스가 유명하다. 바이킹 시대부터 1,000년의 역사를 가진 틴월드(Tynwald)라는 독자적인 입법부를 가진 자치령이다. 선적제도도 가지고 있었지만, 내부용이었기에 국제선적을 만들기 위해서는 해사기구의 정비가 불가피했다. 1984년 상선법이 개정되면서 주요 해사조약의 수용과 해사행정기구가 갖추어졌다. 각각의 해사조약이 1986년 7월 1일까지 발효되었으므로 일반적으로 이 날을 출발점으로 하고 있다.

(a) 맨섬 선적제도의 개요

이하에 기술하는 항목이 주된 등록요건 또는 특징이다.[6]

① 영국 상선법의 등록요건을 충족할 것(국기(red ensign) 게양권 취득).

② 영국 시민, 영국 법인(외국 선주의 자회사도 가능) 소유.

③ 맨섬에 '주된 영업지(principal)' 또는 선박관리회사의 실존이 필요(실효적 관할권 확보를 위해).

④ 주요 선박직원(선장, 기관장, 일등항해사, 통신사)은 영국인, 아일랜드인, 영연방인이어야 한다.

⑤ 해기사는 영연방 자격이 필요.

⑥ 영국 노동법의 적용은 없고 기간 고용.

⑦ 외국인은 모국 임금으로 고용 가능.

⑧ 맨섬 법인선사의 경우, 법인세는 20%(영국 본토 35%).

⑨ 맨섬 법인선사의 경우, 자유상각 가능.

⑩ 등록세: 215파운드, 선박세(annual fee) 없음.

⑪ ITF(국제운수노련)는 편의선적에 해당하지 않는다고 결정.

영국 본토 선박을 맨섬으로 이적하는 경우와 신규로 선적을 등록하는 경우는 평가가 다르지만, 전자에 대해서는 ① 노동협약의 재조정, ② 기간고용화, ③ 외국인 선원 고용, ④ 낮은 법인세, 자유상각제 활용 등 여러 이점이 있다.

참고로 Shell Tanker UK의 예를 살펴보자. 이 회사는 자사 선박을 홍콩, 브루나이 등으로 전적시켰고 맨섬으로도 20척을 전적시켰다. 먼저 맨섬에 선박관리 자회사(Shell Ship Management Ltd.)와 손자회사 Manx Manning Service사를 설립했다. 이 회사가 선원들을 기간고용하기 때문에 본국의 노사관계에서 이탈하게 된다. 부원에 대해서는 필리핀인 선원을 고용했다. 이러한 시스템을 채용하면서 소유자는 영국 본국에 남았기 때문에 세법상의 이점은 활용할 수 없었지만(자·손자회사는 별도), 일반관리비를 연간 2,500만 파운드, 선원비를 최고 50% 절감할 수 있었다고 한다(海運振興會, 1990, 48쪽, 59쪽, 주 6)의 WG 보고).

영국 정부로서는 지원 조치가 필요 없는 값싼 '영국적' 선박의 창설이었으며 고용면에서는 격변 완화조치적 정책이라 할 수 있다. 선원조합 입장에서 보면 고용의 감소와 노동조건의 저하를 초래하는 맨섬 선적에 반대하지 않을 수 없다. 그렇다고 앞서 언급한 대량의 영국 선박 유출을 저지 내지 감소시킬 수 있는 힘을 이미 상실했다는 것도 자각하지 않을 수 없었다. 결국 영국으로부터의 유출보다, 노동조합의 교섭권이나 일정한 고용을 확보할 수 있는 맨섬 선적을 지지하는 역할을 수행하게 되었다. ITF 공정관행위원회는 1986년 6월 맨섬 국적을 편의선적으로 결정했지만 그 해 8월 세계대회에서는 기각되었다. 이 결과는 영국 노조의 의견에 좌우된 것 같다.[7)]

이렇게 맨섬 선적은 본격적인 제2선적으로 활용되게 되었다.[8)] 그 선복은 로이즈 통계에 의하면 1987년(각 6월말): 98척/191만 총톤, 1988년: 114척/214만 총톤, 1989년: 118척/211만 총톤이었다.

3. 제2선적제도와 국제해운의 구조 변화

(1) 제2선적제도 도입경쟁과 약간의 용어에 관해서

UNCTAD로 만들어진 UN 선박등록요건협약(1986년)은 개발도상국 해운 관계자의 심기를 거스르기라도 하듯 '편의치적선을 세계적으로 인지시킨 조약'이라고 일컬어지기도 한다. 편의치적선의 단계적 폐지가 실현되지 못했기 때문이기도 하지만 역설적이게도 선진국들이 조약 작성 과정에서 우세로 돌아설 무렵부터 해운대불황이 덮쳐 선진국들은 차례차례 자국 선박의 플래깅 아웃을 허용할 수밖에 없었다.

일본 해운의 거래상대는 거의 대부분이 일본 화주인 것은 잘 알려져 있지만, 좁은 유럽 해역에서는 그렇지 않다. 국가를 초월한 치열한 경쟁이 벌어지게 된다. 영국이 맨섬 선적을 '창설'해 우위를 점하려 한다면 다른 나라도 그것을 방관할 수만은 없다. 이렇게 하여 유럽위원회에 따르면, "그 호칭이 무엇이든, 외항에 종사하는 선박에 대해 경쟁상의 불리를 완화하기 위해 제1선적(first register)에 비해 재무비용이나 노동비용을 경감할 수 있는 특별한 선적(specific registers)이 창설되었다"는 것이다(CEU, 1996, Annex B, p.8). <표 6-2>에서 보듯이, 그것은 순식간에 서유럽 전체로 퍼져 나갔다. 이 장에서는 우선, 주요 국가의 제2선적을 살펴보고, 그 후 제2선적제도의 역사적 의의에 대해 고찰하기로 한다.

본론으로 들어가기 전에 약간의 용어에 대해 언급하고자 한다. 먼저 '플래깅 아웃'이다. 설리번에 따르면 'flag out or flagging out'이란 자국 국적을 벗어

〈표 6-2〉 유럽에서의 제2선적제도 도입 추이

년	도입국	제도명
1986	영국	맨섬 선적(영국 자치령)
1987	노르웨이 프랑스	국제선박등록제도(NIS) 케르겔렌제도 선적
1988	덴마크	국제선박등록제도(DIS)
1989	독일	ISR(GIS)
1990	포르투갈 스페인	마데이라 국제선적 카나리아 선적
1992	핀란드	국제선박등록제도(FIS)

출처: 運輸省; 외항해운·선원문제 간담회 자료(1995).

주) 네덜란드 선주는 네덜란드령 안틸레스를 사용하는 경향이 있으나, 네덜란드 정부는 관여하지 않고 제2선적을 부정(CEU, 1996, Annex B, p.8).

나 편의치적선화하는 것(Sullivan, 1996, p.171)이지만 좀 더 해석을 넓힌다면 비용이 낮은 타국 국적으로 전적하는 경우(예: 후술)도 포함할 수 있다. 실제로는 외국 선주에 대한 단순 매선도 포함해 사용된다. 본고에서는 이상을 포함하는 '유출'을 사용하는 경우도 많다.

다음으로, '오프쇼어 선적'인데, 맨섬이 이에 해당한다. 유럽 각국은 현재도 이른바 해외 영토를 다수 보유하고 있지만, 그곳의 어떤 항구(본국에서 볼 때 off-shore)를 선적항으로 지정하고 특례조치를 적용하는 것은 하나의 방법일 것이다. 이에 비해 노르웨이(베르겐이 선적항)와 같은 경우에는 off-shore라고 할 수 없으며 '제2선적'이 적합하다. 더욱이 '국제선박'(일본은 이 명칭)이라는 규정 방법이 있다. 외항해운에 종사하는 선박 중 일정 요건을 충족하는 선박에는 예를 들어 외국인 선원의 모국 수준에서의 고용을 허가하는 경우 등이다. 또한 노르웨이처럼 외자 도입을 목적으로 하기 때문에 '국제선적'이라고 명명하는 경우도 있다.

이상을 포괄적으로 표현하는 용어로서 '제2선적제도'가 적합하다고 생각되므로 본서에서는 이 용어로 통일한다.

(2) 주요 제2선적제도

영국의 맨섬 선적은 앞 절에서 다루었으므로 생략한다.

(a) NIS(노르웨이 국제선박등록제도, Norwegian International Ship Register)

1984년/85년 일본 해사백서(海事白書)에 언급되었으나 당시에는 더 이상 검토하지 않는 것으로 알려졌다. 그러나 그 후에도 노르웨이 선박이 계속 유출되었으며(1984년 초부터 3년이 지나지 않은 기간 동안 무려 200척, 2,000만 중량톤), 마침내 1986년 말에는 해외 선박이 자국 선박을 능가하는 사태가 발생하였다(船協月報, 87년 2월호, 43쪽). 이에 따라 1986년 4월 보수당 정권 하에서 제2선적제도가 제안되고 노동당 정권이 인계하여 성립하게 된다. NIS법은 이듬해 6월 3일 의회를 통과해 7월 1일부터 시행되었다. 선장조합을 제외한 선원조합은 반대했지만 상급단체의 지지를 받지 못해 밀려났다.

NIS의 목적은, 맨섬 선적과 거의 같다. ① 선원의 국적요건은 선장만임(예외도 있음), ② 노동협약 재조정, ③ 외국인 선원의 모국 수준 고용, ④ 배승요건 개별화(선박별)에 따른 완화(해사청이 최저 안전정원 결정)가 실시되었다(海運振興會, 1988, 5쪽 이하). 다른 점은 NIS라는 명칭에 있듯이 외국 선주도 유치하고자 하였다는 데 있다. 그러므로 등록요건으로는 노르웨이 법인이 소유할 필요가 없지만, 선주는 노르웨이를 본거지로 하는 선박관리회사에 운항 관리의 대부분을 맡기고(entrust a significant part of the onshore management function), 권한을 가진 대표자를 노르웨이 내에서 지명해야만 한다고 하였다(ISF, 1987, Update).

노르웨이는 단순히 자국 선박을 증대시키는 것이 아니라 선박관리기업과 그 요원을 확보, 육성하려는 데 중점을 두었다고 해야 할 것이다. 요원은 당연히 선원으로서의 실무 경험이 필요하며 간접적으로는 노르웨이 선원의 고용을 유지하려고 한 것으로 보인다.

그러나 ITF는 노르웨이 선주의 NIS 등록은 차치하고라도 외국 선주의 등록에 대해서 간과할 수 없었다. ITF의 공정관행위원회는 1987년 6월에 외국선주등록의 NIS선을 편의치적선으로 인정했다.[9] 이 때문에 외국 선주의 등록은 늘지 않은 것 같다.

(b) DIS(덴마크 국제선박등록제도, Danish International Register of Shipping)

NIS를 참고로 약 1년 후인 1988년 7월에 실시되었지만, NIS와는 비슷하면서도 다른 제도라고 할 수 있다. 국제선적을 부여하지만 등록이 허용되는 외국법인(body corporate)은 덴마크인이 지배하는 법인이다. 또 외국인 선원의 고용이 모국 임금으로 허용된다 해도 주안점은 자국 선원의 면세에 있다. 당시 세금부담은 최고 70%였으며 그 면제와 정원 감소를 통해 52%의 선원비를 절감할 수 있었다. 그 결과 1년 후에는 자국 선원이 증가함에 따라 선원 중 85%를 덴마크인이 차지하게 되었다. 선박도 리플래깅이 있었고 34척, 130만 중량톤이 증가했다. 이와 같이 본다면 DIS는 '제2선적'이 아니라고 해야 할지도 모른다.[10]

(c) ISR(GIS) – 서독

서독에서는 1989년 5월 제2선적이 시작되었다. ISR(Inrernationales Seeshiffahrts register) 혹은 GIS(German International Shipregister)라고 하는데, 법률의 정식명칭은 '국제운수업에 종사하는 독일 선적 해양선의 보충등록실시법'에서 볼 수 있듯이, 외항 서독선의 특례법이며 '국제'에 역점이 있는 것은 아니다(蒲, 1989, 81쪽). 법체계상의 의미와 상관없이 주로 선원비 삭감을 목적으로 한 외국인 노동력 도입을 허용한다는 점에서 다른 나라의 제도와 크게 다르지 않다.[11] 약간의 특징이라면, 상급 선박직원에 대해서는 면허장을 독일 면허장으로 한정함으로써 사실상 독일 선원을 확보하려는 의도가 보인다(보통선원에 대해서는 영어회화 능력을 완화; 海運振興會, 1990b, 21쪽).

(d) 케르겔렌섬(Kergelen Is.) 선적제도 – 프랑스

케르겔렌섬은 인도양 남쪽 남극과 가까운 프랑스령이다. 이 섬은 이전부터 선적을 두고 있었기에 이용되었지만, 1987년 3월에 시작하는 배경은 다른 나라와 다르지 않다. 제1선적에서는 선원은 모두 프랑스인이어야 하지만 이 오프쇼어 등록에서 선원의 75%까지 외국인 선원을 고용할 수 있게 되었다(선장 및 3명의 선박직원은 프랑스인이어야 하지만). 외국인 선원에 대한 보호조치(프랑스법 적용)는 없으며 모국 임금으로 고용 등이 가능하다.[12] 1993년까지 정기선, 원유탱커는 등록할 수 없으며 상한 30척까지라는 제한이 있었다(LSM, 1995, p.34). 그러나 이 선적은 1995년 참사원(Conseil d'Etat)에 의해 헌법상의 이유로 비합법 판정을 받았다(CEU, 1996, Annex B, p.8). 그 후 2005년에 RIF(French International Register)법이 성립되어 2007년에는 케르겔렌 선적부터 이행되었다(船主協会, 2010b, 21쪽).

그러면, 유럽의 제2선적제도의 성과는 어떠한 것이었는가? 유감스럽게도 유럽 해운을 쇠락으로부터 구해 낼 수는 없었다. 1985년 세계 23%(중량톤)를 차지하던 EC 선대는 1994년에는 14%까지 추락했다. 선원들에 관해서는, 당초부터 예상하고 있었으나, 1985년부터 1994년까지 EC 선원은 약 23만명에서 14만명으로 격감했다(39% 감소). 주요 원인으로 플래깅 아웃(51%), 선대 축소(27%), 배승정원 감소(22%)가 지적되고 있다(CEC, 1996, Annex A, pp.6~9).

(3) 제2선적제도의 역사적 의의

제2선적제도를 창설한 유럽 각국의 동기는 자국 선박의 감소와 유출에 제동을 걸고, 가능하면 늘리고 싶다는 희망이었는데, 세계 해운의 역사적 관점에

서는 크게 세 가지 변화를 지적할 수 있다.[13]

첫째, 유사 편의치적선화이다. 편의선적제도를 경제적으로 극히 단순화한다면 선진국 자본과 개발도상국 노동력이 자유롭고 직접적으로 연결되는 현상으로 규정할 수 있을 것이다. 달리 말하면, 가장 낮은 비용의 자본과 가장 낮은 비용의 노동력의 결합이라 할 수 있다. 해외 직접투자에서도 거의 같은 현상을 보이지만, 편의선적제도는 투자처 국가의 국민경제와 결합하지 않고, 또한 개발도상국의 노동력과의 결합이라고 해도 투자처의 노동력에 한정되지 않는다는 특징이 있다(제1장 1 (4) 참조). 제2선적제도에서도 외국인 선원을 세계 선원시장에서 상당히 자유롭게 선택할 수 있다는 점에서 편의선적제도와 유사한 제도라 할 수 있다. 다만, 자국 선원 특히 선박직원의 고용을 확보한다는 목적이 정립되어 있으므로 유사제도라 할 수 있다.

둘째, 해상 노동력 시장의 세계화와 단일화다. 전통적 해운의 경우 자국 자본에 자국 선원이 결합하는 형태가 일반적이었다. 일반적이었던 상황은, 한편에서 자본이 풍부하고 이자율이 낮으며 코스트가 싼 자본과 거기에 고임금과 고비용 선원이 결합된 선진국의 선박이 있고, 또 한편에는 '후진국' 내지 개발도상국의 자본 부족으로 고비용 자본에 저임금의 선원이 결합된 선박이 존재하여, 모종의 균형을 유지하고 있었기 때문이다(더욱 국가 조성이 조정역할을 함). 메이지유신 이후, 후진국 일본의 해운이 저임금을 무기로 구미 해운 따라잡기를 한 사실은 잘 알려져 있다.

노동력 시장의 관점에서 보면, 시장은 국내에 한정되었다. (구)식민지 선원을 고용하는 경우도 있었지만 노동조합과의 관계로 인해 자유로웠던 것은 아니다. 이에 비해 편의선적제도에서는 국내시장의 벽을 넘어 전 세계에서 가장 싸고 능력 있는 선원을 고용할 수 있게 되었다. 그리고 편의치적선이 일정 정도 규모에 도달한 단계에서 부분적으로나마 세계적인 시장이 출현하게 되었다. 제2선적제도는 이 부분적인 세계시장을 단번에 확대시키고, 그것을 마이너한 존재에서 메이저 시장으로 변화시켰다(앞 <표 6-1>의 선복비율 참조).[14]

셋째, 선박관리업이 새로운 분업형태의 하나로 부동의 지위를 획득했다는 점이다. 선박관리회사(ship management firm/company)는 맨닝을 핵심으로 항행 및 운항 관리, 안전 관리(검사 및 수선 포함), 보험 등 과거 오너가 수행해 온 기능을 서비스로서 선주(여기서는 선박 소유자를 상정)에게 제공하는 것을 업으로 하는 기업이다. 물류에서 말하는 제3자물류(3PL)와 닮은 점이 있다. 어느 범위까지의 서비스를 위탁할지는 각각이지만, 맨닝은 불가결하다.[15]

현대적인 선박관리업을 한마디로 말하자면, 나용선을 정기용선으로 바꾸고 단순한 선박의 소유주였던 선주를 해운업자(owner)로 승화시키는 역할을 하는 것이다. 선박을 소유만 하고 나용선으로 차터 아웃하는 경우도 있지만, 나용선은 거액의 자산을 백지상태로 용선자에게 맡기는 것과 다름없고 고도의 위험을 수반하므로 그다지 발달하지 못했다. 따라서 제1장 주 1)에서 언급한 바와 같이 해운계에서 owner라 하면, 선박을 소유할 뿐만 아니라 선원을 태우고 이른바 유지 보수를 스스로 한 후 operator에게 차터 아웃하는 업자를 가리키는 것이 보통이다.

선박관리업은 편의치적선화를 계기로 출현했다. 유럽의 선주들에게 편의치적선화 초기 단계에서는 몰라도 아시아 선원을 고용하게 되면 '대리인'이 필수불가결한 존재가 된다. 선적을 옮기는 것은 간단해도 선원의 수배와 일상적 관리를 실시하는 것은 쉬운 일이 아니다.[16] 전술한 것처럼 Sletmo는 선박관리업을 세계 해운사의 제4의 물결로 높이 평가하는데 그 근거로 ① OECD 국가의 선주로부터 선박관리업체로의 경영(management) 이전은 해운에 있어서의 전혀 새로운 조직형태인 것(genuinely new form of organization of shipping), ② 글로벌 해운 시장에 효율적으로 대응하는 이노베이션인 것, ③ 서방의 기술과 자본을 바탕으로 개발도상국의 저비용 노동력을 활용하는 전문적 지식을 갖추고 있는 것 등을 지적한다.[17]

그런데, 제2선적제도와의 관련해서는 다음 사항을 지적해 두고 싶다. 우선, 외국인 선원들을 고용할 수 있게 되었는데, 그것은 선박관리회사에 대한 수요증대를 의미했다는 것이다. 다음으로 해운 대불황의 영향이 컸다는 점이다. 은행과 대형상사들은, 워낙 불황이 심해 도산한 선사로부터 채권 대신에 받은 선박을 당장 매각하지 못했고 선박관리업자를 활용해 '시간을 벌기'로 했다.

해양법조약 제94조는 기국의 실효적인 관할의무를 규정하고 있다. 영국이나 노르웨이는 맨섬 선적이나 NIS에서 볼 수 있듯이 선박관리회사를 감독하면 국제법상의 의무를 충분히 다할 수 있다고 판단하였다. 이러한 인정 과정을 거쳐 선박관리업은 부동의 지위를 얻게 되었다고 할 수 있다.

4. EC의 제1차·제2차 공통해운정책(1985년, 1989년)

(1) 제1차 공통해운정책(1985년)

(a) EC위원회의 위기감

로마 조약이라고 불리는 EC 조약(유럽공동체를 설립하는 조약, 1958년 발효)은 제3조(f)에서 '운수분야 공통정책 수립'을 기치로 제4편 운수(제74－84조)를 만들었으나 도로, 철도, 가항수로만 포함시키고, 해운과 항공은 적용 외 분야로 하여 이사회의 결정에 위임하게 되었다. 이사회 결정을 위한 EC위원회[18] 최초의 포괄적 제안이, 1985년 3월에 제출된 [공통운수정책(해사)의 발전을 위해서(*Progress towards a Common Transport Policy(Maritime Transport)*)]라는 보고서이다.[19]

'공통운수정책(해사)'으로 한 것은 1983년에 내륙운송, 1984년에 민간항공에 대한 보고서가 작성되었기 때문이다(Introduction, iv). 이 보고·제안은 1986년에 그 일부가 이사회에서 채택되었는데, 일반적으로 제1차 공통해운정책이라 한다(제2차는 1989년; 松本, 1999, 67쪽). 이 보고서는 제1장: 머리말, 제2장: 국제해운의 상황, 제3장: 해운 전체에 관한 제 문제, 제4장: 정기선 해운의 주요 과제, 제5장: 벌크 해운의 수요 과제, 제6장: 해상안전과 해양오염 방지, 제7장: 항만, 제8장: 기타로 이루어진다.

그 중 제2장 '국제해운의 상황'은 제1절: 1975년 이래 세계 해운의 변화와 EC 해운(EC 회원국 해운, 이하 동일), 제2절: EC 선대 감소 경향의 제 원인(Causes of relative decline of the Community fleet)으로 구성된다. 제1절에서, EC위원회는 1975년과 1983년의 선복을 비교한다. 10개 회원국의 선복 감소량은 120만 총톤으로 그다지 크지 않지만, 세계 해운에서의 점유율은 29.0%에서 23.3%로 크게 후퇴했다고 우려한다(CEC, 1985, par.1). 또한 위원회에서 지적할 수 있는 성질의 사항은 아니지만, 전통적인 유럽 해운과는 다른 행동과 정책을 취해 온 그리스(1981년 가맹)를 제외하면 톤수의 감소도 무시할 수 없다. 그리스 선대는 이 기간 1,500만 총톤 증가했으므로, 구 회원국 선대는 1,620만 총톤, 22.5%나 감소한 것이다(중심은 영국).

점유율을 떨어뜨린 원인으로서 첫째로, 부분적으로 존재하던 EC 해운의 우위성이 잠식되고 있는 것을 든다. 우위성은 ① 기술혁신, ② LNG선 등 고도의 전용선화, ③ 고품질의 해운 서비스의 제공으로 유지되어 왔지만, 그것을 유지하는 것이 비용 측면에서 불가능하게 되었다.

둘째, 자본력·재무력도 우위성을 형성했지만 장기불황으로 체력이 쇠약해져 헐값으로 매선할 수밖에 없게 된 선주도 있다고 한다. 제3국 선주가 그것을 구입하면 강한 경쟁력을 갖게 될 것이다.

셋째, 진입장벽 저하나 안전 경시 선박(flag)도 우위성을 잠식하는 한 요인이 되고 있다. 예를 들어, 진입장벽이 낮아진 것은 조선 불황으로 인한 선가의 하락과 동시에 선박융자도 완화되었기 때문이다.

넷째, 정기선에 대해서는 국가 소유선이 동맹에 참여하지 않고, 불공정한 운임으로 시장에 진입했다고 한다(이른바 동유럽 해운 문제).

그 외 북해, 알래스카, 멕시코, 극동 원유의 등장과 수에즈 운하 확장에 의한 수송 거리의 단축(선복 수요의 감소), 에너지원의 다양화에 의한 트레이드 패턴의 변화(일본의 대두) 등, EC 해운에 불리한 상황에 대해 언급한다.[20]

편의치적선이 2,000만 총톤 증가한 것도 EC 해운의 지위 저하의 일대 요인이지만, 편의치적선에 대해서는 OECD를 통해 UNCTAD에서 태도를 표명했기 때문인지 언급하지 않았다(제5장 5 (2) 참조). 단, 벌크해운의 장에서 편의치적선에 대해 다음과 같이 평가한다. 편의치적선 수익선주의 23%는 EC에 있으며(그 중 그리스가 3분의 2를 차지), 가맹국 해운의 보완적 선대로서 무시할 수 없는 존재가 되었다. 플래깅 아웃은 EC의 선주에게 있어 경쟁력 확보, 선박 운항에 대한 지배력 유지와 더불어, 자국 국적선 플러스 편의치적선에 의한 저비용 실현 등의 수단이 되고 있다. 또한 EC 경제에서 편의치적선은 수송비용을 최소화하므로 이익이라는 긍정적 평가를 하고 있다(*Ibid.*, pars.80~81).

(b) 경쟁력 강화에 관한 공통해운정책의 미수립

EC 해운에 대한 강한 위기감치고는 위원회의 정책제안이 맥이 빠질 수밖에 없었다. 대략 다음과 같다. 앞서 기술한 EC 해운의 우위성 상실이 EC 선대의 심각한 지위 저하나 실질적인 소실을 함의한다면, EC는 납세자와 화주산업의 부담으로 선대를 유지하는 정책을 채택할지, 아니면 추세대로 비용이 가장 낮은 비EC 선대를 EC의 화주산업이 이용할 수 있는 정책을 채택할지 선택에 직면할 것이다. 그러나 당위원회는 EC가 어려운 선택을 강요당하고 있다고는 생각하지 않았다. 사실, 가맹국 선대는 EC 무역을 충분히 담당하고 있었고, 3국간 수송에서 우위성을 유지하고 있었다.[21)]

이런 점에서 EC 해운의 경쟁력 강화정책은 볼 것이 없었다. 그 대안이라 하기는 어렵지만, ① 해운자유 원칙의 가일층의 발전, ② 정기선동맹에 대한 독점금지법 적용 면제, ③ 동유럽 문제에 대한 공동 대응, ④ 국기 차별 등의 제한 조치에 대한 공동의 저항 등에 관한 규칙안(regulation, 법적 구속력 있음), 지령안(Directive) 및 결정안(Decision)을 이사회에 제출하였다(CEC, 1985, Annexs: Commission Proposals). 규칙안은 이사회에서 이듬해 12월에 채택되었다(CEC, 1989a, par.2). 일반적으로 EC Shipping Policy Package라고 한다(松本, 1999, 67쪽 이하 참조).

1985년 3월 14일 EC위원회의 보고·제안과 이사회(1986년 12월 22일) 사이, 회원국 내에 매우 큰 변화가 있었다. 그것은 영국의 맨섬 선적 본격화나 NIS 등 제2선적제도가, 해운 대불황을 배경으로 등장해 온 것이다. 이러한 상황의 변화에, 각료이사회는 "효율적이고 경쟁력 있는 EC 해운산업을 유지·발전시킴과 동시에 EC 무역에 이익을 가져오는 경쟁력 있는 해상수송 서비스의 확보를 목적으로 하는 새로운 시책이 필요하다"라는 성명을 냈다(*Ibid.*, par.2). 이렇게 해서 새로운 정책이 모색된다.

(2) 제2차 공통해운정책 – EC 해운산업의 장래를 위해

(a) 개 요

제2차 공통해운정책(1989년)이 EC위원회로부터 발표된 것은 각료이사회 성명이 나온 지 2년 반 후였다. 핵심을 이루는 독자 선적 EUROS[22)]에 의해 EC 해운은 경쟁력을 가질 수 있는가 하는 논의뿐만 아니라 시간을 요한 가장 큰 이유로서 단일유럽의정서의 발효(1987년 7월)를 들 수 있다. 1992년 말까지 역내시장(Single Market)을 완성하게 되었지만, EC 고유의 선적에는 단일시장이 가장 적합하다.

제2차 공통해운정책의 타이틀은 'EC 해운산업의 장래를 위하여: EC 해운의 운항환경 개선을 위한 정책'(CEC, 1989a)[23]이며, 제1장 : 머리말, 제2장 해운산업의 현황, 제3장: 공동체로서의 조치의 필요성과 그 범위, 제4장: EC 선대의 후퇴 저지 방책으로서의 공동체 선적, 제5장: 추가적인 조치와 부수적 방안으로 구성되었다.

이사회에 대한 제안은 ① EUROS의 설립 및 EC기 게양 규칙안, ② 공동체(EC) 선주의 정의 규칙안, ③ EC 역내에서의 카보타지(Cabotage) 해금 규칙안, ④ EC에 있어서 PSC(port State Control, 입항국에 의한 감독)의 실효성 개선에 관한 위원회 권고였다. 국내 각 항구 간(예: 도쿄항－오사카항)의 수송은 자국선에 유보할 수 있다고 하는 것이 카보타지이지만, 그 해금은 문자 그대로 단일시장을 형성하려고 하는 것이다. 다른 항목은 EUROS에 관련되므로 그것을 개관하는 것부터 시작하겠다.

(b) EUROS 규칙안과 철회

(가) 선적·선주·선박

(i) 선적(상기 규칙안 제2조, 이하 동일): EC 선적은 단독 선적이 아니며, 가맹각국의 선적에 더해, 다음 요건을 충족하는 경우에 부여되는 변칙적인 선적이다. 국제법상으로는 각국의 선적이 해양법조약 제91조에서 말하는 '선박의 국적'(CEC, 1989a, pars.57~59)이다. EC위원회는 위반 선박에 대해 등록을 말소할 수 있다.

(ii) 등록자격(선주, 제3조): ① 가맹국 국민이 소유한 경우. ② 가맹국 법인의 경우는, 가맹국 국민이 과반수를 소유하고 있거나, 임원(EC 거주)의 과반수가 가맹국 국민인 경우. ③ EC 외에 정주하는 가맹국 국민이거나, 해운회사의 경우 가맹국에서 선적등록이 허용된 경우(상세 생략).

(iii) 등록자격이 있는 선박(제4조): ① 500총톤 이상, 선령 20년 이하의 선박. ② 나용선한 선박도 가능(제5조 생략).

(나) 맨닝, 선원

(i) 선원의 국적(제7조): 선박 직원 전원과 나머지 승무원 절반 이상은 EC

국민(nationals of a Member Stafe)이어야 한다.

(ii) 비회원국 선원의 노동조건(제8조, 제9조): 이른바 외국인 선원에 대해서는 모국 노동조합과의 노동협약이 필요하며, ILO 제109호 권고(1958년)를 따를 의무가 있다.

(iii) 사회보장(제10조): ① 기본적으로 거주국의 책임. ② 다만, 모국이 따로 규정한다면 그 한에서 일차적인 선적국이 책임을 진다.

나아가 EUROS의 특전으로 ① 식량 원조 물자 수송, ② 6,000총톤 미만 배에 대한 카보타지 해금을 제안했다.[24]

EUROS안에 대해 "위원회는, 제안한 여러 시책이 단일시장의 발전에 따라 EC 선대에 새로운 미래(new future)를 제공하는 것이라고 확신한다"(*Ibid.*, par.8) 라고 말하고 있는 것처럼 시장 통합을 강하게 의식한 것이었다. 선원자격 상호승인제 도입(제13조)에 따라 'EC 선원'을 전면에 내세우고 있고, 선박의 고품질 요건이 추가됨으로써 EC 깃발을 게양하는 선박은 단일 무역주체(single trading entity)의 상징이 될 것이라고 했다(*Ibid.*, pars.61~64). 그리고 EUROS에 의해서 경쟁조건 등이 조화·수렴되므로, 제2선적제도의 종식을 의도하고 있다고까지 말하고 있다(*Ibid.*, par.66).

이와 같이 EUROS는, 지극히 의욕적인 구상을 실현하려고 했다. 다만 한눈에 알아볼 수 있듯이, 배승요건이 비용 측면을 압박하는 것이라서 선주뿐 아니라 각국의 반대가 집중되었다. 그래서 EC위원회는 1990년 12월 배승요건의 대폭 완화(자국 선원은 직원 4명으로 실질 한정)와 톤수세의 선택적 도입 등 인센티브를 제안했다. 이어 1992년 약간의 추가 유도책을 도입했지만 이사회의 찬성을 얻지는 못했다.[25]

(3) 국가조성과 1989년 가이드라인

자세한 것은 후술하겠지만, 공동체설립조약(제92~94조)은 특정 경제활동의 진흥에 이바지하기 위한 국가조성을, '공통의 이익'이 일탈하지 않는 범위에서 인정하고, 그 심사를 EC위원회에 맡기고 있다. EC위원회는, 해운 대불황이나 제2선적제도에 관련하여 가맹국이 허락되는 범위를 넘는 조성을 하는 것은 아닌가하는 불안감(CEC, 1989a, par.1, 6)에, 'EC 선박의 운항에 관한 금융재무(회계)상의 조치'라는 문서를 발표했다.[26)]

이 문서에는 '선사에 대한 국가 지원 심사를 위한 가이드라인(Guidelines for the Examination of State Aids to Community Shipping Companies)'(CES, 1989c)이 첨부되어 있다(Annex 1). 두 문서 간의 혼동도 있으나 여기서는 각각 독립된 것으로 본다. 덧붙여 후자는 일반적으로 '1989년 가이드라인'이라고 불리는 경우가 많다.

실제로는 두 가지 측면에서 검토된다. 하나는, '공통의 이익'에 있어서 국가 조성이 어떤 의미를 가지는가이다. 공통의 이익으로서는 EC 선대의 유지와 EC 선원의 고용 확보이며, 예를 들면 편의치적선과의 비용 차이(주로 맨닝 코스트)를 메우는 조성이 허용된다.

둘째, 가맹국 상호간의 공정경쟁의 확보이다. 제3국 선박과의 경쟁과는 별도로, 가맹국 간의 경쟁도 앞 장에서 본 것처럼 치열했지만, 경쟁을 왜곡시키지 않기 위해 고려해야 하는 것은 가맹국 간의 비용 격차이다. 이 장 2 (1)에서도 언급했듯이, 위원회의 조사에 의하면 편의치적선인 키프로스선과의 운항비용 차이는 컨테이너선의 경우 3.5~22%(포르투갈~서독), 벌크선에서 15~44%(포르투갈~이탈리아)였다. 각각의 가맹국이 가지는 비용 차이를 각각의 나라에 인정한 것은 불공정한 경쟁이 되므로, 3.5%와 15%로 조성의 한도가 형성되었다(CEC, 1989b, p.6; CEC, 1989c, p.4). PRISMA에 따르면 이 시스템은 매우 복잡하고 이해하기도 어려우며 실행에 옮기는 것은 사실상 어려운 일이었다. 또한 가맹국의 선대 구성 변화를 고려해 정기적으로 개정할 필요가 있어, 완전히 실행되지는 않았다고 한다(運輸政策機構, 2000, 11쪽, 76쪽).

다음과 같은 지침도 마련되어 있다(CEC, 1989c, pp.5~6). ① 사회보장비 선사부담분, ② 선원 소득세, ③ 송환비용(최대 50%), ④ 훈련비용, ⑤ 일정한 해운활동에 대한 특별과세 방식 등은 허용한도 내에서 인정된다. 운항 차액 보조는 원칙적으로 인정되지 않는다고 했다.

5. 공세로 전환한 유럽(1996년)

(1) 새로운 해운전략을 향해서(1996년 3월 13일)

(a) 기본방침과 EU 해운의 의의

1985년의 제1차 공통해운정책은 주로 시장정책에 대해 다루었고, 해운회생정책은 보류되었다. 1989년 제2차 공통해운정책에서는 EUROS(EC 선적)와 해운조성에 관한 가이드라인이 작성되었지만, 실효성이 부족하여 받아들여지지 않았다. 즉 EC는 공통해운정책에 손을 댔지만 방치하는 것과 다름없는 상태에 있었다고 말할 수 있다. 그 사이 회원국들이 독자적으로 채택한 제2선적정책은 이 장 3.에서 기술한 바와 같이 성과를 거두지 못했다.

이러한 심각한 상황에 대해 1996년 3월 유럽위원회[27]는 "Towards a New Maritime Strategy"(CEU, 1996a)와 같은 정책 제언을 이사회, 의회, 경제사회평의회, 지역평의회에 보냈다. 'maritime'이라고 되어 있지만, 내용은 'EC 해운의 경쟁력에 관한 문제'에 초점을 맞춘 것이다.[28]

문서는 요약, A부: EC 해운과 그 정책(추이와 현황), B부: 향후 정책, 결론으로 구성된다. B부는 I. 기본방침, II. 해상안전과 공정경쟁, III. 자유시장 유지, IV. 경쟁력 강화를 위한 정책으로 나눠져 있다. I. 기본방침(The Approach)에서 유럽위원회는 다음과 같이 기술하고 있다. 무엇보다도 세계화에 대응하지 않으면 안 된다. EU 해운 및 관련 산업에 대한 투자 규제는 EU의 전 산업 경쟁력 유지에 제약이 될 수 있다. 또 고용을 증진시키기 위한 개별적인 정책은 비용을 증가시키는 데 비해 그에 따른 생산성 향상은 기대할 수 없어 실패가 불가피해지며 또 다른 EU 선박 유출을 유도하게 될 것이다. 따라서 개방정책을 견지하고 질 높은 고용과 높은 기술을 촉진하는 정책을 유지할 뿐만 아니라 국가 지원에서도 또 다른 걸음을 내딛는 것을 고려해야 한다. 정책의 선택사항으로서 상기 Ⅱ, Ⅳ, Ⅳ의 전략을 검토한다(*Ibid.*, pp.11~12).

각 장에 대해서 자세하게 후술하기로 하고, 우선 EU는 EU 해운의 의의에 대해 어떻게 생각하고 있는지에 대해 언급해 두고 싶다(*Ibid.*, Annex, pp.3~4).

첫째, EU의 경제적 독립을 위한 해운이다. 이 점에 관한 의문, 즉 EU 선박으로 한정할 필요는 없는 EU 선사가 지배하는 제3국선으로도 충분하지 않은가에 대해서 EU의 경쟁상대가 제공하는 해운에 과도하게 의존하면 시기와 경우에 따라서 개방적 시장을 유지할 수 없고 화주의 선택권을 빼앗겨 EU 무역에 유해하다.

둘째, 군사적 필요성이다. 이를 충족시키려면 EU 선박, EU 선원이 필요한데 당장은 공동체의 산업과 해사정책 범위를 벗어난 사안이다.

셋째, 해사관련산업에 대한 기여다. 네덜란드의 조사에 따르면 해운이 창출하는 부가가치 중 해운 자체는 30%이며, 70%는 육상의 관련 산업에서 창출되고 있다고 인용하고 있다(CEU, 1996a, p.33). 이른바 해사 클러스터이지만, 특징적인 것은 선원의 역할이다. 선원의 기술력은 승선경험에 의해 배양되지만, 거기서 형성된 기술력은 육상 관련 산업에 있어서도 불가결하다고 한다. 항만행정, 항운, 수로안내, 마린엔지니어링, 해사검사와 검정, 코스트가드, 선박관리업, 해사교육, 해상보험, 해사법무, 브로커 등의 사업과 업무를 지적한다(*Ibid.*, Annex, pp.4~5). 해사 클러스터라는 용어는 마이클 포터에서 유래하지만, 상술한 것처럼 오래 전부터 지적되어 왔다. 근래 주목받게 된 것은 공급원, 즉 숙련 선원의 고갈이 심각한 문제로 인식되었기 때문이다.

위에서 서술한 것처럼 EU에 필요한 ① 경제적 독립, ② 안전보장, ③ 해사관련산업을 충족시키기 위해서는 종래의 정책만으로는 불충분하며, 문자 그대로 '새로운 전략·정책'을 구축해야만 된다고 유럽위원회는 생각한 것인데, 그것은 실로 대담하고 획기적인 것이었다.

(b) 해상안전의 확보·향상과 불공정경쟁의 배제

유럽은 이전부터 해상안전과 환경보호에 대해 노력해 왔지만(제5장 2 (2) 참조), 새 전략에서는 한발 더 나아간 감이 강하다. 우선 안전은 공정경쟁에 필수불가결한 요건(integral part)으로 적어도 유럽에서 진행되는 불공정경쟁을 배제해야 한다.[29] 이 정책적 함의는 안전기준을 준수하지 않는 선박을 PSC 등에서 배제할 수 있다면 EC선의 경쟁력을 향상시키고 EC 선원의 고용을 창출할 수 있다는 데 있다(*Ibid.*, p.12).

다음으로 선적제도는 안전과 공정경쟁에 필수적이라고 본다. 첫째, '세계적

차원의 기국의 의무와 그 집행'이라는 제목으로 통상 지적되는 항목이 열거되어 있으나 요금체계(fee structure)는 기국의 의무(standards)를 강제하는 데 충분한 수입을 가져다 주는 것이어야 하며, 선급 등 비정부기구에 감독을 위탁하는 경우에도 이를 모니터링하는 독립심사 시스템을 갖추어야 한다. 편의치적선을 의식하고 있다(*Ibid.*, pp.14~18).

각 회원국의 선적제도에 대해서 선주나 선박관리자의 존재는 밝혀져야 하고 복잡한 조직을 이용하여 책임을 회피해서는 안 되며, 선원의 국적요건에 대해서는 다음과 같이 기술하고 있다. 각 회원국은 고용면, 군사면 등에서 국적요건을 고려하고 있지만 UN 선박등록요건조약[30]은 이를 선택적으로 의무화하고 있다는 점, 경쟁력을 위협하는 국적요건을 설정하면 선주는 규제가 없는 선적으로 도피해 버릴지도 모른다는 점, EUROS의 경험이 나타내는 대로 선원의 최소 배승요건을 정하는 것은 고용을 보장하기 위한 최적의 해결책이라고 할 수 없다는 점을 지적한다. 따라서 유럽위원회는 교육·훈련·재무·사회보장 상의 부담 경감정책에 의해 EC 선원을 지켜야 한다고 생각하고, EU 차원에서 선원의 국적을 요건화하지 않는 것으로 한다(*Ibid.*, pp.16~17).

물론 선주의 등록자격도 문제가 된다. 유럽위원회는 이 점에 대해 ① 단일시장이 된 이상 로마 조약에 따라 자국 이외의 해운자본에도 자격을 부여하지 않을 수 없으며, ② 기술혁신에 따라 갈수록 선박이 자본집약적이 되고 있으므로 EU 밖에서도 자본을 도입해야 하고, ③ 공정경쟁 확보는 불가피하지만 소유자나 관리자를 자국 내에서 실효적으로 관할할 수 있는 규정을 마련하면 된다며 선주의 국적요건을 요구하지 않기로 했다. 단, 국가보조의 수익자에게는 당연히 규정이 필요하기 때문에, 예를 들어 'EU 선주'라는 포괄적 개념을 창설할 수도 있도록 한다(*Ibid.*, pp.17~18).

이상에 더해 오프쇼어 선적에 대한 가맹국의 관여 필요성, PSC 등에 의한 위험 선박의 배제, 고품질 해운(quality shipping) 정신의 조장 등 '안전과 공정경쟁'을 강하게 내세우는 동시에, 세계화에 대응해 외국자본의 도입이나 국제경쟁력의 향상에 주력하려고 하고 있다(*Ibid.*, pp.18~20).

(c) 세계적인 개방적 시장의 유지

EU 해운이 더 발전하기 위해서는 광대한 시장이 마련돼야 한다며 '(해운의) 자유시장 유지(maintaining open markets)'를 제안하지만 '해운자유의 원칙'과 동일하며 두 가지를 지적하는 데 그친다. 첫째, EU 발착항로가 주축이 된다고는 해도 유럽위원회는 세계시장의 개방을 요구하고 있어 세계 해운에 대한 지배욕은 조금도 쇠퇴하지 않은 것이다. 둘째, 후술하는 '해운조성'은 본래 개방시장과 대립하는 불공정한 것이라고 할 수 있지만,[31] 이 점에 대해서는 국가보조의 '투명성'을 높이는 것이 중요하다고 지적할 뿐이라서(*Ibid.*, p.21), 균형감각을 잃고 있다는 점이다.

(d) 경쟁력을 강화하기 위한 정책

① 선원 훈련과 고용, ② 연구개발(하드웨어, 소프트웨어 R&D), ③ 해운에 대한 국가조성을 다루고 있다. ①항 중 훈련에 대해서는 국가의 교육·훈련 시스템에 규정하고, 그 비용은 가맹국 부담으로 해야 한다. 나아가 승진 및 육상 이직을 위한 훈련에 대한 직접 보조, 실습선원을 수용할 선사에 대한 국가지원 등을 내세우고 있다(*Ibid.*, p.25).

한편, 초점인 국가조성에 대해서는 새로운 해운조성이 필요하다며 몇 가지 논의를 전개하고 있지만, 전술한 1989년의 가이드라인을 개정한다고 할 뿐 구체적인 정책을 제시하고 있지 않으므로, 후술하는 '개정 지침'에서 다루기로 한다.

(2) 국가조성과 EC 조약

1992년 2월에 조인된 마스트리히트 조약의 정식명칭은 '유럽연합 조약(Treaty on European Union)'으로 다음의 3가지 핵심사항으로 구성된다; ① 유럽공동체(EC: European Communities), ② 공통외교안전보장정책(CFSP), ③ 경찰형사사법협력(PJCC). ①항은 연방국가의 양상까지 보이지만, ②항과 ③항은 문자 그대로 연합체로서의 협력관계를 강하게 나타내고 있다.

이 조약으로 이른바 EC는 EU로 이행되지만, 로마 조약이라고도 칭해지기도 한 유럽경제공동체 조약(EEC 조약)은 '유럽공동체를 설립하는 조약(EC 조약 혹은 EC법)'으로 개정된 것에 지나지 않는다. 경제로 한정되지 않게 되었기 때문이지만 용어법상으로는 혼란에 빠지게 되었다. 이 책에서는 가맹국의 주권과 관련된 경우가 있으므로 'EC 조약'을 사용하기로 한다.

EC 조약은 6개 부 314개 조항으로 구성되며, '국가원조'는 제3부 '공동체의 정책' 제6편 '경쟁, 세제 및 법제 접근의 공통규정'의 제1장 '경쟁에 관한 규칙' 제3절 '국가원조(State Aid)'(제92~94조)에 규정되어 있다.[32)]

제92조 제1항은 기업 또는 생산에 대한 국가원조는 원칙적으로 금지된다(공동시장과 양립할 수 없다)고 정한다. 원조는 직접적인 것부터 숨은 보조금(세금 감면 등)까지 포괄적으로 해석하고 있다. 또한 국가라는 것은 사적 단체라 하더라도 재원이 국가로부터라면 이에 해당된다.[33)] 단, 두 가지 예외를 인정받고 있다. 하나는, 재해원조 등 공동시장과 양립하는 경우이다(제2항). 다른 하나는 양립하지 않지만 "양립하는 것으로 간주할 수 있다"는 경우이다(제3항). 5가지 유형을 제시하는데, 이 책과 관련된 원조는 "모종의 활동의 발전 또는 어떤 경제지역의 발전을 용이하게 하기 위한 원조. 단, 그 원조는 공통의 이익에 반하는 정도까지 무역조건을 변경하지 않는 것을 조건으로 한다"고 규정하고 있다(제3항(c)).

EU가 아닌 국가의 원조이므로, 가맹국은 '공동체의 문맥이 아닌 국내 기준에 비추어' 특정의 산업 부문에의 원조를, 단서 범위 내에서 결정할 수 있다(庄司, 2003a, 82쪽). 한편 유럽위원회는 위원회로서 가맹국의 조치에 대해 (해당국과 더불어) 상시 심사할 수 있다. 그 결과, (c)를 위반하면 원조의 폐지·수정을 요구하게 된다. 이 결정에 가맹국이 따르지 않을 때에는 사법재판소에 제소할 수 있다(제93조).

요컨대, 공동시장이 제1이며, 유럽위원회가 절대적 권한을 가지고 있는 것이 표면적으로는 알려져 있다. 그러나 1989년의 지침에 의하면 약간(several)의 원조 스킴을 승인했다고 하고 있을 뿐이며(CEC, 1989c, p.1) 1989년 지침 그 자체가 기능하지 않았다는 지적도 있다(運輸政策研究機構, 2000, 11쪽). 또한 이와 관련하여, '지침'의 성격에 대하여 CEC(1989c, p.1)는 공동시장과 해운조성의 양립성에 관한 일반원칙(general principles)을 커뮤니케이션(CEC, 1989a)에 근거하여 표명한 것이라고 한다(CEC, 1989a, par.7, 54 참조). 그리스의 무세(無稅)와의 관계에서는 의문이 남는다.

(3) 네덜란드의 통합해운정책이 유럽위원회에 끼친 영향

(a) 네덜란드의 새로운 정책과 유럽위원회

네덜란드는 통합해운(해사)정책을 유럽위원회의 승인을 받아,[34] 1996년 1월 1일에 실시했다.[35] 앞서 서술한 것처럼 유럽위원회의 새로운 해운전략이 공표된 것은 같은 해 3월 13일이므로 그보다 빠르다. 정책의 효과는 곧바로 나타나 첫 1년 동안 50척이 선적복귀할 정도였다. 또한 개정 가이드라인의 발효는 이듬해인 97년 7월이었다는 점, 유럽위원회의 심사는 해당국과 공동으로 이루어진 점 등을 고려하면 유럽위원회는 네덜란드의 정책을 검토해 그것을 공통해운정책으로까지 끌어올렸다고 해도 과언이 아닐 것이다.[36]

(b) 해사 클러스터에 대한 주목

네덜란드는 1980년대 들어 자국 선박이 유출되면서 정점 592만 총톤(1976년)에서 1989년 323만 총톤까지 급감했는데, 선령도 주목할 만하다. 로이즈 통계에 따르면 평균 선령 12년(1987년)이었는데, 1994년에는 15년으로 3년이나 노후화되었다. 신조선에 대한 수요 부족 등은 해사관련산업에 악영향을 주었을 것이다.

이에 정부는 벨기에의 C. Peeters 교수에게 현황 분석과 해사국으로서의 재생 방안의 검토를 의뢰했다. 검토 결과는 1994년 12월 '네덜란드 해운의 미래'로서 공표되었다. 이 보고서의 골자는 다음과 같다. ① 기존의 해운정책은 자국선 유지를 지원하는 것이었으나 해사산업이 창출하는 부가가치 중 70%는 비해운산업에서 창출되었다. ② 기존 자국선을 유지하면 자동적으로 조선, 보험, 금융 등의 산업은 보증된다고 여겨져 왔지만, 이러한 이해보다 '해사산업(기업)이 네덜란드 국내에 입지하는 것'을 중시해야 한다(자국자본에 한정하지 않는다). ③ 해사국으로서 경쟁력을 유지하기 위해서는 포터가 주장하는 '국가의 경쟁우위'가 중요하며, 네덜란드의 해사 클러스터를 유지·확대하여 인근국과 경쟁할 필요가 있다.[37] ④ 그렇다고 해도 해운은 클러스터의 핵심산업이며, 그로부터의 파급효과를 무시할 수 없다(海事産業研究所, 2001, 29~33쪽).

(c) 통합해운정책

통합해운정책은 다음의 4가지를 기초로 하고 있다; ① 경쟁적 지위의 개선,

② 네덜란드 해운 부문의 질적 향상, ③ 해사 클러스터의 강화, ④ 국제적 영향력의 향상. 정부에 따르면, 경쟁적 지위의 개선을 제1로 하는 것은 고품질 해운(quality shipping)을 실현하기 위해서 우선 이윤창출을 해야 하기 때문이라고 한다. 구체적으로는 ① 톤수세제 도입, ② 선원세·사회보장거출금의 38%에 해당하는 선주부담분의 경감책이 취해졌다. 게다가 배승요건이 완화되어 선장 이외의 승무원은 네덜란드 국적을 필요로 하지 않게 되었다. 선장에 대해서도 2001년에는 경우에 따라서 EU/EEA의 국민도 인정하게 되었다.

(d) 톤수세의 개요

유럽위원회의 가이드라인을 다음 절에서 다시 다루기 때문에 간략히 설명한다.

(가) 법인세의 특례

여기서 소득은 실제로 얻은 이익이 아니라 '간주이익'을 대상으로 과세한다. 이 이익은 선박의 등록상 순톤수(net register tonnage)로 계산된다. 물론, 기업실적이 적자여도 '이익이 있는 것으로 간주'된다. 이 때문에, 해마다 형편이 좋은 쪽(원칙인가, 특례인가)을 선택하는 것은 허용되지 않고, 톤수세를 선택하면 10년간은 고정된다.

(나) 대상이 되는 이익

외항해운 활동으로 얻은 이익이 중심이 될 것이다. 여기에는 오프쇼어(offshore) 산업에서의 수송활동 및 예인, 구난도 포함된다. 톤수세의 대상이 되는 선박과 관련된 선박중개업, 하역업무로부터의 이익도 해사 클러스터로 포괄할 수 있다.

(다) 대상기업

법인세의 문제이기 때문에 납세의무가 있는 기업이 대상이지만, 그것만으로는 충분하지 않다. 네덜란드에서 해운활동을 하는 경영기반이 있는 기업으로, 해사 클러스터의 유지 및 확장에 도움이 되는 외국 선사의 현지법인, 지사, 파트너사도 포함된다.

(라) 네덜란드 국적선

이 세제의 혜택을 받으려면 소유 및 공유선, 나용선한 선박은 네덜란드 국적이어야 한다.

(마) 3배 룰

현재 일본의 톤수세와 같이, 자국 국적선에서 발생한 이익만을 '간주이익'으로 하는 것은 척수가 한정되어 매력이 없다. 따라서 정기용선이나 항해용선 선박으로부터 얻은 이익도 톤수세 대상으로 하였다. 그러나 자국 선박은 그 수가 적어 외국 선박도 허용했다(flag blind라고 불린다). 다만 용선을 무제한으로 인정하면 EC 조약이 금지하는 '경쟁조건의 왜곡'이 발생하게 되므로, 소유·공유선 및 나용선 톤수의 3배까지로 한정하였다. 이 규정이 갖는 의의는 절대적이기 때문에 후술하기로 한다.[38]

(e) 통합해운정책의 성과

앞에서도 언급한 것처럼, 1996년 1월부터 실시된 정책은 이후 추가 정책(특히 맨닝)을 포함해 크게 효과를 발휘했다. 1995년 말 431척, 287만 총톤이었던 네덜란드 선적 화물선은 2001년 말 679척, 490만 총톤으로 증가했다(로이즈 통계). 특히 네덜란드 선원 수는 1996년 7,659명에서 2000년에는 8,948명으로 증가했다. 1983년이 6,450명이었기 때문에 경이롭다고까지 할 수 있다(船員福利雇用센터, 2002, 9쪽). 그 후 유럽 각국이 톤수세를 도입했으므로, 정체될 것이라는 지적도 있었지만, 2009년 말 화물선은 744척, 628만 총톤으로 한층 더 규모를 확대했다(로이즈 통계).

6. 해운조성과 1997년의 가이드라인과 그 개정(2004년)

(1) 1997년의 해운조성과 가이드라인

이 지침은 1989년의 가이드라인을 대체하는 동시에 EU 회원국의 해운정책을 전환시키는 것이 되었다. 네덜란드의 통합해운정책 심사과정과 깊이 관여했음은 이미 기술한 바와 같다. 먼저 지침의 개요를 살펴보기로 한다.

(a) 가이드라인의 개요

지침은 다음과 같이 구성되어 있다; 제1장 머리말, 1.1 해운 부문의 발전: 자유시장 원칙, 1.2 해운 부문의 발전: EC 선박의 경쟁력 저하, 1.3 1989년의 가이드라인, 1.4 가이드라인의 개정. 제2장 개정지침의 적용범위와 전반적 목표, 2.1 적용범위, 2.2 전반적 목표. 제3장 경쟁력을 개선하기 위한 재정적 사회적 시책, 3.1 선사에 대한 재정적 수당, 3.2 노동 관련 비용. 제4장 승무원의 교대(비). 제5장 투자조성. 제6장 지역 원조. 제7장 훈련. 제8장 민영화를 포함한 구조조정 지원. 제9장 공적서비스 제공의무와 계약. 제10장 조성 한도. 제11장 맺음말. Annex : '가맹국의 선적' 정의.

우선 전반적인 논점과 관계되는 주목할 점에 대해서 지적한다. 첫째는 EU선과 기타 선박 특히 편의치적선과의 경쟁력 차이는 재정적인 비용(fiscal cost)에 있다고 한 점이다(CEU, 1997, p.7). 이것은 법인세와 선원의 임금 관련 부담을 가리키는데, 공적 부담이라 하는 편이 이해하기 쉬울 것이다. 그 이유는 자본비용은 기본적으로 세계 공통이며, 이용 가능한 기술도 동일하기 때문이다. 전회의 가이드라인에서 가맹국이 직면하는 과제는 주로 맨닝 코스트의 차이에 있다고 한 사실(CEC, 1989c, p.4)에 비추어 볼 때, 이런 내용을 언급하지 않는 것은 이해할 수 없지만 정합적으로 해석한다면, 외국인 선원 고용에서 상당히 규제가 완화된 제2선적제도가 이미 존재한다는 점과 EUROS와 같은 배승규제는 마련하지 않기로 결정한 점이 배경일 것이다.

둘째, 국가원조의 전반적 목적은 ① 해상, 해안(on board and on shore)을 불문하고 EU 가맹국 국민의 고용을 보호할 것, ② 공동체 내에 있는 해사 노하우를 유지하고 해사기술을 개발할 것, ③ 안전성을 향상시키는 것에 있다(CEU, 1997, p.8). 여기서 네덜란드 해운정책의 영향력을 읽을 수 있다.

셋째, 국가원조는 EU 선박(Community fleets)의 경쟁력 향상에 목적이 있기 때문에 일반적으로 가맹국 선적의 선박에 국한한다. 협의의 제2선적은 문제 없으나, 협의의 오프쇼어 선적선(예를 들어 Annex (3)의 맨섬 선적이나 케르겔렌 선적)에 대해서는, 해당 선적이 앞서 제시한 전반적 목적에 직접 공헌하는 것을 관계 가맹국이 증명한 경우에 한해 지원대상이 된다. 또한 EU의 이익이 명확한 예외적인 케이스에 대해서, 선적을 불문(flag-neutral)하는 조성조치를 유럽위원회가 승인하는 일도 생각할 수 있다(*Ibid.*, p.8)(후술 참조).

넷째, 국가조성을 받을 수 있는 선사에 대해 종전과 다른 규정을 둔 점이다. 가이드라인은 "관련된 모든 선박의 전략적, 상업적 관리(strategic and commercial management)를 영토 내에서 실시함과 동시에 그 활동이 EU 내의 경제활동과 고용에 상당한 공헌을 하고", "회원국 내에 설립된 납세의무가 있는 선사"라고 규정하고 있다(*Ibid.*, p.10). 이 점에 대해서는 '신해운전략'(1996년 3월)의 설명이 더 알기 쉽다.

종래의 조성은 자국 국적선(flag)과 연계되지만, 앞서 기술한 바와 같이 이 가이드라인은 공동체설립조약상 국가지원은 공동체의 경제활동에 공헌하는 경우로 한정한다고 규정했다. 그러나 선박의 등록요건은 해양법에서 국가(여기서는 회원국)로 유보되어 있으므로, 가맹국이 소유조항(요건)이나 배승요건을 완화한다면, 선적국 경제와 관계가 없는 편의치적선과 같이 EU의 경제활동과 연계되지 않은 선박도 대상이 될 것으로 생각된다. 반대로, 제3국에 선적을 두고 있어도, 해운활동은 EU 내에서 실질적으로 이루어지고 있는 경우도 있을 수 있다. 그래서 유럽위원회는 하나의 선택사항으로 EU와의 진정한 관계(genuine involvement)를 요구하는 것을 고려한다. 종합적으로 판단되어야 할 사항이라는 전제 하에 ① (회원국 내에서의) 상당한 관리와 운항기능 유지, ② 고용에 대해서는 최소한의 EC 선원 고용, ③ EU 내 투자, ④ 온쇼어 고용 혹은 EU 내에서의 선사 설립 등을 예시하고 있다(CEU, 1996, p.30)(영국에 대해서는 長谷部, 2008, 60쪽 참조). 이러한 지표 내지 사고방식에는 많은 논점이 포함되어 있지만, 후술로 미루기로 한다.

(b) 선사에 대한 국가의 재정적 시책(3.1)

해운조성을 실시함에 있어서 유럽위원회는, 대부분의 제3국 선적은 국제적인 서비스를 제공하며, 나아가 선사의 재무적·공적 부담에 관한 조건은 EU보다 유리하다고 보고 있었다. 그 때문에 이른바 플래깅 아웃뿐만 아니라 기업 이전도 초래되고 있다는 인식을 보였다. 그리고 "편의치적선과 경쟁할 수 있는 상황을 만드는 것(creation of conditions which allow fair competition with flags of convenience)이 최선의 방책이라고 생각된다"고 끝을 맺는다(CEU, 1997, p.9; Hancher *et al.*, 2012, p.535). 유럽위원회의 이러한 인식을 바탕으로 하면 복잡한 가이드라인의 내용을 쉽게 이해할 수 있을 것이다.

(가) 톤수세제의 용인

종래부터 많은 가맹국은 특별상각이나 압축기장 등의 세제특례를 채용해 왔지만, 법인세인 톤수세도 해운조성의 하나라고 할 수 있다. 이런 시책들은 해상뿐만 아니라 육상의 해사 관련 분야의 예를 들어 선박관리업과 해상보험, 브로커, 해사금융 등 고도의 능력을 요하는 고용을 유지하는 데 도움이 된다. 나아가 EU 경제에서 해운의 중요성 관점이나, 앞에서 서술한 전반적 목적을 지원하는 관점 등에서 상기의 재정적 시책들은 일반적으로 허용될 수 있다. 이런 상황에서 톤수세제가 용인되었다. 그 후 '더욱 더' 선원 훈련 및 안전성 향상을 위한 인센티브와 맞물려 재정지원은 선원 고용 보호와 EU 해운의 경쟁력을 강화하고 세계시장에서 공동체 해운 발전에 기여할 것이라고 기술하고 있다.[40]

(나) 외국용선에 대한 적용

선사의 수입이 외국용선이나 정기선 얼라이언스 내의 제휴선에서 발생하고 있는 점과 과세조치를 종래대로 유지하면 선박의 유출이 계속될 뿐만 아니라 해외에 자회사를 두고 저율의 세금을 계속 향유한다는 것을 유럽위원회가 알고 있다고 했다. 그 결과, 외국용선 등에 대해서도 해당 선사가 운항하고 있는 모든 선박을 적용대상으로 하는 경우,[41] 조건부로 예외적인 승인이 이루어지기도 하였다. 원래 EU 선박의 경쟁력 향상이 목적이기 때문에 세금의 경감조치는 EU선에 대한 사항이므로, 상술한 예외조치는 다음과 같다. ① 영역 내에서 전략적·상업적 매니지먼트가 이루어지고 있을 것, ② EU 경제와 EU 고용에 공헌하고 있을 것, ③ 관계 선박의 국내회귀를 촉진시키기 위한 조성일 것(The aid must be necessary to promote the repatriation) 등이다(*Ibid.*, p.10).

(다) 조성 한도

법인세를 제로까지 경감할 수 있다(제10장). 이런 매력적인 경감세제(tax relief)는 유럽위원회의 보증을 얻어 <표 6-3>에서 보는 바와 같이 단번에 유럽으로 확대되었다.

〈표 6-3〉 톤수표준세제의 도입국 현황

년	도입국
1996	네덜란드, 노르웨이
1999	독일
2000	영국
2001	덴마크
2002	핀란드, 아일랜드
2003	프랑스, 스페인, 벨기에
2004	미국
2005	한국, 이탈리아, 인도
2007	폴란드, 리투아니아
2008	일본

출처: 海事리포트(2010년도판), 16쪽. Selkou & Roe, 2004, pp.128~134.
주) 그리스에 관해서 海事리포트(17쪽)는 1939년에 도입되었다고 하지만 확인할 수 없었다. 1968년 도입된 세제에서는 법인세가 부과되지 않고 shipping tax로 되어 있으며 선령도 가미되어 있다. 타국과 동일하게 논할 수 있을지는 의문이다(제2장 3, 4 참조).

(c) 노동비용에 대한 시책(3.2)

1993년 1월 1일 EC의 시장통합으로 상품, 노동, 자본 등 자유로운 이동이 실현되었다. 이와 관련해 유럽위원회는 1997년 1월 3일 회원국이 시행하는 노동비용 경감시책은 공동시장에서 경쟁을 저해할 것이라고 경고했으나 해운부문은 예외로 1989년 가이드라인에서 이미 허용했고 이것을 지속하기로 했다. 노동비용을 줄이기 위해 유럽위원회는 사회보장부담금, 선원의 소득세에 대해 최대 제로까지의 국가지원을 인정하기로 했다. 유럽위원회는 이 지원은 이미 편의치적선에서 활용하고 있는 것처럼 세계표준(world norms)이 되었다고 주장했다. 그러나 이것을 초과한 실수령 임금은 보조금(subsidy on net wages)에 해당하므로 경쟁조건의 왜곡을 초래하므로 허용되지 않았다.[42] 예를 들어 세금을 감면하는 방법을 택할지, 원천징수 후 납입한 선주에게 환급하는 방법을 택할지는 어느 쪽이든 선택할 수 있도록 한다.

(d) 기 타

(가) 훈련(제7장)

선원이 받는 훈련에 대한 국가지원은 직업훈련 또는 학교교육에 해당하는 성질을 가지므로 국가의 조성으로 보지 않는다. 따라서 유럽위원회의 통지나 조사에 따를 필요는 없다. 그러나 예컨대 국가조성계획에 따라 선상훈련이 선사의 선박에서 실시된다면 동 위원회에 통지할 필요가 있다. 무엇보다 유럽위원회의 일반적 기준(예: EU 선박)을 충족하면 승인된다.

(나) 선원 교대(crew relief) 비용(제4장)

회원국 선박에 승선하고 귀국할 경우 비용 전액을 지원받을 수 있다. 1989년 지침에서도 인정되고 있었지만, 그 당시는 50%까지였다.

(다) 투자 조성(제5장)

신조선 투자, 중고선 구입 투자, 개조투자에 대한 조성은 선복 과잉을 낳고 운임 저하를 초래하기 쉽다. 그 결과 플래깅 아웃 등의 비용절감책을 조장하기 쉬우므로 승인하지 않는다. 그러나 EU의 해상안전정책에 따른 조성이나 안전·환경기준(규제)을 넘는 투자에 대한 조성 등은 승인된다. 기타 항목에 대해서는 생략하도록 한다.

(2) 2004년 가이드라인 개정

(a) 1997년 지침의 평가

유럽위원회는 이전의 지침을 다음과 같이 평가한다(CEU, 2004, pp.3~4). 가맹국 중 해운조성, 특히 경감세제를 채용한 국가에서는 선적 복귀(re-flagging)가 실현되고 있다. 전체 선박의 척수에서 연평균 0.4%, 톤수에서 연평균 1.5%의 증가가 인정된다. 신규 등록은 2001년까지 감소추세였지만, 이후 그 추세가 바뀌었다(<표 6-4> 참조). 다만, EU선에 승선하는 선원 감소 추세는 계속되고 있다. 1998년부터 8,000명이 감소해, 2001년에는 18만명이 되었다. EU 선원은 그 중 12만명인데 제3국 선원은 2.9만명에서 6만명으로 2배가량 늘었다. EU 경제와 관련해서 해운업의 수익은 1997년 16억 유로로 GDP의 2.0%에 해당한다. 이에 비해 덴마크는 3.0%, 그리스는 2.3%였다.

〈표 6-4〉 유럽 국가들의 자국 선박과 지배 외국 선박의 추이

(단위: 100만D/W)

	네덜란드 자국적선		노르웨이 자국적선		독일 자국적선		영국 자국적선		덴마크 자국적선		일본 자국적선		세계 자국적선	
	척	D/W	척	D/W	척	D/W	척	D/W	척	D/W	척	D/W	척	D/W
1990	423	3.24	916	36.79	476	7.98	465	7.98	359	6.87	1,187	35.28	18,754	340.89
1995	461	3.44	837	28.57	516	5.20	391	5.20	461	7.20	954	23.43	17,757	313.31
2000	548	3.39	905	28.73	498	7017	405	7017	418	7.19	809	17.40	16,359	281.46
2005	519	4.36	768	14.34	349	10.87	426	10.87	300	8.38	717	12.61	15,251	293.14
2010	528	4.83	820	14.10	458	8.98	357	8.95	360	12.94	720	14.44	17,279	368.25
2011	522	4.36	818	14.85	442	8.93	366	8.93	383	14.00	724	18.94		
	외국적선		외국적선		외국적선		외국적선		외국적선		외국적선		외국적선	
1990	164	2.27	482	18.29	423	7.99	453	17.67	198	4.66	1,661	45.02	7,877	254.83
1995	215	2.72	543	19.78	926	11.10	485	16.77	198	4.65	1,862	63.34	11,084	357.88
2000	202	2.69	737	27.20	1,445	21.81	454	11.86	297	8.90	2,093	76.08	13,985	451.08
2005	186	2.54	821	29.65	2,266	48.88	459	14.99	346	8.49	2,228	105.05	15,846	546.49
2010	272	3.99	1,148	26.42	3,169	86.97	437	17.26	580	20.26	3,031	168.88	21,133	797.47
2011	320	5.08	1,166	28.13	3,356	97.62	412	13.40	592	21.11	3,071	178.29		
	합계		합계		합계		합계		합계		합계		합계	
1990	587	5.51	1,398	55.08	899	12.75	918	25.65	557	11.53	2,848	80.30	26,631	595.72
1995	676	6.17	1,380	48.36	1,442	17.27	876	21.96	659	11.86	2,816	86.77	28,841	671.18
2000	750	6.08	1,642	55.93	1,943	29.31	859	19.03	715	16.10	2,902	93.47	30,344	732.54
2005	705	6.90	1,589	43.99	2,615	57.91	885	25.84	646	16.87	2,945	117.66	31,097	839.63
2010	800	8.82	1,968	40.52	3,627	103.90	794	26.21	940	33.20	3,751	183.32	38,412	1,165.72
2011	842	9.43	1,984	42.98	3,798	114.77	778	22.32	975	35.11	3,795	197.23	45,662	1,378.23

출처: *RMT* [each year], ISL, 2011.

주 1) 1,000총톤 이상의 선박. 로이즈 통계의 100총톤 이상보다 외항선 비교에 적합하다.

2) 해당국의 해운기업이 수익선주인 선박.

이 점에서 전회의 가이드라인은 EU 선대의 구조적 쇠퇴 경향에 제동을 걸어 일단 성공했다고 평가할 수 있다, 따라서 이번 개정판도 전회와 같은 입장을 견지한다.

(b) 주요 개정점

(가) 전반적인 목표

세부적인 사항을 제외하고 정리하면, 이전 지침의 ① 고용, ② 노하우·스킬, ③ 안전 확보에 더하여, ④ 가맹국으로의 등록 및 선적복귀에 대한 공헌, ⑤ 해사 클러스터 강화에 대한 공헌의 추가가 주목된다(*Ibid.*, p.5).

(나) 선박관리회사도 대상

선박관리회사는 이 장 3에서 다룬 바와 같이, 맨닝뿐만 아니라 운항관리 전반에 관한 서비스를 선박 소유자로 하는 경우에는 취급선으로부터의 이익을 톤수세제의 대상으로 할 수 있다고 했다(*Ibid.*, p.7).

(다) 1대 3 룰 폐지와 EU선 60% 룰

1대 3 룰에서는 자국적선이 기본이지만, EU선 60% 룰에서는 EU선이 기본이 된다. 1대 3 룰은 자연 소멸되고, 원칙으로서 이제 60% 이상 EU선을 확보해야 한다. 무엇보다 현재 비율을 밑돌지 않아야 하는 경과조치도 인정되었다(*Ibid.*, pp.6~7).

(3) 영국의 톤세제도와 영국 해운

영국 해운이 1970년대 중반부터 언덕에서 굴러 떨어지듯 쇠퇴하게 된 것을 앞의 [그림 6-1]은 잘 보여주고 있다. 네덜란드에서는 톤수세로 부흥의 조짐이 보였지만, 영국 정부는 맨섬 선적의 성과가 미흡했음에도 불구하고 움직임이지 않았다. 보수당에서 노동당으로 정권교체가 1997년 5월에 있었기 때문이다. 부총리에 임명된 선원출신 J. Prescott은 해운 재건과 선원 고용 확대를 내세우며 해운 관계자와 정부기관들로 구성된 작업위원회를 발족시켰다. 이듬해 3월에 이 위원회의 보고를 받아 7월에 백서로서 발표된 것이 '신침로를 잡아라'라고 하는 'British Shipping : Chartering a New Course'였다(DETR, 1998, 12월). 주요 내용은 선원훈련(Support for Maritime Training: SMarT)과 고용촉진이었고, 재정 지원에 대해서는 논의하기로만 하고 보류되었다(Brownrigg, etc., 2001, p.215). 이듬해 3월 1인위원회의 위원으로 알렉산더 경이 임명되었다. 보수당의 귀족의원이기도 해서 모두 놀라운 반응을 보였다(赤塚, 1999. 4, 23쪽).

그의 보고서는 일찍이 동년 7월 'Independent Inquiry into A Tonnage Tax'(알렉산더 리포트로 통용됨)로 제출되어(Alexander, 1999), 2000년 8월 1일에 시행되었다. EU의 가이드라인이 존재하기 때문에 영국의 독자적인 제도는 그다지 많지 않지만, 가장 큰 특징은 앞에서 서술한 바와 같이 선사의 직원훈련 의무에 있다. 세금을 경감받는 대신 선사는 승선 중인 선박직원 15명 중 1명꼴로 훈련생을 수용해야 한다. 일본과 약간 달리 선사의 고용이 선행되어 훈련에 들어가게 되지만, 훈련 후 고용이 보장되는 것은 아니다(赤塚, 1999. 10, 18쪽).

거의 같은 시기에 'Maritime London'이 발족한 것도 주목해 볼 필요가 있다. 마리타임 런던의 경우, 두 가지 의의가 있다고 볼 수 있다. 하나는 해사 관련 기능의 집적기관인 해사센터의 역할을 수행한다. 다른 하나는 런던을 국제적인 해사센터로 홍보하는 조직을 뜻한다. 후자의 총회는 1999년 11월에 열렸다(海事産業研究所, 2001, 18쪽, 41쪽).

이런 톤수세제의 성과를 확인하기 위해, 2004년 영국 국세청과 교통부가 '톤수세제 실시 후의 평가'(IRDT, 2004)를 수행했다. 그 결과 선박수는 18% 증가하고 중량톤수로는 526만톤(2000년)에서 1,226만톤(2004년)으로 2.3배 증가한 것으로 나타났다(앞 <표 6-4> 참조). 또한 훈련생은 도입 이전에 비해 600명 이상이나 되어 약 30%의 증가가 인정된다고 강조한다. 이에 반해 선원의 고용에 관해서는, 톤수세 적용선의 선원은 약 12,500명이고 그 중 약 39%가 영국 선원이며 6%가 EU/EEA 선원이라고 언급하는데 그친다. 톤수세를 유지하기 위한 재무적 비용(감세액)은 4년간 6,140만 파운드로 추정하고 있다.[43]

결론으로는, 영국 상선대의 감소세를 반전시키고, 영국 선사를 영국에 묶어 두어 영국 경제를 윤택하게 하고, 훈련을 촉진하여, 해사관련산업은 연간 10억 파운드의 수익을 해외에서 얻고 있는 등 결과는 성공적이었다고 한다.[44]

7. 결 론

(1) 제2선적제도의 의의

이 장 2.에서 기술한 해운 대불황은 유럽 해운에 직격탄을 날렸다. 운임시황은 바닥을 치고, 편의치적선은 그 경쟁력을 역력히 보여 주었다. 이런 상황에서 유럽 선사는 오랜 역사와 전통을 배경으로 각국에 귀속되어 있기 때문에 편의치적선화에도 한계가 있었다. 이에 대한 대응정책이 제2선적제도이다. 제1선적제도에는 선원의 국적요건이 있는 것이 보통이었으나(법률이나 노동협약 등에서), 그 규제를 완화하는 제도가 제2선적이다. 당시 편의치적선에는 상급 선박직원으로 상당수의 유럽 선원들이 승선하고 있었으므로, 선원의 국적요건을 완화하고 주로 아시아의 보통 선원을 고용할 수 있도록 하면, 경쟁력 면에서도, 고용을 중시하는 자국 정부와도 절충이 이뤄질 것으로 본 것이다. 노동조합도 맨섬 선적의 사례에서 보듯이 선사가 해운업에서 철수하거나 소유선을 플래깅 아웃하는 것보다 낫다고 판단하여 타협하지 않을 수 없었다. 또한 각국 정부는 자국 선원의 고용을 확보하기 위해 선원 소득세나 사회보장비 등 노동 관련 비용에 대해 국가의 조성으로 지원했다(EC는 1989년 지침에서).

세계 해운의 구조 변화 관점에서는 ① 유사 편의치적선의 등장, ② 세계 단일 선원노동시장의 형성, ③ 새로운 분업형태로서 선박관리업의 부흥 등의 변화를 지적할 수 있다.

그러나 아시아 선원의 추가 진출(하위직 선박직원에 그치지 않고 상위직에도)과 낮은 안전비용은 편의치적선의 우위성을 재인식하는 결과를 가져왔다. 지금까지 여러 번 지적한 것처럼 '해상안전의 경시는 불공정경쟁이다'[45]고 단정하는 유럽에서 새로운 국가조성은 불가피했다.

(2) 톤수세제를 중심으로 하는 '신해운전략'의 의의

톤수세는 선사에는 감세, 국가에는 조성(state aid)을 의미하지만, 세계 해운에서의 의의는 다음과 같다.

첫째, 운항비 차액을 직접 보조하는 방안은 고비용 비효율적이다. 미국의 운항차액 보조가 유명하지만, 1999년 개시 예정이던 이 방안은 매년 1억 달러를 사용하면서 겨우 47척을 확보할 수 있었을 뿐이다(運輸省 海運局, 1998, 86쪽).

둘째, EU 해운을 살리기 위해 편의치적선을 규제하는 것은 국제적 상황으로 이미 불가능했다. 유럽은 제2차대전 후 일관되게 편의치적선에 대해 비판적이었고, 국제해운에 유해하다고 주장했다. 1970년대 중반에는 실제로 규제에 착수하려고 했다. 그런데 편의치적선 문제가 남북문제로 바뀌면서 정책을 전환하게 된다. 그 결과 편의치적선을 인정했다고 평가받는 'UN 선박등록요건조약'이 성립되었다.[46)]

셋째, 유럽 해운은 국제해운을 주도하고 지배적 지위를 확보하도록 요구받아 왔다는 점이다. 국제해운을 주도하려면 고품질 해운(quality shipping)이 필수적이고, 지배적 지위를 유지하기 위해서는 점유율도 중요하다. 본문에서 상세히 기술한 가이드라인은 이를 충분히 인식하고 있었다. EU 지배선(자국적선+외국선)의 세계 시장점유율은 2002년 초의 33.4%에서 2009년 초에는 36.4%까지 증가했다(ISL, 2002, p.30; 2009, p.27).

넷째, 외항해운이 종래보다 더 광범위한 해사클러스터라는 '공간'으로 인식되어 국민경제의 주요 부문으로 재평가받게 되었다.

다섯째, 해운조성의 중심이 소유에서 이익으로 또는 소유에서 운항으로 옮겨진 것이다. 이에 따라 자사 소유(자국적)를 전제로 특별상각제도나 압축기장을 통한 조세경감조치가 시행되었다. 또한 톤수세제를 실시하여 선사이익에 대한 법인세 경감조치를 시행하였다. 이런 조치는 자국 선적에만 한정되지 않았고, 여러 가지 제한에도 불구하고 각사가 운항(operation)하는 선박에서 발생하는 이익에 경감세제가 적용되었다.

여섯째, 선박 단위의 조성에서 선사 단위의 조성으로 이행한 것도 의미가 있다. 이런 조성은 반드시 자국 선사에만 한정하지는 않았다. 해운조성의 역사에서 보면 놀라운 변화이다.

일곱째, 정책의 축이 이동함으로써 편의치적선의 모순이 사라진 것처럼 보인다는 점이다. 종래, 편의치적선의 비대화는 전통적 해운의 쇠퇴 또는 자국적 선박의 침식으로 직결되었으나, 외국용선(지배편의치적선)을 톤수세의 대상에 추가함으로써 총체적으로 '편의치적선과 경쟁할 수 있는 환경'(이 장 6 (1) (b) 참조)이 정비되었기 때문이다. 호불황에 좌우되지만, 일반적으로 지배외국용선에서 생긴 이익에 대한 감세분을 자사선(자국적 선박)의 핸디캡을 메우는 데 활용할 수 있으므로, 일종의 '내부보조'가 가능하게 되었다. 유럽위원회가 인정한 1대 3 룰은 이 핸디캡을 해소하기 위한 경험치일지도 모른다.

여덟째, EU 내부의 '남북문제'를 염두에 두고 있다는 점이다. 2004년의 가이드라인에는 'EU적선 60%를 원칙으로'라고 정하고 있지만 그리스, 스페인, 포르투갈 등 '남쪽 나라'의 선박을 고려한다면 실현 불가능한 수치도 아니다. 이에 따라 편의치적선에 대한 의존을 줄일 수 있는 가능성이 생겼다.

아홉째, 국가간 경쟁 양상을 띠고 있다는 점이다. 앞 <표 6−3>이 이것을 말해주고 있다. 일본 선주협회는 일본의 톤수세제는 일본선에 한정되고 1대 3 룰의 적용이 없다며, 그 부당성을 이퀄 풋팅(equal putting)론으로 설명하고 있다. 또, OECD는 1998년 '유해한 세금 경쟁'에 관한 최종 보고서를 승인했는데, 이 보고서가 지적한 '잠재적으로 유해한 세제'에 7개국의 국제해운 세제가 포함되어 있어(財務省 主稅局 HP), 국가간 치열한 경쟁의 현황을 보여주고 있다.

열째, 그래도 편의치적선의 모순이 해소될 것 같지 않다는 점이다. 해운기업 활동의 확대나 자국선의 증가가 확인되어도 자국 선원 혹은 EU 선원의 감소가 지속되고 있다(Tsamourgelis, 2009, pp.458~460). BIMCO/ISF 등의 조사에 의하면, 1995년에 비해 2010년의 OECD 선원비율은 선박직원이 40.3%에서 8.6%로, 선박부원은 27%에서 2.1%로 급감했다.[47] EU 선원 등의 감소는 해사 클러스터의 붕괴를 초래할 수 있고, 선박관리업에도 치명적일 수 있다.

마지막으로 톤수세제가 '글로벌 스탠더드'가 됨에 따라 국제해운산업은 전체적으로 편의치적선처럼 법인세를 원칙적으로 부담하지 않거나 톤수세제 하에서 경감된 세금만 부담하게 되었다. 미시적으로는 이퀄 풋팅의 추구일지 모르지만, 거시적으로 본다면 국제해운산업은 사회의 한 구성원으로서 맡겨진 책임을 다하지 못하고 있다는 것을 의미한다. 이러한 사태가 과거처럼 외화 획득을 위한 것이라면 몰라도, 편의치적선의 비대화에 따른 구조 변화에 수반되는 것이라면, 건전한 산업으로 발전시키려는 노력이 필요할 것이다.

주

1) 주요 정기선 부문, 드라이 벌크 부문, 유조선 부문의 불황을 말한다. 運輸省 海運局, 1983, 17쪽. 이하의 데이터는 동 海運局 [각년], 船主協会 [각년], BMCF [1986]에 의한다.
2) Sletmo, 1989, pp.293~303. 고대로부터 길게 이어진 해상수송(에 의존하는) 시대를 제1의 물결로, 해상 패권의 시대를 제2의 물결로 본다. 그리고 편의치적선화(유럽에서 볼 때 'flagging out')의 시대는 제3의 물결로, 새로운 선박관리업(modern ship management)의 등장은 제4의 물결로 본다.
3) CEC, I989b, Annex Table 1. B.1−2. 포르투갈선과 키프로스선을 비교할 때 흥미로운 것은 실수령 임금은 키프로스선이 높은데 사회보장비와 소득세(키프로스는 없음)로 역전된다는 점이다.
4) Hope, 1990, p.410, p.427, p.431; 海事産業研究所, 1972, 59쪽 이하에서 자세히 알 수 있다. 즉, 버뮤다 선적으로 할 필요도 없었던 것이다. 신규 조선 보조액은 69/70 회계연도 7,500만 파운드로 거액이었다.
5) Hope, 1990, p.462. 대처 정권과 탄광노조의 대결은 유명하지만 유출 방임책이라고 할 수 있는 본문의 정책은 노조의 힘을 약화시키려는 영국 정부의 일반 정책에서 비롯되었다고 호프는 말한다(*Ibid.*, p.484). 船主協会, 1986a, 260쪽에 의하면 약간의 건조 차액 보조, 정부 보증과 이자 보급(7.5% 초과에 대하여)은 남았다.
6) ISF, 1987, Sec. 3.; 海運振興會, 1988, 19쪽 이하 참조. 현재는 크게 변화하고 있다. Coles & Watt, 2009, pp.168~175. 또한 일본 해운조선심의회 해운대책부회는 1987년 11월에 플래깅 아웃 문제 워킹그룹을 설치하였으나, 제1회 회의(12월)에서의 보고를 참고할 수 있다.
7) 全日本海員組合, 1988, 16쪽; 海運振興會, 1988, 34쪽.
8) CEU, 1996, Annex B, p.8은 영국은 제1선적을 대신하는 제도를 가지고 있지 않다고 한다. 맨섬이 EU 비가맹으로 EU와 특수한 관계를 가지고 있기 때문에 유럽위원회로서는 위와 같은 표현이 될 것이다(Coles & Watt, 2009, p.167).
9) 全日本海員組合, 1988, 17쪽; LSM, 1995, p.50.
10) Ready, 1998, pp.31~32; 海運振興會, 1990c, 3~15쪽. 기타 조성조치에 대해서는 船主協会(1990c), 80쪽 이하에서 자세히 다루고 있다. 海事센터, 2010a, 23쪽에 따르면 자국 선원수는 1988년: 1,392명에서 2009년: 4,757명으로 증가해, 선복도 약 500만 총톤에서 1,000만 총톤 이상으로 확대되었다.
11) 船主協会, 1990, 69쪽; 海運振興會, 1990b, 17쪽 이하 참조.
12) 海運振興會, 1988, 35쪽 이하; ISF, 1987, p.54; LSM, 1995, p.34 등을 참조.
13) 비교적 이른 시기에 武城(1990)는 이 3가지에 대해 언급했다. 수정해야 할 점도 있지만 지적만 해둔다.
14) 일본에서는 국적에 따른 임금 등의 차별이 금지되어 있기 때문에(勞基法 제3조; 船員法 제6조), 제2선적의 창설이 어려운 관계로 먼저 해외에 나용선으로 대여한 후 선원을 태운 상태로 차터백하는 「마루십 방식」이 채용되었다. 1989년 말 노사 합의. 그러나 많은 문제를 안고 있다.
15) 서비스 내용에서 명백하게 업무의 핵심 담당자는 선장, 기관장으로서의 능력과 경험을 필요로 한다. 海運集會所 '선박관리' 입문위원회(2008) 참조. 또한 선박관리업의 역사, 본질, 실태에 대해서는 小川(1989)의 역작이 있다.
16) *Lloyd's Ship Manager*지의 창간은 1980년이다. 일본에서는 다수의 선박을 보유하는 오너-오퍼레이터가 중심적 존재였기 때문에, 자사내 해무부서 혹은 자회사(인하우스)가 편의치적선을 관리해 왔다. 그 때문에 주목받는 것이 늦어졌다(石原, 1991, 9쪽 이하 참조).

17) Sletmo, 1989, pp.298~299. 편의치적선에서는 모든 경영기능은 선주의 수중에 있으나, 선박관리업자를 활용하는 경우 경영기능의 대부분은 이들에게 이동하고 있다고 한다. 그러나 선박관리업은 커미션 비즈니스이지 경영기능까지 이전했다고 할 수는 없을 것이다. ISM에 의한 변용에 대해서는 제1장 2 (7) 참조.

18) EC위원회의 영문명은 the Commission of the European Communities이나, 인용에 있어서는 CEC라 약기한다.

19) 최초의 공통해운정책이라 하면 이른바 브뤼셀 패키지(1979년) 등 상당 부분이 존재한다. 다만 다소 즉흥적이고 EC 해운을 포괄적이고 다각적으로 분석한 것은 이번이 처음이다(Pallis, 2002, pp.63~70; 園田, 1988, 51쪽 참조).

20) CEC, 1985, pars.11~13. 영국 해운이나 선박관리업도 언급했는데 해운자본의 해운 이탈(은행, 레저, 건설 등으로의 진출)이나 은행 및 기타 금융기관이 (선박관리업자를 활용하여) 선박을 소유하고 있다는 사실도 언급하고 있다(*Ibid.*, par.11).

21) *Ibid.*, pars.14~18. EC 해운의 경쟁력 회복에 대해 공동시장의 동향을 보면서 필요한 방안을 위원회 차원에서 제안해야 한다거나, 해운자유의 원칙이 국가조성을 대신할 수 있는 것은 아니라거나, 국가조성의 투명성이 중요하다거나, 대체로 새로운 국가조성의 방향에 강한 관심을 표명하는 데 그쳤다(*Ibid.*, par.39).

22) Sullivan, 1996, p.154는 "European Register of Shipping"이라고 하는데, 보고서의 Annex I (EC 선적 규칙안) 제2조 제1항은 a Community Ship Register(hereafter called 'EUROS')라고 하는 데 그친다. 또한 제2차 공통해운정책에 대해서는 織田(1989)가 참고가 된다.

23) A Future for Community Shipping Industry: Measures to Improve the Operating Conditins of Community Shipping, Com(89) 266 final, 3 August 1989, Brussels.

24) *Ibid.*, par.5, pars.105~108, par.115, annex 4 (art.1). 이 외, EC적선뿐만 아니라 EC 선대 전체의 경쟁력 향상을 위해서이지만, 9항목의 조치, 부수 시책을 제안하고 있다(*Ibid.*, par.5, pars.67~122).

25) CEC, 1991; 橋本, 1994, 172쪽 이하. 橋本에 의하면, 톤수세는 택스·쉘터로 이용될 가능성이 있다고 하여, CEC(1991)에 포함되지 않았다고 한다.

26) CEC, 1989b. 전술한 'EC 헤운의 장래'와 동일 날찌의 내부 문서이디(CEC, 1989a, par.7).

27) 유럽연합 조약(마스트리히트 조약, 1993년 11월 1일 발효)에서 EC는 EU가 되었다. EC위원회는 간단히 커미션(the Commission)으로 칭해졌었는데, 이것으로는 혼란이 발생하기 때문에 일반적으로 European Commission(유럽위원회)이라 부르는 것이 관행이다(松本, 1999, 278쪽 참조).

28) 이 점에 대해 유럽위원회는 해상안전정책이나 대외적인 해사정책에 대해서는 문제가 남아 있음에도 불구하고 해결되었다고 한다. 또한 항만, 조선에 대해서는 동시에 발표된 별도의 문서(CEU, 1996b)가 준비되고 있으므로 해운의 경쟁력에 초점을 맞췄다고 한다(CEU, I996a, p.1). 이 때문에 '신해운전략·정책' 등으로 번역되는 경우가 많다.

29) OECD의 조사를 인용하여 안전상태를 최고도로 유지하기 위해서는 기준 이하 선박의 3배의 비용이 든다며 불공정함을 지적한다(*Ibid.*, par.13, n. 10).

30) 여기서 1986년 2월의 유엔 선박등록요건조약을 언급하고 있다. 1986년 EC위원회는 본 조약의 비준을 이사회에 제안했지만(Com (86) 523 final, 25 Sept. 1986), 국제정세의 변화도 있어 이사회는 그 후 움직임이 없었다고 한다. *Ibid.*, par.16, n. 14. 제5장 5 (4) 참조.

31) 세계 선복의 절반을 차지했던 20세기 전반기에 영국은 해운의 자유를 주장하고 보조금을 불공정경쟁의 하나로 규정하고 있었다(Fayle, 1933, pp.304~307; 武城, 1992, 45~46쪽 참조).

32) 제1절은 기업에 적용되는 규정이고, 제2절은 덤핑 규정이다. 또한 제3절 state aid의 번역어에 대해서는 정부로부터 많은 원조를 받아 왔던 일본의 해운업계에서 '해운조성(정책)'이라 불리는 것이 일반적이므로 이 책에서도 마찬가지의 사용법을 취한다. 또한 암스테르담 조약(1997년, 발효: 1999년)에서 제87－89조로 조문수가 변경되었다.

33) 庄司, 2003a, 81쪽. 후술하는 가이드라인도 언급하고 있는데, 거기에서는 보다 넓게 파악하여, 지방정부 등 모든 공적 기관으로부터의 원조가 포함된다고 한다(CEU, 1997, p.8; CEU, 2004, p.5).

34) 海事新聞, 1996년 7월 12일. 로이즈 리스트는 신해운전략 발표 직후에 이미 유럽위원회는 네덜란드의 해운조성정책을 지지했다고 보도한 바 있다(LL, Mar. 25, 1996, p.1).

35) 海事産業研究所, 2003, 89쪽 이하. 國土交通省 종합정책국 국제기획과, 2002(네덜란드), 48쪽 이하에 따르면 1995년 5월 국회에 제출, 10월에 통과하였다.

36) Selkou & Roe, 2004, pp.136~138은, 네덜란드의 성공을 유럽위원회가 간과할 리 없고, 톤수세의 수용과 가이드라인의 개정 내용은 명백하게 결합되었다고 한다.

37) 다음의 11개 부문으로 형성되어 1997년 12,000개사, 19만명의 고용, 부가가치 73억 달러를 창출하고 있다고 한다. ① 해운, ② 항만, ③ 해사 서비스, ④ 조선, ⑤ 박용공업, ⑥ 요트, ⑦ 어업, ⑧ 준설, ⑨ 오프쇼어 서플라이, ⑩ 해군, ⑪ 내륙수운. 海事産業研究所, 2001, 164~165쪽; Langen, 2002, pp.209~221.

38) 이상 주로 Selkou & Roe, 2004, pp.125~140; 海事産業研究所, 2003, 11~22쪽, 88~100쪽; 運輸政策研究機構, 2000, 17~23쪽을 참조했다.

39) 예를 들어 라이베리아 선적에 대해 살펴보면, 뉴욕 및 기타에서 미국 자본의 회사에 의해 행정 서비스가 이루어지고 있다(Coles & Watt, 2009, p.188. 제3장 4 (4) (b) 참조).

40) CEU, 1997, p.9. 일본은 톤수세제에 대해 외항해운의 자유롭고 공평한 경쟁을 왜곡할 수 있다며 1998~2001년 동안 반대했다(運輸省 海運局, 1998, 89쪽). 이후 2005년 5월 열린 OECD 해운위원회에서도 EU에 이 세제의 폐지를 건의했다(海事新聞, 2005년 6월 1일).

41) 상술한 관계에서, 적당히 외국에 내놓고, 조건이 좋은 부분만 본 제도를 이용하는 것은 허용되지 않는다는 취지일 것이다. 또, 3배 룰은, EC 조약상의 '어긋남'과의 관계로 부과되는 것이겠지만, 명문 규정이 있는 것은 아니다. 덴마크는 1대 4였다. 1대 3을 초과하면 통상적인 세율이 부과된다.

42) 훈련과 관련하여 금전적 지불(financial contributions)이 이루어지는 경우, 훈련생은 정원 외 승무원이어야 한다. 정원내 승무원에게 금전을 지급하는 것은 실수령 임금 보조에 해당하기 때문이다(제7장).

43) IRDT, 2004, pars.4~I4. 개정판에서 1.2억 파운드라고 하고 있다. http://www.hmrc.gov.UK/international/tonnage.htm

44) *Ibid.*, pars.39~40. Brownrigg, 2001, pp.220~223; Palmer, 2012, pp.135~138. 양자의 평가는 서로 다르다.

45) 약간의 경위에 대해서는 제5장 2 (2) 참조. 1993년에는 EU의 공통해상안전정책이 마련된다(Pallis, 2002, pp.105~111).

46) 정책 변경은 남쪽 국가들이 정기선뿐만 아니라 벌크 운송에서도 트레이드 쉐어를 요구한데 있다(제5장 5 (2) 참조).

47) BIMCO/ISF/DMU/TER, 2010, pp.19~21, p.50. 데이터는 100개사(오너, 선박관리업자)를 대상으로 한 것으로 보고서도 그 수가 적다는 점을 지적하고 있다.

결 어

이 책을 끝맺는데 있어 약간의 결론과 필자의 생각, 편의치적선의 향후에 관해서 말해두고 싶다. 먼저 편의선적제도의 기원에 관해서다. '기원'의 중요성은 편의치적선이라는 제도의 본질을 어떻게 포착하는가와 불가분의 관계를 갖는다. 예를 들어 기원을 몇 세기 전부터 구한다면, 편의치적선은 자연스럽게 싹트고 발전한 제도로 국제해운업계에 잘 스며들어 문제점은 별로 없었을 것이다.

이에 비해 제2차 세계대전 전의 파나마 선적에서 기원을 구하는 경우는 어떨까? 파나마에서 탄생하여 우여곡절이 있었다 하더라도 순조롭게 성장해 왔다고 하겠다. 이 사고방식에 따르면, 세계는 절대적으로 대등한 주권국가로부터 형성되어, 냉전도, 패권국가의 군사진략도, 산입혁명 이후 국제해운을 전체적으로 주도, 지배해온 유럽의 반대도, 편의치적선의 오늘날의 '융성'과는 관계없는 일이 될 것이다.

그러나 이와 같은 인식은 너무 역사를 경시하는 것이다. 파나마선이 아직 유치한 존재(세계의 0.4%)였던 1933년에 이미 유럽이 주도하는 ILO에서 문제시 되었고, 제2차 세계대전 직후 1947년에는 JMC에서 파나마 선적에 대한 결의가 채택되어 파나마 정부 스스로 조사단 파견을 요청하는 사태가 벌어졌다(제4장 4 참조). 더욱이 그 후에는 오로지 유럽과 미국 간에서 논의되었고, 파나마가 ILO나 IMCO, 또는 UN해양법회의에서 자국의 제도의 정당성을 주장하고 그것이 받아들여진 것이 아니다.

중요한 것은, 작은 나라 파나마의 힘으로는 파나마 선적에 대한 국제적 비판을 벗어나는 것이 불가능했고, 파나마의 생각과 다른 미국의 군사전략(EUSC shipping)에 의해 FOC(flags of convenience)가 실질적으로 탄생했다거나 형성되었다는 것이 역사의 사실에 더 부합한다는 것이다. Carlisle의 저작에 따르면, 라이베리아 선적제도는 문자 그대로 미국의 창조물이다. 이처럼 FOC는 제2차 대전 이후 미국 군사전략의 산물이기 때문에, 당시의 국제해운의 시장질서와는 서로 용인될 수 없었고, 그것이 해운산업의 본질을 왜곡시켰다. 예를 들어 편의선적국에는 선원이 없는 편이 낫고, 또 해운산업을 발전시키려는 의지도, 자국적선을 컨트롤하는 능력도 없는 편이 바람직했던 것이다.

둘째, 편의치적선의 윤리성 문제이다. 일본에서는 '편의치적선'을 이용하는 쪽의 이야기가 많기 때문에 편의선적국에 주목하는 논자는 소수지만, 제도로서 편의치적선이 지닌 윤리성의 결여는 여전히 그 중요성을 잃지 않고 있다. 주권국가는 베스트팔렌 조약(1648년)에 의해 성립했다고 하지만, 그 필연적 귀결은 영토, 영해 밖, 즉 공해에서 권력의 부재(공해의 자유)였다. 역사적으로 복잡한 과정을 거쳐왔지만, 권력의 부재를 국제사회가 방치해서는 안된다. 이 때 선박을 통치하는 주권이 필요하게 되는데, 해당 선박과 관련이 깊은 주권국이 통치해야 하는 것이 자연스러운 모습이다. 여기서 중요한 것은 해당 주권국가는 선박을 통치하기 위해 국제사회의 승인을 받아야 하는 것이고, 그 반대가 아니라는 것이다. 따라서 걸핏하면 선박에 대한 국적부여권도 주권의 일부다라는 주장은 본말이 전도된 것이다.

당초 PanLibHon이라 불리던 3~4개국에서 시작된 편의선적국은 제1장 <표 1-1>에서 본 것처럼 20여개국으로 증가했다. 여기서 알 수 있는 것은 어떤 나라도 선박을 통치하기 위해 국적을 부여하고 있지 않다. 오직 국가수입을 목적으로 한다고 판단할 수밖에 없는(오프쇼어 금융시장과의 연계도 생각할 수 있지만) 소국들 뿐이다. 실제로 통치하기 위해 필요한 감독 부분을 살펴보아도, 건조와 준공시의 검사부터 시작하여 대개 타국의 선급협회에 위탁하고 있고, 그 후의 정기적인 검사나 ISM코드에 기반하는 인증도 마찬가지다. 해기면장에 관해서도 타국의 면장을 승인하는 시스템이거나 민간위탁이다. 애당초 국적(선적) 등록업무조차 대부분 외국의 민간업자가 취급하고 있다. 실제 선박의 운항관리에 있어서는 자국 이외의 많은 나라의 PSC와 MOU에 의존하고 있다고 해도 과언이 아니다.

이와 같이 분석하면, 편의선적국의 윤리성의 결여는 두드러진다. 때때로 지적하는 것처럼, 애덤 스미스의 '보이지 않는 손'(자기이익의 추구에 의한 사회이익의 증진)의 전제에는 공감(sympathy)이 필요하다. 즉 타자도 자기의 행동에 똑같이 공감하고 있는가를 체크하고, 그것이 공감되는 경우에만 자기의 행동(여기서는 자기이익의 추구)이 허락된다. 그것을 위해서는 스스로가 중립적이고 공평한 관찰자(impartial spectator)가 되어야만 한다.[1] 과연 편의선적국은 이 전제, 즉 시장에 선박을 제공할 자격을 충족하고 있는 것인가? 정말 의심스럽다고 하지 않을 수 없다. 또는 이 윤리성의 결여가 다시 문제점으로 부상하는 시기가 올지도 모른다. 편의치적선이 이대로 비대화하여 7개의 바다를 뒤덮어 메워 버리는 그런 사태를 상상하는 것은 괴롭기 때문이다.

셋째, 애당초 기국이 필요한가라는 엉뚱한 문제를 생각해보고 싶다. 상술한 PSC나 MOU 등으로부터 기국이 권력을 실제로 행사할 필요성이 없는 것처럼도 보이기 때문이다. IMO나 ILO에서 많은 국제기준이 조약으로 작성되고 있다. 그것은 너무나도 많아졌고, 그 상세사항을 체계적으로 이해하는 것은 개인의 힘으로 불가능할 정도다.[2] LL 조약, SOLAS 조약, MARPOL 조약, ISM코드, 1995년 STCW 조약, 2006년 ILO 해상노동조약 등에서 정하는 기준(규범)은, 현실의 세계에서 PSC와 MOU 등이 그 실효성을 지탱하고 있다고 해도 좋을 정도다.

그것도 국가주권과의 관련에서 중요한 것은 위 여러 조약에 공통적으로 "가맹국은 그 책임에 있어서, 비체약국의 선박이 체약국의 선박보다 유리한 취급을 받지 않게 하는 의무가 있다"고 정하고 있다(NFT 원칙). 조약에 관한 비엔나 협약을 언급할 필요도 없이, 전통적 입장은 국가주권은 절대적이고, '합의를 구속하는' 것뿐이다. 다국간 조약에서도 비준하지 않으면 그 조약의 구속을 받지 않을 뿐인데, 상술한 부분은 그 제약을 벗어나 가맹국이 체약국뿐만 아니라 비체약국도 동일하게 취급할 책임이 있다는 것이다. 비체약국 입장에서는 주권침해의 소지도 있어서, '불승인조항'(제4장 4 (4) 참조)의 부분적 부활이라 할 만하다(국제법적으로는 영역주권의 행사로 처리되고 있지만).

이것을 다른 시점에서 살펴보면, 국제해운에서 이미 '여러 국제 조약 및 PSC, MOU 등에 의한 입법과 행정(감독)'이 실행되는 추세이다. 바꿔 말하면, 국제(international)를 초월한 코스모폴리탄(cosmopolitan)의 세계가 형성되어 있다고 볼 수도 있다. 한걸음 더 나아가, 예를 들어 'IMO 선적'으로 선박의 국적을 발전적으로 해체해 버리는 것은 어떨까?(선박에는 이미 IMO 번호가 부여되어 있다)

결론을 먼저 말하면 해운분야에서만 이것을 추진하는 것은 어려울 것이다. 먼저 선진국을 중심으로 '진정한 관계'를 바라고 있는 나라가 다수 존재하기 때문이다. 안전보장상 자국 상선대를 일정 정도 유지하고 싶은 나라는 역설적으로 '진정한 관계'를 정하고 있다. 즉, 선박의 국적을 전제로 하고 있는 해양법조약을 포기할 수는 없다. 해사 클러스터 또는 그 외의 수단으로 자국의 국민경제를 유지, 발전시키려면 실체가 있는 선사를 필요로 하는 나라도 많다. 여기서도 일정 내셔널리티를 설정하지 않으면 안된다(외국인에 의한 실질소유를 부정하는 것은 아니다). 또한 현재 코스모폴리타니즘의 어원인 세계(*kosmos*)와 시민(*polites*)은 하나가 아니고, 사람(선원)은 국적을 가지고, 특정 국가에 귀속되어 국민경제와 불가분이기 때문이다.

마지막으로 FOC(flags of convenience)의 장래 전망에 관련하여 하나의 제안을 하고 싶다. 제도로서의 FOC의 전환기가 언제 찾아올지 구체적으로 말하는 것은 불가능하지만, 세계적으로 선원 부족, 그것을 커버하기 위한 선원육성체제의 불완전성, FOC의 비대화에 의한 코스트의 평준화 및 이익률의 저하, 선진국 경제의 정체, MORO 이슬람 해방전선과의 화해에 의한 필리핀의 고도성장과 그것에 수반되는 선원의 핍박 등 자본, 특히 선진국 자본에 있어서 해운산업 자체가 매력적인 산업이 아니게 되는 시대는 뜻밖으로 가까이 있을지도 모른다. 톤수세제는 글로벌 스탠다드로 불리지만, 그 역사적 의의는 기업의 사회적 책임의 기초가 되는 조세(특히 법인세)를 타 산업 정도로 부담할 수 없다는 엄혹한(정당하지 않은) 상태로까지 몰려 있는 것에 있을 것이다.

FOC 제도의 전환기와 관련하여 3가지를 추가해 두고 싶다.

첫째, 선원에게 매력적인 직장을 제공할 수 있는가이다. 선진국의 선원은 세계 선원시장에서 쫓겨난 것처럼 보이지만, 그것은 섣부른 판단이다. 그들은 세계시장의 노동조건이 자신이 소속된 국민경제의 수준에 비해 낮기 때문에 스스로 은퇴했다는 측면에서 주목할 만하다. 선원이라는 직업이 배고픈 직업(hungry job) 등으로 불리기도 하지만, 필리핀의 상황이 크게 변화하는 데 그렇게 긴 세월이 필요하지 않을 것이다.

둘째, FOC의 사회적 비용이다. 현재 선진국의 해운자본은 압도적인 세력을 보유하고 있다(2010년 재화중량톤수로 OECD 제국은 세계의 71%를 지배). 그러나 상술한 여러 가지 조건에 따라서는 선진국 자본에게 해운업 그 자체가 매력적이지 않게 되는 것을 충분히 생각할 수 있다. 그 경우, 편의선적제도를 지탱하고 있는 PSC와 MOU의 부담은 (재정이 어려운) OECD 각국 정부가 감당할 수 없을 정도로 무겁게 느낄지도 모른다.

셋째, 숨겨진 보조금의 한계이다. 선진국의 재정적자가 톤수세제로 대표되는 조세의 경감을 곤란하게 만드는 것도 충분히 생각해볼 수 있다. 그 결과로 각국 정부는 정책의 변경에 착수할지도 모른다.

전제가 길어졌지만, 하나의 제안이라는 것은 FOC를 일반적인 다국적기업과 동일한 형태로 만드는 것이 어떤가라는 것이다. 그것을 위해 먼저 일반적 다국적기업의 특질을 추출하여 FOC와 비교해 보자. 일반적 다국적기업이 (경제특구 등을 고려하지 않고) 해외투자를 수행하는 경우 외환관리의 대상이 됨과 동시에 진출국의 자본수지로 계상된다. 다음으로 현지 자회사를 설립하고 현지통화로 교환한 자금으로 공장, 기타 거점을 건설, 구입하게 된다. 노동력 조달은 현지의 노사관계를 통해 수행되고, 현지 노동법의 적용을 받게 된다. 외국인 노동자의 고용이 허용된다 하더라도 마찬가지다. 또한 제품을 수출하면 무역수지에 계상되고, 현지 자회사가 이익을 발생시키면 법인세를 현지정부에 내지 않으면 안된다. 요약하면 진출국의 국민경제로 녹아들어가 그 일원으로서 기업활동을 전개하게 된다.

이것에 비해 FOC(flags of convenience)에서는 이미 상세히 설명한 것처럼 진출국의 국민경제와 접점을 가지는 것이 거의 없다. 아주 조금의 등록세, 선박세 등이 국가수입으로 잡히는 것에 지나지 않는다. 宮崎義一(1982, v쪽)에 따르면 다국적기업은 1960년대에 들어 갑자기 주목받기 시작했다. 이것에 비해 파나마 선적은 제2차대전 전부터 존재했다. 이 시간의 차이(선행성)가 제도로서의 FOC의 부자연스러움에 의문을 품지 않는 원인이 되고 있는 지도 모른다. 부언하면, FOC의 경쟁력이 다른 것을 압도하기 때문에 FOC 이외에 해외투자를 생각하지 않는다는 환경에 지금 국제해운이 놓여있다.

그렇다면, 일반 다국적기업의 형태는 국제해운산업에서 부적절한 형태일까? 필리핀을 예로 삼아 보자. 예를 들어 일본 선사가 마닐라에 자회사를 설립하고, 필리핀 선사로서 필리핀적 선박을 건조, 구입하여 필리핀 선급을 취득하고, 필리핀 선원을 고용하고, 마닐라에서 선박의 운항을 통제한다고 하자. 이 결과 운임수입은 귀중한 외화로 서비스 수지에 계상되고, 더욱이 필리핀의 법인세법에 따라 세금을 납부하게 된다. 필리핀 경제에 있어서는 선원노동이라는 저부가가치 서비스의 수출로부터 해운서비스의 수출로 고부가가치화를 실현하게 된다. 또 FOC의 경우 오프쇼어에서 멈추기 때문에 외자의 도입으로 계산되지 않지만, 이 사례에서는 달러나 엔이 페소로 교환되어 국내자금으로 타 산업에도 파급된다.

이러한 형태로 이행할 수 있다면 편의선적제도가 초래하는 여러 가지 문제(제1장 2 참조)는 거의 대부분이 해소될 것이다. 필리핀 선원은 자기의 국민경제로 돌아가는 것이 되므로 커다란 모순이 해소된다. 또한 현지법인은 실체가 있는 선사가 되므로 '진정한 관계'가 결여되는 것도 없다. 실체가 있는 선사가 필리핀 국내에 있으면, 해사당국은 자국 선박을 유효하게 관할할 수 있게 된다. 이상에서 본 바와 같이 일반 다국적기업 형태와 똑같은 사례가 없는 것도 아니다. 외국 선주가 '소유하는' 영국 선박은 런던 그리크나 미국 선주 등 긴 역사가 있는데, 그것을 소유하는 영국의 현지 자회사는 여기서 말하는 일반 다국적기업으로서의 선사로 간주할 수 있다. 제2장에서도 기술했지만, 런던의 씨티가 매력적이었던 것이다. 또 일본 선사의 싱가포르 진출과 싱가포르 선적은 새로운 움직임으로 주목할 수도 있겠다.[3)]

주

1) Smith(1759上, 도덕감정론), 59쪽은 "혹은 이와 같은 방식으로 다른 사람들의 희생에 있어서 각자가 타인들의 행복에 대해서보다도 자기 자신의 행복에 대해서 갖는 자연적인 선호에 골몰하는 것은 중립적 관찰자인 누구라도 따라갈 수가 없는 것이다" 등으로 지적한다.
2) 2013년 8월에 발효가 확정된 2006년 해상노동조약(MLC: Maritime Labour Convention, 2006)은 ILO 제147호 조약을 발전시킨 조약이다. ILO 조약이 엄브렐라 조약이라고 불리는 것에 비해 본 조약은 해사통합조약(Consolidated Maritime Convention)이라 불린다. 기존의 37개의 조약, 의정서 및 31개의 권고가 본 조약에 통합되어 개정(폐기)되었다(연금조약 등 잔존한 것도 있다). 총칙, 부칙에 해당하는 제1~16조(Article) 외에 5개의 장(Title)이 만들어져 있다. '선내에서 노동하는 선원의 최소한의 요건', '고용조건', '거주, 오락설비, 식료공급', '건강보호, 의료, 복지, 사회보장에 의한 보호', '준수 및 집행'의 순이다.
통합조약이 만들어진 취지는 ILO 해사총회는 10년에 한 번으로, 조약의 작성이나 개정이 어렵고, 발효되지 않은 조약도 많은 점, 발효되었어도 비준국이 적은 조약도 많은 점 등에 있다. 주목점, 문제점은 이하와 같다.
첫째, 다른 IMO 여러 조약과 마찬가지로 NFT(No more Favourable Treatment) 원칙을 도입하고 있는 점이다. 그 의의는 본문에서 기술했다.
둘째, IMO 여러 조약과 마찬가지로 간이개정절차(Tacit Amendment Procedure)를 도입한 것이다. 逸見(2006), 343쪽 이하에서는 '암흑의 개정절차'라고 한다. 전술한 각 장은 목적, 원칙 등을 정하는 규칙(Regulation)과 기준, 규범(Standard)으로 구성된다. 후자 가운데 강행규정 부분에 해당하는 A부(B부는 가이드라인)에 관해서는 상설의 특별 3자위원회의 3분의 2 찬성이 획득되고, 더욱이 통보기간의 2년간에 40% 이상(가맹국, 선복량)의 반대가 없으면 "수락된 것으로 간주된다(shall be deemed)". IMO 조약에 관해서는 逸見(2009b) 참조.
셋째, 직업소개와 사회보장에 관해서 실질적으로 기국이 아니라 선원공급국의 책임으로 한 것이다. 제5.3규칙 참조(Labour-supplying responsibilities). 조약상은 해양법조약 제94조와의 관계도 있어서 '국가의 책임'으로는 하고 있지 않지만, 또 실제로 공급국이 보호하지 않을 수 없지만, 편의선적국의 책임을 경감하는 것이라 할 수 있다.
넷째, IMO의 다른 조약과 마찬가지지만, 본 조약의 실효성을 확보하기 위해 기국은 '해사노동증서'를 발급하는 의무를 지지만, 그 발행은 타국의 선급협회 등의 승인단체에 위탁해도 좋은 것으로 되어 있다. 앞서서 4개의 기둥이 모였다고 기술했으나, 편의선적국은 자국이 져야 할 의무의 주요 부분을 선급협회 등에 통째로 던져버리는 것이 가능해진 것이므로, 편의선적국의 책임의 유명무실화는 극점에 도달해가고 있다고 말할 수 있을 것이다.
이상의 여러 논의점은 타 ILO 조약과 달리 주요 편의선적국의 조기 비준으로 나타났다. 파나마, 라이베리아, 마셜제도, 바하마, 세인트빈센트, 안티구아·바부다 등이다. 책임이 경감된 점, 가맹하지 않고 발효되면 해상노동증서 없이 PSC에서 엄격한 취급을 받는 것이 예상되었기 때문이다. 한편, 2012년 9월의 국회 승인에 있어서 종래 '해사노동조약'이라고 직역되어온 명칭은 '해상노동조약'으로 개칭되었다.
3) 많은 일본 선사가 소위 본사 기능의 상당 부분을 싱가포르로 이전하고 있다. 싱가포르의 선적, 세제 등에 관해서는 合田浩之의 일련의 노작을 주목한다. 다만, 역사적으로 어떤 시점에서 분석하려 했는지 명확하지 않은 점은 유감스럽다.

참고문헌

[일본어 문헌]

※ 저자명 난의 법인·단체 중 '일본'이 들어간 문헌은 인용시 '일본'을 생략함.

赤地 茂他[1999]、「SHIPMAN98新BIMCO制定標準船舶管理契約書の逐条試訳」海事法研究会誌第153号、12月

赤塚宏一[各号]、「London便り」『せんきょう』(日本船主協会)

赤塚宏一[2000]、「エリカ号海難と欧州」『海運』、6月

秋田正夫[1965]、「ギリシャ海運について」『海運』第449号、2月

秋元英一·菅英輝[2003]、『アメリカ20世紀史』東京大学出版会

明壁末吉[1983]、「便宜置籍船の船舶保険」『海事産業研究所報』第207号、9月

浅井俊一[2007]、「諸外国及び日本におけるトン数標準税制の動向に関する考察」『海事交通研究』

アダ、ジャック／清水耕一·坂口明義訳[2006]、『経済のグローバル化とは何か』ナカニシヤ出版

荒井正吾[1980]、「バルクのカーゴシェアと便宜置籍船問題のゆくえ」『海運』第638号、11月

荒井正吾[1981a]、「便宜置籍船の排除問題」『海運』第646号、7月

荒井正吾[1981b]、「UNCTADと海運の南北問題」『トランスポート』31巻10号、10月

UNCTAD／竹本正幸訳[1979]、『便宜置籍船と多国籍企業』ミネルヴァ書房(TD/B/C. 4/168, Add1, TD/B/C. 4/177, TD/222, Sup. 1－6所収)

井口俊明[2006]、「欧州連合(EU)の海上安全対策の動向―"ERIKAⅢ パッケージ"について―」『海運』、8月

池内澄男[1950]、「戦後の米国海運政策」『海運』第275号、8月

石井照久編著[1971]、『海上労働の国際統一法運動と海上労働法の推移―ILOと日本海運』海事産業研究所

石原邦彦[1991]、『船舶管理業務の知識』成山堂書店
石見 徹[1999]、『世界経済史—覇権国と経済体制』東洋経済新報社
石見 徹[2007]、『グローバル資本主義を考える』ミネルヴァ書房
植田和弘[1991]、「社会的費用論アプローチ」、植田・落合・北畠・寺西著『環境経済学』(有斐閣) 所収
上田広美、岡田知子編著[2012]、『カンボジアを知るための62章〈第2版〉』明石書店
宇沢弘文[1974]、『自動車の社会的費用』岩波書店
宇多一二[1982]、「UNCTAD第10回海運委員会について」『海運』第659号、8月
宇多一二[1983]、「UNCTADにおける便宜置籍船排除問題の検討について」『海事産業研究所報』第199号、1月
ウッド、E.M.／中山元訳[2004]、『資本の帝国』紀伊國屋書店
馬木昇[1993]、『パナマ便宜置籍船の法律事務』成山堂書店
運輸省[1968]、『発展途上国海運問題に関する調査研究報告書(Ⅰ)、(Ⅱ)』海事産業研究所
運輸省海運局[各年]、『日本海運の現況』
運輸省・日本船主協会・全日本海員組合[1977]、『ILO第62回(海事)総会報告書』
運輸政策研究機構 国際問題研究所訳(The PRISMA Consulting Group SA)[2000]、『EU海運政策と加盟国におけるトン数税制の導入』(A Study on Tonnage Tax Systems)同研究所(原文付)
運輸政策研究機構 国際問題研究所編集[2001]、『EU海上安全政策(ポストエリカ)』同研究所
榎本喜三郎[1988]、『国際海事法における船舶登録要件の史的研究 3訂増補』近藤記念海事財団
榎本喜三郎[1992]、「渺たる小国で船の登録—アメリカの老人はよく働く」『海運』第775号~776号、4月~5月
榎本喜三郎[1993]、『「便宜置籍船」問題論叢』近藤記念海事財団
OECD／大和田悳朗訳[1980]、『新興工業国の挑戦：OECDレポート』東洋経済新報社
欧州委員会(日本海運振興会訳)[1996]、『欧州委員会コミュニケ(欧州議会、理事会、経済社会委員会および地域委員会へ)：新欧州海運戦略』(国際海運問題研究会資料)日本海運振興会
大蔵省関税局[1961]、「OEECの歴史的役割とOECD条約の成立」『税関調査月報』、7月
大貫行雄、大森 彰、小松康宏、藤田 透[2002]、「船舶安全管理体制を検証する」『海運』、7月
大野幹雄[2000]、『フィリピン船員と危機管理』成山堂書店
大野幹雄[2002]、『外国人船員の労務管理』成山堂書店
岡田光豊[1997]、「ＰＳＣの現状と課題—東京ＭＯＵの仕組みと活動」『海運』、5月
岡田光豊[2003]、「ポート・ステート・コントロールの国際協力—その現状と問題点」『海事産業研究所報』第441号、3月

岡田光豊[2009]、「最近のPSCの実施状況 船舶増加に伴う拘留率の上昇」『海運』、11月

小川晃一[2005]、『サッチャー主義』木鐸社

小川 武[1989]、「船舶管理会社の発達と現状(上)(下)」『海事産業研究所報』第~278号、7~8月

小川 武[1997]、『不定期船と専用船』成山堂書店

小川芳彦[1966]、「国際法委員会の活動」、田畑茂二郎編『国際連合の研究 第3巻』(有斐閣)所収

織田政夫[1975]、『海運経済論』成山堂書店

織田政夫[1989]、「EC船籍(EUROS)の設立に関するパッケージ案の概要」『海事交通研究』第34集

織田政夫[1996]、「海運助成に関するEC共通政策の動向」『海事産業研究所報』第360号、6月

織田政夫[1997]、「海上安全とポートステート・コントロール」『海事交通研究』第46集

落合誠一[1987]、「船舶登録要件に関する国際連合条約について」『新海洋法制と国内法の対応』第2号

海事産業研究所[1972]、『諸外国における戦後海運助成史』同研究所

海事産業研究所[1973]、『発展途上国海運研究(総論)』同研究所

海事産業研究所[2001]、『欧州海事クラスター調査報告書—英国・ノルウェー・オランダ』同研究所

海事産業研究所[2003]、『海運先進国における海運産業・海運政策の実態調査報告書』同研究所

海事産業研究所・海事資料センター[1975],『便宜置籍船に関する文献目録』同所

海上労働科学研究所[1980－82]、『混乗船における東南アジア船員の生活行動と労働に関する調査研究 Ⅰ~Ⅳ』同研究所

飼手真吾・戸田義男[1960]、『I.L.O. 国際労働機関』日本労働協会

陰山壽・西巻敏雄[1956]、『ILO準備技術海事会議報告書』全日本海員組合

カースルズ、スティーブン／ミラー、マーク／関根政美、関根薫監訳[2011]、『国際移民の時代 第4版』名古屋大学出版会

勝 悦子[2011]、『新しい国際金融論—理論・歴史・現実』有斐閣

カップ、K. W.／篠原泰三訳[1959]、『私的企業と社会的費用—現代資本主義における公害の問題』岩波書店

嘉納 孔[1981]、『国際法上の船籍論』神戸大学経済経営研究所

蒲 章[1989]、「西ドイツのフラギング・アウト防止策—国際船舶登録—上・下」『海運』第739~740号、4~5月

川田 剛[2000]、『タックス・ヘイブン対策税制／過少資本税制(国際課税の理論と実務 第4巻)』税務経理協会

菊地京子[1992]、「外国人労働者送り出し国の社会的メカニズム—フィリピンの場合」、梶田孝

道編『外国人労働者論』弘文堂（所収）
木畑公一[1978]、「IMCO・STW条約の成立」『海事産業研究所報』第149号、11月
木畑公一[1979]、「欧州諸国による“基準以下船”に関するメモランダム―強まる便宜置籍船への規制措置」『海員』第31巻2号、2月
木畑公一[1982]、『アジア船員と便宜置籍船』成山堂書店
ギャディス、ジョン・ルイス著／赤木完爾・齊藤祐介訳[2004]、『歴史としての冷戦』慶應義塾大学出版会
清宮正宏[1992]、「船舶保険引受けの現状と問題点―便宜置籍船の引受け―」『海運』、8月
工藤栄介[1994]、「変質する船舶安全規制についてSOLAS条約94年改正のインパクト」『海運』、9月
工藤博正[1982]、『船舶安全法と船舶検査の制度』成山堂書店
国本伊代・小林志郎・小澤卓也[2004]、『パナマを知るための55章』明石書店
クーパー、ロバート／北沢格訳[2008]、『国家の崩壊』日本経済新聞出版社
クロッグ、リチャード／高久暁訳[2004]、『ギリシャの歴史』創土社
合田浩之[2005]、「便宜置籍船―その法的・経済的意義の再検討―」寺田、遠藤編集『国際海運と国際物流の新地平―山岸寛教授退任記念論文集―』山縣記念財団
合田浩之[2011a]、「邦船社の海外置籍におけるシンガポール置籍の意義」『経済科学論究(埼玉大経済学会)』第8号
合田浩之[2011b]、「船籍港としてのシンガポール」『港湾経済研究』第49号
合田浩之[2011c]、「戦時日本と便宜置籍船」日本貿易学会年報第48号
合田浩之[2011d]、「仕組船の概念の歴史的変遷」『海事交通研究』第60集
国際運輸労連(ITF)、全日本海員組合[2011]、『商船の最低条件に関するITFポリシー　メキシコシティポリシー』全日本海員組合
国際海運委員会／林 司宣監訳[2002]、『国際海運委員会―船舶の安全に関する調査―Ships Slaves and Competition』全日本海員組合
国際協力推進協会[1983]、『リベリアの経済社会の現状』同会
国土交通省海事局編[各年]、『海事レポート』海事広報協会／成山堂書店（2010年~）
国土交通省海事局検査測度課監修[2008]、『ISMコードの解説と検査の実際―国際安全管理規則がよくわかる本(三訂版)』成山堂書店
国土交通省総合政策局[2002]、『国際海運事情』(インターネット版)
國領英雄[1995]、「米国海運・海運政策・費用」『海事産業研究所報』第347号、5月
國領英雄[1999]、「米国海運をめぐるある改革論」『海事産業研究所報』第401号、11月
小林志郎[2000]、『パナマ運河―百年の攻防と第二運河構想の検証』近代文芸社

小林英夫[2004]、『帝国日本と総力戦体制』有志舎（吉川弘文館）
兒山真也,岸本充生［2001],「日本における自動車交通の外部費用の概算」『運輸政策研究』第4巻2号, 夏
斉藤 優[1982]、『南北問題』有斐閣
坂本義和[2004]、『冷戦と戦争』岩波書店
櫻井公人[2004]、「グローバリゼーションとマネー」、関下稔、小林誠編『統合と分離の国際政治経済学』ナカニシヤ出版（所収）
桜井万里子編著[2005]、『ギリシア史』山川出版社
笹木弘他[1984]、『機帆船海運の研究』多賀出版
サッセン、 サスキア／森田桐郎ほか訳[1992]、『労働と資本の国際移動—世界都市と移民労働者』岩波書店
佐藤和子[1990]、「国際運輸労組連盟の便宜置籍船排除活動—ILO勧告・107号、108号の成立をめぐって」、『大原社会問題研究所雑誌』第374号、1月
佐藤忍[2006]、『グローバル化で変わる国際労働市場—ドイツ、日本、フィリピン 外国人労働力の新展開』明石書店
佐藤幸男監修[2006]、『拡大EU辞典』小学館
佐波宣平[1943]、「1936年アメリカ商船法—特にその準戦時体制的意味について」『経済論叢』56－5巻
佐波宣平[1949]、『海運理論体系』有斐閣
佐原徹哉[2005]、「現代のギリシア」、桜井[2005]（第7章）所収
ジェース、P. M.／佐波宣平訳[1943]、『アメリカ海運政策』有斐閣
篠田英朗[2012]、『「国家主権」という思想—国際立憲主義への軌跡』勁草書房
篠原昭彦、平子陽之輔、福地祥一、松井孝之[1999]、「ISMコード下の船舶管理の現状と展望—国内サードパーティ船舶管理者大いに語る—」『海運』、11月
篠原陽一[1980]、「便宜船員の歴史的考察」『海運経済研究』第14号、10月
篠原陽一[1983]、『帆船の社会史』高文堂出版社
下山田聰明[2003]、『自由置籍と国際運輸労働者連盟』日本海運集会所
庄司克宏[2003a]、『EU法 基礎篇』岩波書店
庄司克宏[2003b]、『EU法 政策篇』岩波書店
東海林滋[1976]、「米国内における海運政策批判論」『海運』第588号、9月
東海林滋[1981]、「スターミーの同盟観と途上国海運論」『海運』第642号、3月
東海林滋[1983]、「カボタージュと船の国籍—海運政策の法制的側面」『関西大学商学論集』第28巻第1号

東海林滋[1984]、「米国海運と“EUSC” Shipping」『海運における国家政策と企業行動』神戸大学経済経営研究所

東海林滋[1985]、「書評：Whitehurt[1983]」『海運経済研究』第19号、10月

東海林滋[1986]、「現代アメリカの保守主義と海運政策」『関西大学商学論集』31巻3~5号、11月

シンガー、P・W／山崎淳訳[2004]、『戦争請負会社』NHK出版

スターミー／地田知平監訳[1965]、『英国海運と国際競争』東洋経済新報社

スティガー、マンフレッド・B／櫻井公人他訳[2005]、『グローバリゼーション』岩波書店

ストレンジ、スーザン／櫻井公人訳[1998]、『国家の退場—グローバル経済の新しい主役たち—』岩波書店

スミス、アダム／水田洋訳[2003]、『道徳感情論(上)(下)』岩波書店

瀬野克久[2012]、『船舶融資取引の実務』日本海運集会所

千田伸弘[1973]、「最近の仕組船建造計画について—転機にきた計画造船—」『海運』、8月

全日本海員組合政策企画室[1988]、『政策資料 オフショア船籍制度と労働力自由化』同組合

船舶管理業における諸問題に関する調査・検討委員会[2008]、『船舶管理業における諸問題に関する調査報告書』同会

園田良一[1988]、「EC共通海運政策の樹立に向けて—ヨーロッパの挑戦—正・続」『海運』第725~726号、2~3月

高木信二[2006]、『入門 国際金融 第3版』日本評論社

高野雄一[1985]、『全訂新版 国際法概論(上)』弘文堂

高橋清[1984]、「発展途上国と石油輸送」『海運』第681号、6月

高橋 元監修[1979]、『タックス・ヘイブン対策税制の解説』清文社

高林秀雄[1966]、「海洋法会議の成果」、田畑茂二郎編『国際連合の研究 第3巻』有斐閣

竹本正幸訳[1979]、『便宜置籍船と多国籍企業』ミネルヴァ書房

田中基義[1982]、「発展途上国の海運参入問題について」『海運』第656号、5月

谷川久[1986]、「船舶登録要件に関する国際連合条約(試訳)」、成蹊法学第24号、3月

田畑茂二郎[1990]、『国際法新講 上』東信堂

地田知平[1982]、「海運をめぐる国際関係と日本海運」『国際法外交雑誌』第80巻6号、2月

堤 未果[2008]、『貧困大陸アメリカ』岩波書店

寺嶋潔[1968]、「第2回UNCTADにおける海運問題」『海運』第486号、6月

寺田勇文[1991]、「海外に職を求めて—フィリピン人海外出稼ぎ労働の現在」、中岡三益編『難民 移民 出稼ぎ』東洋経済新報社

戸田貞次郎[1943]、『米国海運史要』二里木書店

富岡 仁[2002]、「船舶の通航権と海洋環境の保護—国連海洋法条約とその発展」『名経法学』第12号、3月

富岡 仁[2004]、「海洋環境保護の歴史」、栗林忠男·杉原高嶺編『海洋法の歴史的展開(現代海洋法の潮流 第1巻)』有信堂高文社(所収)

永川秀男[1985]、『オフショア金融市場—タックス·ヘイブンの研究』外国為替貿易研究会

中村弘光(訳)[1960]、「「南北問題」への提起—オリヴァー·フランクス卿「新しい国際均衡—西欧世界への挑戦」1960」『レファレンス』第10巻4号、4月

中村雅秀[1995]、『多国籍企業と国際税制』東洋経済新報社

南部伸孝[1985]、「経済的三要素で大幅な前進—船舶登録要件に関する国際合意のためのUNCTAD全権会議」『海運』第697号、10月

南部伸孝[1986]、「船舶登録要件の国際的統一成る—確保された国際的な船舶投資」『海運』第703号、4月

西巻敏雄[1967]、「便宜置籍船と国際労働—ILO研究会資料」『海事産業研究所』第9号、3月

西村 弘[2007]、『脱クルマ社会の交通政策—移動の自由から交通の自由へ』ミネルヴァ書房

日本海運集会所書式制定委員会船舶管理契約書式(外航用)制定審議小委員会[2006]、「『外航船舶管理契約書』制定趣旨書」海事法研究会誌第193号、11月

日本海運集会所「船舶管理入門」編纂委員会編[2008]、『船舶管理入門—船舶管理の実務がわかる本』外国人船員福利基金管理委員会(日本海運集会所)

日本海運振興会[1987]、『東南アジア船員関係調査報告書(フィリピン·中華民国·韓国·ビルマ·香港)』、国際海運問題研究会報告;Ⅳ－10同会

日本海運振興会[1988]、『ヨーロッパにおける新船舶登録制度に関する調査報告書(ノルウェー、英国、フランス)』同会

日本海運振興会[1990a]、『ヨーロッパにおける新船舶登録制度に関する調査報告書 その1(ノルウェー、英国、フランス)』同会

日本海運振興会[1990b]、『ヨーロッパにおける新船舶登録制度に関する調査報告書 その2(デンマーク、西ドイツ、EC)』同会

日本海運振興会[1991]、『欧州海運政策調査団報告書』(国際海運問題研究会報告)同会

日本海運振興会 国際海運問題研究会[1996]、『船員関係調査報告(EU·ギリシャ·キプロス)』(国際海運問題研究会報告Ⅳ—16)同会

日本海運振興会 国際海運問題研究会[1998]、『船員関係調査報告(ノルウェー·英国·ラトビア)』(国際海運問題研究会報告Ⅳ—18)同会

日本海事センター[2010a]、『船員の所得税等の軽減に関する調査研究報告書』同センター

日本海事センター[2010b]、『船員の所得税等の軽減に関する調査研究報告書(資料)』同センター

日本海事センター[2010c]、『船員の所得税等の軽減に関する調査研究報告書(概要)』同センター
日本船員福利雇用促進センター[2002]、『平成13年度 国際船舶制度推進調査報告書』同センター
日本船主協会[各年a]、『海運統計要覧』同協会
日本船主協会[各年b]、『日本海運の現状』同協会
日本船主協会[1971]、『欧・米主要国の海運事情―海外海運事情調査団報告書』同協会
日本船主協会[1978]、『主要海運国の海運税制』同協会
日本船主協会[1990]、『欧州海運政策調査報告書』同協会
日本船主協会[2002]、「欧州ポート・ステート・コントロールが船級協会によるダブルスタンダードを指摘」『せんきょう』、Sept.
日本貿易振興会[1979]、『パナマ』同会
日本郵船(株)社長調査課編[1951]、「米国戦時建造船の対外売却状況」『世界海運』第6号、1月
日本労働研究機構編[1994]、『フィリピンの労働事情』同機構
橋本昌史[1994]、『ECの運輸政策』白桃書房
長谷部正道[1988]、「OECDの概要とその活動」『海運』725号、2月
長谷部正道[2008]、「英国におけるトン数標準税制の研究」『海運経済研究』第42号
林 博之、梅本淳久編著[2011]、『詳解タックス・ヘイブン対策税制』清文社
ヒューズ、ソロモン/松本剛史訳[2008]、『対テロ戦争株式会社―「不安の政治」から営利をむさぼる企業』河出書房新社
ヒルシュ、ヨアヒム/木原滋哉・中村健吾訳[1998]、『国民的競争国家―グローバル時代の国家とオルタナティブ―』ミネルヴァ書房
ヒルシュ、ヨアヒム/表弘一郎、木原滋哉、中村健吾[2007]、『国家・グローバル化・帝国主義』ミネルヴァ書房
ファイナル、スティーヴ/伏見威蕃訳[2009]、『戦場の掟』講談社
ファーグソン、A R他著/是永純弘訳[1969]、『米国商船隊の経済的価値』海事産業研究所
フクヤマ、フランシス/渡部昇一訳[2005]、『歴史の終わり』三笠書房
藤森英男[1991]、「国際労働移動と国内経済へのインパクト―フィリピンの事例を中心に」『富大経済論集』第36巻3号、3月
武城正長[1985]、『海上労働法の研究』多賀出版
武城正長[1987]、「日本海運国際化政策の段階とその課題」『広島商船高等専門学校紀要』第9号、3月
武城正長[1990]、「国際海運の新たな段階―海上労働力の世界化を中心にして(上)(下)」『海運』第753~754号、6~7月
武城正長[1992a]、「海運自由の原則―その歴史、本質、課題」『海事産業研究所報』第307号、1月

武城正長[1992b]、「「海洋の自由」と航海条例—海運自由の原則の視点から」『広島商船高等専門学校紀要』第14号
武城正長[2002]、『海運同盟とアジア海運』御茶の水書房
武城正長[2008]、「"Effective U.S. Control" Shippingと便宜置籍船」『地域と社会(大阪商業大学比較地域研究所紀要)』第11号、9月
武城正長[2009]、「便宜置籍船をめぐる欧州と米国間の1950年代における対立」『地域と社会(大阪商業大学比較地域研究所紀要)』第12号、9月
武城正長[2010]、「南北問題に転移した便宜置籍船とその混迷」『地域と社会(大阪商業大学比較地域研究所紀要)』第13号、10月
武城正長[2011]、「第2船籍、トン数税制と国際海運の構造変化—ヨーロッパ海運を中心に」『地域と社会(大阪商業大学比較地域研究所紀要)』第14号、10月
フリードマン、トーマス／伏見威蕃訳[2010]、『フラット化する世界：経済の大転換と人間の未来』日本経済新聞出版社
ヘルド、デヴィッド／中谷義和訳[2002]、『グローバル化とは何か—文化·経済·政治』法律文化社
ヘルド、デヴィッド／中谷義和監訳[2011]、『コスモポリタニズム—民主政の再構築—』法律文化社
逸見真[2006]、『便宜置籍船論』信山社逸見真[2009a]、「PSC活動の法的根拠とその課題」『日本航海学会論集』第121号、9月
逸見真[2009b]、「科学技術の受容における条約法の機能と限界—IMOによる対処を中心として—」『海技大学校研究報告』第52号
ポースト、ポール著／山形浩生訳[2007]、『戦争の経済学』バジリコ
ポーター、マイケルE／竹内弘高訳[1999]、『競争戦略論Ⅰ·Ⅱ』ダイヤモンド社
ホープ、ロナルド／三上良造訳[1993]、『英国海運の衰退』近藤記念海事財団
前田義信[1952]、「アメリカ海運業小論(1)~(5)」『海運』第293~5、297~8号、2~4月、6~7月
マーグリン、S.／ショアー、J.編／磯谷明徳他訳[1993]、『資本主義の黄金時代：マルクスとケインズを超えて』東洋経済新報社
正村俊之[2009]、『グローバリゼーション—現代はいかなる時代なのか』有斐閣
松尾進[1959]、『海運』有斐閣
松隈国健[1957]、「ゴーダー教授著『アメリカ海運政策』を読む」『海事研究』第29号、4月
松本勇[1999]、『EU共通海運政策と競争法』多賀出版
水上千之[1994]、『船舶の国籍と便宜置籍』有信堂高文社
水上千之[2004]、「現代海洋法の潮流—第一次·第二次海洋法会議から第三次海洋法会議へ」、栗林忠男·杉原高嶺編著『海洋法の歴史的展開』有信堂高文社
南満洲鉄道株式会社庶務部調査課[1924]、『関東州の置籍船』南満洲鉄道株式会社

宮崎義一[1982]、『現代資本主義と多国籍企業』岩波書店
宮本憲一[1989]、『環境経済学』岩波書店
村田奈々子[2012]、『物語 近現代ギリシャの歴史：独立戦争からユーロ危機まで』中央公論新社
村田良平[2000]、『OECD(経済協力開発機構)』中央公論新社
室井義雄[1997]、『南北・南南問題』山川出版社
本山美彦[1991]、『南と北―崩れ行く第3世界』筑摩書房
本山美彦[2004]、『民営化される戦争―21世紀の民族紛争と企業』ナカニシヤ出版
森久保博[1970]、「パナマ、リベリア、ホンジュラスの便宜置籍船政策(上)(下)―主として法制・税制について―」『海事産業研究所報』第46、47号、4月、5月
森久保博[1978]、「ギリシャ海運の近況」『海事産業研究所報』第143号
森澤恵子[1993]、『現代フィリピン経済の構造』勁草書房
森永幸平[1952]、『英米海運政策』日本海事振興会
薬師寺公夫[2001]、「海洋汚染防止に関する条約制度の展開と国連海洋法条約―船舶からの汚染を中心に」国際法学会編『日本と国際法の100年 3海』三省堂書店（所収）
山内惟介[1988]、『海事国際私法の研究―便宜置籍船論(日本比較法研究所研究叢書(12))』中央大学出版部
山縣勝見[1965]、「南北問題と国際経済―UNCTADおよびICC総会における国際海運問題の討議を通じて」『経団連月報』第13巻4号
山形辰史[1991]、「フィリピンの労働者の海外送り出し政策」『三田学会雑誌』83巻特別号―Ⅱ、3月
山岸 寛[1992]、「先進国の海運の再建と問題点―ギリシャ海運を中心として―」『海事交通研究』第40集
山田鋭夫[1993]、『レギュラシオン理論―経済学の再生』講談社
山本草二[1985]、『国際法』有斐閣
山本草二[1992]、『海洋法』三省堂書店
山本泰督[1960]、「米国1915年海員法」『国際経済研究』第10号
山本泰督[1965]、「アメリカ海運政策と便宜置籍船」『国民経済雑誌』第111巻6号
山本泰督[1981]、「途上国船員と便宜置籍船」『国民経済』第143巻6号、6月
山本泰督[1982]、「第二次大戦後におけるアメリカの海運力―レイノルズの論文をめぐって」『海事交通研究』第20集
山本泰督[1984]、「ITFによる便宜置籍船乗組員の組織化」、海運経済専門委員会編『海運における国家政策と企業行動 研究叢書第27号』神戸大学経済経営研究所
山本泰督[1989]、「便宜船籍の形成とその背景」『経済経営研究年報(神戸大)』No.38

山本泰督[1999]、「国連運輸労連(ITF)のFOCキャンペーンについて—労働組合の国際的連帯とその課題」『海事交通研究』第48集

ユッセラー、ロルフ／下村由一訳[2008]、『戦争サービス業—民間軍事会社が民主主義を蝕む』日本経済評論社

横田喜三郎[1959]、『海の国際法 上巻』有斐閣

横田喜三郎編[1972]、『国際法 新訂』青林書院新社

若森章孝[1996]、『レギュラシオンの政治経済学』晃洋書房

脇村義太郎[1957]、『中東の石油』岩波書店

脇村義太郎[1957]、「ギリシャ船主の生態—スタブロス·ニアルコスの生活と意見」『世界』第137号、7月

脇村義太郎·山縣昌夫監修／海事産業研究所編[1991]、『近代日本海事年表』東洋経済新報社

鷲頭誠[1991]、「ECの海運政策」『ヨーロッパの交通政策の現状と今後の方向に関する調査報告書』運輸経済研究センター

[기타 외국어 문헌]

Alderton, T. and Winchester, N.[2002], "Flag States and Safety: 1997-1999", *Maritime Policy and Management*, Vol.29, No.2, pp.151-162.

Alegado, Dean Tiburcio[1992], *The Political Economy of International Labor Migration from the Philippines*, University of Hawaii.

Alexander[1999], *A Report by the Lord Alexander of Weedon QC*(Independent Enquiry into A Tonnage Tax).

Authority of the Liberian Gov.[1964], *Liberian Maritime Regulations*(as of Dec. 7, 1964), RLM−108.

Bergstrand, S. J.[1983], *Buy the Flag: Developments in the Open Registry Debate*, Polytechnic of Central London(Polytechnic of Central London, Transport Studies Group, Discussion Paper, No.13), London.

Bergstrand, S. J. and Doganis, R.[1985] "The Impact of Flags of Convenience(Open Registries)", in Butler, W. E., ed., *The Law of the Sea and International Shipping: Anglo-Soviet Post UNCLOS Perspectives*, New York, pp.413-432.

BIMCO/ISF(Baltic and International Maritime Council/ International Shipping Federation), [1990], *Final Report: The Worldwide Demand for and Supply of Seafarers*.

BIMCO/ISF(Baltic and International Maritime Council/ International Shipping Federation) [2005], *Manpower Update: The Worldwide Demand for and Supply of Seafarers*.

BIMCO/ISF/Univ. of Warwick, Institute for Employment Research/Dalian Maritime Univ., International Maritime Conventions Research Center[2010], *BIMCO/ISF Manpower 2010 Update: The Worldwide Demand for and Supply of Seafarers: Main Report*, BIMCO.

Blake, George[1960], *Lloyd's Register of Shipping 1760-1960*, Lloyd's Register of Shipping, London.

Blanpain, Roger ed., Dimitrova, D.N. [2010], *Seafarers' Right in the Globalized Maritime Industry*, Wolters Kluwer, Netherlands.

BMCF(British Maritime Charitable Foundation)[1986], *Why the Ships Went: A Fully Quantified Analysis of the Causes of Decline of the U.K. Registered Merchant Fleet*, Lloyd's of London Press.

Boczek, Boleslaw Adam[1962], *Flags of Convenience: An International Legal Study*, Harvard Univ. Press, Mass.

Branch, Alan E.[1995], *Dictionary of Shipping International Business Trade Terms and Abbreviations: Formerly Dictionary of Shipping International Trade Teams and Abbreviations*, 4th ed., Witherby & Co. 32-36 Aylesbury Street London Ecir Oet, London.

Brodie, Peter R.[2007], *Dictionary of Shipping Terms* 5th ed., Informa, London.

Brooks, Mary R.[1985], *Fleet Development and the Control of Shipping in Southeast Asia*, Institute of Southeast Asian Studies, Singapore.

Brooks, Mary R. ed.[1989], *Seafarers in the ASEAN Region*, ASEAN Economic Research Unit, Institute of Southeast Asian Studies, Singapore.

Brownrigg, Mark, Dawe, G., Mann, M. and Weston, P.[2001], Developments in UK Shipping: the Tonnage Tax, *Maritime Policy and Management*, Vol.28, No.3, pp.213-223.

Carlisle, Rodney[1981], *Sovereignty for Sale: The Origins and Evolution of the Panamanian and Liberian Flags of Convenience*, Naval Institute Press, Maryland.

CEC(Commission of the European Communities)[1985], *Progress Towards a Common Transport Policy: Maritime Transport;*(*Commission Communication and Proposals to the Council*), Com(85) 90 final, 14 Mar. 1989 Brussels.

CEC(Commission of the European Communities)[1989a], *A Future for Community Shipping Industry: Measures to Improve the Operating Conditions of Community Shipping*, Com(89) 266 final, 3 August Brussels.

CEC(Commission of the European Communities)[1989b], *Financial and Fiscal Measures Concerning Shipping Operations with Ships Registered in the Community* (*Document for information from the commission to the council*), SEC(89) 921 final 3 August.

CEC(Commission of the European Communities)[1989c], *Guidelines for the Examination of State Aids to Community Shipping Companies*, in CEC[1989b], Annex 1.

CEC(Commission of the European Communities)[1991], *Amended Proposal for a Council Regulation(EEC)*, *Establishing a Community ship Register and Providing for the Flying of Flag by Sea-going Vessels*, Com(91) 54 final, 22 February, Brussels.

CEPD(Council for Economic Planning and Development)[yearly], *Taiwan Statistical Data Book*.

CEU(Commission of the European Union)[1996a], *Towards a New Maritime Strategy* (*Communication from the Commission to the Council, the European Parliament, the Economic and Social Committee and the Committee of the Regions*), Com(96) 81 final, 13.03.1996, Brussels.

CEU(Commission of the European Union)[1996b], *Shaping Europe's Maritime Future: A Contribution to the competitiveness of Maritime Industries*, Com(96) 84 final, 13.03.1996, Brussels.

CEU(Commission of the European Union)[1997], "Community Guidelines on State aid to Maritime Transport", 97/C 205/05, *Official Journal of the European Communities*, 5.7.97.

CEU(Commission of the European Union)[2004], "Commission Communication C(2004)43-Community Guidelines on State aid to Maritime Transport", 2004/C 13/03, *Official Journal of the European Union, 17.1.2004.*

Churchill, R. R. and Lowe, A. V.[1999], *The Law of the Sea* 3rd ed., Manchester Univ. Press, Oxford Road, Manchester.

Coles, Richard and Watt, Edward[2009], *Ship Registration: Law and Practice* 2nd. ed. Informa, London.

Committee of inquiry into Shipping[1970], *Committee of Inquiry into Shipping Report, Cmnd 4337*(*Rochdale Report*), Her Majesty's Stationery Office, London.

CSUK(Chamber of Shipping of the United Kingdom)[every year], *Annual Report*.

Cullinane, Kevin and Robertshaw, Mark[1996], The Influence of Qualitative Factors in Isle of Man Ship Registration Decisions, *Maritime Policy and Management*, Vol.23,

No.4, pp.321-336.

DeSombre, Elizabeth R.[2006], *Flagging Standards: Globalization and Environmental, Safety, and Labor Regulations at Sea*, MIT Press, Massachusetts.

DETR(Department for Transport(UK))[1998], *British Shipping: Charting a new course.*

Dimitrova, D. N.[2010], *Seafarers' Rights in the Globalized Maritime Industry*, Kluwer Law International, Netherlands.

Doganis, R.S. & Metaxas, B.N.[1976], *The Impact of Flags of Convenience*, Polytechnic of Central London, London.

Economic and Social Committee of European Communities[1979], *EEC Shipping Policy: Flags of Convenience*, Brussels.

EIU(The Economist Intelligence Unit Ltd.)[1979], *Open Registry Shipping: Some Economic Considerations.*

Eyre, John L.[1989], A Ship's Flag: Who Cares?, *Maritime Policy and Management*, Vol.16, No.3, pp.179-187.

Fainaru, Steve[2008], *Big Boy Rules: America's Mercenaries Fighting in Iraq*, Da Capo Press, Massachusetts.

Fayle, C. E.[1933], *A Short History of the World's Shipping Industry*, George Allen & Unwin, London.

Forsyth, Craig J.[1990], "The Future of the American Seaman", *Maritime Policy and Management*, Vol.17, No.4, pp.249-255.

Frankel, Ernst G.[1982], *Regulation and Policies of American Shipping*, Auburn House Publishing Co., Boston.

GCBS(General Council of British Shipping)[1960], *Survey of British Shipping with Recommendations as to Policy*, London.

Gibson, Andrew and Donovan, Arthur[2000], *The Abandoned Ocean: A History of United States Maritime Policy*, University of South Carolina Press, USA.

Gorter, Wytze[1956], *United States Shipping Policy*, Harper & Brothers, NY.

Goss, Richard[1998], "Rochdale Remembered: A Personal Memoir" *Maritime Policy and Management*, Vol.25, No.3, pp.213-233.

Grundey, Ken[1978], *Flags of Convenience in 1978*, Transport Studies Group, Discussion Paper No.8, Polytechnic of Central London.

Hancher, L., Ottervanger, T. and Slot, P. J.[2012], *EU State Aids* 4th ed., Sweet & Maxwell, London.

Harlaftis, Gelina[1993], *Greek Shipowners and Greece 1945-1975: From Separate Development to Mutual Interdependence*, Athlone Press, London.

Harlaftis, Gelina[1996], *A History of Greek-Owned Shipping: The making of an international tramp fleet, 1830 to the present day*, Routledge, London and New York.

Held, David ed.[2000], *A Globalizing World?*, Routledge.

Held, David[2010], *Cosmopolitanism*, Polity Press Ltd., Cambridge.

Hindell, Keith[1996], "Strengthening the Ship Regulating Regime", *Maritime Policy and Management*, Vol.23, No.4, pp.371-380.

Hirsch, Joachim[1995], *Der Nationale Wettbewerbsstaat*, Edition ID-Archiv, Berlin.

Hope, Ronald[1990], *A new history of British shipping*, J. Murray, London.

Hughes, Solomon[2007], *War on Terror Inc.* Verso.

ICJ(International Court of Justice)[1955], "Nottebohm Case(second phase)", Judgment of April 6th, 1955: I.C.J. *Reports* 1955, pp.4-26.

ICJ[1960], "Constitution of the Maritime Safety Committee of the Inter-Governmental Maritime Consultative Organization, Advisory Opinion of 8 June 1960", *I.C.J. Reports 1960*, pp.150-172.

ICONS(International Commission on Shipping)[2000], *Ships, Slaves and Competition: Inquiry into Ship Safety*, ICONS, NSW, Australia.

ILC(UN)[yearly], *Yearbook of the International Law Commission: Summary Records and Documents.*

ILO[1950], *Conditions in Ships Flying the Panama Flag, Report of the Committee of Enquiry of ILO(May-November 1949)*, ILO, Geneva.

ILO[1956], *Preparatory Technical Maritime Conference, Flag Transfer, in Relation to Social Conditions and Safety, Third Item on the Agenda*, P.T.M.C. Ⅲ/1.

ILO[1957], *International Labour Conference, Forty-First Session, 1958, Fourth Item on the Agenda: Flag Transfer in Relation to Social Conditions and Safety, Rep.Ⅳ.*

ILO[1959], *International Labour Conference, Forty-First Session, Geneva, 1958, Record of Proceedings.*

ILO[1975], *Substandard Vessels, Particularly those Registered under Flags of Convenience, Report* Ⅴ, for Preparatory Technical Maritime Conference, Geneva.

ILO[1976a], *Substandard Vessels, Particularly those Registered under Flags of Convenience*, (*Fifth Item on the Agenda*), *Report* Ⅴ(1), for International Labour Conference 62nd(Maritime) Session, Geneva.

ILO[1976b], *Substandard Vessels, Particularly those Registered under Flags of Convenience*, (*Fifth Item on the Agenda*), *Report* V(2), for International Labour Conference 62nd(Maritime) Session, Geneva.

ILO[2004], *The Global Seafarer: Living and Working Conditions in a Globalized Industry*, ILO Geneva, International Labour Office.

ILO[2008], *Compendium of Maritime Labour Instrument*, International Labour Office, Geneva.

IMF[yearly], Balance of Payment.

IRDT(Inland Revenue and Department for Transport)[2004], *Post Implementation Review of Tonnage Tax.*

ISF(International Shipping Federation)[1987], *Guide to International ship Registers*, London.

ISL(Institute of Shipping Economics and Logistics)[yearly], *Shipping Statistics Yearbook*, Bremen.

ITF[1996], *Solidarity: The First 100Years of the International Transport Workers' Federation*, Pluto Press, London.

Jantscher, Gerand R.[1975], *Bread upon the Waters: Federal Aids to the Maritime Industries*, The Brookings Institution, Wash. D.C.

JMC(Joint Maritime Commission)[1972], *Flags of Convenience*(*Fourth Item on the Agenda*), *21st Session*, Geneva.

Johnsson, Lennart[1996], *Funny Flags: ITF's campaign-past, present and future*, Utbildningsforlaget Brevskolan, Sweden.

Kapp, K. William[1950], *The Social Costs of Private Enterprise*, Harvard Univ. Press, Massachusetts.

Kasoulides, George C.[1993], *Port State Control and Jurisdiction: Evolution of the Port State Regime*, Maritus Nijhoff Publishers, Dordrecht.

Kilgour, John G.[1975], *The U.S. Merchant Marine : National Maritime Policy and Industrial Relations*, Praeger Publishers, NY.

Kilgour, John G.[1977], "Effective United States Control?" *Journal of Maritime Law and Commerce*, vol.8, No.3, pp.337-347.

Kilmarx, Robert A. ed.[1979], *America's Maritime Legacy: A History of the U.S. Merchant Marine and Shipbuilding Industry since Colonial Times*, Westview Press, Colorado.

KMI(Korea Maritime Institute)[yearly], *Shipping Statistical Handbook.*

Knudsen, Kristen[1997], "The Economics of Zero Taxation of the World Shipping Industry", *Maritime Policy & Management,* Vol. 24, No.1, pp.45-54.

Kovats, Laszlo J.[2006], "How Flag States Lost the Plot over Shipping's Governance. Does a Ship Need a Sovereign?" Maritime Policy & Management, Feb., Vol.33, No.1, pp.75-81.

KSA(Korea Shipbuilders' Assosiation)[yearly], *Shipbuilding Statistics.*

Labor Statistics Service(Philippine)[yearly], *Yearbook of Labor Statistics.*

Lane, Frederic C.[1951], *Ships for Victory: A History of Shipbuilding under the U.S. Maritime Commission in World War II*(reprint ed., 2001), The John Hopkins Univ. Press, Baltimore.

De Langen, P. W.[2002], "Clustering and Performance: the Case of Maritime Clustering in the Netherlands", *Maritime Policy and Management,* Vol.29, No.3, 209-221.

Lawrence, Samuel A.[1966], *United States Merchant Shipping Policies and Politics,* The Brooking Inst. Wash. D.C.

Lee, Tae-Woo[1996], *Shipping Development in Far East Asia: The Korean Experience,* Avebury.

Levine, Daniel and Platt, Sara Ann[1979], "The Contribution of U.S. Shipbuilding and Merchant Marine to the Second World War" in Kilmarx[1979], pp.175-214.

Li, K. X.[1998], "Seamen's Accidental Deaths Worldwide: A New Approach" *Maritime Policy and Management,* Vol.25, No.2, pp.149-155.

Lloyd's of London Press[monthly], *Lloyd's Ship Manager(LSM).*

Lloyd's Register of Shipping[yearly], *Statistical Tables*(to 1991).

Lloyd's Register of Shipping[yearly], *World Fleet Statistics*(from 1992).

Lovett, William A. ed.[1996], *United States Shipping Policies and the World Market,* Quorom Books, Connecticut.

LSM(Lloyd's Ship Manager) ed.[1995], *Guide to International Ship Registers and Ship Management Services*(Supplement), LLP.

Manuel, Michael E.[2011], "Potential Sociological Impacts of Unfair Treatment of Seafarers", *Maritime Policy and Management,* Vol.38, No.1, pp.39-49.

MARAD[yearly], see: U.S. DOC and Maritime Administration [yearly].

Maritime Administration(U.S. Department of Commerce)[1970], *Effective United States Control of Merchant Ships: A Statistical Analysis 1970.*

Meditz, Sandra W. and Hanratty, Dennis M.[1989], *Panama: A Country Study(Area Handbook Series, 550-46)*, Headquarters, Dep. of the Army.

Metaxas, B.N.[1974], Some Thoughts on Flags of Convenience, *Maritime Study and Management*, 1, pp.162-177.

Metaxas, Basil N.[1981], "Flags of Convenience", *Marin Policy*, No.5, pp.52-66.

Metaxas, Basil N.[1985], *Flags of Convenience: A Study of Internationalisation*, Gower Publishing Company, Vermont, U. S. A.

Meyers, H.[1967], *The Nationality of Ships*, Martinus Nijhoff, Hague.

Mier, A. Francisco J.[1989], "Philippines", in Brooks[1989], pp.183-206.

MT[yearly], see: OEEC[yearly] and OECD[yearly].

Naess, Erling D.[1972], *The Great PanLibHon Controversy: The Fight over the Flags of Shipping*, Gower Press, Essex.

Nelson, Harold D. ed.[1984], *Liberia: A Country Study*(Area Handbook Series, 550-38), Headquarters, Dep. of the Army.

Northrup, Herbert R. and Rowan, Richard L.[1983], *The International Transport Workers' Federation and Flag of Convenience Shipping*(No.7 Multinational Union Studies), Univ. of Pennsylvania, Philadelphia.

NSCB(National Statistical Coordination Board)[yearly], *Philippine Statistical Yearbook.*

OECD(Organisation for Economic Co-Operation and Development)[yearly], *Maritime Transport.*

OECD[1975], *Report by the Maritime Transport Committee on Flags of Convenience*, Paris.

OECD[1990], *Code of Liberalisation of Current Invisible Operations.*

OEEC(Organisation for European Economic Co-Operation)[yearly], *Maritime Transport* (1954-60).

OEEC[1958], "Study on the Expansion of the Flags of Convenience Fleets and on Various Aspects Thereof"[*Doc. C(57)246, 28 Jan.*, mimeographed].

Özçayir, Z. Oya[2004], *Port State Control*, 2nd ed., Informa Professional, London.

Paixão, A.C. and Marlow, P.B.[2001], "A Review of the European Union Shipping Policy", *Maritime Policy and Management*, Vol.28, No.2, pp.187-198.

Pallis, Athanasios A.[2002], *The Common EU Maritime Transport Policy: Policy Europeanisation in the 1990s*, Ashgate, Hampshire.

Palmer, Sarah[2012], "Government and the British Shipping Industry in the Later

Twentieth Century", in Harlaftis, G., Tenold, S. and Valdaliso, J. M. ed.,[2012], *The World's Key Industry: History and Economics of International Shipping*, Palgrave Macmillan, UK.

Pamborides, G. P.[1999], *International Shipping Law: Legislation and Enforcement*, Kluwer Law International, Hague.

De La Pedraja, Rene[1994], *A Historical Dictionary of the U.S. Merchant Marine Shipping Industry: Since the Introduction of Steam*, Greenwood Press, Connecticut.

Ready, N. P.[1998], *Ship Registration 3rd ed.*, LLP Ltd., London.

Reed, Wallace S.[1996], "U.S. Sealift and National Security", in Lovett[1996], pp.257-271.

Reynolds, Clark G.[1979], "American Maritime Power since World War Ⅱ", in Kilmarx[1979], pp.215-254.

RMT[yearly], see: UNCTAD[yearly].

Rochdale Report[1970], see: Committee of Inquiry into Shipping.

Rowlinson, Mervyn[1985], Flags of Convenience: The UNCTAD Case, *Maritime Policy and Management*, Vol.12, No.3, pp.241-244.

Sambracos, E. and Tsiaparikou, J.[2001], "Sea-going Labour and Greek Owned Fleet: a Major Aspect of Fleet Competitiveness" *Maritime Policy and Management.*, vol.28 No.1, 55-69.

Sassen, Saskia[1988], *The Mobility of Labor and Capital: a Study in International Investment and Labor Flow*, Cambridge University Press, London 1988.

Scharf, Tibor[2012], "Maritime Transport", in Hancher, L., Ottervanger, T. and Slot, P.J.[2012], *EU State Aids* 4th ed. Sweet & Maxwell, London.

Schmidt, Lienhard[1979], The International Shipping Policy Issues at UNCTAD V, Manila, May 1979, *Maritime Policy and Management*, Vol.6, No.4, pp.269-276.

Selkou, Evangelia and Roe, Michael[2002], "UK Tonnage Tax: Subsidy or Special Case?", *Maritime Policy and Management*, Vol.29, No.4, pp.393-404.

Selkou, Evangelia and Roe, Michael[2004], *Globalisation, Policy and Shipping: Fordism, Post-Fordism and the European Union Maritime Sector*, Edward Elgar, Cheltenham, UK.

Sienes, C. R. and Banawis, S. Z.[1993], Market Demand for Filipino Seafarers, *Asian Migrant*, Vol.6, No.3-4, pp.96-104.

Sinan, I.M.[1984], "UNCTAD and Flags of Convenience", *Journal of World Trade Law*, Mar.: Apr.

Singer, Peter W.[2003], *Corporate Warriors: The Rise of the Privatized Military Industry*, Cornell University Press, New York.

Sletmo, Gunnar K.[1989], "Shipping's Fourth Wave: Ship Management and Vernon's Trade Cycles", *Maritime Policy and Management*, Vol.16, No.4, pp.293-303.

Sletmo, Gunnar K.[1993], "Shipping and the Competitive Advantage of Nations: the Role of International Ship Registers", *Maritime Policy and Management*, Vol.20, No.3, pp.243-255.

SNF(Stiftelsen for samfunns-ognaerings livsforskning, Center for Reseach in Economics and Business Administration)[1993], *Greek Shipping*, SNF, Bergen, Norway.

Sorensen, Max,[1958], "Law of the Sea", *International Conciliation*, No.520(November), pp.195-255.

Standard, William L.[1946], *Merchant Seamen and the Law*, National Maritime Union of America, CIO.

Steger, Manfred B.[2003], *Globalization: A Very Short Introduction*, Oxford University Press, Oxford.

Stevens, Handley[2004], *Transport Policy in the European Union*, Palgrave Macmillan, Hampshire.

Strange, Susan[1996], *The Retreat of the State: The Diffusion of Power in World Economy*, Press Syndicate of University of Cambridge.

Sturmey, S.G.[1962], *British Shipping and World Competition*, Athlone Press, London.

Sturmey, Stanley G.[1983], *The Open Registry Controversy and the Development Issue*, Institute of Shipping Economics, Bremen.

Tan, Edita A.[1993], Labor Emigration and the Accumulation and Transfer of Human Capital, *Asian and Pacific Migration Journal*, Vol.2, No.3, pp.303-328.

Tan, Edita A.[2001], Labor Market Adjustments to Large Scale Emigration: The Philippine Case, Asian and Pacific Migration Journal, Vol.10, No.3-4, 2001, pp.379-400.

Theotokas, Ioannis and Harlaftis, Gelina[2009], *Leadership in World Shipping: Greek Family Firms in International Business*, Palgrave Macmillan, UK.

Toh, Rex S. and Susilowidjojo, Henry[1987], "Flags of Convenience Shipping in the 1980s: The American Perspective", *Transportation Journal*, Vol.26, No.4, Summer, pp.34-42.

Tokyo MOU[yearly], *Annual Report on Port State Control in the Asia-Pacific Region*, Tokyo MOU Secretariat.

Tolofari, Sonny Richard[1989], *Open Registry Shipping: A Comparative Study of Cost and Freight Rates*, Gordon and Breach Science Publishers, New York.

Tsamourgelis, Ioannis[2009], "Selective Replacement of National by Non–National Seafarers in OECD Countries and the Employment Function in the Maritime Sector", *Maritime Policy and Management*, Vol.36, No.5, pp.457-468, Oct.

Uesseler, Rolf[2006], *Krieg Als Dienstleistung*, Christoph Links Verlag, Berlin.

UNCLS(United Nations Conference on the Law of the Sea)[1958], *Official Records, Vol. Ⅱ: Plenary Meetings, Summary Records of Meetings and Annexes, Vol.Ⅳ: Second Committee(High Seas: General Regime): Summary Records of Meetings and Annexes, A/Conf. 13/40.*

UNCTAD(United Nations Conference on Trade and Development)[yearly], *Review of Maritime Transport.*

UNCTAD[1967], *Charter of Algiers: Adopted by the Ministerial Meeting of the Group of 77 on 24 October 1967*, TD/36-49(MM/77/I/20), 30 Oct.

UNCTAD[1968], *Establishment or Expansion of Merchant Marines in Developing Countries*, TD/26/Rev.1.

UNCTAD[1971], *Report of the Committee on Shipping on the First Part of its Fifth Session*, TD/B/347(TD/B/C.4/89).

UNCTAD[1973], *Economic Co–operation in Merchant Shipping*, TD/B/C.4/113, 9 Oct.

UNCTAD[1974], *Report of the Committee on Shipping on its Sixth Session*, TD/B/521(TD/B/C.4/123).

UNCTAD[1975], *Report of the Committee on Shipping on its Seventh Session*, TD/B/591(TD/B/C.4/147).

UNCTAD[1977], *Economic Consequences of the Existence or Lack of a Genuine Link between Vessel and Flag of Registry*, TD/B/C.4/168, 10 Mar.

UNCTAD[1978a], *Economic Consequences of the Existence or Lack of a Genuine Link between Vessel and Flag of Registry, Replies from Governments to the Note Verbale of the Secretary–General of UNCTAD of 20 June 1977*, TD/B/C.4/AC.1/2/Add.1, 10 Jan.

UNCTAD[1978b], *Report of the Ad Hoc Intergovernmental Working Group on the Economic Consequences of the Existence or Lack of a Genuine Link between Vessel and Flag of Registry*, TD/B/C.4/177(TD/B/C.4/AC.1/3), 16 Mar.

UNCTAD[1978c], *Shipping: Participation of Developing Countries in World Shipping and the Development of their Merchant Marines; Merchant Fleet Development*, TD/222, 18 Dec.

UNCTAD[1979a], *The Repercussions of Phasing out Open Registries*, TD/B/C.4/AC.1/5, 24 Sep.

UNCTAD[1979b], *Legal Mechanisms for Regulating the Operations of Open–Registry Fleets During the Phasing–out Period*, TD/B/C.4/AC.1/6, 27 Sep.

UNCTAD[1980a], *Report of the Ad Hoc Intergovernmental Working Group on the Economic Consequences of the Existence or Lack of a Genuine Link between Vessel and Flag of Registry on its Second Session*, TD/B/784(TD/B/C.4/191, TD/B/C.4/AC.1/8), 8 Feb.

UNCTAD[1980b], *Report of the Committee on Shipping on its Ninth Session*, TD/B/825(TD/B/C.4/216).

UNCTAD[1981a], *Action on the Question of Open Registries: Open–Registry Fleets*, TD/B/C.4/220,3 Mar.

UNCTAD[1981b], *Report of the Committee on Shipping on its Third Special Session*, TD/B/855(TD/B/C.4/227).

UNCTAD[1981c], *Proceedings of the United Nations Conference on Trade and Development: Fifth Session*, Vol. I, TD/269.

UNCTAD[1982a], *Conditions for Registration of Ships*, TD/B/AC.34/2, 22 Jan.

UNCTAD[1982b], *Report of the Intergovernmental Preparatory Group on Conditions for Registration of Ships on its First Session*, TD/B/904(TD/B/AC.34/4), 24 May.

UNCTAD[1983], *Report of the Intergovernmental Preparatory Group on Conditions for Registration of Ships on its Second Session*, TD/B/935(TD/B/AC.34/8), 5 Jan.

UNCTAD[1984a], *Report of the Preparatory Committee for the United Nations Conference on Conditions for Registration of Ships*, TD/RS/CONF/3 & Corr.1, TD/RS/CONF/PC/4, 3 Jan.

UNCTAD[1984b], *Report of the President of the Conference on his Intersessional Consultations and Proposals derived from them(for Resumed Session)*, TD/RS/CONF/12, 13 Dec.

UNCTAD[1986], *Text of the United Nations Convention on Conditions for Registration of Ships*, TD/RS/CONF/23, 13 Mar.

United Nations, Dep. of Economic and Social Affairs[1955], *Laws Concerning the Nationality of Ships*(Legislative and Administrative Ser. Vol.5), UN.

U. S. DOC(Department of Commerce), Maritime Administration[yearly], *Annual Report of the Federal Maritime Board and Maritime Administration* (abbreviation : MARAD).

U. S. DOC(Department of Commerce), Maritime Administration[1970], *Effective United States Control of Merchant ships:* A Statistical Analysis.

U.S. DOC(Department of Commerce)[1975], *Historical Statistics of the United States–Colonial Times to 1970*, Part 1 & 2.

U.S. Government. Printing office[1966], *The Merchant Marine Act, 1936, the Shipping Act, 1916, and Related Acts(as amended through the 89th Congress, 1st session)*, Wash.

White, Lawrence J.[1988], *International Trade in Ocean Shipping Services: The United States and the World*, Ballinger Pub. Co., Mass.

Whitehurst, Clinton H. Jr.[1983], *The U.S. Merchant Marine: In Search of an Enduring Maritime Policy*, U.S. Naval Institute, Maryland.

Wilson, Ralph E.[1963], "Is the Present Fleet of 'Flags of Convenience' Shipping Necessary to Meet National Security Requirements under Present Maritime Operating Laws?", in Reese, Howard. C.ed., *Merchant Marine Policy: Proceedings of the Symposium of the 15th Ocean Shipping Management*, Institute of American University's School of Administration.

Zeis, Paul M.[1938], *American Shipping Policy*, Princeton University Press, Princeton.

권말부표

〈권말부표 1-1〉 편의치적선(총톤)의 추이

년	라이베리아		파나마		소계		양국 점유율 (%)	주요국 FOC천총톤	FOC비율 (%)	세계선복	
	척	천총톤 A	척	천총톤 B	척	천총톤 C	C/D	D	D/E	척	천총톤 E
1948	2	1	515	2,716	517	2,717	89.4	3,040	3.8	29,340	80,291
1950	22	245	573	3,361	595	3,606	88.0	4,100	4.8	30,852	84,583
1951	69	595	607	3,609	676	4,204	89.3	4,710	5.4	31,226	87,245
1952	105	897	606	3,740	711	4,637	90.7	5,110	5.7	21,461	90,180
1953	158	1,434	593	3,906	751	5,340	89.6	5,960	6.4	31,797	93,351
1954	245	2,381	595	4,091	840	6,472	91.0	7,110	7.3	32,358	97,421
1955	436	3,966	555	3,922	991	7,918	91.1	8,690	8.6	32,492	100,568
1956	582	5,584	556	3,925	1,138	9,509	91.4	10,400	9.9	33,052	105,200
1957	743	7,466	580	4,129	1,323	11,595	92.8	12,490	11.3	33,804	110,246
1958	975	10,078	602	4,357	1,577	14,435	94.5	15,270	12.9	35,202	118,033
1959	1,085	11,936	639	4,582	1,724	16,518	97.1	17,010	13.6	36,221	124,935
1960	977	11,282	607	4,235	1,584	15,517	96.9	16,010	12.3	36,311	129,769
1961	903	10,929	601	4,049	1,504	14,978	95.7	15,650	11.5	37,792	135,915
1962	853	10,573	593	3,851	1,446	14,424	94.4	15,280	10.9	38,661	139,989
1963	893	11,391	619	3,893	1,512	15,284	93.8	16,290	11.2	39,571	145,863
1964	1,117	14,549	691	4,269	1,808	18,818	95.2	19,760	12.9	40,859	152,999
1965	1,287	17,539	692	4,465	1,979	22,004	96.3	22,860	14.3	41,865	160,391
1966	1,436	20,603	702	4,543	2,138	25,146	96.2	26,130	15.3	43,014	171,129
1967	1,513	22,597	757	4,756	2,270	27,353	96.3	28,390	15.6	44,375	182,099
1968	1,613	25,719	798	5,096	2,411	30,815	95.8	32,170	16.6	47,444	194,152
1969	1,731	29,215	823	5,373	2,554	34,588	95.4	36,250	17.1	50,276	211,660

1970	1,869	33,296	886	5,645	2,755	38,941	94.7	41,110	18.1	52,444	227,489
1971	2,060	38,522	1,031	6,262	3,091	44,784	93.9	47,680	19.3	55,041	247,202
1972	2,234	44,443	1,337	7,793	3,571	52,236	93.0	56,170	20.9	57,391	268,340
1973	2,289	49,904	1,692	9,568	3,981	59,472	89.7	66,290	22.9	59,606	289,926
1974	2,332	55,321	1,962	11,003	4,294	66,324	88.8	74,700	24.0	61,194	311,322
1975	2,520	65,820	2,418	13,667	4,938	49,487	92.7	85,750	25.1	63,724	342,162
1976	2,600	73,477	2,680	15,631	5,280	89,108	89.2	99,920	26.9	65,887	371,999
1977	2,617	79,982	3,267	19,458	5,884	99,440	88.3	112,630	28.6	67,945	393,678
1978	2,523	80,191	3,640	20,748	6,163	100,939	89.0	113,390	27.9	69,020	406,001
1979	2,466	81,528	3,803	22,323	6,269	103,851	89.2	116,490	28.2	71,129	413,021
1980	2,401	80,285	4,090	24,190	6,491	104,475	89.6	116,570	27.8	73,832	419,910
1981	2,281	74,906	4,461	27,656	6,742	102,562	91.2	112,500	26.7	73,864	420,834
1982	2,189	70,718	5,032	32,600	7,221	103,318	96.6	106,970	25.2	75,151	424,741
1983	2,062	67,564	5,316	34,665	7,378	102,229	94.7	107,910	25.5	76,106	422,590
1984	1,934	62,024	5,499	37,244	7,433	99,268	89.6	110,780	26.5	76,068	418,682
1985	1,808	58,179	5,512	40,674	7,320	98,853	88.3	111,938	26.9	76,395	416,268
1986	1,658	52,649	5,252	41,305	6,910	93,954	84.1	111,764	27.6	75,266	404,910
1987	1,574	51,412	5,136	43,254	6,710	94,666	78.0	121,347	30.1	75,240	403,498
1988	1,507	49,733	5,022	44,604	6,519	94,337	75.2	125,465	31.1	75,680	403,406
1989	1,455	47,892	5,121	47,365	6,576	95,257	73.8	129,048	31.4	76,100	410,480
1990	1,688	54,699	4,748	39,298	6,436	93,997	72.2	130,218	30.7	78,336	423,627
1991	1,627	53,289	4,991	47,467	6,618	100,756	70.2	143,445	32.9	78,931	436,295
1992	1,661	55,917	5,424	52,485	7,085	108,402	70.9	153,001	34.4	79,726	445,168
1993	1,611	53,918	5,564	57,618	7,175	111,536	70.2	158,848	34.7	80,655	457,914
1994	1,621	57,647	5,799	64,170	7,420	121,817	71.0	171,572	36.1	80,676	475,859
1995	1,666	59,800	5,777	71,921	7,443	131,721	64.7	203,497	41.5	82,890	490,662
1996	1,684	59,988	6,105	82,130	7,789	142,118	65.7	216,419	42.6	84,264	507,873
1997	1,697	60,058	6,188	91,127	7,885	151,185	65.5	230,700	44.2	85,494	522,197
1998	1,717	60,492	6,143	98,222	7,860	158,714	65.5	242,480	45.6	85,828	531,893
1999	1,629	54,107	6,143	105,248	7,772	159,355	63.8	249,779	45.9	86,817	543,609
2000	1,557	51,450	6,184	114,382	7,741	165,832	64.6	256,657	46.0	87,546	558,053
2001	1,566	51,784	6,245	122,352	7,811	174,136	65.5	265,857	46.3	87,939	574,551
2002	1,535	50,400	6,247	124,729	7,782	175,129	66.1	265,054	45.3	89,010	585,583
2003	1,553	52,434	6,302	125,721	7,855	178,155	67.2	264,941	43.8	89,899	605,218
2004	1,538	53,898	6,477	131,451	8,015	186,349	68.5	270,541	42.7	89,960	633,321

2005	1,653	59,600	6,838	141,821	8,491	201,421	69.6	289,244	42.8	92,105	675,115
2006	1,907	68,405	7,183	154,964	9,090	223,369	61.5	363,390	50.3	94,936	721,855
2007	2,171	76,572	7,605	168,165	9,776	244,737	61.9	395,448	51.0	97,504	774,936
2008	2,306	82,389	8,065	183,503	10,371	265,892	61.7	431,148	51.9	99,741	830,704
2009	2,456	91,696	8,100	190,663	10,556	282,359	61.4	459,623	52.1	102,194	882,635
2010	2,726	106,,708	7,986	201,264	10,712	307,972	60.9	505,804	52.8	103,392	958,115

출처: *RMT*[each year], Lioyd's Register of Shipping; Statistical Tables, Tolofari, 1989, pp.43~44.

주 1) 주요 편의선적국은 해에 따라 그 수는 다르다. 1984년까지 Tolofari[1989] 참조. 그 뒤 1994년까지는 5개국, 1995년 이후 6~9개국. 통계상 주요 FOC국에 포함되지 않는 나라는 비편의선적국으로 간주되므로, 편의치적선의 비율은 실제보다 적게 표시된다.

2) 1990년까지는 7월 1일 현재, 1991년~2005년까지는 12월 31일 현재, 이후 1월 1일 현재(이 표에서는 12월 31일로 처리되고 있다)

〈권말부표 1-2〉 편의치적선(중량톤)의 추이

년	라이베리아 천D/W A	파나마 천D/W B	소계 천D/W C	양국 점유율 (%) C/D	주요국 FOC 천D/W D	FOC 비율 (%) D/E	세계 선복 천D/W E
1980	157,977	39,039	197,016	92.7	212,542	31.1	682,768
1985	113,552	67,266	180,818	88.9	203,441	30.6	664,799
1990	99,226	62,184	161,410	71.9	224,560	34.1	658,377
1995	97,888	109,514	207,402	64.6	321,282	43.7	734,916
2000	80,062	172,355	252,417	64.4	392,155	48.5	808,377
2001	78,484	185,051	263,535	65.5	402,355	48.7	825,652
2002	77,016	186,400	263,416	66.1	398,467	47.2	844,234
2003	82,085	186,860	268,945	67.3	399,514	46.6	856,974
2004	83,592	195,286	278,878	69.0	403,972	45.1	895,843
2005	93,026	211,121	304,147	70.4	431,910	45.0	959,964
2006	105,182	231,993	337,175	61.8	545,714	52.4	1042,328
2007	117,519	252,564	370,083	62.3	593,634	53.1	1,117,779
2008	125,993	273,961	399,954	62.2	642,625	53.9	1,192,317
2009	142,121	288,758	430,879	62.4	690,746	54.1	1,276,137
2010	166,246	306,032	472,278	61.9	763,568	54.7	1,395,743

출처: *RMT*[each year].

주) 앞 표의 주를 참조.

〈권말부표 2〉 그리스 상선대의 추이

(단위: 1,000총톤, %)

년	자국적선	외국적선	지배선복	자국적선 비율	외국적선 비율
1938	1,889				
1949	1,201	1,176	2,377	50.5	49.5
1950	1,264	1,665	2,929	43.2	56.8
1951	1,238	2,403	3,641	34.0	66.0
1952	1,175	2,854	4,029	29.2	70.8
1953	1,139	3,599	4,738	24.0	76.0
1954	1,242	4,702	5,944	20.9	79.1
1955	1,270	5,635	6,905	18.4	81.6
1956	1,444	7,089	8,533	16.9	83.1
1957	1,575	8,967	10,542	14.9	85.1
1958	2,274	9,625	11,899	19.1	80.9
1959	3,892	8,564	12,456	31.2	68.8
1960	5,574	6,626	12,200	45.7	54.3
1961	6,519	6,693	13,212	49.3	50.7
1962	7,008	6,291	13,299	52.7	47.3
1963	7,503	7,522	15,025	49.9	50.1
1964	7,266	9,232	16,498	44.0	56.0
1965	7,198	11,377	18,575	38.8	61.2
1966	7,517	12,207	19,724	38.1	61.9
1967	7,665	14,156	21,821	35.1	64.9
1968	8,738	15,159	23,897	36.6	63.4
1969	10,564	16,368	26,932	39.2	60.8
1970	12,849	18,050	30,899	41.6	58.4
1971	14,562	19,539	34,101	42.7	57.3
1972	18,660	20,408	39,068	47.8	52.2
1973	21,831	20,793	42,624	51.2	48.8
1974	22,740	22,628	45,368	50.1	49.9
1975	25,108	23,190	48,298	52.0	48.0
1976	28,660	21,924	50,584	56.7	43.3
1977	33,752	19,111	52,863	63.8	36.2
1978	36,314	16,183	52,497	69.2	30.8
1979	38,570	14,380	52,950	72.8	27.2

1980	41,421	12,204	53,625	77.2	22.8
1981	42,289	12,028	54,317	77.9	22.1
1982	38,057	15,397	53,454	71.2	28.8
1983	37,707	18,431	56,138	67.2	32.8
1984	35,781	17,820	53,601	66.8	33.2
1985	27,765	19,143	46,908	59.2	40.8
1986	24,183	20,921	45,104	53.6	46.4
1987	21,006	26,530	47,536	44.2	55.8
1988	19,759	28,287	48,046	41.1	58.9
1989	19,233	28,602	47,835	40.2	59.8
1990	20,459	28,774	49,233	41.6	58.4
1991	22,752	25,154	47,906	47.5	52.5
1992	23,406	30,485	53,891	43.4	56.6
1993	25,486	31,432	56,918	44.8	55.2
1994	30,161	36,181	66,342	45.5	54.5
1995	31,139	40,527	71,666	43.5	56.5
1996	30,767	44,389	75,156	40.9	59.1
1997	25,288	49,694	74,982	33.7	66.3
1998	27,818	51,082	78,900	35.3	64.7
1999	28,504	54,950	83,454	34.2	65.8
2000	29,532	60,695	90,227	32.7	67.3

출처: Theotokas and Harlaftis, 2009, pp.59~60으로부터 작성.
주) 1938~1984년은 100G/T 이상의 선박, 1985년 이후는 1,000D/W 이상의 선박.

찾아보기

[ㅅ]

[ㅇ]

[ㅈ]

저자 소개

武城 正長(부죠 마사나가)

1942년 도쿄도 출생
도쿄(東京)상선대학 항해과 졸업, 동 전공과 수료, 히로시마(広島)대학 정경학부 졸업
山下新日本汽船주식회사, 히로시마(広島)상선고등전문학교 교수를 거쳐 오사카(大阪)상업대학 종합경영학부 교수 역임

[단독저서]
『海上労働法の研究』(해상노동법의 연구), 多賀出版, 1985.
『海運同盟とアジア海運』(해운동맹과 아시아해운), 御茶の水書房, 2002.

[편저]
『概説海事法』(개설 해사법), 海文堂, 1985.
『国際交通論』(국제교통론), 税務経理協会, 1998.

[공저]
『機帆船海運の研究』(기범선해운의 연구), 多賀出版, 1984.
『現代海運論』(현대해운론), 税務経理協会, 1991.
『現代物流概論』(현대물류개론), 成山堂書店, 2001.
『現代物流－理論と実際』(현대물류－이론과 실제), 晃洋書房, 2005.

원저 소개

便宜置籍船と国家, 大阪商業大学 比較地域研究所研究叢書 第十三巻
2013년 3월 25일 제1판 제1쇄 발행
저자 武城 正長
발행자 橋本盛作
발행처 御茶の水書房
ISBN 978－4－275－01011－7 C3033

역 자

오용식(吳聳湜)

한국해양대학교 해양경영경제학부 교수
한국해양대학교 항해학과 졸업(1991)
일본 神戸大学大学院 経営学研究科 졸업(2002)

구경모(具京模)

동의대학교 무역유통학부 교수
서강대학교 경영학과 졸업(1995)
일본 神戸大学大学院 経営学研究科 졸업(2003)

박성재(朴晟材)

일본 中村学園大学 유통과학부 교수
부산대학교 무역학과 졸업(1998)
일본 神戸大学大学院 経営学研究科 졸업(2004)

감 수

유일선(兪日善)

한국해양대학교 해양경영경제학부 교수
서울대학교 국제경제학과 졸업(1982)

편의치적선과 국가

초판 발행 2021년 6월 30일

지은이 武城 正長(부죠 마사나가)
옮긴이 오용식 · 구경모 · 박성재
펴낸이 박노일

총괄기획 김중용 · 최준규
편 집 심성보 · 김인숙

펴낸곳 pnc publishing and culture 피엔씨미디어
경기도 고양시 일산동구 강송로 153 310－1501
등록 제396－2012－000203호
전 화 070)7550-3758 팩 스 02)718-8554
홈페이지 www.pncmedia.co.kr 이메일 pnc@pncmedia.co.kr
ISBN 979-11-5730-801-9 93320

정 가 25,000원